Paul Fauconnet

La Responsabilité

Étude sociologique

 Le code de la propriété intellectuelle du 1er juillet 1992 interdit en effet expressément la photocopie à usage collectif sans autorisation des ayants droit. Or, cette pratique s'est généralisée dans les établissements d'enseignement supérieur, provoquant une baisse brutale des achats de livres et de revues, au point que la possibilité même pour les auteurs de créer des œuvres nouvelles et de les faire éditer correctement est aujourd'hui menacée. En application de la loi du 11 mars 1957, il est interdit de reproduire intégralement ou partiellement le présent ouvrage, sur quelque support que ce soit, sans autorisation de l'Éditeur ou du Centre Français d'Exploitation du Droit de Copie , 20, rue Grands Augustins, 75006 Paris.

ISBN : 978-1539608691

10 9 8 7 6 5 4 3 2 1

Paul Fauconnet

La Responsabilité

Étude sociologique

Table de Matières

PRÉFACE 6

INTRODUCTION 6

PARTIE I : DESCRIPTION DE LA RESPONSABILITÉ 25

PARTIE II : ANALYSE DE LA RESPONSABILITÉ 145

PARTIE III : ANALYSE DE LA RESPONSABILITÉ 245

À LA MÉMOIRE DE MON MAÎTRE
ÉMILE DURKHEIM

PRÉFACE

Émile Durkheim a traité de la responsabilité dans quatre leçons de son *Cours sur la Théorie des sanctions*, faites à la Faculté des lettres de Bordeaux en 1894. Quand il me proposa de reprendre ce sujet, il me communiqua le manuscrit de ses leçons. Je dois en outre à Durkheim toute mon éducation de sociologue. C'est dire que ce qu'on pourrait trouver de bon dans ce livre, directement ou indirectement, vient de lui. Mais l'autorité de son nom ne couvre pas les défauts du travail. Nous devions ensemble le reprendre et l'améliorer. La guerre et sa mort prématurée ne l'ont pas permis.

Je dois beaucoup aux conseils de M. Marcel Mauss, Directeur d'Études à l'École des Hautes Études, qui a bien voulu lire mon manuscrit.

L'ouvrage était terminé en 1914. À une ou deux exceptions près, je n'ai pas cité de livres parus ultérieurement.

INTRODUCTION

I.

La responsabilité n'est généralement pas étudiée comme une réalité donnée à l'observation. On ne cherche pas à dégager, inductivement, ce qu'elle est en fait. C'est à *l'idée* de responsabilité que s'attachent philosophes et jurisconsultes : concept extrêmement abstrait auquel ils appliquent une analyse toute logique et dialectique.

Il y a cependant des faits de responsabilité [1]. Ce sont des faits so-

---
1 Quand on parle aujourd'hui d'étudier la responsabilité d'après les faits, on pense aux faits que la psychiatrie et l'anthropologie criminelle ont mis en lumière. Mais il y a là une confusion. La psychologie normale ou pathologique est compétente pour décider si telles catégories d'hommes (voire si l'homme en général) ont les qualités requises pour être jugés responsables, *à supposer que la responsabilité soit préalablement définie*. Mais quand il s'agit de savoir si la responsabilité est la liberté,

ciaux et, dans le genre *social*, ils appartiennent à l'espèce des faits juridiques et moraux. L'objet de notre travail est de chercher, dans l'analyse de ces faits sociaux, les éléments d'une théorie de la responsabilité.

Si le substantif *responsabilité* correspond à un pur concept et non, semble-t-il, à des éléments observables, au contraire l'adjectif responsable intervient comme attribut dans des jugements qui sont des objets d'expérience.

La Cour d'assises qui déclare irresponsable un accusé dément, le juge civil qui rend tel patron responsable du dommage causé par son employé, l'opinion publique protestant que tel séducteur est moralement responsable de l'infanticide pour lequel la fille séduite a été seule condamnée à une peine, prononcent des jugements que nous pouvons appeler *jugements de responsabilité*. Ces jugements, étant des jugements juridiques ou moraux, ne constatent pas spéculativement un fait ; ils traduisent le sentiment que ceux qui les prononcent ont de ce qui est juste, moralement ou juridiquement obligatoire : par conséquent ils se réfèrent, explicitement ou non, à des règles. Dans nos exemples, la Cour d'assises se réfère à l'article 64 du Code pénal, le juge civil à l'article 1384 du Code civil, l'opinion publique à ce principe communément admis que, si la

---

ou la « témibilité », ou l'intimidabilité, ou autre chose encore, ce n'est pas l'étude des faits psychologiques qui pourra fournir la réponse. C'est une question, si les fous sont intimidables ; c'en est une, toute différente, si la responsabilité consiste dans l'intimidabilité. Une analyse purement psychologique ne pourra jamais conduire, par elle-même, à la détermination de l'idée de responsabilité. Car la responsabilité est manifestement une chose juridique ou morale. Si on suppose qu'il n'y a ni droit ni morale, jamais la psychologie ne sera amenée à parler de responsabilité, mais seulement de personnes, de volontés normales ou malades. Le problème de la responsabilité est une question de justice : le résoudre, c'est élaborer une théorie de la justice, du droit, de la moralité. Généralement les théories de ce genre consistent exclusivement dans une dialectique de concepts ; mais si elles sont inductives, il faut que les faits qu'elles interprètent soient du même ordre que les résultats qu'elles visent, donc qu'ils soient des faits moraux et juridiques. Des historiens, tels que Löffler et Glotz, des ethnologues, comme Westermarck, ont bien abordé l'étude de la responsabilité du même point de vue que nous. Ils ont apporté des faits abondants, bien établis, souvent bien expliqués. Personnellement nous leur devons beaucoup. Nous leur reprocherons seulement (cf. chapitre III, p. 203) de n'avoir pas renouvelé les doctrines antérieures autant qu'on aurait pu l'espérer. La notion de responsabilité reste au fond chez eux ce qu'elle était aux mains des philosophes et semble commander l'interprétation des faits plutôt qu'être régénérée par leur étude.

INTRODUCTION

fille infanticide est seule pénalement responsable, le séducteur qui l'a abandonnée l'est moralement bien davantage. Des règles analogues forment une partie importante de tout droit et de toute moralité : nous pouvons les appeler *règles de responsabilité*.

Les règles et les jugements de responsabilité sont évidemment des *faits* : ils tombent sous l'observation, on peut les décrire, les raconter, les situer, les dater. Et ce sont assurément des faits *sociaux*.

Les articles des codes français qui fixent les règles de la responsabilité légale font partie du système des institutions juridiques de la société française ; ces règles sont elles-mêmes des institutions. Un organe défini les formule : les chambres législatives. Les règles auxquelles se réfère implicitement l'opinion publique ne sont pas d'une autre nature, bien qu'elles soient moins nettement formulées ; notre droit pénal écrit suppose l'existence de règles non écrites, auxquelles il se réfère sans les formuler [1]. Tout système de représentations morales qui exerce une contrainte sur les volontés est une règle morale inexprimée. Les règles à formule très précise, les institutions à contours très nets sont les plus faciles à reconnaître et à décrire ; elles se prolongent sous forme de règles de plus en plus vagues, indéterminées, mouvantes, mais dont la nature est, au fond, la même.

Les jugements de responsabilité, énoncés par un tribunal, par l'opinion publique ou par un individu, ne sont pas autre chose que les règles de responsabilité s'appliquant à des espèces ; ce sont les institutions de la responsabilité vivant et fonctionnant : on le voit nettement, quand un organe différencié, un tribunal, assure ce fonctionnement. Sans doute, un jugement de responsabilité peut être indu, illégal ou immoral ; mais c'est encore une manière d'appliquer la règle que de la violer : ce jugement n'est immoral, n'appartient à l'ordre de la moralité, qu'en tant qu'il soutient un rapport avec une règle. De même que les règles, les jugements peuvent ne pas être formulés : la manière dont je me comporte avec telle personne suffit à révéler que, peut-être inconsciemment, je la juge responsable ; mon attitude, mes actes contiennent des jugements

---

[1] Par exemple il n'y a pas de règle écrite qui définisse la culpabilité ni prescrive comment on doit l'apprécier ; qui dise en quoi consistent les circonstances atténuantes : la loi s'en remet ici à la conscience des jurés et des juges, c'est-à-dire à l'opinion morale.

implicites, qui, comme les jugements formulés verbalement, sont des applications des règles. Les jugements de responsabilité sont donc eux aussi des faits sociaux.

D'ailleurs nous pouvons maintenant revenir au concept de responsabilité. C'est lui-même un fait social. Il fait partie du système des représentations collectives. C'est le résumé abstrait de toutes les manières collectives de penser et de sentir qui s'expriment en détail dans les règles et les jugements de responsabilité. Il faut seulement remarquer que le concept n'est pas nécessairement l'image exacte des institutions positives. Produit de la réflexion, il peut manifester des tendances juridiques et morales qui, dans l'état actuel des choses, ne s'expriment pas dans les institutions en vigueur. D'autre part, il est une interprétation que la conscience collective se donne à elle-même de ses propres tendances, et cette interprétation peut être inadéquate. Le concept de responsabilité est donc une réalité sociale, en quelque sorte, à la deuxième puissance ; c'est la représentation que la société a de ses propres institutions. Cette réalité est observable dans les propos du vulgaire, des publicistes et des philosophes. En matière pénale, les facultés, les congrès, la presse technique sont les organes théoriques de l'opinion.

Même le sentiment personnel que l'individu a de sa propre responsabilité est certainement aussi, au moins par un certain côté, un fait social. Car l'individu, quand il prend conscience de ce sentiment, ne se réfère pas seulement à une opinion purement subjective ; il invoque la *vérité et la justice*. Il prétend se dépasser lui-même et parler, en son for intérieur, au nom de la conscience collective. L'obligation morale, les rites et les dogmes de la religion ont, eux aussi, leurs aspects individuels et subjectifs. Ce sont cependant des institutions. Le sentiment que j'ai de ma propre responsabilité est une application, de caractère particulier, d'une règle sociale de responsabilité. Son analyse intégrale suppose évidemment l'intervention de la psychologie. Mais, à condition de négliger ce qui est purement individuel en lui, ce sentiment, comme cette règle, ressortissent à la sociologie.

Nous venons de déterminer sommairement les faits que nous nous proposons d'étudier. Il faut maintenant les définir avec précision, c'est-à-dire constituer le groupe naturel de phénomènes qui, abstraction faite de toute prénotion sur leur nature profonde, ont en commun des caractères très apparents et qui sont sûrement des faits de responsabilité.

II.

Dans l'ordre des phénomènes juridico-moraux, les faits de responsabilité occupent une place précise. Les règles de responsabilité font partie intégrante du système de ces faits qu'on appelle des sanctions. C'est quand il s'agit de faire fonctionner ce système, d'appliquer des sanctions, et notamment des sanctions pénales ou morales, que la responsabilité intervient : sans elle le mécanisme des sanctions ne pourrait pas jouer. En effet, les règles et jugements, que nous avons donnés en exemples, prononcent qu'une condamnation, pénale, civile ou purement morale, doit frapper telle catégorie de personnes et non pas telle autre (s'il s'agit de règles), telle personne et non telle autre (s'il s'agit de jugements). Est dite responsable la personne que la condamnation doit frapper, irresponsable celle qu'elle ne doit pas atteindre.

Considérons plus particulièrement le Code pénal français. Son livre II détermine, non ce que doivent être les peines, ni quelle peine est attachée à chaque crime, mais qui doit être puni, qui ne doit pas l'être, dans quelle proportion doivent l'être les différentes catégories de personnes. Malgré la diversité des formules, tous les articles de ce livre appartiennent à un même type : les articles 59 à 63 prescrivent comment on doit punir les complices ; l'article 64 interdit de punir les déments ou ceux qui ont été contraints par une force à laquelle ils n'ont pu résister. Les articles 66 à 69 (l'article 65 sert d'introduction aux suivants) disent comment on doit punir les mineurs, selon qu'ils ont agi avec ou sans discernement ; les articles, 70 à 72, comment on doit punir les vieillards âgés de plus de soixante-dix ans ; les articles 73 et 74 ont trait à la responsabilité civile. D'autres règles, que les tribunaux appliquent sans que la loi ait jugé à propos de les formuler, appartiennent au même type : par exemple, les règles selon lesquelles ne peuvent être punis, dans notre droit, ni l'animal, ni la personne morale, ni la famille tout entière pour le crime d'un de ses membres ; la règle selon laquelle l'auteur d'un crime ou d'un délit ne peut être puni que s'il a agi avec intention, etc. Dans d'autres sociétés, nous trouvons également des règles qui, bien que différant des précédentes par leur esprit, ressortissent cependant au même type : soit, par exemple, dans le très ancien droit romain, la loi attribuée à Numa, en vertu de laquelle la *consecratio* comminée contre le crime de déplacement des limites des champs, doit être appliquée aux bœufs en même temps qu'à l'homme ; soit encore, chez les Grecs anciens, les règles formulées dans un décret de Teos ou la règle insérée dans une convention d'Athènes avec les Erythréens, qui ordonnent que, pour certains crimes, la peine de mort soit appliquée à la famille de l'auteur en même temps qu'à lui. Seulement, ici, la règle qui fixe qui doit être puni est confondue dans une même formule avec celle qui détermine le crime et y attache une peine.

Ainsi une législation pénale comprend, outre les règles qui organisent le régime des peines et celles qui attachent des peines définies à des crimes définis (les premières sont groupées dans le livre I, les secondes dans le livre III de notre Code pénal), des règles qui déterminent qui doit être puni. Autrement dit, le choix des personnes qui doivent être punies n'est pas abandonné à l'arbitraire ; il y a des principes de justice qui exigent que les uns soient punis, que les autres ne le soient pas, qui commandent par conséquent le choix des personnes à punir à l'exclusion de toutes autres. Ce groupe de règles a bien une individualité propre. En proposant de les appeler règles de responsabilité, nous nous référons à l'usage commun de la langue : car la responsabilité est communément entendue comme la propriété qu'a une personne de devoir légitimement supporter une peine ; dans l'usage, les mots *responsable* et *justement punissable* sont largement synonymes.

Mais il est possible de généraliser. Si je viole une règle morale sans commettre une infraction légale, par exemple si, en France, j'entretiens des relations sexuelles incestueuses, je serai condamné et puni, non par un tribunal, mais par l'opinion publique, non d'une peine proprement dite, mais d'une réprobation pouvant aller du blâme au lynchage. Un observateur pourrait assurément dire quelles sont les règles coutumières, tacites, auxquelles obéit l'opinion publique, quand elle décide que quelqu'un doit ou ne doit pas être frappé de réprobation en raison de sa conduite. Ces règles correspondent exactement aux règles de responsabilité du droit pénal, elles appartiennent à un même type : nous les appelons aussi règles de responsabilité.

Si, au lieu de peines ou de blâmes, il s'agit de décerner des récompenses ou des louanges, la question se pose également de savoir qui doit être justement récompensé, qui ne doit pas l'être. Et il faut bien qu'une règle, expresse ou tacite, la résolve, pour que des récompenses puissent être distribuées conformément aux exigences de la justice. C'est ainsi que des règlements scolaires ne détermineront pas seulement quels sont les succès qui méritent récompense, ni en quoi consiste la récompense, mais aussi quelles conditions un élève doit remplir pour pouvoir, à l'occasion d'un succès déterminé, recevoir une récompense. Une association philanthropique, créant un prix de vertu, dira dans le règlement qu'elle institue quel âge devront avoir, au minimum et au maximum, les personnes auxquelles ce prix pourra être décerné, à quelles professions elles devront appartenir. De même les fois de l'État peuvent décider que, pour recevoir une décoration, un fonctionnaire devra remplir telles conditions, par exemple compter tant d'années de service. Ces règles sont encore du même type que les précédentes : appelons-les aussi règles de responsabilité. A vrai dire, les mots responsable et responsabilité ne sont pas ordinairement employés dans ce sens. Mais nous usons de termes équivalents, comme *méritant* et *mérite* ; le contraire du mérite, le démérite, est sensiblement la même chose que la responsabilité ; le verbe mériter s'accommode également des idées de récompense et de peine ; or, mériter une peine, c'est proprement être responsable. Le langage commun révèle donc l'analogie des deux opérations qui consistent respectivement à déterminer qui est justement récompensable et qui est justement punissable.

Enfin l'un des exemples donnés ci-dessus se réfère à une dernière hypothèse : les tribunaux civils décident quotidiennement qu'une personne qui a subi un dommage illégitime doit être indemnisée par une autre, conformément à des règles qui prescrivent qui doit, qui ne doit pas porter la charge de l'indemnité, lorsque quelqu'un, injustement lésé, a droit à une réparation. Les articles 1382 et suivants du Code civil énoncent des règles de ce genre, qui sont tout à fait comparables à celles que contient le livre II du Code pénal. Nous les considérons, elles aussi, comme des règles de responsabilité, parce qu'elles disent qui doit, qui ne doit pas être condamné.

Le rapprochement de ces différents groupes de règles n'est pas forcé, car les peines, les blâmes de l'opinion, les récompenses et les louanges, les réparations pécuniaires sont également des *sanctions*. À l'idée de sanction en général correspond celle de responsabilité en général. Toute règle qui détermine à qui une sanction doit être justement appliquée, à qui elle ne doit pas l'être, est une règle de responsabilité.

La plupart des sanctions ne peuvent se produire sans s'appliquer à un être qui en devient le bénéficiaire ou la victime : un châtiment, une récompense ne sont pas concevables, si l'on ne se représente pas un être quelconque qui est châtié ou récompensé. Cet être, point d'application de la sanction, peut être dit le *sujet passif* ou le *patient* de la sanction : *une règle de responsabilité est celle qui désigne le sujet passif de la sanction,* ou encore *celle qui prescrit comment le patient doit être choisi pour l'application de la sanction.*

Cette définition demande un complément. Dans le droit pénal, la règle de sanction attache d'abord une peine à un crime, sans considérer qui subira la peine. L'assassinat sera puni de mort (C. p., art. 302), le viol puni des travaux forcés à temps (art. 332) : il semble, à lire ces formules, que le choix du patient ne doive exercer aucune influence sur la détermination de la peine. Il y a cependant une détermination secondaire de la peine qui se produit seulement quand le patient a été choisi et *en considération de ce patient*. Le choix du patient réagit sur la sanction et la modifie, qualitativement et quantitativement, dans sa grandeur et dans sa nature. Dans sa grandeur : beaucoup de règles de sanction prescrivent pour un crime une peine qui n'est qu'incomplètement déterminée ; par exemple, pour l'outrage public à la pudeur, l'emprisonnement de trois mois à deux ans et l'amende de seize à deux cents francs (art. 330). Une détermination plus précise est donc ici nécessaire : elle intervient après que le patient a été choisi ou en prévision de ce choix ; selon que le patient sera tel ou tel, le Code prescrit que la sanction sera plus ou moins grande ou laisse aux tribunaux le soin de le décider d'après des règles coutumières ; par exemple le récidiviste sera condamné au maximum, le délinquant primaire au minimum. Bien plus : le choix du patient pourra réagir sur la sanction au point de l'annuler : constatant l'état de démence de celui qui devrait être le patient, le tribunal sera tenu de le dispenser de toute peine. Dans sa nature : le Code pénal prescrit que la peine des travaux forcés sera substituée à la peine capitale, la réclusion aux travaux forcés, l'emprisonnement à la réclusion (art. 463, L. 13 mai 1863), lorsque le jury aura déclaré les circonstances atténuantes en faveur du coupable ; la nature du patient modifie celle de la peine. — De même il arrive que le juge civil, après avoir évalué le dommage causé par un délit civil et déterminé qui doit le réparer, tienne compte de la fortune du responsable pour fixer le montant de l'indemnité. De même encore l'opinion publique atténuera sa réprobation en raison du repentir manifesté par le coupable ou de le sympathie qu'il inspire.

Or ces règles, qu'elles soient légales on morales, écrites on non écrites, sont trop étroitement liées à celles qui prescrivent comment doivent être choisis les patients pour qu'il soit légitime de les en séparer. Les raisons qui désignent un être comme patient pour une sanction et celles qui déterminent l'adaptation de la sanction à la nature du patient se confondent dans une large mesure. Cela est particulièrement visible, lorsque la modification secondaire de la sanction, en considération du patient, va jusqu'à l'annulation de cette sanction : par exemple lorsque l'assassin auquel devrait être appliquée la peine capitale est déclaré irresponsable, en tant que fou. L'article 64 de Code pénal, qui joue ici, est bien une règle de responsabilité, puisqu'il prescrit que le fou ne doit pas être choisi comme patient. Pourquoi donc la règle qui prescrit, non plus d'annuler, mais d'atténuer la peine, si le patient qui doit la subir, sans être fou, est un dégénéré fils d'alcoolique ou un épileptique (auquel cas il bénéficie des circonstances atténuantes), ne serait-elle pas comptée également parmi les règles de responsabilité ? Les règles qui disent qui doit être patient, qui ne doit pas l'être et celles qui prescrivent comment la sanction doit être modifiée pour s'adapter au patient choisi, ne peuvent pas être, avant toute recherche, nettement distinguées les unes des autres ; elles appartiennent, pour une première observation, à un même groupe naturel dont l'individualité est très distincte.

Nous sommes conduits à formuler ainsi notre définition préliminaire. *Les règles de responsabilité sont celles qui prescrivent comment doivent être choisis, à l'exclusion de tous autres, les sujets pas-*

sifs d'une sanction et comment la sanction doit être modifiée, dans sa grandeur ou dans sa nature, pour s'appliquer à ces patients, la modification pouvant aller jusqu'à l'annulation de la sanction. Est un *jugement de responsabilité* tout jugement rendu par application de ces règles ; il est juste s'il leur est conforme, injuste s'il les viole. *La responsabilité est la qualité de ceux qui doivent, l'irresponsabilité la qualité de ceux qui ne doivent pas, en vertu d'une règle, être choisis comme sujets passifs d'une sanction.* Il y a des degrés dans la responsabilité : elle varie en plus ou en moins selon que la sanction, pour s'adapter au patient, doit, en vertu d'une règle, s'aggraver ou s'atténuer.

La responsabilité en général correspond à la sanction en général. Mais il y a diverses espèces de sanctions, auxquelles correspondent diverses espèces de responsabilités. Sans prétendre en proposer une classification systématique, il suffira, pour les besoins de notre étude, de distinguer assez grossièrement, d'après des caractères extérieurs, les principales espèces.

1° On distingue communément les sanctions légales et les sanctions morales. L'analyse de leurs caractères permet à Durkheim [1] de les définir ainsi : les premières « ne sont appliquées que par l'intermédiaire d'un organe défini, elles sont *organisées* » ; les secondes « sont distribuées d'une manière *diffuse*, par tout le monde indistinctement », ce sont les sanctions de l'opinion. Aux sanctions diffuses, nous rattachons celles par lesquelles l'agent moral prononce, intérieurement, sur sa propre conduite (sanction intérieure ou subjective), sans méconnaître d'ailleurs ses caractères propres. — 2° Les jurisconsultes distinguent la sanction pénale et la sanction civile. Durkheim [2], approfondissant cette distinction, a élaboré la notion de sanction *restitutive* qui « consiste seulement dans la remise des choses en état, dans le rétablissement des rapports troublés sous leur forme normale, soit que l'acte incriminé soit ramené de force au type dont il a dévié, soit qu'il soit annulé, c'est-à-dire privé de toute valeur sociale ». La sanction dite civile n'est qu'un cas particulier de la sanction restitutive, qui comprend encore toutes les sanctions non pénales établies par le droit commercial, le droit des procédures, le droit constitutionnel et administratif, etc.

---

1 *De la Division du travail social*, 2ᵉ éd., Paris, F. Alcan, 1902, p. 33.
2 *Loc. cit.*

Aux sanctions restitutives, Durkheim oppose les sanctions *répressives,* qui « consistent essentiellement dans une douleur infligée à l'agent », mais il nous faut, sur ce point, élargir sa classification. — 3° Sanction signifie en effet récompense aussi bien que punition. À côté des sanctions répressives, diffuses ou organisées, il faut mettre les sanctions approbatives, *rémunératrices, prémiales* [1], diffuses (approbation publique ou intérieure) et organisées (récompenses décernées par des corps constitués, décorations légales, honneurs posthumes officiels, etc.). Ces deux espèces de sanctions, répressives et rémunératrices, forment le groupe des sanctions *rétributives,* qui s'oppose au groupe des sanctions restitutives. — 4° Il y a enfin des sanctions qui sont à la fois restitutives et rétributives, qui consistent d'une part dans une remise des choses en état, dans une réparation du dommage causé, et d'autre part dans une peine : telle la composition pécuniaire dans les sociétés qui la connaissent. En droit romain, les dommages-intérêts ont souvent encore le caractère d'une peine privée, ce qui est manifeste surtout quand ils dépassent le dommage causé [2]. La *vendetta* a la même dualité de nature que la composition qui en dérive [3]. L'une et l'autre peuvent être appelées des *sanctions mixtes,* et, pour abréger, nous les appellerons quelquefois de ce nom [4].

La classification parallèle des espèces de la responsabilité offre

[1] Ortolan (*Eléments de Dr. Pén.* t. I, p. 101) propose le terme de rémunératoire pour la responsabilité-mérite ; de la Grasserie (*Des principes sociologiques de la criminologie,* p. 28) oppose le droit prémial au droit pénal.

[2] Girard, *Manuel élém. de droit romain,* p. 393 sqq.

[3] La filiation des deux institutions est reconnue. Cf. entre autres Girard, *loc. cit.* ; Steinmetz, *Ethnologische Studien...,* t. I, p. 406 sqq. ; Glotz, p. 103 sqq., Kovalewsky, p., *268* sqq., etc. Dans la composition, c'est le caractère de sanction restitutive qui est le plus apparent, dans la vendetta, le caractère de sanction rétributive, mais il est facile d'établir le caractère rétributif de la première, le caractère restitutif de la seconde. Pour la composition, la cause est entendue. La vendetta apparaît comme sanction restitutive notamment lorsque la famille de la victime, au lieu de tuer le meurtrier, l'adopte. Cf., pour des exemples, Steinmetz, I, p. 439 sqq. ; Glotz, p. 162; Kovalewsky, p. 203-204.

[4] Il n'y a pas lieu de faire une place à part aux sanctions divines, d'outre-tombe, religieuses : ce sont seulement des sanctions rétributives, administrées par des autorités spéciales, les dieux, les prêtres. — Les sanctions dites naturelles sont des sanctions rétributives qu'on suppose administrées par la « Nature », conçue comme une Providence. Enfin les sanctions, « métaphysiques » (par exemple l'identification de la vertu et du bonheur dans le souverain bien) sont elles aussi des sanctions rétributives, dans la mesure où elles gardent le caractère de sanctions.

Paul Fauconnet

quelques difficultés de nomenclature. Tous les jurisconsultes distinguent la responsabilité légale ou juridique (civile ou pénale) de la responsabilité morale : nous pouvons rapporter la responsabilité *juridique* aux sanctions organisées et la responsabilité *morale* aux sanctions diffuses (en y comprenant la responsabilité de l'agent moral devant sa propre conscience). — On distingue aussi la responsabilité *pénale* de la responsabilité *civile*, puisque, pour un même acte, ce sont souvent deux personnes différentes qui sont responsables devant la loi civile et devant la loi pénale : mais cette opposition n'est pas assez générale et nous devons distinguer la responsabilité *rétributoire* et la responsabilité *restitutoire,* qui correspondent respectivement aux sanctions rétributives et restitutives [1]. Nous pouvons convenir d'appeler *mixte* la responsabilité qui correspondrait à la sanction mixte, à la fois civile et pénale. Enfin, nous référant à ce que nous avons dit plus haut du mérite, nous appellerons *démérite* la responsabilité qui correspond aux sanctions répressives (c'est la responsabilité au sens le plus habituel du mot), et *mérite* ce qu'on pourrait appeler aussi responsabilité *rémunératoire* ou *prémiale*.

III.

— Nous n'étudierons pas, ici la responsabilité civile ni, plus généralement, celle que nous venons d'appeler restitutoire. Historiquement elle s'est différenciée de la responsabilité pénale, avec laquelle elle est d'abord combinée dans la responsabilité mixte. En même temps, elle devient plus étrangère à la responsabilité morale : le droit restitutif abonde en règles compliquées qu'ignore l'opinion diffuse. La responsabilité restitutoire devrait faire l'objet d'un travail distinct de celui que nous entreprenons,

---

1 L'idée de responsabilité est apparentée à celle de garantie ; on dit : répondre d'une dette, d'un engagement, répondre de quelqu'un. Mais il n'y a pas là une espèce nouvelle de la responsabilité. Le garant est un sujet passif désigné d'avance pour supporter la sanction, prévue pour le cas où serait violée la promesse expressément ou tacitement intervenue. De même la responsabilité contractuelle, distinguée par les civilistes de la responsabilité délictuelle, n'est qu'un cas particulier de la responsabilité restitutoire : elle se rapporte aux sanctions que provoque la violation d'un contrat *valable*, qui est « la loi des parties ».

plus techniquement juridique, et postérieur [1].

Au contraire toutes les espèces de responsabilité rétributoire, comme toutes les sanctions rétributives, sont, dès le principe, et restent toujours étroitement apparentées. Juridiques, moraux ou religieux, les mérites et les démérites naissent et varient dans des conditions très voisines et souvent identiques. Ils ne peuvent être sociologiquement étudiés, comme les sanctions rétributives auxquelles ils correspondent, que si l'on éclaire perpétuellement, les uns par les autres, les faits religieux, les faits juridiques et les faits moraux. Notre analyse aura pour objet principal les institutions pénales dans leurs rapports avec les institutions religieuses et morales. Nous toucherons nécessairement à la responsabilité mixte, dans la mesure où elle est pénale.

Une théorie de la responsabilité supposerait une théorie des sanctions. L'institution de la responsabilité pénale règle le fonctionnement de l'institution de la peine. La première s'appuie sur la seconde et perdrait toute raison d'être, si elle en devenait indépendante. Une règle de responsabilité ne prescrit pas absolument ce qu'il faut faire, mais ce qu'il faut faire *quand* on doit appliquer une sanction. Phénomène d'ordre essentiellement physiologique, la responsabilité n'apparaît que si l'on observe la vie juridique et morale en plein mouvement, le système des sanctions pendant qu'il fonctionne. C'est là, d'ailleurs, ce qui fait à la fois la difficulté et l'intérêt de notre sujet. Saisir la responsabilité dans sa réalité sociale est chose malaisée ; elle semble toujours échapper et se volatiliser en idées et sentiments vagues et inconsistants. Les règles de sanction offrent à l'analyse un objet autrement défini et résistant. La peine, par exemple, est une institution qu'on isole sans difficulté des autres, tandis que l'idée de la responsabilité définie comme institution déconcerte nos habitudes et semble faire violence au langage. D'autre part, la responsabilité n'a pas d'organes propres : ce sont les mêmes organes sociaux qui appliquent les règles de sanction et, à l'occasion de cette application, les règles de responsabilité.

---

1 Nous rappelons les travaux d'Emmanuel Lévy : son analyse si originale des phénomènes juridiques, et notamment celle qu'il a donnée de la responsabilité civile, s'attache, comme la nôtre, à décrire les représentations et forces collectives qui sont le contenu et le ressort des règles de droit. — Voir notamment : *Responsabilité et Contrat,* Paris, 1899, (Extrait de la Rev. crit. de législ. et de jurisp.) et notre compte-rendu de ce travail dans *L'Année Sociologique,* t. III, Paris, 1900, p. 425.

L'organisation des tribunaux répressifs, les institutions de la procédure pénale et les institutions pénitentiaires sont impliquées dans les faits de responsabilité pénale. La théorie sociologique des sanctions, œuvre très vaste qui reste à accomplir, devrait donc, nous le reconnaissons, précéder la théorie de la responsabilité. Nous ne nous dissimulons pas qu'il y a des inconvénients à commencer par cette dernière et à l'isoler. Nous serons obligé de réduire et de simplifier la description des faits, de toucher en passant, sans les décrire, à des faits essentiels d'organisation judiciaire ou de procédure. Nous réserverons volontairement de gros problèmes que nous côtoierons sans cesse. Malgré tous ces inconvénients il nous a paru possible de proposer une analyse du fait social de responsabilité pénale et morale ; analyse provisoire, qui tend surtout à faire apparaître ce caractère social, généralement méconnu.

En imposant des sanctions, les sociétés agissent, elles se meuvent. Leurs actes sont déterminés par des représentations et par des émotions, leurs mouvements procèdent de forces. Quelles sont ces représentations, ces émotions, ces forces ?

Toute règle et tout jugement de responsabilité se réduisent en somme à deux termes, un sujet et un prédicat : X est responsable. La détermination du sujet consiste en un choix. Le législateur, le tribunal se consultent pour désigner un être qui, à l'exclusion de tous autres, devra subir la sanction. Dans cette sélection, ils éliminent, comme irresponsables, tous ceux qui leur paraissent inhabiles à servir de patients. L'élimination peut être générale : faute de responsable, la sanction restera alors inapplicable : Si un patient est désigné, une question secondaire de dosage est posée et résolue. Dans cette sélection et dans ce dosage, interviennent bien des considérations diverses. Les unes sont positives et concourent à affirmer, à étendre, à aggraver la responsabilité ; les autres, négatives, antagonistes, sont des facteurs d'irresponsabilité ou de moindre responsabilité. Quelles sont ces considérations ? Nous chercherons à analyser le mécanisme de cette sélection et à en découvrir la loi.

Mais le choix n'est pas arbitraire. Ce sont des raisons morales, des considérations de justice qui le déterminent. Autrement dit, la délibération sociale consiste à examiner si des raisons de convenance, morale, des forces morales contraignantes la poussent à affirmer ou à nier de tel sujet le prédicat *responsable*. En définitive, c'est le sens qu'une société attache à ce mot qui l'oblige à formuler ses règles et ses jugements. Si elle sent vivement qu'il y a lieu à responsabilité et que certains êtres en sont comme colorés, elle les désigne sans hésitation comme patients. Si elle hésite, si elle est troublée par la crainte de commettre une injustice, soit dans un cas d'espèce, soit (comme il arrive aujourd'hui quand les théoriciens discutent dans les congrès et dans la presse) en règle générale, c'est que son sentiment est obscur et confus. Elle se replie alors sur soi-même, fait un effort d'attention, cherche à prendre conscience de ce qu'elle sent réellement. Nous nous demanderons quels sont les éléments, les facteurs de ce sentiment et de cette représentation, comment ils naissent dans la conscience collective et d'où provient le conflit de tendances dont souvent elle est le théâtre. Sous un autre aspect, cette question est d'ailleurs la même que la précédente. Le mécanisme du choix doit s'expliquer, en dernière analyse, par la nature des représentations qui commandent ce choix.

IV.

Tel étant le problème, l'histoire comparative est la seule méthode qui puisse nous permettre de le résoudre. L'examen approfondi de l'institution de la responsabilité, dans une seule société, à un seul moment de sa vie, ne nous en découvrirait ni les éléments, ni, *a fortiori*, les causes. Pour analyser, il faut comparer. La comparaison des cas semblables fait apparaître des types définis et révèle souvent les forces sociales dont ils procèdent. Un historien contemporain, par exemple, a tenté, à l'aide de l'histoire comparative, de définir et d'expliquer l'évolution de la responsabilité collective de la famille, en Grèce, dans ses rapports avec l'évolution de la cité, luttant contre la famille pour la dissoudre et substituant un droit pénal public au régime originaire de la *vendetta*. La comparaison de cas très différents fait apparaître le fond commun et permet par suite de dissocier ce fond des caractères surajoutés qui, souvent, le masquent. Ainsi l'École anthropologique d'histoire des religions, en rapprochant des institutions morales qui nous sont familières la législation du tabou, nous permet de découvrir, sous les raisons que nous nous donnons à nous-mêmes pour rendre compte de notre conception de la faute, des raisons d'un tout autre ordre, conscientes dans des sociétés dites primitives : l'explication du mécanisme de l'inculpation, dans ce qu'il a de commun aux sociétés inférieures et aux sociétés les plus élevées en organisation, doit être cherchée dans des croyances qui, sous des formes différentes, soient communes aux uns et aux autres, tandis que les traits différents seront rapportés aux caractères par où les civilisations diffèrent.

Tant qu'il s'agit des *variations* de la responsabilité, l'emploi de la méthode historique ne soulève aucune objection. Puisqu'elle évolue, tout le monde s'accorde à reconnaître que cette évolution doit avoir des lois et ne peut relever que de causes sociales, — lois et causes que permet seule d'atteindre l'histoire comparative. Mais dès qu'il s'agit, au contraire, du fond universel de l'institution, du fait élémentaire de responsabilité, qui persiste toujours identique à lui-même sous les modifications évolutives, les historiens perdent confiance dans leur méthode et, explicitement ou tacitement, ils renvoient le problème à la philosophie. Avec le philosophe, ils assigneront pour fondement, à ce fait élémentaire, la nature humaine pré-sociale ou extra-sociale, la nature biologique et psychologique de l'individu. Même ils accorderont parfois au métaphysicien que le principe moral de la responsabilité est en dehors de la nature. De ce point de vue, il y aura, entre les variations de la responsabilité d'une part et ses caractères invariables de l'autre, une hétérogénéité radicale, comme si les faits sociaux se jouaient à la surface de la nature humaine sans la modifier dans son fond. Ainsi s'explique que l'histoire puisse faire cause commune avec une philosophie abstraite, métaphysique ou empirique, mais non historique, de l'homme ; elle admettra qu'il y a une responsabilité vraie, fondée dans la nature des choses, que les jugements de responsabilité, sous l'influence des circonstances sociales dans lesquelles ils sont émis, déforment en l'exprimant. De là à penser que le progrès consiste dans l'élimination graduelle de ces caractères sociaux surajoutés ; que la responsabilité vraie, cherchant à se réaliser peu a peu dans toute sa pureté, est la *vis a tergo* qui produit l'évolution, il n'y a qu'un pas, et il est facilement franchi par l'historien. Il se contente, en général, de l'idée commune, plus ou moins épurée, que nous nous faisons aujourd'hui de la responsabilité, postule qu'elle a toujours obscurément inspiré les hommes, et borne son rôle à l'histoire des vicissitudes qu'elle a traversées avant son triomphe actuel.

Cependant, si les variations de la moralité sont sociales et ont des causes sociales, comment la moralité, dans ce qu'elle a d'invariable, ne serait-elle pas, elle aussi, sociale et n'aurait-elle pas sa cause dans la constitution commune à toute société ? Si diverses que soient les civilisations, il y a quelque chose qui est la civilisation. Cet élément immuable, la sociologie l'étudie dans le même esprit que les variations qui se manifestent au cours de l'histoire. Et il n'y a en effet aucune raison, si l'on écarte les idées préconçues, pour procéder autrement. A travers toutes leurs modalités secondaires, les règles de responsabilité consistent toujours et partout dans une sélection de sujets qui paraissent investis d'une dignité ou d'une indignité spéciales. D'une comparaison embrassant les types sociaux les plus éloignés, et notamment les sociétés où nous vivons et celles qui en diffèrent le plus, nous voulons tirer une définition et une explication de ce fait essentiel de choix.

Ainsi, c'est au problème ordinairement abandonné à la philosophie que nous prétendons appliquer la méthode de l'histoire. Nous aurons toujours en vue le principe de la responsabilité tel qu'il vit actuellement dans notre conscience, l'institution qui nous paraît fondée en raison. Et si notre recherche s'attache plus souvent à des faits dont des consciences collectives très différentes sont le théâtre, ce n'est pas qu'elle change d'objet. C'est que nous réussissons mieux à nous connaître, en sortant de nous-mêmes que par introspection, et que les circonstances nous permettent souvent de déceler, dans des sociétés différentes, le jeu des forces qui agissent également dans celles où nous vivons, mais à notre insu. Par contre les institutions de sociétés très différentes, dans la mesure où elles nous sont inassimilables, nous paraissent seulement fondées historiquement. En rapprochant des nôtres ces institutions primitives, nous parviendrons à comprendre pourquoi les secondes sont autre chose que des bizarreries archéologiques. Efforçons-nous d'apercevoir comment la nature de notre civilisation commande notre conception de la responsabilité, tout comme la nature d'autres civilisations commande des conceptions différentes : par là même nous atteindrons le contenu social du fait universel de responsabilité.

Paul Fauconnet

L'étude de l'évolution, des caractères secondaires qui apparaissent dans certains types sociaux et disparaissent dans d'autres, n'est donc pas notre objet propre. La responsabilité, on la verra, est tantôt objective, tantôt subjective, tantôt collective, tantôt individuelle. L'explication de ces variations a été déjà poussée assez loin par les historiens du droit : ce n'est pas à elle que nous nous attacherons. Certes leur importance n'est pas moins grande que celle des caractères universels. Nous les appelons secondaires parce qu'elles viennent spécifier et compliquer diversement un fait primaire, et non parce qu'elles sont négligeables. Mais c'est sur le fait fondamental que se concentrera notre analyse. Même quand nous aborderons l'étude de quelques formes secondaires, c'est sur lui que notre attention continuera à se fixer. Nous chercherons à le retrouver sous les modalités qui le dissimulent. Nous étudierons moins l'évolution elle-même que ce qui, au cours de l'évolution, reste constant.

Par suite on ne trouvera pas dans cet ouvrage une histoire de la responsabilité, ni dans une société particulière, ni en général dans une série de sociétés. Nulle part nous n'aurons à présenter le tableau synthétique et concret de l'institution de la responsabilité dans une société donnée. Il s'agit pour nous d'analyser un phénomène complexe, d'en distinguer, par abstraction, les divers éléments. Nous chercherons, pour y réussir, les faits démonstratifs, là où nous les trouverons. C'est une obligation pour nous de rapprocher des faits très hétérogènes, empruntés, les uns à des sociétés inférieures, les autres à des sociétés très élevées en organisation. Ce rapprochement seul peut faire apparaître ce qui leur est commun.

Cependant nous avons limité notre champ d'observation. Sauf exception, nous n'y avons compris que des sociétés [1] dont nous avons pu, dans des documents sûrs, étudier en détail les institutions pénales et religieuses. Nous ne cherchons pas des faits inédits : tous ceux que nous utiliserons sont bien connus, et, croyons-nous, ne seront pas contestés. Dans leur interprétation, nous pouvons nous

---

1 Ces sociétés sont principalement : quelques tribus australiennes, les Iroquois, — les Ossètes, — les Kabyles du Djurjura, — la Chine, Israël, l'Inde brahmanique, la Perse Avestique, la Grèce, Rome, les Germains, l'Europe moderne et surtout la France. — Parmi les répertoires généraux de faits, il faut citer surtout les ouvrages de Steinmetz, Löffler, Glotz, Westermarck, Makarewicz. Cf. la bibliographie à la fin de l'ouvrage.

écarter des historiens qui les ont décrits, mais, pour les établir et les rattacher aux civilisations qui les fournissent, nous avons d'abord mis à profit les travaux de ces historiens. Nous avons ainsi cherché à réduire au minimum les inconvénients des larges comparaisons qui s'imposent à nous et à satisfaire, dans la mesure de nos forces, aux légitimes exigences de la critique historique.

Dans une première partie, nous décrirons les principaux groupes de faits que nous aurons à interpréter ensuite. Dans la seconde, après avoir discuté quelques idées doctrinales dont il est indispensable de marquer l'insuffisance, nous tenterons d'esquisser une théorie générale de la responsabilité, en analysant ses conditions, sa nature et sa fonction. La troisième partie traitera, dans la mesure où le commande notre dessein, de quelques-unes des formes secondaires de la responsabilité : nous indiquerons dans quel sens elle évolue et comment, tout en restant toujours ce qu'elle est dès l'origine, elle en arrive à prendre les caractères que nos sociétés lui reconnaissent.

Paul Fauconnet

PARTIE I : DESCRIPTION DE LA RESPONSABILITÉ

Une description des faits de responsabilité, — pénale et, subsidiairement, morale et religieuse, — sans limitation chronologique ni géographique, ne peut évidemment pas prétendre à être complète. Mais nous tenterons un dénombrement assez ample pour que notre analyse ultérieure ait des chances sérieuses de saisir, sans rien omettre d'essentiel, tout l'objet défini que nous voulons connaître. La responsabilité est beaucoup plus étendue qu'on ne l'admet ordinairement : c'est surtout à marquer cette extension que nous nous attacherons.

Les faits qui nous sont familiers et bien connus ne nous arrêteront pas. Il serait oiseux de répéter ce que les traités de droit pénal ou de philosophie morale et juridique disent de la responsabilité de l'individu adulte et normal, quand il agit volontairement. Ainsi le cas le plus fréquent, celui qui seul paraît normal, ne sera pas décrit pour lui-même dans ces premiers chapitres : il nous servira ici seulement de terme de comparaison et nous le retrouverons plus tard. Par contre nous étudierons en détail les cas généralement considérés comme anormaux ou aberrants. D'abord il nous paraît indispensable de donner au lecteur le sentiment exact de leur *volume*, c'est-à-dire de leur importance relative dans la vie de l'humanité : les historiens eux-mêmes, qui les rapportent bien, sont trop portés à les traiter comme des exceptions. En outre, ces faits prétendus aberrants sont éminemment instructifs. C'est surtout en les étudiant que nous apercevrons la nature et la puissance des forces sociales que nous cherchons à découvrir. Ils importent donc plus pour notre recherche que le fait normal. Nous n'exagérons pas l'importance des premiers pour diminuer celle du second. Mais nous insistons sur les faits les moins présents à l'esprit de tous, pour leur restituer la valeur relative qu'ils doivent réellement avoir dans l'ensemble des faits.

À cette question : qui doit être jugé responsable ? les sociétés donnent bien des réponses diverses. Nous les répartirons en deux tableaux, parce que la question a deux sens distincts.

Nous disons d'abord que l'homme est responsable, en ce sens qu'il possède les aptitudes pour jouer, *éventuellement*, le rôle de patient de la peine. Juridiquement, la responsabilité est un cas particulier de « capacité » : l'homme adulte et normal, en principe, est « habile » à être puni. Cette capacité n'a pas de dénomination technique en notre langue : l'allemand *Zurechnungsfähigkeit* [1] la désigne assez exactement. Mais l'homme adulte et normal n'est pas le seul sujet possible d'un jugement de responsabilité. L'enfant, le fou, le cadavre, l'animal, la chose et les êtres collectifs peuvent, eux aussi, devenir responsables. Nous dresserons d'abord le tableau de tous les *sujets* aptes à jouer, éventuellement, le rôle de patients (chap. I).

Pour que cette responsabilité éventuelle d'un sujet se réalise et passe de la simple puissance à l'acte, pour qu'il devienne responsable de tel crime déterminé et punissable de telle sanction édictée contre ce crime, il faut que ce sujet participe, dans un sens très large du mot, à l'événement criminel. Comment se définit cette participation ? C'est la question fondamentale que nous devons résoudre. Nous verrons qu'il y a plusieurs manières d'être mêlé au crime, d'intervenir dans sa perpétration. Nous appelons *génératrices de responsabilité* les situations dans lesquelles il suffit de se trouver pour devenir actuellement responsable, pourvu qu'on possède l'aptitude éventuelle à l'être. Définir et décrire les diverses situations génératrices de responsabilité sera l'objet du chapitre II.

---

1 Cf. von Liszt, *Lehrbuch,* p. 163 : « Rein formal kann die Zurechnungs-fähigkeit auch bestimmt werden als *strafrechtliche Handlungsfähigkeit,* d. h. als die Fähigkeit zu strafrechtlich relevanten, die strafrechtliche Unrechtsfolge nach sich ziehenden Handlungen. » P. 157 : « SCHULD ist formell die *Verantwortlichkeit für die begangene rechtswidrige Handlung.* » p. 158 : « Die in dem Schuldurteil enthaltene Zurechnung setzt mithin ein Doppeltes voraus : *a)* Die Zurechnungsfähigkeit (Schuldfähigkeit) des Täters... *b)* Die Zurechenbarkeit der Tat. » — V erantwortlich équivaut au français *responsable* (antworten = répondre) ; *zurechnen,* à *imputer* (rechnen = putare) ; *Zurechnung* à *imputation ; Zurechenbarkeit* à *imputabilité.* Mais *Zurechnungsfähigkeit* = *aptitude de l'agent à se voir inputer l'acte,* n'a pas d'autre équivalent français que responsabilité. Nous ne disons pas d'une personne qu'elle est imputable ; la notion d'imputabilité se réfère à l'acte. Cf. Ortolan, Eléments, I, p. 99-102, notamment §§ 220 et 226. En italien, il semble que le mot imputabilité puisse être employé en parlant des personnes. Cf. Alimena, I, p. 247-248 : « l'uomo è sempre responsabile... ma egli sarà variamente imputabile... » Mais l'opposition indiquée ici ne répond pas à celle de la responsabilité éventuelle et de la responsabilité actuelle.

Paul Fauconnet

Chapitre Premier.
Les sujets responsables

I.

Dans toutes les sociétés, le sujet responsable est, le plus souvent, l'homme adulte et normal, parce qu'il joue dans la vie collective le rôle principal. Les sociétés où nous vivons posent en principe que ce cas n'est pas seulement ordinaire, mais exclusif. Sont seuls capables de responsabilité pénale, dans le droit pénal des sociétés européennes contemporaines, les individus humains, vivants, satisfaisant à des conditions déterminées d'âge et de santé. Sont, par suite, totalement irresponsables [1] :

1° *Les enfants* [2]. — La plupart des législations admettent une période d'irresponsabilité absolue qui dure, pour les plus strictes, jusqu'à sept ans (exemple : Russie, Angleterre) , pour les plus larges, jusqu'à 14 (Vaud, Valais) et même 16 ans (Belgique, 1912). Le Code pénal français de 1810 se contentait de couvrir le mineur de 16 ans d'une présomption d'irresponsabilité, qui tombait devant l'affirmation judiciaire que le mineur avait agi avec discernement. Mais des circulaires ministérielles recommandaient aux parquets de ne pas poursuivre des enfants de moins de 7 à 8 ans. La loi du 22 juillet 1912, complétant les lois des 19 avril 1898 et du 12 avril 1906 a modifié ce système : désormais le mineur de 13 ans est légalement irresponsable, et son infraction ne peut entraîner que des mesures de tutelle et de protection, ordonnées par un organe judiciaire qui n'est pas un tribunal répressif.

2° *Les aliénés* [3]. — Les législations sont en désaccord sur la ter-

---

1 Nos mœurs sont moins exclusives que notre droit. Elles ne répugnent pas à admettre une certaine responsabilité virtuelle, d'ailleurs mal définie, de l'enfant, du mort et surtout de collectivités telles que la famille, la corporation, la nation.

2 *Tableau de la législation des sociétés européennes dans les dernières années du XIXe siècle* : Vergleichende Darstellung, Allg. Teil, V, pp. 103-161 ; Alimena, tome II, p. 299-307 ; Garraud, tome I, p. 724 ; Vidal-Magnol, p. 226, n. 2. — France : *Code pénal*, art. 66-69 ; commentaire de la loi du 22 juillet 1912, Vidal-Magnol, p. 218-297 ; Garraud, t. I, pp. 730-792.

3 *Tableau des législations européennes à la fin du XIXe siècle* : Vergleichende Darstellung, Allg. Teil, V, pp. 1-86 ; Alimena, II, p. 55 sqq. ; Garraud, I, p. 611 sqq. Garraud, p. 619, classe les législations en trois groupes : 1) les plus récentes évitent de nommer

minologie, sur les critériums de la folie, sur le rôle respectif des experts et des juges ; mais elles visent toutes le même but : soustraire à toute peine l'homme dont la folie est avérée. Il est possible, comme le soutiennent certains anthropologistes, que l'on emprisonne ou exécute des criminels dont la conduite est, comme celle des fous, la conséquence fatale d'une constitution psycho-physiologique anormale. C'est alors l'opinion qui erre sur une question de fait : elle méconnaît que cette anormalité soit assimilable à la folie. Mais, dans l'affirmation du principe juridique, la conscience contemporaine n'apporte ni hésitation, ni restriction : un vrai fou ne doit jamais être puni.

3° *Les morts.* — Dans nos législations contemporaines, la mort éteint également le droit d'action et le droit d'exécution pénales. « L'action publique pour l'application de la peine, s'éteint par la mort du prévenu », dit notre Code d'instruction criminelle (art. 2). « Les peines prononcées par arrêts ou jugements devenus irrévocables s'éteignent par la mort du condamné », dit le Code pénal belge. Le Code pénal français ne pense même pas à dire que le décès du condamné met fin à l'application des peines [1].

4° *Les animaux.* — Les Codes contemporains sont muets sur ce point. Dans l'état de nos mœurs, l'hypothèse d'une poursuite pénale contre un animal est absurde. La doctrine ne l'écarte que par allusion aux antécédents historiques.

5° *Les personnes morales,* c'est-à-dire les collectivités ayant une existence juridique distincte de celle de leurs membres [2].

Mais cette étroite limitation de la responsabilité virtuelle est, historiquement, d'origine récente. L'irresponsabilité des enfants, des fous, des morts, des animaux et des sociétés, loin d'être universelle,

les maladies qui excluent la responsabilité (*Cod. pén. allemand*, § 51) ; 2) dans le droit anglais, des règles jurisprudentielles fixent les critériums de l'aliénation ; 3) d'autres législations emploient, sans les définir, des termes qui ont, en psychiatrie, une signification technique, c'est le système du Code pénal français, art. 64, « il n'y a ni crime ni délit lorsque le prévenu était en état de démence au temps de l'action. » Sur le sens à donner ici au mot démence, cf. Garraud, p. 620.

1 Si la condamnation à l'amende est irrévocable avant le décès, le paiement pourrait être poursuivi contre les héritiers, mais seulement *intra vires successionis*. Vidal-Magnol, p. 708.

2 Nous reviendrons ci-dessous, eh. VIII, p. 339, sur les restrictions à ce principe qu'apportent des doctrines nouvelles et sur les rares exceptions où la législation s'en écarte.

Paul Fauconnet

se présente plutôt comme le terme d'une évolution au cours de laquelle sont peu à peu tombées en désuétude des règles de responsabilité d'une application beaucoup plus étendue.

II.

Il n'est pas injuste, pour toute conscience sociale, que l'enfant soit frappé d'une sanction pénale [1].

Le droit chinois [2] distingue trois minorités pénales. Les mineurs de quinze ans (assimilés aux vieillards de soixante-dix ans et aux infirmes qui ont perdu un œil ou un bras) rachètent toute peine non capitale par le paiement d'une amende. Ceux de dix ans (assimilés aux vieillards de quatre-vingts ans et aux infirmes privés des

---

1 Beaucoup de faits très connus, dont le souvenir se présente spontanément ici, sont sans rapport avec la proposition qui nous occupe. Nous cherchons si le très jeune enfant peut être choisi comme patient. Si donc l'on constate que souvent l'acte de l'enfant est générateur d'une responsabilité qui incombe, non à lui-même, mais à sa famille, à son père ou tuteur, il y a là, expressément, irresponsabilité de l'enfant : bien que capable de rendre autrui responsable, il est personnellement exclu du groupe des sujets aptes à la responsabilité. Par contre, il n'est pas nécessaire, pour qu'il y ait responsabilité de l'enfant, que le crime soit son fait ; il est responsable, s'il supporte une sanction, fût-ce la sanction du crime d'autrui. — La mitigation de la peine infligée à l'enfant manifeste l'atténuation, mais non l'annulation de sa responsabilité. Même, la société qui le frappe d'une peine mitigée témoigne hautement qu'elle le frappe, quoiqu'enfant : elle a délibéré si l'enfance excluait la responsabilité et elle a répondu négativement. Il n'y a pas, pour nous, de fait plus décisif. — Voir Post, II, p. 222-224 ; Westermarck, I, p. 264-269. L'étude de Westermarck est la plus complète que je connaisse. Ni lui, ni Post ne distinguent d'ailleurs l'aptitude de l'enfant à être puni et son aptitude à engendrer la responsabilité d'autrui.

2 *Principe de la triple minorité pénale* : Ta-Tsing-Leu-Lée, section XXII, tome I, p. 52-54 ; Code Annamite, art. XXI, t. I, p. 185-191 ; Alabaster, p. 99-102. Le Code chinois, p. 53, dit : « Le coupable qui n'a pas plus de sept ans, ni moins de quatre-vingt-dix, ne subira de peine en aucun cas, excepté celui de trahison et de révolte » ; de même, Alabaster, p. 99 : « Under seven years of age, the offender will be excused save for treason or robbery (= révolte ou rébellion, cf. p. 385). Au contraire le Code annamite, dans le texte de l'article et dans le commentaire officiel (p. 185-186) qui, d'après Philastre (p. 189), reproduisent le code chinois, distingue formellement le vieillard de 90 ans, qui est responsable exceptionnellement en cas de trahison, et le mineur de sept ans, incapable de trahison. — *Castration et réduction en esclavage des enfants mineurs du criminel en cas de trahison* : Ta-Tsing-Leu-Lée, statuts supplémentaires de la section CCLIV, tome II, p. 456 ; Code annamite, art. CCXXIII, t. II, p. 8, 10 et 13-14 (la peine de la castration, abolie vers l'an 150 av. J.-C., a été rétablie en 1837) ; Alabaster, p. 58-59.

PARTIE I : DESCRIPTION DE LA RESPONSABILITÉ

deux yeux ou des deux bras) sont recommandés particulièrement à la clémence de l'empereur, lorsque le crime est capital. Enfin les mineurs de sept ans (assimilés aux vieillards de quatre-vingt-dix ans) ne subissent aucune peine. Mais il est dérogé à ces règles générales en cas de trahison. l'enfant, si jeune soit-il, est alors atteint par la peine qui frappe collectivement sa famille. Les fils des criminels âgés de moins de quinze ans et toutes les filles sont réduits en esclavage ; les enfants mâles subissent la castration ; s'ils ont moins de six ans, on les garde en prison jusqu'à l'âge de onze ans et on leur inflige alors cette mutilation.

Nous sommes très mal renseignés sur le traitement réservé aux mineurs par le droit athénien [1]. Aristote déduit rigoureusement, de sa théorie des conditions subjectives de l'imputabilité, l'irresponsabilité pénale de l'enfant, comme le principe de l'impunité des actes involontaires. Mais le droit positif punissait l'homicide accidentel ; on peut donc supposer qu'il sanctionnait également l'homicide commis par l'enfant. Platon, dont la législation idéale suit beaucoup plus exactement le droit en vigueur, exempte de toute autre sanction que la réparation du dommage les crimes commis en état de folie, de maladie, dans l'extrême vieillesse et dans l'enfance, même les crimes d'impiété et de trahison, mais il excepte le cas d'homicide : à l'enfant, comme au fou, qui a versé le sang, il inflige un an d'exil et, en cas de rupture de ban, deux ans d'emprisonnement. C'est également un an d'exil qu'il impose et que le droit positif imposait à l'auteur du φόνος ἀκούσιος. À Sparte, à la fin du Ve siècle, un enfant était exilé pour homicide involontaire : Xénophon l'a connu parmi les Dix mille. Cette responsabilité pénale de l'enfant homicide serait d'ailleurs à mettre, pour une large part, au compte de la vengeance privée. L'exil, ici, est moins une peine proprement dite qu'une satisfaction accordée au mort et à sa famille. Purement pénale est au contraire la sanction des crimes les plus graves contre l'État et la religion ; or, si l'enfant, auteur de ces crimes, est exempté par Platon de toute peine, le droit positif, à Athènes comme en Chine, applique aux enfants comme aux

---

1 Aristote : cf. les textes dans Lœning, *Die Zurechnungslehre des Aristoteles*, p. 240. Platon, *Lois*, IX, p. 864 D. E. Xénophon, *Anabase*, IV, 8, 25. Cf. Glotz, p. 445-447, qui admet cette responsabilité de l'enfant homicide et en propose une explication. Löffler, p. 56, n. 30. — Sur la sanction de l'homicide involontaire à Athènes, cf. ci-dessous, p. 109.

adultes la peine qui frappe collectivement la famille de l'impie et du traître [1]. La formule : qu'il soit mis à mort, ou qu'il soit frappé d'atimie, lui, ses enfants et tout son γένος, ne comporte aucune restriction en faveur des enfants les plus jeunes. Dans la responsabilité collective de la famille est impliquée celle des enfants : mort, bannissement, dégradation civique, confiscation les atteignent comme les adultes. Si la peine capitale collective a notamment pour rôle d'éteindre la race et d'empêcher le culte domestique, il faut bien que l'enfant de tout âge soit mis à mort.

Dans le droit romain lui-même, l'irresponsabilité pénale de l'enfant ne répond pas exactement au principe que nous formulons aujourd'hui [2]. Les fragments des jurisconsultes se réfèrent en majeure partie aux actions pénales privées. Le droit classique reconnaît l'irresponsabilité complète ou, ce qui revient au même, l'incapacité de s'obliger par un délit de *l'infans* et de *l'infantiœ proximus*. Or, si au temps de Justinien *l'infantia* finit à sept ans, « *l'infans* est littéralement celui *qui fari non potest* et le mot a dû signifier légalement à

---

1 Sur la responsabilité de l'enfant impliquée dans la responsabilité collective de la famille, voir ci-dessous, p. 73. Tous les enfants sont mis sur le même plan ; rien ne permet de supposer qu'une exception soit faite en faveur des plus jeunes. Cf, Glotz, p. 458-459 : idée que tous les enfants doivent être tués pour que le culte domestique soit impossible ainsi que la vengeance ; p. 552-554 : les enfants que le défenseur fait paraître pour exciter la pitié des juges étaient originairement sous la menace de la sanction.

2 *Délits privés, incapacité en droit classique* : Girard, *Manuel*, p. 200-202 ; Jhering, *De la faute en droit privé*, p. 48. — *Définition de l'infantia* : Girard, p. 201, n. 1 ; Pernice, Marcus Antistius Labeo, t. I, p. 214 sqq. — *Délit de l'impubère dans les XII Tables : vol nocturne de récolte*, Pline, *Hist. nat.*, 18, 3, 12 : Frugem... aratro, quæsitam noctu pavisse ac secuisse puberi XII tabulis capital erat... impubem prætoris arbitratu verberari noxiamve duplionemve decerni (cf. sur cette disposition, Cuq, *Les Institutions juridiques des Romains*, tome 1er, Paris, 1904, p. 111, n. 2) ; *Vol manifeste*, Aulu-Gelle, 11, 18, 8 : Ex ceteris... manifestis furibus liberos verberari addicique jusserunt (Xviri) ei, cui furtum factum esset... ; servos... verberibus affici et e saxo præcipitari ; sed pueros impuberes prætoris arbitratu verberari voluerunt noxiamque... sarciri. Sur le caractère capital de la sanction du vol manifeste commis par l'adulte, cf. Girard, p. 406 : sur la *verberatio* infligée à l'enfant, Pernice, p. 216, note 39 ; Hitzig, *in* Zum ältesten Strafrecht, p. 34. — *Interprétation de ces dispositions* par Mommsen, p. 75 et p. 41 ; nous suivons celle de Pernice, p. 216-217 ; cf. Jhering, p. 14 ; Cuq, p. 111 ; Ferrini, p. 130 ; Girard, p. 202, n. 1. — *Evolution du droit entre les XII Tables et Salvius Julien*, Pernice, p. 217-219 ; Girard, p. 202, n. 1. — *Délits publics : Droit classique*, Mommsen, p. 75-76 ; Ferrini, p. 128 sqq. ; droit antérieur : Pernice, p. 219 ; Ferrini, p. 130-132. — *Sur la loi d'Arcadius et Honorius*, cf. ci-dessous, p. 79.

PARTIE I : DESCRIPTION DE LA RESPONSABILITÉ

l'origine ce qu'il veut dire littéralement ». La question, si l'*infans* de Gaius et d'Ulpien est déjà celui de Justinien, est controversée : il est en tout cas vraisemblable que, pendant de longs siècles, le tout petit enfant seul a été reconnu incapable. Dans le droit des XII Tables, il n'est pas question de l'*infans*, mais seulement de l'impubère ; sa responsabilité, distinguée pour certains délits de celle de l'adulte, est atténuée, mais non pas nulle. En cas de vol manifeste et en cas de vol nocturne de récolte, la peine de l'adulte est capitale ; pour l'impubère, la peine est seulement la réparation — au simple pour le vol manifeste, au double (?) pour le vol de récolte, — et à une *verberatio* à l'arbitraire du préteur. La réparation a très vraisemblablement le caractère d'une composition pécuniaire obligatoire ; la *verberatio* est une mesure disciplinaire et peut-être une expiation religieuse (*castigatio*). On ne voit pas que Mommsen soit fondé à dire ni qu'il y a là irresponsabilité complète, sous prétexte que la réparation et la *verberatio* ne constituent pas des peines proprement dites ; ni que ces deux règles sont des dérogations au principe général de l'irresponsabilité pénale des impubères qu'aurait admis la loi des XII Tables : le contraire est bien plus vraisemblable. D'autre part tous les impubères sont ici mis sur le même plan : l'enfant, même le plus jeune, peut être, au moins dans les deux hypothèses visées, frappé d'une sanction qui est bien voisine d'une peine proprement dite. Postérieurement aux XII Tables, une évolution du droit a limité la responsabilité des impubères : les *infantes* et les *infantiæ proximi* sont devenus tout à fait incapables de s'obliger par leurs délits. Il est généralement admis aujourd'hui que cette évolution, sur laquelle nous sommes mal renseignés, est tardive : la distinction des impubères irresponsables et des *doli capacis pubertati proximi* serait le fait de Salvius Julien, contemporain d'Hadrien. — Pour les délits publics, les textes sont encore plus pauvres. La doctrine, élaborée sans doute par Salvius Julien, a été transportée à cette matière par ses successeurs. En droit classique, d'après Mommsen, l'impubère ne peut être puni de mort ; les autres peines sont admises ou exclues selon que l'enfant a agi ou non avec discernement ; cette question de fait n'est jamais soulevée quand il s'agit des *infantes* ; après cet âge, la punition est permise, mais ne doit pas être facilement prononcée, quand l'enfant est près de cette limite. Mais certains textes permettent de penser que ces principes généraux ne se sont établis que peu à peu, en triomphant des principes opposés : vers la fin de la République, la loi *Julia de vi publica* punit celui « *qui pubes cum telo in publico fuerit* » ; le sénatus-consulte Silanien exempte explicitement de la peine les esclaves impubères ; au début du IIIe siècle, Modestinus mentionne encore explicitement que l'*infans* n'est pas punissable en vertu de la loi Cornelia. — Nous verrons ci-dessous que le crime de lèse-majesté engage, depuis l'époque d'Arcadius et Honorius, la responsabilité des enfants du criminel : aucune exception n'est faite en faveur des mineurs.

Certaines dispositions des droits germaniques [1] affirment l'irresponsabilité complète des mineurs ; mais elles se réfèrent à l'hypothèse de vol. Pour l'homicide et les blessures, l'acte de l'enfant semble être assimilé à l'acte involontaire de l'adulte et ce que nous dirons de la sanction de ce dernier s'applique à peu près à la sanction du premier. L'homicide commis par l'enfant n'entraîne pas la mise hors la loi, la *Friedloslegung*, l'enfant ne peut devenir *friedlos* : quelques textes scandinaves le disent expressément. Par suite le *Friedensgeld* qui rachète la *Friedloslegung*, ne peut être dû par l'enfant. Cependant ces propositions ne sont pas vraies sans restrictions : la loi danoise qui exempte l'enfant du *Friedensgeld* fait exception pour l'homicide. Et les lois norvégiennes commandent de conduire à l'étranger l'enfant meurtrier : sans doute, comme le remarque Wilda, ce bannissement n'est pas à proprement parler une *Friedloslegung*, puisque, tandis que tout commerce avec le *Friedlos* est interdit même à ses proches, les parents de l'enfant banni peuvent l'accompagner et doivent veiller à sa subsistance ;

---

[1] Wilda, p. 640-644. — *Irresponsabilité complète de l'enfant* (pour vol : lois danoises, anglo-saxonnes, norvégiennes). p. 640-641. — *Assimilation de l'acte de l'enfant à l'acte involontaire de l'adulte*, p. 642-643. Lois suédoises : « dass Alles, was ein Unmündiger thut, als von Ungefähr ohne bösen Willen zugefügte Verletzung angesehen ». Cf. Brunner, II, p. 546 ; von Amira, Nordgermanïsches Obligationenrecht, Leipzig, 1882-1895, t. I, p. 375. — *Exclusion de la Friedlosigkeit*, Wilda, p. 641-643 (Islande, Suède) *et du Friedensgeld*, sauf exception pour homicide, p. 642 (Danemark : Wenn er weniger als 14 (15) Winter alt ist, büsse er dem Verletzten, aber nicht dem König und nicht dem Bischof, ausser für den Totschlag). — *Bannissement de l'enfant homicide par les lois norvégiennes*, p. 642 et 551 ; Löffler, p. 38, fin de la note 21. — *Composition pécuniaire pour homicide et blessures* totale, Wilda, p. 641-642 (Islande, Danemark), partielle, 642-643 (Suède, Frisons). — *Sur la sanction de l'acte involontaire*, cf. chapitre suivant, p. 113.

PARTIE I : DESCRIPTION DE LA RESPONSABILITÉ

sans doute aussi la société prend une mesure de police pour soustraire l'enfant à la vendetta, dans l'intérêt de l'enfant lui-même et de la paix publique. On ne peut cependant parler ici d'une irresponsabilité pénale absolue. Quant à la composition pécuniaire, elle est due aux victimes lésées par le fait de l'enfant, ou tout au moins la fraction de la composition est due, qui représente le dédommagement ; mais il s'agit là d'une sanction plutôt civile que pénale et qui, d'ailleurs, est supportée par la famille et non par l'enfant lui-même. En résumé, dit Wilda, la responsabilité pénale de l'enfant est ou exclue ou atténuée, mais non pas, en règle générale, sa responsabilité civile.

Dans les droits de l'Europe moderne, notre matière a été généralement réglée par une interprétation et une combinaison plus ou moins arbitraires des textes du *Corpus juris* [1]. Mais le principe des peines arbitraires et la maxime « malitia supplet ætatem » laissent d'ailleurs au juge la faculté de trancher, comme il l'entend, la question de discernement. En France, l'enfant de moins de sept ans, — l'*infans* de Justinien, — est exempté, de toute peine. Mais l'exemple du droit anglais montre que, si l'irresponsabilité pénale de l'enfant s'est peu à peu imposée en fait à la conscience publique, il s'en faut qu'elle soit admise en principe et acceptée sans résistance : en 1457, un enfant de quatre ans est tenu pour responsable, quoique le langage de la Cour témoigne d'une disposition à exempter l'enfant de toute peine ; au XVIIIe siècle, une fille de treize, un garçon de huit ans sont exécutés pour meurtre ou pour incendie ; un garçon de dix ans est condamné à mort et ne doit la vie qu'à une mesure de grâce. De pareilles sentences seraient inexplicables, si l'irresponsabilité de l'enfant était admise en principe.

Certaines des législations que nous venons d'examiner, — la législation athénienne selon toute vraisemblance, celle des XII Tables, le droit germanique, — témoignent déjà que la vengeance privée, dont elles conservent des vestiges, a dû atteindre l'enfant. La responsabilité de l'enfant devant la vendetta a d'ailleurs été directement observée.

---

1 Ortolan, t. I, p. 116-118 ; cf. Engelmann, Die Schuldlehre der Postglossatoren, p. 28. — *Ancien droit français, XVIIIe siècle* : Muyart de Vouglans, *Les lois criminelles*, p. 26, Jousse, *Traité de la justice criminelle*, tome II, p. 615. — *Droit anglais*, Westermarck, I, p. 268.

On bien l'enfant, auteur d'un meurtre, subit lui-même la sanction de son acte. Ou bien, sans avoir personnellement rien fait, il est englobé dans la responsabilité collective de sa famille. Les deux cas devraient être distingués, si l'on s'attachait aux conditions génératrices de la responsabilité, à l'acte accompli ou non par l'enfant. Mais, dans les deux cas, l'enfant subit une sanction, il est traité comme un sujet apte à la responsabilité. Cela seulement nous intéresse ici. Nous venons de voir que les lois norvégiennes bannissent l'enfant pour le soustraire aux représailles : c'est donc que ces représailles le menaceraient. Dans un passage remarquable de l'Iliade [1], Patrocle rappelle comment, ayant tué tout enfant et sans le vouloir, un de ses camarades de jeux, il dut être emporté et élevé loin de son pays, chez Pélée. Surtout, l'enfant n'est pas toujours à l'abri de la vendetta qui menace collectivement sa famille, qu'il soit ou non l'auteur de l'homicide. Parmi les observateurs des sociétés australiennes [2], Dawson rapporte que la vendetta s'éteint par le

---

1 *Iliade, XXII*, 85-88 ; sur ce texte, voir ci-dessous p. 109.
2 Dawson, Australian Aborigines, p. 71 (il s'agit des tribus du sud-ouest de Victoria, dans l'aire comprise entre Portland, Colac et Ararat : cf. Howitt, The Native Tribes of South-East Australia, London, 1904, p. 124 sqq. : Frazer, Totemism and Exogamy, London, 1910, t. I, p. 463 sqq.) : and should they succeed in killing a member of the tribe, even though it be a woman, or only a child, they are satisfied, and the two tribes are again friendly. » — Kurnai : Fison et Howitt, Kamilaroi and Kurnai, p. 214. — Australie occidentale (région de la Rivière du Prince Régent ou de la Swan River, environs de Perth ou de King George Sound) : Grey, Journals of two expeditions of discovery in North-West and Western Australia, London, 1841, t. II, p. 239. — ILES MARSHALL : Senfft, in Rechtsverhältnisse von eingeborenen Völkern in Afrika und Ozeanien, bearbeitet von Steinmetz, p. 449 : Die Blutrache geht auch gegen Kinder. — NIAS : Modigliani, dans Steinmetz, Ethnol. Studien, t. I, p. 394 : öfter wird eine ganze Familie einschliesslich der Säuglinge getötet um möglicher Wiederrache vorzubeugen. — BRÉSIL ; Martius, cité par Steinmetz, t. I, p. 374 : Der Bluträcher verschont dann gewöhnlich kein Glied der feindlichen Familie, selbst Greise und Säuglinge nicht. — IROQUOIS : Lafitau, t. III, p. 231 : dans les expéditions de vendetta, les vieillards, chefs, enfants très jeunes, infirmes, sont mis à mort dès après le combat, tandis que les autres prisonniers sont emmenés pour être torturés ou adoptés. — OSSÈTES, fin du XVIIIe et commencement du XIXe siècle, Kovalewsky, p. 248. — *Enfant choisi comme patient parce que la victime à venger est un enfant* : Igorrotes des Philippines, Jagor, Travels in the Philippines, 1875, cité par Steinmetz, I, p. 335 : for a child a child. *Loi de Hammourabi,* § 210 : si cette femme (une fille d'homme libre) meurt, on tuera la fille (de l'agresseur) ; § 230 : si c'est l'enfant du maître de la maison qu'il (l'architecte dont l'œuvre s'est écroulée) a tué, on tuera l'enfant de cet architecte. Cf. § 116 : Si, dans la maison de son contraignant, le contraint meurt par suite de coups ou de misère... si le mort était fils d'homme

meurtre d'un membre quelconque du groupe tenu pour responsable, même d'une femme ou d'un enfant. Fison et Howitt notent que, chez les Kurnai qui exercent leur vengeance en massacrant de nuit toute une famille, les enfants, au lieu d'être tués, peuvent être adoptés. Grey montre à quel point le sentiment de la responsabilité collective est développé par ce fait que les enfants de sept à huit ans eux-mêmes, entendant parler d'un meurtre, s'informent s'ils appartiennent ou non au groupe menacé et prennent leurs mesures en conséquence. Des faits, analogues sont observés en Nouvelle-Guinée, aux îles Marshall, à Nias, au Brésil, chez les Iroquois, chez les Ossètes, etc... Dans certains cas, un enfant est frappé non pas indifféremment, mais de préférence, parce que c'est la mort d'un enfant qu'il s'agit de venger. Sans doute, les enfants doivent être, moins souvent que les adultes, atteints par la vendetta, notamment parce qu'ils ne prennent pas part aux combats et que la vendetta s'exerce généralement sous forme de guerre, ou encore parce que ce sont des victimes moins estimées. Mais il n'est pas probable que la vendetta, quand aucune force antagoniste ne la réfrène, épargne systématiquement l'enfant. Selon toute vraisemblance, les textes innombrables, qui attestent, sans aucune réserve, la responsabilité collective de la famille devant la vendetta, doivent être interprétés comme témoignant implicitement de la responsabilité des enfants, même les plus jeunes.

Nous avons, en somme, peu de documents sur la responsabilité de l'enfant : de ces documents, la plupart témoignent assurément d'une tendance à atténuer et même à annuler cette responsabilité. Il est probable qu'en fait l'enfant a toujours joué, pour ainsi dire, un rôle pénal moins important que l'adulte. Mais il s'en faut qu'on soit fondé à dire que la conscience humaine considère universellement comme une injustice et une absurdité l'application d'une sanction

---

libre, on tuera son fils... — *Exemples d'enfants épargnés par la vendetta pour des raisons qui n'ont rien à voir avec leur manque de discernement :* Wesnitsch, Die Blutrache bei den Südslaven, Zeitschrift für die vergl. Rechtsw., IX, 1891, p. 56-57 : Wenn der Thäter ein unbedeutender Mensch ist, so wird oft absichtlich nicht Rache an ihm geübt, sondern ein augeseheneres Familienglied hierzu auserlesen... Ebenso wird es als Schande angesehen, wenn einer ein Kind tödtet, das noch nicht die Waffen tragen konnte. Hanoteau et Letourneux, La Kabylie et les coutumes kabyles, t. III, p. 63-64 : L'enfant mineur, l'idiot, l'insensé eux-mêmes, s'ils deviennent meurtriers, donnent ouverture à la rek'ba (dette de sang). Mais le choix du patient dépend de ce principe qu'il doit être « tel que le mort ou meilleur que lui. »

Paul Fauconnet

à l'enfant.

III.

Le fou est, semble-t-il, traité en général à peu près comme les mineurs les plus jeunes : « infans et qui infanti proximus est non multum a furioso differt », dit Gaius. Mais l'indulgence est peut-être moindre et les mesures de tempérament et d'exemption se distinguent plus nettement de celles qu'inspirerait notre principe contemporain de l'irresponsabilité de l'aliéné.

Nous ne savons presque rien de la responsabilité du fou [1] dans le système de la vengeance privée. Nous connaissons des sociétés où la vendetta l'épargne ; mais très probablement, quand la vendetta vise toute une famille, elle ne s'arrête pas plus devant le fou que devant l'enfant. Sous forme de composition pécuniaire, la sanction pénale privée s'applique souvent au fou, qui doit payer de ses propres biens.

Au regard de la peine, la folie se présente comme une circonstance atténuante plutôt que comme une circonstance exclusive de l'infraction [2].

À la fin du IIe siècle, un rescrit de Marc-Aurèle et Commode ordonne expressément de ne pas punir un criminel indubitablement fou : décision d'espèce, provoquée par les hésitations d'un magistrat, qui s'appuie, non sur le principe de l'irresponsabilité du fou,

[1] Responsabilité du fou en général : Post, II, p. 219-220 ; Westermarck, I, p. 269-277. — Responsabilité mixte : *Vendetta* : Westermarck, p. 271, ne relève que deux exemples : Waschambala (N. O. de Zanzibar), d'après Lang, in Rechtsverhaltnisse... bearbeitet von Steinmetz, p. 257 : Hat ein Wahnsinniger einen Totschlag begangen, so wird er nicht eigentlich der Tat wegen, sondern damit er nicht ferneres Unheil anrichtet, als gemeingefährlich getötet (remarquer que seul le meurtre intentionnel entraîne dans cette société la vendetta). Daghestan, d'après Miklosich, Die Blutrache bei den Slaven, Denks. der k. Ak. d. Wiss., Phil.-hist. Cl., XXXVI. Bd., I. Abt., Wien, 1888, p. 131 : Beï den Türken Dagestans unterliegen der Blutrache auch Minderjährige, Wahnsiunige, usw. — *Composition* : Westermarck, p. 272 ; Post, p. 219, n. l :Wilda, p. 644-648.
[2] Droit romain : Pernice, t. I, p. 239 ; Ferrini, p. 133-136 ; cf. Ortolan, t. I, p. 139. — Ancien droit français : Ortolan, p. 140 ; Müyart de Vouglans, *Les lois criminelles*, p. 28, §III et IX ; Jousse, *Traité de la justice criminelle*, t. II, p. 622-623. — Jurisprudence anglaise : Maudsley, *Le crime et la folie*, tr. française, 6e édition, Paris, F. Alcan, 1891, p. 84 sqq. ; le texte cité, p. 86. Cf. Westermarck, I, p. 272-274.

PARTIE I : DESCRIPTION DE LA RESPONSABILITÉ

mais sur cette considération que la folie est, par elle-même, une peine suffisante. Au XVIIIe siècle, d'après la pratique du Parlement de Paris, les premiers juges devaient prononcer contre le fou criminel la peine ordinaire, le Parlement se réservant le soin de modérer cette peine ou d'en exempter le condamné, sur l'appel. Encore était-il de jurisprudence certaine que, pour les crimes de lèse-majesté au premier chef et pour ceux qui entraînaient le procès au cadavre, le fou dût subir la peine sans atténuation. Ainsi le fou n'est pas mis par principe hors du droit pénal ; selon les circonstances, il est ou n'est pas excusable.

Cette sévérité est particulièrement manifeste, si l'on considère avec quelle difficulté le droit admet la folie en matière criminelle. Maudsley a bien montré que l'ancienne jurisprudence anglaise réclamait, pour accorder au fou le bénéfice d'irresponsabilité, des conditions qui, à la lettre, ne sont jamais remplies. Et sans doute on peut dire que la psychiatrie était alors dans l'enfance et que nos pères, admettant la règle de l'irresponsabilité du fou, l'appliquaient mal, parce qu'ils méconnaissaient les véritables critérium de la folie. Cela est vrai. Il reste que le droit reconnaissait bien plus aisément l'incapacité civile du fou que son incapacité pénale. « Tandis que la loi refusait d'exempter du châtiment les actes criminels à moins que la raison de leur auteur ne fût entièrement absente, elle invalidait les actes civils d'un individu et lui enlevait la conduite de ses affaires et de sa personne, pour peu qu'il y eût folie partielle, et alors même que les actes attaqués n'avaient avec l'aberration de son esprit aucune relation appréciable. L'intelligence d'un homme pouvait ne pas être suffisante pour le mettre en état de diriger ses affaires et de disposer de son bien ; mais, alors même, elle était très suffisante pour le rendre responsable d'une violence criminelle. Il était juste de prendre pour assassinat un individu reconnu incapable de prendre soin de sa personne et de sa fortune. » Ainsi les mêmes données psychiatriques sont interprétées de façons très différentes, selon que des intérêts privés seuls sont en jeu ou au contraire qu'il s'agit pour la société de recourir à la peine.

C'est le droit chinois qui nous fournit, ici encore, le fait le plus significatif [1]. Il manifeste une incontestable tendance à atténuer la

---

[1] Alabaster, p. 92 sqq. *Pleine responsabilité du* fou *parricide, p.* 96. Cf. Code. annamite, Décrets à la suite de l'article CCLXI (du meurtre involontaire), t. II, p.

responsabilité du fou : au lieu d'être exécuté, l'aliéné meurtrier est, par exemple, condamné à la prison et aux fers ; d'ailleurs, s'il a recouvré la raison au moment du jugement, la famille de la victime doit donner son assentiment pour que la peine soit commuée. Le cas de l'aliéné qui, par exemple, a blessé son père fait l'objet d'un rapport spécial et confidentiel à l'empereur, et la peine est commuée. Mais le fou parricide est puni sans atténuation : il est mis en pièces et la sentence est exécutée même sur le cadavre, si le patient est décédé antérieurement.

Ainsi des sociétés punissent le fou, non parce qu'elles méconnaissent son état, ni l'incompatibilité relative de cet état et de la responsabilité, mais parce qu'elles jugent, malgré cet état, la peine obligatoire. Elles admettent assez complètement l'irresponsabilité du fou pour juger souvent en fait presque comme nous le ferions nous-mêmes, et rejettent cependant le principe de l'irresponsabilité absolue.

IV.

Le sujet passif de la peine est souvent un cadavre humain. Sans doute, si la responsabilité est individuelle, le mort est frappé pour le crime commis par le vivant. Mais puisque le cadavre est jugé apte à subir la peine, c'est lui qui est responsable, au sens que nous donnons à ce mot [1].

Nous pouvons considérer certains compléments de la vendetta comme des exécutions de cette sanction sur des cadavres : tels sont la mutilation posthume du meurtrier par le vengeur, qu'on observe notamment en Grèce, sa décapitation posthume par le chasseur de têtes ou l'usage équivalent des Indiens de l'Amérique septentrionale qui scalpent ceux qu'il ont tués. La vendetta n'est réputée accomplie que si la tête ou la chevelure est rapportée par le vengeur [2].

Au regard de la peine, la responsabilité, du cadavre paraît être

---

226-227. La traduction du Code chinois dont nous disposons ne fournit rien sur la matière.
1 Cf. ci-dessus, p. 31, la note.
2 Grèce : Glotz, p. 62. Chasse aux têtes : voir Pinza, La conservazione delle teste umane e le idee ed i costumi coi quali si connette, Rome, 1898. Scalp : Lafitau, t. III, p. 232 sqq.

engagée dans deux circonstances : en cas de suicide d'une part, et pour les crimes les plus graves contre la chose publique d'autre part.

Dans la plupart des sociétés, le suicide est puni et la sanction s'exécute souvent sur le corps du suicidé [1] : il est inhumé sans les cérémonies d'usage, privé de sépulture, traîné à la voirie, mutilé ou même enfin soumis par la main du bourreau aux peines qu'on inflige ordinairement aux vivants, par exemple pendu ou brûlé. Ces faits, qui sont abondants, pourraient suffire à établir l'aptitude pénale du cadavre. Car, de quelque manière qu'on veuille les interpréter, ils témoignent que des sociétés ne répugnent pas à punir le cadavre, ne voient pas d'incompatibilité radicale entre la peine et l'état de *non-vie* du patient qui la supporte. Du jour où cette incompatibilité est reconnue, les sociétés mêmes qui qualifient crime le suicide et voudraient le punir renoncent à la peine plutôt que de l'exécuter sur un mort. Cependant, comme le suicide est, par sa nature, un crime exceptionnel, dont la responsabilité ne peut incomber, si du moins elle est individuelle et ne s'étend pas à la famille, qu'à un mort, les faits ont moins de valeur démonstrative : mieux vaut insister sur les cas où la sanction, en principe édictée contre le vivant, s'applique, le cas échéant, au mort.

Le droit chinois [2] punit le cadavre du parricide. « Si le coupable dudit parricide mourait en prison avant d'avoir été exécuté, on exercerait sur son cadavre les tortures qu'on lui aurait fait souffrir étant en vie. » Le parricide est un des dix crimes qui tiennent de la trahison ; la peine est la mort par « mise en pièces ». Il semble que tous les crimes sanctionnés par la « mise en pièces » et la décapi-

---

1 Durkheim, *Le suicide,* Paris, F. Alcan. 1897, p. 370-376.
2 Ta-Tsing-Leu-Lée, Section 284 (Du parricide), tome II, p. 65. Même disposition dans le Code annamite, art. 253, Philastre, II, p. 177. Cf. Alabaster p. 58 : « It should be Added that if an offender sentenced to this penalty (slicing to pieces) commits suicide to avoid it, or otherwise dies before it can be carried out, the corpse is cut and slashed as if alive ». Pour la décapitation, cf. p. 61-62. Sur les conséquences qu'entraînent, pour l'esprit, la mutilation du corps, cf. p. 57 et 61-62 : « This punishment, known to foreigners as « lingering death » is not inflicted so much as a torture, but to destroy the future as well as the present life of the offender :... as spirits to appear must assume their previous corporeal forms, he can only appear as a collection of little bits... Though supposed te be preferable to decapitation in respect of the future happiness of the victim among the shades, it (la strangulation) is an infinitely more painful death. »

Paul Fauconnet

tation, c'est-à-dire les crimes les plus graves, entraînent exécution éventuelle sur le cadavre. Il est vrai que ces deux peines sont réputées les plus terribles parce que le démembrement du corps a pour conséquence celui de l'âme ; la strangulation, bien que beaucoup plus douloureuse que la décapitation, est pour cette raison la plus douce des peines capitales. De ce point de vue, la mise en pièces et la décapitation du cadavre apparaissent comme affectant ce qui survit du condamné et non pas seulement son corps mort.

D'après Diodore, le procès au cadavre et à la mémoire aurait été, dans l'Egypte ancienne [1], non l'exception, mais la règle : tout mort comparaissait devant un tribunal sacerdotal ; chacun pouvait se porter accusateur ; la privation de sépulture servait de sanction. Peut-être cette institution est-elle imaginaire. Il semble, en tout cas, que le droit pénal égyptien connaît l'exécution posthume : d'après Plutarque [2], Ptolémée Philopator fit mettre en croix le corps du roi de Sparte Cléomène qui, réfugié à Alexandrie, prit part à une sédition et fut tué les armes à la main. Pour un crime analogue, — trahison, — Plutarque [3] rapporte la même chose des Perses : Artaxerxès fit décapiter et mutiler le corps de son frère Cyrus, révolté contre lui et tué dans un combat.

Dans la cité grecque, trois applications distinctes du principe sont observables [4] : ou bien l'exécution, commencée sur le vivant, continue sur le cadavre, auquel la sépulture est refusée, qu'on jette hors des frontières (ὑπερορίζειν) ; c'est la sanction ordinaire, dans toute la Grèce, de la trahison et du sacrilège ; quelquefois les cadavres sont mutilés avant d'être expulsés : les Locriens, par exemple, après avoir tué la femme et les filles de Denys le Jeune, broient leurs ossements à la meule et les jettent dans la mer. Ou bien, le crime n'étant reconnu qu'après la mort, l'exécution tout entière est posthume : le corps du traître ou de l'impie, qui a indûment reçu la sépulture, est exhumé et jeté hors des frontières. Ou enfin la responsabilité du cadavre est une conséquence de la responsabilité collective de la famille : les membres morts sont frappés comme les vivants et, par exemple, leurs restes exhumés et proscrits. Sans doute il faut

---

1 Diodore, I, XCII, cité par Thonissen. *Etudes sur l'histoire du droit criminel des peuples anciens*, Bruxelles-Paris, 1869, I, pp. 118-120.
2 Agis et Cléomène, ch. LXX, in Thonissen, *loc. cit.. p. l44*.
3 D'après Thonissen, *loc. cit.*, p. 144, n. 1.
4 Glotz, p. 460-461 et les références données dans les notes.

faire, dans ces exécutions posthumes qui interviennent souvent au cours des luttes politiques, la part des excès d'une foule en fureur. Cependant c'est incontestablement une règle de droit qui commande cette espèce de proscription du cadavre. Platon la conserve dans sa législation.

C'est notre ancien droit français qui fournit l'exemple le plus instructif de la responsabilité des cadavres. Il suffit à prouver que les sanctions posthumes ne sauraient être interprétées comme des manifestations puériles de sociétés « primitives », incapables de dominer leur colère et de reconnaître l'absurdité et l'inconvenance de ces sanctions. Ici la réflexion juridique la plus aiguisée accepte pleinement le principe de ces peines et en règle minutieusement l'administration [1].

À la fin du XVIe siècle encore, cette réglementation faisait défaut. Nous avons, de ce temps, un document remarquable : Pierre Ayrault, lieutenant criminel au siège présidial d'Angers, consacre à la matière qui nous occupe un long chapitre de son traité : *L'ordre, formalité et instruction judiciaire* [2]. Il examine en philosophe « s'il n'est point ridicule et inepte, voire cruel, voire barbare, de batailler contre des ombres : c'est-à-dire citer et appeler en jugement ce qui ne peut à la vérité ne comparer, ni se défendre : et où il n'y a crime, correction, ni gain de cause ». Mais il passe outre aux objections et justifie les peines posthumes par plusieurs arguments ingénieux et par une raison, qui, du point de vue historique, est très probablement à peu près vraie : « En toute accusation ou punition, on recherche principalement l'exemple... Suivant cette raison (qui est générale et universelle) ce qu'on a vu attenter contre les morts, a été pour le faire aux vivants... *Malè tractando mortuos, terremus et viventes*, dict Optat. Véritablement tous crimes ne méritent pas si grand exemple. Mais quand ils sont tels qu'ils surpassent toute cruauté et malignité : qu'ils ne tendent pas à en ruiner un ou deux, mais une Nation, et République entière : il faut que la façon de les divertir, ait aussi je ne sai quoi de quasi monstrueux et prodigieux. Il n'y a règle si générale, si juste, si naturelle, qui ne reçoive quelquefois son exception. On punit *indictâ causâ* : on punit les

---

1 Voir Brégeault, *Procès contre les cadavres dans l'ancien droit*, Nouvelle Revue historique de droit français et étranger, III, 1879, p. 619 sqq.
2 Nous citons l'édition in-4° de Lyon, 1642, p. 396 sqq.

enfants pour la faute des pères : on punit les coupables et innocens pesle-mesle ; choses très-éloignées du droit commun : mais en leur occurrence, très-justes, très-utiles, très-nécessaires. Quel grand interest y a-t-il, si en condamnant l'accusé, on condamne sa mémoire et sa postérité ; si l'ayant étranglé ou décapité, on le met en quartiers après cela : on le brûle, on le fricasse (qui est sévir après la mort) ou, *seducto vivo,* en faire de mesme ?[1] »

Lorsque, comme Ayrault, nos pères admettaient la légitimité des peines posthumes, c'était en connaissance de cause : ils pesaient les raisons qui nous arrêtent aujourd'hui, et passaient outre.

Ayrault cite des exemples d'exécution posthume ; il parle des procès au cadavre et à la mémoire comme d'une institution en vigueur. Mais il ne se réfère à aucun texte légal ou doctrinal. Manifestement toute règle fixe fait défaut. Les hypothèses même où le cadavre peut être puni sont mal déterminées. Ayrault, de sa propre autorité, professe les règles suivantes[2] : « Je conseille de n'exécuter jamais le cadavre qu'en trois cas : l'un, si procédant à la capture en vertu de décret émané pour crime public, le défunt s'était tellement rebellé, qu'on l'eust apporté mort à justice ; l'autre, si y estant, il s'estait lui-même tué pour éviter la punition. Car en ces deux cas, le defunct s'est luy-mesme jugé coupable : et se tuant, il a commis un second crime. Le tiers : si la mort naturelle était survenüe, le procez jà instruit, et qu'en iceluy il fust question de perduellion, de parricide, ou de cas très-grief, et très-énorme. »

C'est dans l'Ordonnance de 1670[3], cent vingt ans avant la Révolution française, que la réglementation des sanctions posthumes prend tout son développement et toute sa précision. Les cinq crimes visés sont les suivants : lèse-majesté divine à l'égard des hérétiques et relaps (calvinistes) ; lèse-majesté humaine (attentat contre la personne du roi ou trahison) ; duel ; suicide ; rébellion à justice avec force ouverte, dans la rencontre de laquelle le défunt a été tué. Nous sommes bien renseignés sur la procédure : quand l'instruction paraissait se prolonger, le juge ordonnait l'embaumement, afin qu'en cas de condamnation, la peine pût être appliquée ;

1 *Loc. cit.* p. 400.
2 *Loc. cit.* p. 408.
3 Titre XXII. Cf. Brégeault, *loc. cit.*, p. 625 et Jousse, *Traité de la justice criminelle*, t. II, pp. 709-718 ; Pothier, *Traité de la procédure criminelle*, sect. VI, art. VI, § III (*Œuvres*, éd. Dupin, 1824, t. IX, p. 459).

si l'état du cadavre est tel qu'il ne puisse être conservé, le tribunal entier, — et non pas le juge d'instruction seul, — ordonne son inhumation provisoire en terre sainte ou profane, sauf à l'exhumer ensuite. Un curateur au cadavre ou à la mémoire est nommé ; il représente le défunt et assure sa défense. Sur les pénalités et les formes d'exécution, nos documents sont plus pauvres ; l'Ordonnance de 1670 ne concerne que la procédure : les peines, que le condamné fût mort ou vivant, n'étaient réglées que par l'usage et pouvaient varier, selon l'ingéniosité du juge et du bourreau. « La peine qu'on a coutume de prononcer contre un cadavre, dit Pothier, est de le condamner à être traîné sur une claie, la face contre terre, par les rues et carrefours, pendu à une potence, et ensuite traîné à la voirie. » Il paraît que les cadavres du suicidé et du duelliste étaient pendus la tête en bas « pour y adjuster plus d'ignominie », dit Ayrault.

La condamnation du cadavre emportait condamnation de la mémoire. Dans l'ancienne France, le procès à la mémoire se distingue à peine du procès au cadavre [1] : le premier remplace le second, quand le cadavre n'est plus, « extant », c'est-à-dire quand il est perdu ou trop corrompu.

Depuis 1724 le crime des hérétiques relaps, depuis 1770 le suicide, ne donnaient plus ouverture qu'au procès contre la mémoire [2] : les juges devaient, après les premières informations, ordonner l'inhumation du cadavre en terre profane, sans pouvoir la retarder sous quelque prétexte que ce fût. Ainsi la condamnation de la mémoire est un phénomène de transition, qui tient à la fois de la sanction infligée au cadavre, puisqu'elle est posthume, et de la peine ordinaire, puisqu'elle s'applique en somme à ce qui survit du criminel dans le souvenir des vivants.

---

[1] Voici, d'après Jousse, comment s'exécute la peine : « A l'égard des condamnations qui peuvent se prononcer contre la mémoire d'un défunt, elles se rendent *ad perpetuam rei memoriam,* afin de laisser à la postérité une note générale et éternelle du crime contre celui qui l'a commis : par exemple, à l'égard des roturiers, en condamnant leur mémoire et confisquant leurs biens,... et, à l'égard des nobles, en déclarant leurs descendants roturiers, en abattant leurs statues, en brisant leurs armoiries, en ordonnant que leurs maisons seront rasées, leurs bois coupés et en supprimant les noms des coupables... Mais il faut observer que ces sortes de condamnations ne s'exécutent point par effigie, et qu'elles s'écrivent seulement sur un tableau attaché dans la place publique. » *Loc. cit.*, p. 712.
[2] Jousse, t. I, p. 17.

Paul Fauconnet

V.

Des sanctions, en tous points semblables à celles qui frappent les hommes, sont régulièrement appliquées à des animaux et aussi, quoique beaucoup plus rarement, à des végétaux et à des choses [1].

Nous décrirons d'abord des faits de vendetta s'appliquant aux animaux ; puis l'institution de l'abandon normal où une certaine responsabilité de l'animal est impliquée ; enfin sa responsabilité proprement pénale.

La vendetta s'applique aux animaux et aux choses [2]. Chez les Kukis des environs de Chittagong [3], la famille de l'homme tué par un tigre tue le tigre meurtrier ou un tigre quelconque et mange sa chair ; cette vengeance est obligatoire au même titre que si le meurtre était le fait d'un homme.

À Madagascar, la vendetta s'exerce contre les crocodiles. Chez les Antimerina du plateau central [4], les caïmans sont censés s'être engagés par serment à ne pas manger leurs frères (?) les hommes : en cas de parjure, « le chef de la tribu ou, en son absence, quelque vieillard bien au courant des usages, se rend, à la tête de la population, sur les bords du lac, séjour du criminel. Là il porte une plainte en règle contre les frères caïmans, leur reproche le nouveau crime commis contre la foi jurée et les somme enfin de livrer le coupable en le contraignant de mordre à l'hameçon qu'il jette aussitôt à l'eau, après l'avoir amorcé d'un quartier de bœuf. Chacun alors se retire. Le lendemain le magistrat et le peuple reviennent sur le théâtre du crime qui sera aussi celui de l'expiation. Les femmes depuis la veille ont filé ou tordu des cordes de soie ; chacune arrive en portant

1 Il s'agit ici de l'aptitude pénale de l'animal et non de l'aptitude de l'animal à engendrer la responsabilité d'autrui, par exemple celle du propriétaire. — Exposés généraux : Von Amira, *Thierstrafen und Thierprocesse*, dans les Mitteilungen des Instituts für österreichische Geschichtsforschung, XII. Bd., 1891, p. 545-601 ; d'Addosio, *Bestie delinquenti*, Naples, 1892, qui renvoient aux collections de textes antérieures ; Westermarck, I, p. 249-264.
2 Westermarck, t. I, p. 251-253.
3 Macrae, *Account of the Kookies*, in Asiatic Researches, tome VII, Calcutta, 1831, p. 189, cité par Westermarck, p. 251-252.
4 Van Gennep, *Tabou et Totémisme à Madagascar* (Biblioth. Ecole Hautes Etudes, Sciences Relig., 17ᵉ vol.), Paris, 1904, p. 282, citant Abinal et La Vaissière, *Vingt ans à Madagascar*, Paris, 1885, p. 238-240. Cf. Van Gennep, p. 283 ; Frazer, *The Golden Bough*, 2ᵉ édition, Londres, 1900, t. II, p. 389 sqq., pour d'autres faits analogues.

PARTIE I : DESCRIPTION DE LA RESPONSABILITÉ

un peloton. Les hommes sont munis de cordes ou armés de pieux aiguisés et durcis au feu... Le caïman coupable a été déjà livré par les siens... Dès que le monstre paraît sur l'eau, on le salue d'une huée formidable... On le tire en terre ferme ; il a beau protester par d'énergiques efforts, des lacets à nœuds glissent sur la première corde et vont s'attacher à ses flancs et à sa queue... ce qui réduit bientôt le coupable à l'immobilité... Il lui faut d'abord subir le réquisitoire du magistrat qui commence par s'excuser d'être obligé de sévir contre un parent... puis le condamne à mort. Aussitôt on crie : haro sur le monstre. Une forêt de pieux aigus s'enfoncent dans son ventre, déchirent ses entrailles... il est mort. Aussitôt la scène change comme par enchantement. Le deuil et les pleurs succèdent aux cris de rage ; les cheveux dénoués flottent au gré des vents. Les femmes, déroulant les pelotons préparés, s'approchent respectueusement du cadavre et, avec des gémissements, elles entourent délicatement de soie l'horrible bête depuis l'extrémité de la queue jusqu'au bout du museau. L'opération terminée, le cadavre est censé enseveli dans son linceul, et on le porte dans son tombeau au milieu des lamentations usitées dans un deuil de famille. Sur sa tombe on élève un tumulus et une grande pierre droite marque la place de la tête. »

Ces rites funéraires et cette procédure donnent peut-être ici à la sanction un caractère proprement pénal : il n'y a pas de vendetta entre parents, et les caïmans sont réputés des frères (?). Il est remarquable que les animaux auxquels s'applique la vendetta soient, d'après certaines observations, ceux-là même auxquels on témoigne un respect religieux. Peut-être une étude plus approfondie des faits conduirait-elle à distinguer plus exactement les sanctions pénales, infligées à des animaux qui sont incorporés à la société punissante, et les vendettas qui mettent aux prises deux sociétés antagonistes. Nous pouvons ici nous désintéresser de cette question. Pénale ou non, la responsabilité de l'animal est certaine dans tous les cas.

L'application de la vendetta à des végétaux et à des choses est plus rare, à ce qu'il semble. On l'observe cependant [1] : si un Kuki se tue en tombant d'un arbre, il doit être vengé sur cet arbre ; les

---

[1] Westermarck, I, p. 260. — Kukis : Macrae, *loc. cit.* Australie : Dawson, *Australian Aborigines*, p. 53.

parents de la victime s'assemblent, abattent l'arbre et le débitent en menus morceaux qu'ils jettent au vent. Chez les Australiens de l'ouest de Victoria, les parents d'un homme, tué à l'ennemi brûlent l'arme qui l'a frappé, taudis qu'ils gardent pour s'en servir les armes conquises : ce rite a sans doute un caractère expiatoire, mais la vendetta l'a également. Nous ne nous arrêtons pas à certains faits très connus, — Xerxès fit flageller l'Hellespont, Cyrus dispersa les eaux du Gyndès, — qui sont des manifestations de l'esprit de représailles, mais non de véritables vendettas ; toujours témoignent-ils que la passion vindicative peut se satisfaire sur des choses inanimées.

L'histoire du droit confirme l'observation ethnographique. Des législations d'un type élevé reconnaissent, explicitement ou implicitement, l'aptitude des animaux, et quelquefois des choses, à supporter des sanctions qui dérivent de la vendetta.

La responsabilité de l'animal est explicitement reconnue lorsque le droit prescrit ou autorise contre lui une vendetta qu'il réglemente. Voici comment le Zend-Avesta [1] ordonne de traiter le « chien sans voix, dont l'intelligence est dérangée », c'est-à-dire sans doute le chien enragé : « Au premier mouton qu'il tuera, au premier homme qu'il blessera, on lui coupera l'oreille droite. Au second mouton qu'il tuera, au second homme qu'il blessera, on lui coupera l'oreille gauche. Au troisième mouton qu'il tuera, au troisième homme qu'il blessera, on lui fera une entaille au pied droit. Au quatrième, etc..., une entaille au pied gauche. Au cinquième, etc.... on lui coupera la queue ». Le maître du chien, s'il a négligé de prendre les précautions prescrites, est de son côté soumis a une sanction. Comme les mutilations ne figurent pas dans le système pénal de l'Avesta, c'est vraisemblablement une vendetta atténuée qui s'exerce ici contre l'animal : le caractère sacré du chien expliquerait parfaitement pourquoi la loi fixe avec tant de soin le maximum que la sanction, administrée par la victime elle-même,

---

[1] Vendidad, Fargard XIII, § 32-33, trad. Darmesteter, t. II, p. 202. — Dans la traduction Darmesteter, les §§ 31 et 34 concerneraient également la responsabilité du chien. Mais il semble bien qu'il y ait erreur. Retrouvant ailleurs le même commandement (Vishtasp Yasht, 24, 6, 44, tome II, p. 678), Darmesteter traduit ainsi , « Si un chien enragé blesse un animal ou un homme, l'homme payera pour la blessure du blessé, pour la blessure faite par le chien, la peine du Baodhô-varshta. » Cf. von Amira, p. 575, qui incline à voir, dans la sanction infligée au chien, une peine privée.

ne doit pas dépasser.

La responsabilité des animaux est implicitement reconnue dans les législations qui admettent l'*abandon noxal* [1]. Cette institution, qu'on retrouve dans de très nombreuses sociétés, a été étudiée surtout dans les droits romain, germanique et grec. Son nom est emprunté au droit romain. Dans la langue technique, *noxa ou noxia* est le nom qu'on donne au délit privé, quand il a pour auteur une personne en puissance ou un animal. La responsabilité du père de famille ou du propriétaire est engagée ; il se libère, soit en payant l'amende, — *noxiam sarcire*, — soit en donnant l'auteur du dommage à la victime, — *noxae dare, in noxam dedere*. L'action née d'un délit est noxale lorsqu'elle comporte cette alternative : *aut in noxam dedere*. L'abandon noxal est l'acte du défendeur qui fait passer l'auteur du délit sous la puissance du demandeur ou l'en rend propriétaire. Le droit romain ancien connaît deux actions noxales nées du fait des animaux [2] : l'action *de pauperie*, donnée à raison du dégât (pauperies) que fait un quadrupède, et l'action *de pastu*, plus spéciale, qui se rapporte au cas où l'animal a indûment brouté l'herbe d'autrui. Ces deux, actions remontent aux XII Tables. Une loi *Pesuliana* donnait peut-être, à raison des dommages causés par les chiens, une action noxale. On a conjecturé qu'elle n'était autre que la loi de Solon (Soloniana), rapportée par Plutarque, qui prescrit, quand un chien a mordu, de le livrer à sa victime, attaché et muselé [3]. La βλάρη τετραπόδων du droit athénien correspond à peu près à l'action *de pauperie* du droit romain. Les lois de Gortyne contiennent de curieuses applications du principe de la noxalité, notamment à l'hypothèse où un animal en tue un autre : le propriétaire lésé a le choix entre l'échange des animaux et le paiement de l'indemnité [4]. Dans les droits germaniques, l'abandon noxal se présente, tantôt sous le même aspect qu'à Rome, tantôt sous des aspects quelque peu différents : par exemple, l'abandon de l'animal

---

1 Droit romain : Girard, *Les actions noxales* (Extrait de la Nouvelle Revue de droit français et étranger), Paris, 1888 ; Mommsen, p. 7-9 ; Cuq, I, p. 112-114. — Droit grec : Glotz, chapitre VI, p. 178 sqq. — Droits germaniques : Wilda, p. 588-594 ; Brunner. *Ueber absichtslose Missethat, in* Forschungen, p. 512-523 ; Rechtsgeschichte, II. Bd., p. 555-558. Cf. von Amira., *loc. cit.* p. 582. — Kovalewsky, p. 302 sqq.
2 Girard, *loc. cit.*, p. 4-5.
3 Girard, p. 7 ; Glotz, p. 183. n. 1.
4 Girard, p. 62, n. 2 ; Glotz, p. 183.

Paul Fauconnet

ne libère le maître que d'une partie de la réparation pécuniaire, de la moitié ou du quart. Les historiens du droit allemand n'emploient généralement pas cette expression d'abandon noxal et ne rapprochent pas, aussi étroitement que nous le faisons ici, l'institution germanique de l'institution romaine ; les différences ne sont cependant que secondaires [1].

Tels sont les faits de noxalité : ils intéressent l'histoire de la responsabilité à plus d'un titre et peuvent être interprétés de plusieurs points de vue différents. Car ils sont complexes : on y voit mises en jeu à la fois la responsabilité du propriétaire et celle de l'animal, et ces deux responsabilités peuvent se combiner dans des proportions différentes ; entre deux sanctions, une alternative est ouverte, et le choix peut appartenir soit au défendeur, comme à Rome, soit au demandeur, comme dans la disposition rappelée plus haut de la loi de Gortyne. On s'explique donc sans peine que les historiens mettent au premier plan tantôt tel élément tantôt tel autre et présentent ainsi les faits sous des jours divers. Pour Glotz, l'abandon noxal a pour fonction principale d'affranchir la famille de la responsabilité collective : en livrant à ceux qui réclament vengeance l'auteur du délit, — homme ou animal, — elle détourne d'elle-même la sanction qui la menace. Chez les historiens du droit allemand, le fait primaire est la responsabilité pécuniaire du propriétaire, tenu en principe de payer la composition pour tous les dommages causés par ses esclaves, ses animaux et ses choses : la faculté de se libérer par l'abandon noxal apparaît alors comme un allègement de cette responsabilité. Ici c'est la responsabilité de l'animal qui nous intéresse : nous pouvons laisser tout le reste dans l'ombre. L'institution de la noxalité suppose cette responsabilité. En effet, il est inadmissible de voir dans l'abandon noxal une simple prestation pécuniaire, un paiement en nature de dommages-intérêts : car il n'y a aucun rapport nécessaire entre la valeur de l'animal et la grandeur du dommage ; leur équivalence ne peut être qu'accidentelle. Comment l'offensé, si l'option lui appartient, est-il en droit d'exiger un animal qui vaut mille fois le montant du dommage, un bœuf, pour une touffe d'herbe ? et si l'option appartient au propriétaire de l'animal qui a causé le dégât, comment est-il en droit de donner cet animal, dont la valeur peut être quasi nulle, pour

---

[1] Girard, p. 63 (n. 1) sqq.

toute réparation du dommage, si grand qu'il soit ? Les deux termes de l'alternative ne sont donc pas deux modes de paiement : ce sont deux systèmes de sanctions. Ou bien le propriétaire, responsable du fait de ses animaux, supporte la sanction de leurs actes ; si cette sanction est purement restitutive, il répare le dommage ; c'est encore la règle de notre droit civil. On bien l'animal, personnellement responsable de son fait, en supporte la sanction : tout se passerait entre lui et l'offensé, si l'animal pouvait être son propre maître, *sui juris* ; mais puisqu'il appartient à un propriétaire, celui-ci intervient nécessairement : il approuve et facilite l'exécution de la sanction. Nous pouvons, pour simplifier, supprimer l'alternative, en faisant abstraction du cas où la responsabilité du propriétaire se substitue à celle de l'animal : il reste que le propriétaire de l'animal qui a commis un délit privé est obligé par le droit de l'abandonner à la sanction de ce délit. Personnellement il supporte, non la sanction, mais un contre-coup, une conséquence indirecte de la sanction : il est appauvri, comme une famille dont l'État emprisonne un membre criminel peut être appauvrie ; être tenu de laisser, même à son détriment, une sanction suivre son cours, ce n'est pas être visé par cette sanction. Cette responsabilité personnelle de l'animal peut seule fonder la remarquable règle qui, en droit romain, domine toute la matière des actions noxales : *noxa caput sequitur*. C'est contre le propriétaire actuel de l'animal que l'action est donnée, non contre celui auquel l'animal appartenait au moment du délit. La sanction poursuit l'animal chez ses propriétaires successifs ; c'est donc lui qu'elle vise, et non pas eux. C'est ce que prouvent encore les conséquences qu'on tire de la règle : si, depuis le délit, l'offensé a été propriétaire de l'animal coupable, l'action est éteinte ; il a pu, en effet, exercer la sanction à son gré ; — si, au moment de l'action, le coupable n'est pas « en puissance », il n'y a pas d'action noxale ; l'animal sans propriétaire serait purement et simplement emmené par l'offensé ; — et si, comme l'esclave et le fils de famille, il pouvait devenir *sui juris*, c'est contre lui, comme contre eux, qu'une action directe serait alors intentée.

L'animal est donc responsable. Mais quelle est exactement la sanction [1] ? Et n'est-il pas abusif de dire qu'un animal supporte une sanction, parce qu'il change de propriétaire ? — Nous répondrons

---

1 Girard, p. 48 sqq.

que l'abandon de l'animal n'est pas la chose essentielle ; il n'est pas la sanction, mais la condition de l'exécution de la sanction. Le droit pourrait obliger le propriétaire de l'animal à laisser l'offensé venir, dans sa maison, mutiler l'animal responsable. En obligeant le propriétaire à donner l'animal, il se contente de mettre le responsable à la discrétion de l'offensé. Autrement dit, il autorise purement et simplement une sanction qu'il laisse indéterminée. Que cette sanction puisse être une vendetta, cela n'est pas douteux. Devenu propriétaire de l'animal responsable, l'offensé peut le tuer, si bon lui semble : on admet que, dans le très ancien droit romain, il pouvait tuer de même le fils de famille ou l'esclave, livré noxalement. Que cette vendetta soit effectivement exercée, c'est ce qui s'observe, par exemple, dans les sociétés germaniques : M. Brunner voit même, dans ces exécutions privées d'animaux, l'une des origines des pénalités publiques dont nous allons parler tout à l'heure [1].

Mais il ne faut pas oublier qu'au lieu de tuer le meurtrier, les vengeurs souvent l'adoptent ; quand ils composent, au lien de sang, ils acceptent de l'or. L'animal peut être en quelque sorte adopté, par exemple en place de celui qu'il a tué. Il peut réparer pécuniairement le dommage qu'il a causé, soit qu'il travaille, soit qu'on le vende. Ainsi, même quand l'abandon noxal n'a pas d'autre conséquence pour l'animal qu'un changement de propriétaire, il permet encore l'accomplissement d'une sanction apparentée à la vendetta. L'abandon noxal de l'animal témoigne donc de sa responsabilité.

Il faut en dire autant de l'abandon noxal des choses inanimées [2]. On l'observe, par exemple, dans certains droits germaniques. Les historiens reconnaissent que cet abandon implique une responsabilité des choses, *Sachhaftung*. Seulement ils la présentent trop exclusivement comme dérivée, en quelque sorte, de celle du propriétaire. Primitivement, dit par exemple Brunner [3], on impute au propriétaire, comme ses propres méfaits involontaires (*Ungefährwerke*), les malheurs produits par ses choses, la mort de l'homme qui se noie dans son puits on est frappé par la roue de son moulin. Exempté du *fredus* qu'on doit seulement pour méfait intentionnel, il est tenu à la composition pécuniaire. Plus tard cette

1 *Ueber absichtslose Missethat*, in Forschungen, p. 519.
2 Glotz, p. 184-188 ; Brunner, *Ueber absichtslose Missethat*, in Forschungen, p. 520-523 ; *Rechtsgeschichte*, II Bd., p. 556-558.
3 *Rechtsgeschichte*, p. 556-557.

responsabilité « s'atténue en devenant une pure responsabilité de la chose » ; le propriétaire n'a plus à réparer le dommage, s'il livre ou abandonne l'objet qui l'a produit. Nous croyons qu'ici encore il faut admettre comme primaire la responsabilité des choses.

Comme la vendetta et ses dérivés, la sanction pénale peut avoir pour patients les animaux et les choses.

L'observation des sociétés inférieures ne semble fournir qu'un petit nombre de faits. La responsabilité pénale de l'animal n'est pas un phénomène « primitif » qui s'effacerait devant la civilisation. C'est presque le contraire qui est vrai. Nous la rencontrons dans les trois sociétés d'où notre civilisation est issue, en Israël, en Grèce, à Rome, et c'est dans l'Europe chrétienne qu'elle atteint son plus complet développement.

Les dispositions du Pentateuque sont célèbres. Si elles n'ont pas, peut-être, inspiré autant qu'on l'a dit les législations chrétiennes, elles leur ont du moins fourni une justification doctrinale. L'une est dans le « Livre de l'Alliance » et se rapporte au meurtre [1] : le bœuf homicide sera lapidé, et on ne mangera pas sa chair. Même si le propriétaire est responsable et, comme tel, puni de mort, le bœuf est lapidé. Incontestablement il s'agit là d'une peine et non d'une vendetta ; son caractère rituel est accentué, mais ce n'est pas une raison pour prétendre qu'elle n'intéresse pas le droit pénal. — L'autre disposition est dans le Code sacerdotal : le commerce sexuel de l'homme (ou de la femme) avec une bête, défendu à diverses reprises dans le Pentateuque, a pour sanction la mort, tant de la bête que de l'homme [2]. Le mode d'exécution n'est pas mentionné : c'était, selon la Mischnah, la lapidation.

À Athènes [3], un tribunal spécial, siégeant au Prytaneion, juge

---

[1] *Exode*, XXI, 28-32.
[2] *Lévitique, XX, 15-16.* Le texte correspondant du Livre de l'Alliance, *Exode*, XXIII, 19, ne punit pas l'animal. Cf. Thonissen, *Etude sur l'histoire du droit criminel des peuples anciens*, tome II, p.175-176.
[3] Bouphonia : Pausanias, I, 24, 4 ; 28, 11. Frazer, *Pausanias's description of Greece*, Londres, 1898, tome II, p. 303 ; V, p. 509 ; Schœmann, t. II, p. 250 et 528 ; Hubert et Mauss, *Essai sur la nature et la fonction du sacrifice* dans *L'Année Sociologique*, IIe année, Paris, 1899, p. 68 et 107. — Prytaneion : Démosthène, *Contre Aristoc.*, 645, 76 ; *Pausanias*, I, 28, 10 ; V, 27, 10 ; VI, 11 ; Frazer, *Pausanias*, t. II, p. 310 sqq. ; Aristote, *Polit. Athén.*, 57 ; Philippi p. 16-18 ; Gernet, Platon, Lois, IX, comment., p. 164 ; Glotz, p. 180, 190, n. 2.

les animaux et les objets homicides. L'institution, très ancienne, est en rapport avec le rituel archaïque de la fête connue sous le nom de Bouphonia ou Dipoleia. La hache qui a servi à abattre le bœuf sur l'autel de Zeus Polieus est, après comparution devant le Prytaneion, jetée à la mer. Conservé par Dracon, dans sa législation de l'homicide, ce tribunal a dû vivre, comme elle, jusqu'à la fin de l'indépendance. Démosthène en parle comme d'une institution vivante, en même temps que des autres tribunaux de sang : supposez, dit-il qu'une pierre, un morceau de fer ou de bois tombe sur un homme et le tue, on lui intente une action devant le tribunal du Prytaneion. Aristote ajoute qu'on traduisait également devant lui les animaux homicides. L'objet condamné était, comme le cadavre du traître ou de l'impie, jeté hors des frontières. Nous ne connaissons pas d'exemple historique d'une procédure de ce genre devant le Prytaneion ; mais, en dehors d'Athènes, nous voyons, au IVe siècle, à Thasos, la statue de l'athlète Théagénès poursuivie par le fils de l'homme qu'elle a écrasé dans sa chute, condamnée et jetée à la mer [1]. Sans doute le rationalisme de l'époque classique interprète à sa manière ces sanctions infligées aux animaux et aux choses. Mais il ne les rejette pas. Platon, dans les Lois [2], conserve le principe de l'institution athénienne : « Si une bête de charge ou quelque autre animal tue un homme, les parents du mort le poursuivront en justice, excepté les cas où un pareil accident arriverait dans les jeux publics. Les juges seront choisis parmi les agronomes, à la volonté des parents, et en tel nombre qu'il leur plaira ; si l'animal est reconnu coupable, il sera tué et jeté hors des frontières. Si une chose inanimée (excepté la foudre et les autres traits lancés de la main des dieux) ôte la vie à un homme soit par sa propre chute, soit par celle de l'homme, le plus proche parent du mort prendra pour juge un de ses voisins, afin d'écarter la souillure de toute sa famille. La chose condamnée sera jetée hors des frontières comme il a été dit des animaux. » Quelque signification qu'on donne à cette procédure, qu'on l'appelle symbolique ou rituelle, toujours est-il que la conscience grecque juge raisonnable qu'une sanction, dont le caractère pénal est indéniable, s'applique à l'animal et à la chose.

Dans la Rome préhistorique [3], une loi royale, attribuée à Numa,

---

1 Pausanias, VI, 11, 6 ; Glotz, p. 185.
2 IX, 873 D.-874 A.
3 Festus, voc. Termino ; Mommsen, p. 822, n. 2. — Cf. Girard, *Histoire de l'orga-*

prononce la même sanction contre l'homme et le bœuf qui ont, en labourant, déplacé les limites des champs : *et ipsum et boves sacros esse*. Les bornes sont consacrées ; leur déplacement est un sacrilège ; l'homme et les bœufs sont sacrifiés sans doute à la divinité offensée. C'est un rite expiatoire ; mais, dans la Rome royale, toute peine capitale n'en est-elle pas un ? La *consecratio*, qui frappe ici les bœufs, frappe par exemple les enfants qui ont donné des coups à leurs parents.

Chez les Hébreux, en Grèce, à Rome, la responsabilité des animaux est religieuse en même temps que pénale, parce que les sanctions qui les atteignent sont à la fois des peines et des rites. Dans l'Europe chrétienne, ces deux responsabilités se différencient nettement : la société civile applique à l'animal les peines du droit laïque ; l'Église, les sanctions religieuses qui sont les peines du droit ecclésiastique [1].

La procédure laïque intéresse exclusivement les animaux domestiques. Elle s'ouvre principalement à raison d'homicide. C'est le propriétaire qui intervient comme défendeur, mais c'est le fait de l'animal qui est examiné. L'accusateur est ou bien le représentant de la puissance publique, ou plus rarement le plaignant. Quelquefois le propriétaire a la faculté d'arrêter le procès par une sorte d'abandon noxal. La procédure suit les règles ordinaires : il peut y avoir détention préventive de l'animal ; mais aucun document ne nous le montre soumis au jugement de Dieu ou à la torture. La sentence est capitale ; elle s'exécute publiquement, par la main du bourreau, le plus souvent par pendaison, et aussi par lapidation, décapitation, sur le bûcher, etc. Des mutilations symétriques au délit, par application du principe du talion, précèdent quelquefois la mort. Toutes ces opérations judiciaires s'accomplissent dans les formes : la matière est sérieuse et l'opinion publique fut lente à partager l'opinion d'Ayrault que, dans ces peines, « il y a plus de risée que d'efficace ».

Les termes, dont usent les arrêts et la doctrine, ne laissent pas davantage douter que ces procédures veuillent être des procédures pénales, dirigées contre les animaux eux-mêmes. Il s'agit bien,

---

nisation judiciaire des Romains, tome I, Paris, 1901, p. 34, n. 1. — Von Amira, *loc. cit.*, p. 578.

1 Tout ce qui suit est emprunté à Von Amira, *loc. cit.*, p. 550 sqq.

comme dit Beaumanoir, de « faire justice des bêtes », de les « mettre à mort en manière de justice » ; la bête est « condamnée », dit-on ailleurs, « en détestation et horreur du dit cas », « pour la cruauté et férocité commise » : ce sont des jurisconsultes qui parlent. C'est seulement au XVIe siècle qu'on voit la doctrine chercher la justification d'une procédure, désormais discutée, dans l'idée que le souvenir du méfait doit être anéanti, les propriétaires engagés à surveiller leurs animaux : idées qui n'ont pas inspiré l'institution et qui servent seulement à l'adapter, tant bien que mal, à des principes juridiques nouveaux. Von Amira, à qui nous empruntons ces remarques, semble attacher lui-même trop d'importance aux fins qu'une interprétation réfléchie assigne à ces usages, quand il distingue radicalement les peines infligées aux animaux de certaines *mesures de police* prises contre eux [1]. Seraient notamment des mesures de cet ordre la mise à mort des bêtes avec lesquelles des hommes auraient commis le crime de bestialité : usage suivi dans l'Europe médiévale presque tout entière et auquel s'attache encore la *Constitutio criminalis Theresiana* de 1769. Il importe peu qu'il soit emprunté à la loi hébraïque et interprété par l'Église comme un moyen d'effacer le souvenir du crime et de soustraire à l'usage la bête impure. C'est une sanction, étroitement apparentée à la peine qui frappe l'homme, et dont l'animal est le patient.

Abstraction faite de ce dernier groupe de faits, les exemples de procès laïques contre les animaux, réunis par von Amira, se répartissent, géographiquement et chronologiquement, de la manière suivante : ils apparaissent d'abord en France au XIIIe siècle, vers la fin du XIVe en Sardaigne, vers la fin du XVe en Flandre, dans la seconde moitié du XVIe aux Pays-Bas, en Allemagne, en Italie, en Suède, au XVIIIe en Angleterre. La France fournit la majorité des cas, 36 environ, contre 3 et 4 qu'on observe en Allemagne, 5 en Flandre et en Hollande, 2 en Angleterre. Un fait confirme les résultats de cette statistique, nécessairement approximative : alors que les grands criminalistes étrangers, l'Italien Julius Clarus, le Flamand Damhouder, l'Espagnol Didacus Covaruvias (XVIe siècle), le Hollandais Antonius Matthaeus (XVIIe siècle) ignorent notre institution ou n'en parlent que par ouï-dire, la doctrine française, favorable ou hostile, discute avec insistance le problème de

---

1 P. 555-559.

la responsabilité pénale des animaux, depuis le XIIIe jusqu'au XVIIIe siècle. — Chez les Slaves du Sud, les procès laïques contre les animaux homicides ont été observés encore au XIXe siècle.

Les procès faits aux animaux par l'Église catholique diffèrent des précédents [1]. Ils ne s'ouvrent jamais contre les animaux domestiques, ni contre un animal pris individuellement, mais contre des *espèces* nuisibles, souris, rats, taupes, insectes, chenilles, vers, limaçons, serpents, crapauds. Ils ne tendent pas à la répression d'un délit déterminé, mais à la prévention d'un mal redouté : leur rôle est de débarrasser le pays des bêtes qui l'infectent. Les sanctions ont été la malédiction, ou l'excommunication prononcée en forme d'anathème. Contrairement à ce qui a lieu devant les tribunaux laïques, les animaux eux-mêmes sont accusés : ils sont cités à comparaître, et un *procurator* est nommé pour les représenter. Le procès se déroule, selon toutes les règles de la procédure, devant l'officialité, généralement en deux phases : à la fin de la première, si l'accusation triomphe, intervient un arrêt d'expulsion ou de relégation dans un territoire expressément abandonné, aux animaux ; un délai leur est imparti pour vider les lieux ; au terme de ce délai s'ouvre, s'il y a lieu, la seconde phase qui aboutit à la malédiction ou à l'excommunication.

Pour le classement chronologique des faits, il faut distinguer contre l'excommunication pure et simple et les procès proprement dits. L'usage de la malédiction et de l'excommunication semble encore inconnu dans l'Église latine au IXe siècle ; il apparaît vers le XIIIe, se répand surtout au XIVe et commence à décliner au XVIe ; les procès ne s'observent qu'à partir du XVe siècle. Les derniers exemples de procès complets sont de la première moitié du XVIIIe siècle ; des traces de l'institution apparaissent encore au début du XIXe. Le domaine des malédictions et excommunications s'étend, au XVe siècle, surtout sur le Portugal, l'Espagne, la France et la Suisse française ; aux XVIIe et XVIIIe, en outre sur le Canada, le Brésil, le Pérou ; les exemples de procès appartiennent principalement aux pays bourguignons et aux parties voisines de la France, à la Suisse, à l'Italie, au Tyrol, au Danemark.

Il semble bien que l'Église n'institue pas, spontanément, les procédures contre les animaux, mais les accepte et les fait siennes là où

---

[1] Von Amira, p. 560 sqq.

elle les rencontre. La doctrine, d'ailleurs, ne les approuve pas unanimement ; mais elle les soumet à une discussion sérieuse. Entre 1200 et 1450, les théologiens et canonistes, notamment Alexandre de Hales et Thomas d'Aquin, examinent si la malédiction peut être prononcée contre des créatures privées de raison et résolvent la question négativement ; mais ils ne connaissent ni l'excommunication ni les procès d'animaux. C'est entre 1450 et 1550 que la doctrine contraire est défendue avec éclat, par exemple par le théologien et canoniste suisse Félix Hemmerli, à Lyon par le jurisconsulte Chasseneus : la dissertation de ce dernier est le document le plus complet et le plus remarquable que nous possédions sur les procès ecclésiastiques et les excommunications d'animaux. A partir de la seconde moitié du XVIe siècle, la doctrine thomiste reprend le dessus ; elle est cependant discutée encore en France au XVIIe.

Pour que l'animal et la chose soient responsables, au sens que nous donnons à ce mot, il n'est pas nécessaire qu'on voie en eux la cause et l'auteur du crime ; il suffit qu'on leur en applique la sanction. Nous trouvons donc encore des témoignages de leur aptitude pénale dans les faits suivants :

1° Comme les parents d'un criminel, ses biens, qui sont des choses, peuvent être atteints par la sanction que provoque son crime : ils sont anéantis, ou confisqués. La responsabilité collective de la famille enveloppe une responsabilité du patrimoine, qui est un des éléments de la société domestique (cf. ci-dessous, p. 77 sqq.). La maison qu'on abat, les bois qu'on rase sont punis pour la faute d'un propriétaire. Dans le droit pénal laïcisé, la confiscation finit par n'être plus qu'une peine pécuniaire, accessoire de la peine corporelle et dirigée, comme elle, contre la personne du criminel. Mais, dans le principe, c'est exactement la même sanction qui s'appliquait aux personnes et aux choses : qu'on se réfère par exemple à la *consecratio capitis et bonorum* du très ancien droit romain. Dans le droit pénal contemporain, la confiscation « *in rem* » garde encore quelque trait d'une sanction infligée aux choses [1].

2° La destruction, ordonnée par la justice et opérée dans la forme des exécutions capitales, des choses qui, à des titres divers, représentent et rappellent le crime, est d'abord et essentiellement une peine. Ainsi le livre réputé criminel est brûlé par la main du bour-

---
[1] Vidal-Magnol, p. 712.

reau ; dans les flammes qui consument l'homme qui a eu commerce sexuel avec une bête, on jette, nous l'avons vu, la bête, mais aussi toutes les pièces de la procédure, Que les choses ainsi détruites soient considérées, non comme *coupables,* mais comme souillées par le crime ; que la destruction ait une signification symbolique, nous l'accordons. Mais si nous faisons abstraction des conditions génératrices de leur responsabilité et du rôle assigné à la sanction qui les frappe, il reste que ces choses sont réputées aptes à supporter une sanction.

3° Les exécutions « en effigie » sont des exécutions de choses. Sans doute ces choses, façonnées à la ressemblance d'une personne, la représentent. Leur responsabilité *actuelle* est une responsabilité d'emprunt ; et nous reviendrons sur les conditions génératrices de cette responsabilité. Encore faut-il qu'on reconnaisse à la chose une aptitude à jouer ce rôle de représentant. Si, comme dans le droit contemporain, l'exécution pénale des choses est impossible, l'exécution en effigie l'est également.

4° Enfin l'aptitude des animaux et des choses à remplir le rôle de victime dans le sacrifice expiatoire n'est pas sans rapport avec leur aptitude à la responsabilité pénale. Ce rapport est d'autant moins étroit que le sacrifice et la peine sont plus complètement différenciés. Mais la peine capitale est, dans son principe, le sacrifice expiatoire par lequel la société se décharge du crime : qu'elle immole l'homme qui a commis le crime, ou l'animal qui a commis le crime, ou un homme (esclave, prisonnier de guerre) substitué à l'auteur du crime, ou enfin un animal substitué, le processus est, au fond, le même. Si un animal a pu être substitué à un homme dans un sacrifice substitué à une peine, c'est que le rite et la peine, l'aptitude à servir de victime et l'aptitude à la responsabilité ne sont pas choses radicalement hétérogènes. L'idée d'un sacrifice animal nous est plus familière que celle d'une peine infligée à un animal : et cependant les sociétés chrétiennes exécutent les animaux et ne les sacrifient plus. Dans le Christianisme, la victime du sacrifice expiatoire est un homme-Dieu ; tout sacrifice animal est inconnu. Ainsi la civilisation en arrive à dénier à l'animal aussi bien l'aptitude à servir de victime que l'aptitude à être puni : ce qui confirme leur parenté originaire.

Paul Fauconnet

VI.

Le sujet passif de la sanction n'est pas toujours un individu, ce peut être aussi un groupe social, une collectivité. La notion de *responsabilité collective* reste souvent trop indéterminée : la responsabilité peut ne pas être, comme on dit, individuelle, c'est-à-dire incomber à une autre personne qu'à l'auteur du crime, sans pour autant qu'un groupe supporte la sanction ; c'est ce qui arrive, par exemple, quand elle se transmet de l'individu auteur à d'autres individus qu'aucun lien social ne rattache nécessairement au premier, ou encore lorsque la vendetta s'exerce indifféremment sur le premier venu. Ces phénomènes seront étudiés ultérieurement. Au sens où nous prenons ici le terme, il y a responsabilité collective quand une société organisée, notamment une famille, un groupe territorial ou politique [1], considéré comme une unité indivisible, est frappée par une sanction. Elle peut être frappée dans toutes ses parties, exterminée tout entière, privée de ses biens, comme l'individu peut être mis à mort ou privé de ses biens ; mais la responsabilité reste collective, même si la sanction n'atteint qu'une personne dans son corps, *dès que cette personne est frappée, non comme individu, mais comme membre du groupe* : le groupe perd alors l'un des siens, comme l'individu condamné à une mutilation perd l'un de ses membres.

Les sujets collectifs sont aptes à la responsabilité, qu'il s'agisse de vendetta ou de peine.

En matière de vendetta, la responsabilité collective est la règle. C'est par exception qu'elle frappe exclusivement le seul auteur du fait sanctionné. L'idée est trop communément admise, les faits — innombrables — sont trop connus pour qu'il soit nécessaire d'insister [2]. Même on peut dire que le caractère collectif de la res-

---

1 1Sur la responsabilité des groupes territoriaux ou politiques, cf. Post, t. I, p. 350 ; Glotz, liv. I, chap. VIII et les références indiquées, p. 211-212.
2 Voir : Post, I, 227 sqq., II, 225 sqq., qui renvoie à tous ses ouvrages antérieure, notamment à son *Afrikanische Jurisprudenz*, I, 45 sqq., 61 sqq. ; Steinmetz, I, 365 sqq. ; Löffler, 17 ; Kohler, Shakespeare vor dem Forum der Jurisprudenz, Würzburg, 1883, p. 151 sqq. et Nachwort, Würzburg, *1884*, p. 13 sqq. ; Makarewicz, *306* sqq. ; Westermarck, I, 30 sqq. ; Wesnitsch, *Die Blutrache bei den Südslaven, Einleitung*, in Zeits. für die wergleichende Rechtsw., VIII, *1889*, p. 438-*439* ; Miklosich, *Die Blutrache bei den Slaven, I,* Einleitung, VI, Denkschriften der

ponsabilité est la conséquence d'une certaine forme d'organisation sociale, dont la vendetta est d'autre part le signe le plus apparent. La vendetta et la composition pécuniaire sont à leur apogée dans l'organisation à base de clans, plus généralement dans l'organisation politico-domestique ; la société politique y est encore rudimentaire et consiste dans une fédération de familles ou de groupes dont le caractère domestique est très accentué. Ces familles s'opposent, groupe à groupe ; très fortement intégrées, elles font bloc, sentent et réagissent comme un tout, solidaires dans l'action comme dans la responsabilité. Là où nous observons la vendetta, nous pouvons prévoir que nous trouverons cette organisation et cette responsabilité.

Si nous étudions ici l'évolution de la responsabilité collective, il faudrait distinguer entre l'application de la vendetta et celle de la composition pécuniaire. Bien souvent cette dernière frappe un groupe entier, — notamment pour cette raison que le groupe seul possède un patrimoine et peut payer, — alors que la vendetta est déjà devenue une sanction individuelle : la responsabilité personnelle et corporelle de l'auteur, et la responsabilité collective, mais pécuniaire, du groupe, sont alors alternatives. Il faudrait également examiner les diverses combinaisons qui peuvent s'établir entre la responsabilité de l'auteur et celle du groupe, aussi bien devant la vendetta que devant la composition ; très souvent le groupe n'est responsable que subsidiairement, si l'auteur du fait échappe à la sanction par la fuite, s'il est inconnu, enfin si le groupe, au lieu de rompre par l'abandon noxal la solidarité qui l'unit à l'auteur, le garde dans son sein et le protège. Mais c'est le fait de la responsabilité collective qui nous intéresse seul ici ; peu importe qu'elle soit primaire ou subsidiaire, pécuniaire ou corporelle, alternative ou non ; dès que la sanction, sous quelque forme que ce soit, est appliquée à un groupe, nous constatons, l'aptitude de ce groupe à la responsabilité.

Naturellement l'étendue et la structure du groupe responsable varient suivant les types domestiques ; selon que la filiation est utérine, masculine ou mixte, que les parents sont les individus qui

---

k. Akad. der Wissens., Philol.-histor. Klasse, t. XXXVI, Wien, *1888, p. 131. Le* livre de Glotz est le plus étendu sur la matière ; cf. particulièrement l. I, ch. 6, 7, 8 ; l. II, ch. 2, 3, 8, 10, 11 — l. III, cf.1

portent un même *totem*, ou qui ont même patrimoine indivis, ou qui vivent sous l'autorité du même *pater familias*, la définition de ce groupe change : la responsabilité suit la parenté et varie comme elle. Un moment arrive où les collatéraux les plus proches, les frères, le père et les enfants sont seuls assez étroitement liés pour former un groupe collectivement responsable. Mais toutes ces variations sont celles de la famille même, non celles de la responsabilité.

Dans le droit pénal public, la responsabilité collective [1] n'est nulle part le cas ordinaire. Quand la société politique assume elle-même la fonction de réprimer, par des peines, les crimes tels que l'homicide et le vol, elle applique généralement en cette matière la règle de la responsabilité individuelle. Aussi, dans l'histoire du droit pénal public, la responsabilité collective apparaît-elle comme exceptionnelle, si du moins on met sur le même plan tous les crimes. Mais il est remarquable que bien des sociétés, très différentes les unes des autres, admettent cette même exception dans les mêmes circonstances. C'est exclusivement pour les crimes les plus graves contre la chose publique, trahison, sacrilège, lèse-majesté, que la famille du criminel est atteinte par la peine. La même législation, qui frappe le seul auteur d'un meurtre, punit la trahison sur la famille entière du traître. Ce dernier est souvent puni plus sévèrement que ses parents ; la responsabilité collective de la famille est moindre que la responsabilité individuelle de l'auteur. Ainsi certains crimes mettent des sociétés dans un état tel qu'elles dérogent délibérément à la règle de la responsabilité individuelle, qu'elles admettent en principe et appliquent au moment même où elles y dérogent.

Comme les droits européens modernes, le droit chinois [2] punit,

---

1 Elle a été étudiée surtout par Post, II, p. 226-229 ; Makarewicz, p. 317-323 ; Westermarck, I, p, 43-48 ; l'ouvrage de Glotz (livre III presque tout entier) est le travail le plus développé que nous ayons sur ce sujet : il interprète le droit grec à la lumière de l'histoire du droit comparé.
2 HAUTE TRAHISON : Ta-Tsing-Leu-Lée, section CCLIV, t. II, p. 3-4 ; cf. p. 457-6, les Statuts supplémentaires annexés à cette section, qui adoucissent les dispositions fondamentales : les enfants mâles, au-dessous de seize ans, « s'il est prouvé qu'ils sont entièrement innocents du délit qui aura été commis, ne subiront pas la mort, mais seront rendus eunuques » et employés au service public ; les mineurs de dix ans seront détenus en prison jusqu'à ce qu'ils aient atteint cet âge, et alors (rendus eunuques ?) employés au service public. À rapprocher, Code annamite (rébellion). art. CCXXIII, tome II, p. 8-14 ; Alabaster, p. 466-7 et p. 58-59. — VIOLATION DU

en règle générale, l'individu à raison de son propre fait et apprécie soigneusement la culpabilité individuelle. La responsabilité collective de la famille ne paraît engagée que dans les cas suivants :

1°) *Haute trahison et crimes assimilés* : « Tous les parents mâles des personnes convaincues des forfaits ci-dessus (crimes de haute trahison), au premier degré et âgés de soixante ans ou de plus de soixante ans ; nommément le père, le grand-père, les fils, les petits-fils, les oncles paternels, et tous leurs fils respectifs, sans aucun égard pour l'éloignement du lieu de leur résidence, ni pour les infirmités naturelles ou survenues à quelques-uns d'eux, seront décapités indistinctement. Tous les autres parents mâles desdits criminels, âgés de soixante ans et plus, à quelque distance qu'ils soient d'eux, et qu'ils leur tiennent par le sang ou par mariage, seront aussi décapités, s'ils vivaient sous le même toit que l'auteur des forfaits ci-dessus, au moment où il les a commis. Les parents mâles

---

SERMENT DE FIDÉLITÉ : Ta-Tsing-Leu-Lée, section CCLV, t. II, p. 7-9 ; statuts supplémentaires, p. 456-461 (curieuses indications sur la responsabilité qui s'attache à la parenté dite artificielle) ; Code annamite (trahison), art. CCXXIV, t. II, p. 14-19 ; Alabaster (rébellion), p. 467-468. — INTRIGUES ET COMPLOTS CONTRE L'ÉTAT : section LVIII, tome I, p. 110-112 ; Code annamite (Des liaisons criminelles), art. LVII, t. I, p. 315-317. –MEURTRE DE TROIS PERSONNE ET PLUS DE LA MÊME FAMILLE : section CCLXXXVII, t. II, p. 70-71 ; Code annamite, art. CCLVI, t. II, p. 195-200 ; Alabaster, p. 225-229. –MEURTRE ET MUTILATION DU CORPS POUR SERVIR À DES OPÉRATIONS DE MAGIE : section CCLXXXVIII, tome II, p. 71-73 ; Code annamite, art. CCLVII (mutiler un homme vivant et le découper), t. II, p. 200-203 ; Alabaster, p. 298-299. –PRÉPARATION DE POISONS: section CCLXXXIX, t. II, p. 73-76 ; Code annamite, art. CCLVIII, t. II, p. 203-209 ; Alabaster, p. 566-7, ne mentionne pas ici la responsabilité collective. — CL section XV, I, p. 42 (Des parents des exilés) ; CXL, I, p. 242-245 (De ceux qui cachent des familles condamnées à l'esclavage) ; CXCIV, I, p. 330 (incapacité de posséder un emploi auprès de l'empereur, frappant les parents des condamnés à mort). — ÉNUMÉRATION DES DIX CRIMES QUI TIENNENT DE LA TRAHISON : section II, p. 21-24 ; Alabaster, 219-220. — EXEMPLES CONTEMPORAINS D'EXÉCUTION COLLECTIVE : Douglas, *Society in China*, London, 1901, p. 71 sqq. — Kohler, *Das Chinesische Strafrecht*, Würzburg, 1886, p. 4-11, donne quelques indications sur l'histoire de la responsabilité collective dans l'ancien droit chinois. — J'ai rapproché des textes du Code chinois ceux du Code annamite ; sur le droit aponais ancien, cf. Kohler, *Studien aus dem japanischen Recht*, in Zeits. für die vergl. Rechtsw., X, 1892, p. 381 et 388-389 ; Appert, Un Code japonais au VIIIe siècle, *Nouvelle* Rev. *histor. de droit français et étranger*, XVII, 1893, p. 734, 738 ; Un code de la féodalité japonaise au XIIIe siècle, *Ibid., XXIV, 1900*, p. 344, 347, 348 (art. 10), 351 (art. 17) : ces derniers textes marquent un effort pour réagir contre le principe de la responsabilité collective ; sur le droit coréen, Kohler, Zeits. für die vergl. Rechtsw., VI, p. 401.

Paul Fauconnet

de ces criminels, au premier degré et âgés de moins de soixante ans, ainsi que leurs parentes de tout âge au premier degré, seront répartis comme esclaves entre les grands officiers de l'État. Les biens de toute dénomination appartenant aux coupables du crime de haute trahison, seront confisqués au profit du gouvernement. Les parentes de ces criminels qui auront été mariées dans d'autres familles, avant que les forfaits énoncés aient été commis, comme aussi les femmes qui, fiancées aux dits criminels eux-mêmes, à leurs fils ou à leurs petits-fils, n'auront point encore cohabité avec eux, ne seront pas sujettes aux peines ordonnées par cette loi. » La violation du serment de fidélité et d'obéissance envers le souverain est punie sévèrement : l'auteur est décapité (et non, comme dans le cas précédent, mis en pièces) ; les femmes et enfants sont réduits en esclavage ; les père et mère, grands parents, frères et petits-enfants sont bannis à perpétuité, à la distance de 2.000 *lées*. L'officier qui intrigue pour mettre obstacle aux mesures prises par l'empereur est décapité, sa femme et ses enfants réduits en esclavage, ses biens confisqués.

2°) *Meurtres dans certaines circonstances spéciales*. Meurtre de trois personnes ou plus de la même famille et cas assimilés : l'auteur est puni de la mort lente ; ses biens sont confisqués au profit de la famille des victimes, ses femme et enfants bannis à perpétuité à la distance de 2.000 *lées*. Meurtre commis dans l'intention de diviser, les membres de la personne tuée, pour servir à des opérations de magie : la peine est la même ; le texte est caractéristique : « Sa femme, ses fils et tous les locataires de sa maison, *quoique innocents de son crime,* seront bannis à perpétuité, en un lieu éloigné de 2.000 *lées* de leur domicile » ; la peine collective est maintenue, même si le projet n'a pas été suivi d'exécution. La même sanction est édictée contre les femmes, enfants et personnes logeant dans la maison de quiconque élève des animaux venimeux ou prépare des poisons dans le dessein de faire mourir quelqu'un. D'autres dispositions du Code règlent, le sort des familles condamnées. Les statuts supplémentaires — le Li, — pour autant que nous les connaissons, apportent sans doute quelque atténuation aux règles précédentes ; celles-ci, dans leur principe, restent cependant en vigueur, comme en témoignent les auteurs européens qui ont étudié, dans son fonctionnement, la jurisprudence chinoise contemporaine. Il faut remarquer que les meurtres, pour lesquels la famille est punie collectivement, sont assimilés par le Code à la trahison ; le principe est formulé explicitement pour le *massacre*, meurtre de trois personnes ou plus de la même famille, qui met en péril la continuité sacrée de la famille.

Les droits annamite, japonais et coréen, qui se sont inspirés du droit chinois, appliquent, sensiblement dans les mêmes conditions que lui, la règle de responsabilité collective.

Comme le droit chinois, le droit grec ne punit en général que le seul auteur du crime, par exemple de l'homicide. Mais il frappe toute la famille pour les attentats les plus graves contre la religion et contre l'État [1]. Les Grecs de l'époque classique ne répugnent pas à mettre à mort la famille d'un traître ou d'un tyran ou de l'auteur d'un sacrilège. Au cours des luttes politiques, le parti vainqueur applique la règle aux vaincus. Par exemple, en 479, « le bouleute Lykidas, pour avoir voulu accepter les propositions du Mède, fut lapidé par les Athéniens avec sa femme et ses enfants... Après la mort du jeune Hiéronymos, en 215, le peuple de Syracuse, réuni en assemblée, rend un décret aux termes duquel tous les parents du tyran, hommes et femmes, doivent être mis à mort. » Les membres décédés de la famille ne sont pas épargnés ; on leur applique collectivement les sanctions posthumes du sacrilège et de la trahison ; leurs cadavres sont exhumés et jetés hors des frontières : les Alcméonides ont été traités ainsi par Athènes au VIIe et peut-être de nouveau au VIe siècle, les Kypsélides par Corinthe au VIe. Sans

---

1 Je n'ai ici qu'à suivre l'ouvrage de Glotz, livre III, eh. 3 : La responsabilité personnelle et la raison d'Etat ; ch. 4 : La peine de mort collective ch. 5 : Le bannissement collectif ; ch. 6 : La privation collective des droits civiques ; ch. 7 : La confiscation ; ch. 8 : Les correctifs de l'atimie héréditaire et de la confiscation. — Peine de mort collective dans les guerres civiles : Thèbes, Milet, p. 456, Syracuse, p. 457, 459, Athènes, 457, Cyrène, Ephèse, Elée, 458, Grande-Grèce, 458-460 ; sur le caractère de ces exécutions sommaires, p. 456-465. — Application aux morts du principe de la responsabilité collective, p. 460-461. — Exemples d'exécution capitale collective pour sacrilège, trahison, brigandage : Chersonèse de Thrace, p. 462, Macédoine (« legum Macedonum ... qua cautum erat ut propinqui eorum qui regi insidiati erant cum ipsis necarentur », Quinte-Curce, VI, 11, 9), p. 464-465, décret de Téos, Ve siècle (Ἀπόλλυσθαι καὶ αὐτὸν καὶ γένος τὸ ἐκείνου), p. 465. Histoire de la peine de mort collective à Athènes : constitution donnée aux Erythréens, entre 464 et 457, p. 466 ; décret condamnant à mort Antiphon et Archéptolémos, (411/0), décret de Dèmophantos, p. 468-9 ; que les Athéniens n'ont plus admis la peine de mort collective après le Ve siècle, p. 469- 471.

Paul Fauconnet

doute il faut faire la part des passions politiques : beaucoup de ces exécutions sont peut-être des actes déréglés de tyrans ou de foules exaspérées, que désavouait la conscience publique. Mais la législation édicte aussi la peine de mort collective. Dans la constitution donnée par Athènes aux Érythréens, entre 464 et 457, figure cette disposition : « Quiconque sera convaincu d'avoir livré la ville des Érythréens aux tyrans sera mis à mort, lui et les enfants nés de lui, à moins que les enfants nés de lui n'aient fait preuve de [dévouement] envers le peuple d'Érythrée et celui d'Athènes. » C'est très probablement au cours du Ve siècle que le droit athénien a cessé d'appliquer la peine de mort aux enfants du traître : en 411/10, le décret qui condamne à mort Antiphon et Archéptolémos n'inflige à leurs enfants que l'atimie ; un décret, rendu sur la proposition de Dèmophantos, est ainsi conçu : « Quiconque tentera de renverser la démocratie athénienne sera ennemi des Athéniens et pourra être mis à mort impunément. » « Rien sur les enfants du traître... Il n'y a pas omission, mais silence volontaire, remarque Glotz ; car, sauf sur ce point, la formule de la sanction reproduit, comme on l'a démontré, de très vieilles formules qui, elles, impliquaient expressément les enfants dans le crime et le châtiment paternels ».

C'est surtout l'application collective de la sanction appelée *atimie* [1] qu'on peut suivre dans l'histoire du droit athénien. Il semble aujourd'hui bien établi que l'atimie n'était pas originairement ce qu'elle est devenue par la suite, une simple dégradation civique, mais une mise hors la loi, comparable à la *Friedloslegung* des Germains, à la *consecratio capitis et bonorum* des Romains. « Ἄτιμος ἔστω signifie ἄτιμος τεθνάτω ou, selon l'expression plus fréquem-

---

[1] Nature de la sanction : elle est, dans le droit ancien, une proscripition équivalant à une condamnation capitale, p. 474-476, notamment, p. 474, n. 4, 5 et 6,475. n. 1 ; transformation de l'atimie en bannissement, 478-9, en dégradation civique, p. 480, 482, 485. Sur la nature primitive de l'atimie, Glotz adopte les conclusions de Swoboda, Arthmios von Zeleia, Archaeol.- epigr. Mittheil aus (Esterreich-Ungarn, XVI, 1893, p. 49-68, qui me paraissent s'imposer ; cf. Usteri, *Aechtung und Verbannung im griechischen Recht*, Berlin, 1903 , p. 5-62. Cf. Gernet, *Recherches*, p. 108 sqq. — Application collective de l'atimie comme proscription, p. 473-476 ; comme bannissement, 478-479 : comme dégradation civique, p. 480-482, 485 ; rapports de l'atimie et de l'ostracisme, 482-484 ; maintien de l'atimie comme prescription collective contre les non-citoyens, 490-491 ; histoire de la disparition de l'atimie collective comme dégradation civique à Athènes, p. 493 sqq. et p. 540 sqq. — L'atimie collective dans les autres cités grecques, p. 512-514. — L'abatis de maison, p. 476-478, p. 488-490. — La confiscation, p. 515-539.

ment conservée, νηποινεὶ (= ἀτιμητεὶ) τεθνάτω… Les ἄτιμοι sont des proscrits dont la tête n'a plus de prix ; s'ils échappent, ils sont condamnés en fait au bannissement perpétuel ; s'ils sont pris, ils peuvent être mis à mort impunément. » De ce point de vue, c'est comme une condamnation capitale qu'il faut interpréter les formules nombreuses qui prononcent l'atimie collective et héréditaire à raison des crimes contre la sûreté de l'État. « Pas de différence, dans les temps reculés, entre une menace d'ἀτιμία et une menace d'ἐξώλεια : à la même époque, dans des circonstances identiques, on emploie dans les décrets les formules ἄτιμον εἶναι αὐτὸν καὶ παῖδας τὸς ἐχς ἐκείνο ou ἀπόλλυσθαι καὶ αὐτὸν καὶ γένος τὸ κείνου. Le criminel et les siens sont ou exécutés sans jugement ou voués à un exil perpétuel et, dans les deux cas, dépouillés de tous leurs biens. » Plus tard, l'atimie se résout en bannissement (ἀειφυγία) et la sanction capitale, conditionnelle, n'est exécutée que s'il y a rupture de ban. « L'atimie collective et transmissible devient alors ce qu'elle est dans un décret rendu à Amphipolis », en 357 Philon et Stratoclès sont bannis d'Amphipolis, eux et leurs enfants, et, s'ils sont pris, ils seront traités en ennemis et tués impunément ; leurs biens sont confisqués. « Le seul tempérament que le progrès des mœurs publiques mît quelquefois à la rigueur de cette pénalité consistait à ne pas ôter au peuple le droit d'être pitoyable à l'égard des exilés qui étaient rentrés indûment dans leur patrie. » Par un nouveau progrès, Athènes transforme l'atimie des parents du condamné à mort ou du banni en une sorte d'exil à l'intérieur, d'abord par une simple tolérance : « les Alcméonides, condamnés à la proscription perpétuelle vers la fin du VIIe siècle, purent bientôt rentrer dans Athènes, à la faveur de l'épitimie décrétée par Solon… mais lorsque Clisthènes entra en lutte avec Isagoras, l'épitimie ne tint plus : pour contraindre à l'exil l'Alcméonide, il suffit de réveiller… l'acte de proscription héréditaire rendu contre les ἐναγεῖς plus de cent ans auparavant. » « L'atimie résultant de l'ostracisme, atimie partielle et temporaire, mais susceptible plus tard d'être convertie en atimie totale et perpétuelle, est encore un vestige de la solidarité passive englobant un γένος entier. » « Enfin, au cours du Ve siècle, un dernier pas est franchi dans cette voie où l'atimie collective se restreint et se mitige. Dans le décret rendu en 411/10 contre Archéptolémos et Antiphon, l'atimie des deux condamnés à mort épargne tous leurs parents, à l'exception de leur descendance en ligne légitime ou bâtarde, et à ceux qu'elle atteint elle enlève, non le droit de séjour, mais seulement les droits civiques. » La question, si cette atimie réduite à la dégradation civique a persisté comme peine collective dans la législation d'Athènes, est controversée. Nous ne suivrons pas ici la discussion par laquelle Glotz s'efforce d'établir, contre l'opinion commune, que l'atimie collective a disparu, en fait, dès le début du IVe siècle.

Ce ne sont pas seulement les membres humains de la collectivité domestique, mais ses choses, ses propriétés, ses *sacra*, qui sont les patients de certaines sanctions. On doit à Glotz d'avoir bien montré les relations de la responsabilité collective avec l'abatis de maison et la confiscation des biens. En dévastant et en confisquant les biens d'un condamné à mort ou d'un proscrit, il est clair qu'on atteint directement ses héritiers, à la fois dans leurs sentiments domestiques, dans leur honneur et dans leurs intérêts : l'exécution de pareilles sanctions n'est donc possible que si le droit ne répugne pas à frapper la famille tout entière pour le crime d'un de ses membres. Historiquement il apparaît en outre que l'abatis et la confiscation sont d'abord des éléments constitutifs des sanctions collectives que nous venons d'étudier : le patrimoine a d'abord été atteint en même temps que les personnes, son anéantissement est un des aspects de l'anéantissement de la famille. La parenté des sanctions est incontestable et nous sommes fondés, quand nous rencontrons la confiscation dans une législation, non seulement à la relever comme une sanction collective par nature, mais encore à voir en elle le vestige de sanctions collectives capitales et une dernière application du principe de responsabilité qui présidait à l'application de ces sanctions.

Dans des états de civilisation plus proches du nôtre, on observe des faits de responsabilité collective moins accentués, de simples survivances, qu'il faut interpréter, pour les comprendre, à la lumière de ces faits chinois ou grecs. Bien qu'atténuée, cette responsabilité collective est cependant fort instructive, puisqu'elle s'est, en quelque sorte, imposée pour certains grands crimes à des sociétés très individualistes et moralement voisines de nous.

À Rome, le droit classique s'attache au principe de la responsabilité pénale individuelle [1]. Cependant lui-même y déroge en admettant la confiscation des biens. Celle-ci, avant d'être, comme son nom l'indique, une sorte d'amende au profit du fisc, a été une *consecratio bonorum* (ou, ce qui est équivalent, une *publicatio bonorum*) accompagnant la *consecratio capitis* : « sacratæ leges sunt, dit Festus, quibus sanctum est, qui quid adversus eas fecerit, sacer alicui deorum [sit] sicut familia pecuniaque » ; atténuée dans sa rigueur par des mesures gracieuses qui laissaient aux héritiers une fraction variable du patrimoine, elle s'est maintenue comme sanction accessoire des peines personnelles les plus graves jusqu'au terme de l'évolution du droit romain ; et Justinien, qui a interdit en principe la confiscation *totale*, l'a maintenue pour les crimes de majesté. S'ils admettaient que les peines pécuniaires fussent collectives, les Romains de l'époque classique s'enorgueillissaient de ne pas frapper dans leur personne, comme les républiques grecques, les parents du criminel. De fait, c'est par une dérogation au droit commun que Sylla retirait l'éligibilité à la postérité des proscrits et la règle fut rapportée bientôt ; et, sous le principat, quelques actes de despotisme, comme l'exécution de la fille de Séjan, ne sont pas des manifestations juridiques. Mais il est possible qu'aux premiers temps de la République, la question se posât encore si l'on ferait mourir les enfants de Spurius Cassius, accusé d'aspirer à la royau-

---

1 CONFISCATION: Mommsen, 592, 902 et 1005-1011 ; Humbert, art. Confiscatio in Daremberg-Saglio, Dict. des antiq., t. L, p. 1440 ; Ferrini, p. 348. Texte de Festus (p. 318), Mommsen, 902, n. 2. Interdiction de la confiscation : nov. XVII, 1. 12, CXXXIV, 13, 2, 3. — ABATIS DE MAISON: Meier, *Historiae juris attici de bonis damnatorum et fiscalium debitorum libri duo*, Berolini, 1819, p. 170. — HISTOIRE DE SP. CASSIUS : Denys d'Halic., Ant., rom., VIII, 80. Cf. Tite-Live, II, 41 : le fait se rapporte à l'année 268-486. Denys fait à cette occasion un parallèle entre Rome, et la Grèce ; il n'ose pas décider entre la responsabilité individuelle et la responsabilité collective. Tite-Live ne sait pas que les enfants aient été menacés. Cf. Glotz, p. 467 et 472. Sur les difficultés des textes de Denys et de Tite-Live et sur toute l'histoire de Sp. Cassius, cf. Mommsen, *Römische Forschungen*, 1879, II, p. 153 sqq., et *Röm. Strafr.* p. 551. — SUR L'IMPUNITÉ DES DESCENDANTS À L'ÉPOQUE CLASSIQUE : Mommsen, p. 593-594 ; Denys, *loc. cit.* ; Cicéron, *de nat. deor.*, 3,38. Dérogation au principe : Denys, *loc. cit.* ; Sénèque, *de Ira*, 2, 34 ; Mommsen, 593-594. *Lex quisquis* : *Cod. Just.*, IX, tit. VIII, Ad legem Juliam majestatis, L. 5. — Cod. Theod., IX, 14, 13. Cf. Mommsen, 594, n. 3. Tissot (*Le Droit pénal*, etc., 2ᵉ éd., Paris, 1879, t. I, p. 195) admet à tort en se référant au texte, *Cod. Just.*, IX, 48, 22, qu'Arcadius et Honorius revinrent à la justice peu de temps après s'en être écartés (399) ; cette dernière disposition énonce le principe général ; la *lex quisquis*, conservée par Justinien, y déroge pour les crimes de majesté.

Paul Fauconnet

té ; d'après Denys d'Halicarnasse, une décision expresse du Sénat les exempta de toute peine, même de l'exil et de l'infamie, et le principe ainsi posé fut toujours respecté dans la suite. Denys n'est pas un témoin sûr et toute l'histoire de Sp. Cassius est très suspecte : on ne peut donc affirmer que la Rome primitive ait connu la peine de mort collective. Par contre le droit romain de l'époque chrétienne contient la plus célèbre de toutes les règles de responsabilité collective : c'est la *Lex Quisquis* d'Arcadius (397 ap. J.-C.), conservée par Justinien, qui, par une dérogation expresse au principe formulé par le même Arcadius, étend la sanction des crimes de majesté aux enfants du coupable : « Filii vero ejus, quibus vitam imperatoria lenitate concedimus, (paterno enim deberent perire supplicio, in quibus paterni, hoc est, hereditarii criminis exempla metuuntur) a materna, vel avita omnium etiam proximorum hereditate ac successione habeantur alieni, testamentis extraneorum nihil capiant, sint perpetuo egentes et pauperes, infamia eos paterna semper comitetur, ad nullos prorsus honores, ad nulla sacramenta perveniant : sint postremo tales, ut his perpetua egestate sordentibus sit et mors solatium, et vita supplicium. » Les filles, quoique traitées moins durement, ne sont pas épargnées ; sur les biens de leur mère (ceux du père étant intégralement confisqués), on leur concède la *quarte Falcidie* : « mitior enim circa eas esse debet sententia, quas pro infirmitate sexus minus ausuras esse confidimus. »

Dans les droits germaniques [1], la mise hors la paix, *Friedloslegung*, entraîne la dévastation ou la confiscation des biens et ces deux pratiques, — *Wüstung, Fronung*, comme les appellent les historiens, — se sont maintenues à l'époque franque et au moyen-âge, à la fois comme voies de contrainte et comme pénalités. En général ces mêmes droits ne frappent pas dans leur personne les parents du *friedlos* ; cependant chez les Anglo-Saxons, le fils de l'*outlaw* suit la condition de son père et Édouard le Confesseur n'abroge

[1] CONFISCATION: Wilda, p. 288-292 et 519-522 ; Schröder, p. 76, 338, 350, 368, 525, 742, 746 ; Brunner, I, p. 235 sqq., II, 463, 465, 595 ; cf. Index, p. 757, s. *voc. Vermögenseinziehung*, la liste des crimes pour lesquels la confiscation est prononcée ; sur la « Fronung », voir II, 457 sqq., 586, 686. — *Abatis de maison*, « Wüstung » : Wilda, 293 ; Schröder, 76, n. 30, 742 ; Brunner, I, 236 ; II, 227, 465, 467 ; von Amira, Recht., 196-197. — Condition de l'enfant du *friedlos* : Brunner, I, 234 ; de *l'outlaw* : Leges Edwardi. Confessoris, 19, in Ancient Laws and Institutes of England, Londres, 1840, d'après Westermarck, I, 46-47. Sur la responsabilité collective pour vol dans le droit anglo-saxon, Wilda, p. 69, 643, 906.

cette règle que pour les enfants nés avant la proscription. Tous les parents du voleur, y compris les enfants au berceau, pouvaient être réduits en esclavage, au temps du roi Canut qui déclare cette règle impie et l'abroge.

L'Europe moderne connaît aussi l'abatis de maison, la confiscation et les peines qui atteignent dans leurs personnes, sinon toute la famille, au moins les plus proches parents du criminel. C'est surtout le crime d'hérésie d'une part, le crime de lèse-majesté de l'autre qui mettent en jeu la responsabilité collective. Le droit romain sert ici de modèle et de justification : dans la doctrine, ainsi chez les postglossateurs [1], dans la législation, par exemple dans les Siete Partidas d'Alphonse X de Castille [2], dans le droit canonique, — son influence est manifeste ; ce qui ne veut pas dire qu'on puisse expliquer l'application et la persistance des règles de responsabilité collective par le seul ascendant du droit romain. Car les législations modernes sont allées plus loin que lui : prenons comme exemples les droits canoniques, anglais et français.

L'Église catholique applique à des collectivités tant des peines spirituelles que des peines temporelles [3]. À partir du Xe-XIe siècle, elle aggrave l'excommunication portée contre un roi ou un seigneur par un *interdit local* qui prive des bienfaits du culte les popula-

1 Engelmann, *die Schuldlehre der Postglossatoren und ihre Fortentwickelung*, Leipzig, 1895, p. 34-35.

2 VII, tit. II, ley. 1 et 2 : « Et quiconque aura commis le crime de trahison de l'une des manières spécifiées dans la présente loi... devra subir la peine capitale, et on devra adjuger à la chambre du roi tous ses biens, en en déduisant la dot de sa femme et les dettes qu'il a pu contracter avant de commencer ses trahisons. Et de plus, tous ses fils, s'ils sont nés nobles, ne pourront plus prétendre aux honneurs de la chevalerie, ni de toute autre dignité ou office, ils ne pourront plus même hériter de parents d'une ligne étrangère à celle de leur père... Les filles des traîtres pourront hériter de la quatrième partie du bien de leur père, car on ne doit pas présumer la trahison dans les femmes... »D'après Du Boys, *Histoire du droit criminel de l'Espagne*. Paris, 1870, p. 330-331.

3 Textes et exemples rassemblés dans Hinschius, *Das Kircheurecht der Katholiken und Protestanten in Deutschland, System des katholischen Kirchenrechts mit besonderer Rücksicht auf Deutschland*, V^{er} Bd., Berlin, 1893 et dans Lea, *Histoire de l'Inquisition au moyen-âge*, trad. franç. par S. Reinaeh, tome I, paris 1900. — *Interdit local* : Hinschius, p. 23 sqq., 25, n. 8, 123, n. 4. *Interdictum ambulatorium : ibid.*, p. 31 ; interdit frappant femme, enfants, serviteurs du coupable : ibid., p, 124, n. 8 à 15. Peines temporelles : ibid., p. 123-124 ; Lea, p. 561-563. Confiscation : Lea, p. 565 sqq. Abatis de maison : Lea, p. 543-545. *Responsabilité collective dans la doctrine* : Hinschius, p. 25, n, 6. Inquisition : Lea, 543 sqq., 561 sqq.

Paul Fauconnet

tions auxquelles commande l'excommunié ; d'abord toujours joint à l'excommunication d'un individu, l'interdit local s'en détache dès le xie siècle pour atteindre par exemple l'église dans laquelle le crime a été perpétré, les lieux où les biens ecclésiastiques dérobés ont été apportés, la ville à laquelle appartient le coupable ou le débiteur d'un citoyen romain ; depuis le xiie siècle, l'*interdictum ambulatorium* ou *mixtum* suit l'excommunié dans les lieux qu'il traverse et pèse sur eux aussi longtemps qu'il y séjourne. D'autre part l'Église ordonne ou admet que les descendants à la première et même à la quatrième génération du coupable soient exclus de toute dignité ecclésiastique et quelquefois aussi de dignités laïques pour crime d'hérésie, d'apostasie, pour rapt et vente aux Sarrasins de chrétiens, pour attentats contre les personnes, les libertés et les biens ecclésiastiques, pour violation d'asile, etc... ; quelquefois elle frappe d'infamie les enfants incestueux, etc... Beaucoup de ces dispositions appartiennent aux droits locaux, mais le droit commun les connaît aussi et ne les réprouve jamais. Depuis le xiie siècle, la doctrine discute la question de la responsabilité collective, en se référant aux cas bibliques : elle rejette l'excommunication, mais admet l'interdit et les peines temporelles ; la doctrine ultérieure ne combat pas ces règles qui, non appliquées en fait, font encore partie du droit en vigueur. — L'histoire de l'Inquisition permet de suivre dans leur application les peines collectives. Pour la confiscation, une décrétale d'Innocent III a posé le principe : « Dans les territoires sujets à notre juridiction temporelle, nous ordonnons que les biens des hérétiques soient confisqués ; dans les autres pays, nous ordonnons que la même mesure soit exécutée par les princes temporels, sous peine des censures ecclésiastiques » ; et la confiscation, soit au profit partiel de l'Église, soit au profit de l'État, est devenue le complément habituel des peines corporelles infligées aux hérétiques. L'Inquisition désignait les « maisons qui devaient être détruites comme ayant été souillées par l'hérésie... elles étaient rasées et leur emplacement, considéré comme maudit, devait rester un réceptacle d'ordures, impropre à l'habitation des hommes. » L'empereur Frédéric II avait appliqué aux hérétiques la *lex quisquis* et en avait même étendu l'action aux petits-enfants du coupable ; l'Église adopta cette législation, en l'adoucissant d'ailleurs quelque peu. « Les archives de l'Inquisition devinrent ainsi la source de vexations innombrables contre ceux qui, de près ou de loin, touchaient à un hérétique. Personne ne pouvait être assuré qu'on ne découvrirait ou qu'on ne fabriquerait pas, un jour ou l'autre, quelque témoignage contre tel de ses parents ou grands-parents depuis longtemps décédés ; cela suffirait pour ruiner à tout jamais sa carrière ».

Le droit anglais [1] a donné une exceptionnelle extension à la notion de trahison. Or la peine de la trahison ne consiste pas seulement dans le supplice affreux infligé au criminel ; elle s'étend à sa famille et à ses biens. « Ce crime est si grave, dit le vieux criminaliste Bracton, qu'il est à peine permis aux héritiers de vivre ; et si par hasard ils sont quelquefois admis à succéder, c'est plutôt par grâce que par droit. » La confiscation des biens est aggravée par une sanction héréditaire spécifiquement anglaise, appelée *corruption of the blood*. La confiscation ordinaire porte sur les meubles et sur les anciennes tenues saxonnes. Le principe de la corruption du sang s'applique aux tenues féodales dont Guillaume le Conquérant avait donné l'investiture aux Normands. Le traître exécuté était censé vivant, lorsqu'il s'agissait de la transmission des droits qui lui auraient été dévolus. Le fils d'un traître condamné ne pouvait pas hériter de son grand-père ni rien réclamer comme représentant de son père : « la personne atteinte, dit un célèbre axiome anglais, intercepte tout ce qui viendrait d'elle ou par elle pour sa postérité. » Et les jurisconsultes tirent logiquement du principe cette conséquence que, si le criminel a été gracié, le fils né postérieurement à la grâce peut hériter, parce que le pardon fait du père un homme nouveau, qui peut transmettre un sang capable d'hériter ; mais le fils né avant la grâce ne pourra hériter ni de son père ni de ses ancêtres paternels, parce que le sang qu'il tient du père, une fois corrompu en entier par l'*attainder*, doit rester dans cet état de corruption. La règle de la corruption du sang ne fut abolie que sous la reine Anne ; mais on la rétablit en 1744, sous Georges II, et elle est restée en vigueur jusqu'au XIXe siècle.

En France, dans le dernier état de l'ancien droit [2], la confiscation,

---

[1] Du Boys, *Histoire du droit criminel des peuples modernes*, Paris, 1854-1860, tome III, p. 305-310.
[2] CONFISCATION: Muyart de Vouglans, *Institutes au droit criminel*, p. 301-303 ; *Les lois criminelles*, p. 82-83 ; et Jousse, *Traité de la justice criminelle de France*, tome I, p. 99-113. — *Droit intermédiaire*, Code pénal de 1819 et nature de la confiscation

d'après Muyart de Vauglans « est fondée, suivant les auteurs, sur ce que le condamné devient, par son crime, esclave de la peine, et qu'un esclave ne pouvant faire aucune disposition de dernière volonté, les biens d'un condamné doivent conséquemment appartenir au fisc, comme vacans » ; les crimes, auxquels les ordonnances ont attaché la confiscation de plein droit à dater du jour de la perpétration, sont les mêmes que ceux qui produisent la mort civile, tels ceux de lèse-majesté, le duel, la sortie du royaume sans la permission du roi, le parricide ; les peines qui emportent, avec elles la confiscation sont ou corporelles, — la mort, suivant la maxime, qui confisque le corps, confisque les biens, les peines perpétuelles telles que les galères, le bannissement et la prison a perpétuité, ou infamantes, — condamnation de la mémoire du défunt, condamnation par contumace à l'une des peines corporelles énumérées ci-dessus, quand le condamné ne s'est pas représenté dans les cinq années du jour de l'exécution de son jugement. Par rapport à ses effets, la confiscation consiste à dépouiller le condamné de tous ses biens au profit du roi ou des seigneurs dans la juridiction desquels se trouvent les biens confisqués, sous réserve des droits des créanciers, « n'étant pas juste que ceux-ci souffrent d'un crime auxquels ils n'ont eu aucune part. » Cependant, et malgré cette « injustice », la confiscation a lieu même au préjudice des créanciers, en cas de lèse-majesté au premier chef et de félonie (« c'est une règle de notre droit français attestée par Loysel »), en cas de fausseté commise au sceau des lettres de chancellerie, et lorsqu'un office est confisqué pour le crime de l'officier. Dans le nombre des créanciers sont compris les héritiers fidéi-commissaires ou substitués, la femme et les enfants pour son douaire et autres biens dotaux ainsi que pour sa part dans les meubles et acquêts de son mari : ces mêmes personnes sont donc frustrées dans les cas exceptionnels énumérés ci-dessus.

---

spéciale dans le droit actuel : Garraud, tome II, p. 413-431. — ABATIS DE LAISON : Jousse, tome I, p. 67-68 (où il traite de la dégradation de noblesse ; voir p. 68, note, un arrêt du Grand Conseil de 1620) ; les textes relatifs au crime de lèse-majesté indiqués ci-après. — PEINES CONTRE LA PERSONNE DES PARENTS DU COUPABLE : conséquences héréditaires de la dégradation de noblesse, Jousse, tome I, p. 67- 68 ; crime de lèse-majesté, Muyart de Vouglans, *Les Lois criminelles*, p. 132-134 ; Jousse, t. III, p. 683-685. Arrêt contre Jean Châtel (cf. Desmaze, *Trésor judiciaire de la France, Curiosité des anciennes justices*, Paris, 1867, p. 333) et Ravaillac, dans Jousse contre Damiens, dans Muyart. — *Privation héréditaire d'office*, Muyart, *Les lois criminelles*, p. 134, n. 2.

PARTIE I : DESCRIPTION DE LA RESPONSABILITÉ

Il y avait plusieurs provinces où la confiscation n'avait point lieu, en général les pays de droit écrit et d'assez nombreux pays coutumiers, tels que Bretagne, Berry, Anjou, etc... ; mais certains crimes emportaient la confiscation, même dans les pays où elle n'était pas reçue, notamment et sans exception le crime de lèse-majesté au premier chef. La confiscation générale, abolie en 1791, fut rétablie pour les crimes attentatoires à la sûreté de l'État et pour le crime de fausse monnaie par des lois de 1792, 1793, an II, an III ; le code pénal de 1810 l'admet encore ; elle n'a été définitivement abolie que par la Charte de 1814, confirmée par la Charte de 1830 et la Constitution de 1848. Le droit en vigueur ne connaît plus qu'une confiscation spéciale, toute différente dans son principe, des objets déterminés par la loi « qui ont une relation *directe* avec l'infraction, parce qu'ils en sont le *corps* même, *l'instrument* ou le *produit* » [1].

À côté de la confiscation s'est maintenu, dans le droit du XVIIIe siècle, l'abatis de maisons et la destruction de certains biens immeubles. « On joint ordinairement, dit Jousse, à la peine de la dégradation de noblesse, contre le coupable du crime de lèse-majesté, celle d'avoir son château ou sa maison rasée... et ses bois coupés jusqu'à une certaine hauteur ». Quand le criminel n'est pas noble, l'arrêt ordonne seulement la démolition et le rasement de sa maison, avec défense d'y faire à l'avenir aucun bâtiment. La Convention décréta encore que la maison du Girondin Buzot serait démolie.

La sanction des crimes de lèse-majesté au premier chef comporte à la fois confiscation, abatis et peine contre la personne des parents du coupable. S'il est noble, ses enfants, qu'ils soient nés après ou avant la condamnation, sont dégradés de noblesse. Le bannissement perpétuel hors du royaume, qui entraîne la mort civile, s'ordonne contre la femme, les enfants et les père et mère du coupable, avec défense d'y revenir, sous peine d'être pendus sans autre forme de procès. Interdiction est faite à ses autres parents de porter jamais son nom. Les ordonnances veulent en outre que la postérité du coupable soit punie par la privation de tous états, offices, grâces et privilèges, « et de tous autres droits en ce royaume ». Les Arrêts du Parlement de Paris, rendus à l'occasion des crimes de

---

[1] La loi du 14 novembre 1918 a rétabli la confiscation générale pour la répression des crimes contre la sûreté extérieure de l'Etat. Un projet du 20 juillet 1915 en frappait aussi les déserteurs.

Jean Châtel (ses père et mère furent condamnés à assister à son exécution), Ravaillac et Damiens ont appliqué ces règles en 1594, 1610 et 1757.

Comme les hommes, les dieux appliquent le principe de la responsabilité collective [1]. Pour le péché des individus, les sanctions divines frappent souvent la famille, ou des communautés plus vastes, tout entières ou dans la personne de quelques-uns de leurs membres ; ici encore la responsabilité héréditaire n'est qu'un cas particulier de la responsabilité collective.

D'après les croyances chinoises [2], des royaumes entiers sont punis pour la conduite des souverains par des esprits vengeurs, sur l'ordre et avec l'approbation du Tao, de la divinité céleste ; et la littérature chinoise de tous les temps entretient l'opinion que la faute des parents attire sur leur postérité la sanction de la maladie et de la mort.

La Bible[3] exprime partout la même croyance, par des exemples historiques et par des formules doctrinales. Pour la faute d'Achan, le peuple encourt la colère de Dieu et ne peut tenir contre ses ennemis jusqu'à ce qu'il ait puni Achan, ses fils et ses filles, ses bœufs, ses ânes et ses brebis, et sa tente même et tout ce qui était à lui ; pour le crime des enfants d'Héli, toute sa maison sera frappée de génération en génération, etc. ; Jahveh se définit lui-même comme « un dieu jaloux qui châtie la faute des pères sur les enfants, sur les petits-enfants et arrière-petits-enfants de ceux qui le haïssent » ; et les fameuses déclarations de Jérémie et d'Ezéchiel réagissent contre l'opinion selon laquelle « les enfants auront les dents émoussées, parce que les pères ont mangé du verjus ». Israël interprète théolo-

---

1 Westermarck, tome I, p. 48-52.
2 De Groot, *The religious system of China*, Leyde, 1901, vol. IV, book II, 432, 435, 452 sqq. Cf. Westermarck, p. 49.
3 *Achan : Josué*, VII, 19 sqq. ; Héli : I *Rois*, II, 12 sqq., 27 sqq., III, 11 sqq. Cf. II *Rois*, XXI, 1 (famine au temps de David due à une faute de Saül) ; IV *Rois,* XXI, 11 sqq., XXIII, 26-27 (crimes de Manassé punie encore sur Juda au temps de Josias). — Pour les formules citées au texte, cf. *Exode*, XX, 5, XXXIV, 7 ; *Nomb.*, XIV, 18 ; *Deuter.*,V, 9 ; *Jérémie*, XXXI, 29-30 ; *Ezéchiel*, XVIII, 2-22 ; Cf. les prescriptions, *Deut.*, XXIV, 16 ; IV *Rois*, XIV, 5-6 (triomphe de principe de la responsabilité individuelle dans le droit pénal). — Dans les apocryphes, cf. *Ecclésiastique*, XLI, 7-8 ; *Sagesse de Salomon*, III, 16. — Sur la responsabilité collective d'Israël dans la théologie, cf. par exemple Köberle, *Sünde und Gnade im religiösen Leben des Volkes Israel bis auf Christentum*, München, 1905.

PARTIE I : DESCRIPTION DE LA RESPONSABILITÉ

giquement sa propre histoire comme une immense application du principe de la responsabilité collective.

Aux yeux des Grecs [1], la justice divine s'exerce normalement, presque avec prédilection, sur la famille et sur la cité ; l'apparente impunité du criminel s'explique par la punition de sa postérité, l'infortune qui semble imméritée par les fautes des parents et des concitoyens ; le fait est tenu pour certain : « on proteste quelquefois, dit Glotz, on ne conteste jamais » ; la littérature grecque est tout entière pénétrée de ces idées, des origines à l'époque chrétienne. Hésiode, Solon énoncent le principe : « Souvent, dit Hésiode, une cité entière paye les fautes et les attentats d'un homme pervers. Le fils de Cronos envoie du haut des cieux de grands fléaux, la famine avec la peste. Les peuples périssent ; les femmes n'enfantent plus : les familles décroissent ». « Si les coupables échappent eux-mêmes à la punition, dit Solon, si la vengeance divine lancée à leur poursuite ne les atteint pas, elle viendra en temps et lieu. Les innocents paieront pour les coupables, peut-être les enfants, peut-être seulement la postérité ». Et Plutarque en indique le fondement rationnel : « Une cité, dit-il, est une chose douée d'une existence une et continue, pareille à un être vivant qui ne sort pas de son individualité malgré les modifications de l'âge et ne devient pas autre avec le temps... elle a toute la responsabilité comme tout le mérite des actes accomplis en commun dans le présent ou le passé... Faire d'une cité par des distinctions chronologiques, un grand nombre, ou plutôt un nombre infini de cités, c'est vouloir faire d'un homme plusieurs hommes... On dit cependant que c'est le même homme de la naissance à la mort. On doit admettre également qu'une cité, qui reste la même dans la durée, subit l'opprobe hérité des ancêtres au même titre qu'elle profite de leur gloire et de leur puissance ». Ces croyances se traduisent par des actes : les oracles,

---

1 La responsabilité collective dans la religion est bien étudiée par Glotz, dans le dernier chapitre de son livre, p. 557-597. Vengeance privée des dieux contre la famille et la cité de l'offenseur dans l'épopée et la légende, p. 557-559 ; principe de la responsabilité collective dans la justice divine chez Hésiode, p. 559 (passage cité au texte : Œuvres et jours, 240-245), Solon, p. 560 (passage cité : XIII (IV) 17 sqq.), Théognis, 575, Pindare, 577 les tragiques, p. 560, n. 4, Hérodote, p. 562, 575, Plutarque, p. 564 (cf. son traité *Des délais de la vengeance divine* ; passage cité au texte : 15, p. 559 Ap. 559 A-C). etc. Cf. aussi L. Schmidt, *Die Ethik der alten Griechen*, Berlin, 1882, I, pp. 66, 67-69, 70-73, 76, 86-92. Sur l'imprécation collective, Glotz p. 567-575 ; sur les oracles, p. 561.

Paul Fauconnet

dit Glotz, « exégètes attitrés du droit religieux,... ont toujours autorisé, toujours imposé le principe de la responsabilité familiale. Apollon Delphien s'est fait résolument le champion de la terrible coutume ». Et d'autre part l'ἀρά, l'imprécation, qui accompagne ou remplace si souvent la peine proprement dite, appelle la sanction divine sur la famille et la postérité du criminel.

L'un des dogmes fondamentaux du christianisme [1] est l'affirmation de la responsabilité collective et héréditaire du genre humain pour le péché d'Adam. « Comme le péché est entré dans le monde par un seul homme, dit saint Paul, et la mort par le péché, et qu'ainsi la mort a passé à tous les hommes, parce que tous ont péché... ». On a remarqué que Paul affectionne le terme ἄνθρωπος, au singulier : c'est l'humanité qui pèche « en Adam » et qui est justifiée « en Christ ».

* * *

L'exposé de cette première série de faits nous conduit à une conclusion négative : aucune propriété particulière n'est universellement requise dans un être pour qu'il puisse éventuellement jouer le rôle de patient, pour qu'il soit, le cas échéant, jugé et traité comme un sujet responsable. Dans nos conceptions actuelles, la plupart des êtres, *quoiqu'il arrive*, ne peuvent jamais devenir responsables : il leur manque la vie, ou la personnalité, ou l'intelligence et la moralité, conditions *sine qua non*, à nos yeux, de la capacité pénale. Mais, si l'on enveloppe d'un même regard des sociétés humaines assez diverses, cette capacité au contraire est commune à tous et à tout, sans exception. Vie, personnalité, intelligence et moralité sont donc bien des conditions éminemment favorables à l'acquisition de la responsabilité, puisque l'homme qui les possède est le principal sujet. Mais ce ne sont pas des conditions strictement nécessaires.

---

[1] Saint Paul, *Épître aux Romains*, V, 12, Cf. Turmel, *Revue d'histoire et de littérature religieuses*, V, 1906, p. 506.

Chapitre II.
Les situations génératrices de responsabilité.

La responsabilité naît en dehors du sujet responsable. Elle vient sur lui, parce qu'il se trouve engagé dans des circonstances qui l'engendrent. Ce sont ces situations génératrices de responsabilité que nous allons maintenant décrire. Ici encore nous passerons rapidement sur la situation qui nous est familière pour définir, par rapport à elle, d'autres situations moins connues.

I.

De toutes les situations génératrices de responsabilité, la plus commune, dans toutes les sociétés, depuis les sociétés primitives jusqu'aux plus élevées en organisation, peut être appelée : *l'intervention active et volontaire dans la perpétration du crime*. C'est, à quelques réserves près, la seule situation génératrice que connaisse notre droit pénal contemporain, auquel il suffit de se référer pour la décrire sommairement.

La peine frappe l'auteur volontaire de l'infraction. Cette règle s'impose comme un axiome. La loi l'applique sans jamais la formuler. C'est la doctrine qui l'énonce, dans la théorie de l'infraction, en lui donnant la signification suivante :

1° L'infraction suppose toujours un fait externe, un élément matériel. Il n'y a pas de délits d'intention ou d'opinion pures : *cogitationis poenam nemo patitur*. L'ensemble des faits externes constitue le corps du délit, dans le sens technique du mot. « Tout délit... a nécessairement en soi un élément physique, un corps matériel ; ceux dont l'élément physique est le plus fugitif, par exemple les délits d'injures verbales, de cris séditieux, de tapages nocturnes, ne laissent pas que de l'avoir : ne fût-ce que la voix qui prononce ces injures ou ces cris, les ondulations de l'air mis en mouvement par cette voix, les sons ainsi produits qui frappent les oreilles [1] ».

2° L'idée d'infraction implique celle d'action. Des événements indépendants de l'activité humaine ne suffisent jamais à la constituer. « Un fait, quelque préjudiciable qu'il soit, n'est qu'un malheur si

[1] Ortolan, tome I, p. 505.

vous faites abstraction de toute intervention de personne. Ce ne sont pas les faits qui violent le droit, qui sont punissables, ce sont les personnes... Que l'orage détruise ma récolte, que la foudre brûle ma maison, qu'une ardoise emportée par le vent me blesse, dira-t-on que mon droit a été violé ? J'ai cependant le droit de propriété, de sécurité : oui, mais à l'égard des autres hommes seulement, car entre les hommes seuls se place l'idée de droit [1]. »

3° L'action est imputable à l'agent ou auteur. Le principe est impliqué déjà dans la définition même du délit comme action. « Pour être autorisé à mettre un fait sur le compte de quelqu'un, il est évident qu'il faut que ce quelqu'un en soit la cause productrice, la cause efficiente : autrement, c'est sur le compte d'un autre que le fait doit être porté. Imputer un fait à quelqu'un, c'est donc affirmer, en premier lieu, qu'il en est la cause efficiente, la cause première [2] ». A cette règle se rattache le principe de la personnalité des peines : la peine ne doit atteindre que le coupable, c'est-à-dire l'auteur. Le droit pénal n'admet pas, même au sens du droit civil, la responsabilité du fait d'autrui.

4° L'acte volontaire seul est imputable. Entendez par là deux choses : d'abord que la conséquence fortuite d'un acte, indépendante de la volonté humaine, non prévue et non prévisible, ne constitue jamais une infraction ; et aussi que l'infraction suppose chez l'agent la faute, le manquement plus ou moins grave à un devoir, l'intention ou la négligence coupables. L'élément dit *moral*, c'est-à-dire subjectif, de l'infraction est un complexus d'éléments intellectuels : prévision, représentation du résultat, connaissance des rapports de l'acte et de ses conséquences matérielles — et d'éléments moraux, c'est-à-dire ici, éthiques : acceptation plus ou moins délibérée d'une violation de la loi pénale, représentation des caractères illicites de l'acte [3].

1 *Id.*, p. 99.
2 *Id.*, p. 100.
3 La définition des idées d'action et d'auteur n'implique-t-elle pas déjà des éléments psychologiques ? C'est ainsi que l'entend la doctrine allemande. Dès le début de sa théorie de l'infraction, von Liszt, *Lehrbuch, p.* 116, 122, enchaîne, comme se déduisant l'une de l'autre, les propositions suivantes : « L'infraction suppose toujours une *action humaine,* c'est-à-dire la causation ou le non-empêchement volontaire d'un changement dans le monde extérieur... L'idée d'acte suppose donc, avant tout, une manifestation de volonté... L'idée de motif est inséparable de l'idée d'acte. » Les éléments de l'infraction sont distingués ainsi de la manière sui-

PARTIE I : DESCRIPTION DE LA RESPONSABILITÉ

Ces quatre règles impliquées dans notre droit pénal ne sont pas admises sans réserves par toutes les sociétés. Contrairement à la première, il y a des infractions, sinon juridiques, au moins morales, sans élément matériel : la responsabilité, peut être purement subjective. Inversement, et contrairement à la quatrième, la considération des faits externes prend souvent le pas sur celle des faits internes : du fait matériel, le droit pénal retient alors plus et autre chose que ce que l'auteur a voulu, l'acte imputé ne correspond pas à l'intention, l'imputation physique déborde sur l'imputation psychologique et se suffit pour une part à elle-même. À la limite, la responsabilité est purement objective. Nous venons de décrire le cas usuel où la responsabilité pénale est l'amalgame de deux responsabilités, l'une subjective, l'autre objective. Il nous faut maintenant dissocier cette combinaison et décrire ces deux responsabilités dans les cas où elles s'isolent (sections II et III). Nous verrons enfin que les deuxième et troisième règles elles-mêmes ne sont pas universellement en vigueur. Sinon dans le droit pénal, au moins dans la religion, la responsabilité apparaît souvent sans qu'il y ait proprement action. Et elle incombe souvent, même quand elle résulte d'une action, à d'autres patients qu'aux auteurs. L'intervention passive (section IV) et indirecte (section V) dans l'événement criminel sont génératrices de responsabilité.

---

vante : d'un côté l'action comprenant, avec les résultats matériels et les mouvements corporels, les représentations et volitions en tant qu'elles les déterminent ; d'un autre côté, la faute (p. 157) : le trait de séparation est placé entre les deux espèces d'éléments subjectifs et non pas entre l'élément interne et l'élément externe. La doctrine française sépare autrement les deux éléments constitutifs de l'infraction. Au lieu d'étudier d'une part l'infraction en tant qu'acte, (la notion d'acte comprenant déjà « le rapport du résultat avec la manifestation de volonté »), et, d'autre part, l'infraction en tant que faute, elle réunit sous le nom d'éléments matériels de l'infraction tout ce qui est objet de perception extérieure : mouvements du corps avec leurs résultats, et sous le nom d'élément moral (« subjectif ») tous les faits psychologiques dont une conscience a été le théâtre et que nous reconstruisons, d'après les indices utilisables, à l'aide du sens interne, qu'ils soient considérés dans leur rapport purement intellectuel avec le résultat obtenu, ou dans leur rapport éthique avec la loi transgressée. Cette dernière façon de procéder est peut-être scientifiquement moins satisfaisante. Mais elle témoigne d'un sens plus vif des conditions réelles de la pratique judiciaire.

Paul Fauconnet

II.

Un phénomène purement spirituel peut suffire à engendrer une responsabilité. Il y a bien acte, mais acte interne ; le corps n'intervient pas et aucun changement ne se produit dans le monde extérieur. L'agent est la volonté ; son acte consiste à adopter, en face d'un impératif, une attitude d'attention et d'obéissance, ou, au contraire, d'insouciance et de révolte. Nous pouvons appeler *subjective pure* cette responsabilité et *intervention volontaire dans l'acte interne* la situation qui l'engendre.

Seule la moralité, religieuse et laïque, reconnaît sans réserve la responsabilité subjective pure.

Il serait aisé de relever, dans les religions qui attachent le plus d'importance à la pureté tout objective, aux interdictions rituelles et à leurs transgressions inintentionnelles, des dispositions qui prescrivent la pureté du cœur et sanctionnent les fautes internes. Mais la théologie morale chrétienne est allée, dans cette voie, plus loin que toute autre. S'appuyant sur la parole évangélique : *omnis qui viderit mulierem ad concupiscendam eam, jam mœchatus est eam in corde suo* [1], les Thomistes, suivis sur ce point par la plupart des théologiens, enseignent que l'acte externe n'ajoute rien, en principe, à la moralité de l'acte interne vraiment efficace [2]. Sans doute, l'exécution atteste et corrobore la bonne intention et il faut se défier, dans la pratique, de l'illusion paresseuse, qui nous porte à prendre la velléité un peu molle, la bonne intention, au sens péjoratif du terme, pour la volonté bonne ; mais l'acte méritoire, acte de foi, d'espérance ou de charité, est essentiellement un acte intérieur. Inversement, il y a des péchés purement internes, savoir : la délectation morose, quand l'imagination se complaît volontairement dans la représentation du mal considéré comme présent ; le désir, quand elle se complaît dans la représentation d'un mal futur délibérément voulu ; la jouissance, quand elle se complaît dans la représentation du mal accompli. Au tribunal de la pénitence, le chrétien s'accuse non pas tant de ce qu'il a fait, si l'exécution n'a pas répondu à son dessein, que de ce qu'il a voulu. Le péché est entier,

---

[1] Matt., V, 28.
[2] Tanquerey, *Synopsis theologiae moralis et pastoralis*, 4ᵉ éd., Rome, Tournai, Paris, 1912, tome II, pp. 99 sqq., 291 sqq.

dès que la décision a été prise, irrévocablement, de transgresser un commandement.

En termes laïques, la morale de Kant formule avec la même rigueur le principe du subjectivisme radical. La seule chose qui puisse être, sans restriction, qualifiée moralement bonne est une volonté bonne, entendez par là l'adoption d'une maxime conforme à la loi, par pur respect pour la loi [1]. L'imputation a pour condition la liberté. Or les actions corporelles sont soumises au déterminisme de la nature. Le choix de la maxime dépend seul de la liberté. C'est donc au moment où la volonté choisit la maxime que se produit le fait moralement appréciable, générateur de responsabilité. Il y a volonté mauvaise, quand le sujet s'arroge le droit de faire, en faveur de son inclination sensible, une exception à la loi, et adopte une maxime, qui ne saurait être érigée par la volonté autonome en règle universelle.

Sans doute, on reproche communément à Kant d'exagérer l'hétérogénéité de la matière des actes et de leur forme, de la nature et de la moralité, de la sensibilité et de la raison. Dans la pratique, nos jugements moraux sont des compromis, souvent grossiers, entre l'appréciation du fait externe et l'appréciation de l'intention. Et, même pour une conscience délicate, le résultat effectif de l'acte exécuté garde une valeur. Il n'en est pas moins vrai que l'analyse kantienne, corroborant la doctrine chrétienne, représente assez fidèlement l'une des tendances réelles de la moralité de nos sociétés contemporaines. Son subjectivisme radical est comme une limite vers laquelle cette moralité tend, sans d'ailleurs jamais l'atteindre.

C'est seulement en matière morale, même dans les sociétés les plus élevées en civilisation, que nous pouvons observer des faits de responsabilité subjective pure. Nos sociétés elles-mêmes n'infligent jamais une sanction juridique pour une faute purement interne. La moralité déborde donc ici le droit. Dans l'évolution au cours de laquelle la responsabilité s'est spiritualisée, la moralité est allée plus loin que le droit. Nous avons décrit ces faits purement moraux pour marquer l'une des limites extrêmes entre lesquelles toutes les situations génératrices de responsabilité sont comprises. Mais si, en droit pénal, la faute interne ne constitue jamais à elle

---

1 *Grundlegung der Metaphysik der Sitten*, début de la 1re section. Cf. : La religion dans les limites de la raison, trad. Tremesaygues, Paris, 1913, p. 30-34.

seule une infraction, elle engendre cependant, quand elle est en rapport étroit avec une action comportant un élément externe, une responsabilité supplémentaire bien voisine d'une responsabilité purement subjective.

A. — C'est ce que prouve l'existence des circonstances aggravantes dites subjectives. Elles sont souvent abandonnées par la loi à l'appréciation du juge et restent, dans ce cas, tout à fait indéterminées. Ce sont notamment les motifs et mobiles particulièrement odieux qui ont fait agir l'accusé. En droit français, la préméditation est une circonstance aggravante légale, c'est-à-dire prévue, définie et sanctionnée par la loi, notamment en matière d'homicide volontaire [1], L'homicide volontaire, puni de la peine des travaux forcés à perpétuité, est qualifié assassinat et puni de la peine de mort, quand il a été prémédité. La préméditation doit faire l'objet d'une question spéciale posée au jury ; en répondant par l'affirmative, celui-ci impute au meurtrier, en plus de l'action volontaire, un acte interne qui le désigne pour subir un surcroît de peine.

B. — Mais c'est surtout ce que prouve l'incrimination de la tentative [2]. La plupart des législations, le droit impérial allemand par exemple, posent en principe que la tentative doit être punie plus légèrement que le crime accompli. Mais le droit français frappe de la même peine la tentative et le crime consommé. « Toute tentative de crime qui aura été manifestée par un commencement d'exécution, si elle n'a été suspendue ou si elle n'a manqué son effet que par des circonstances indépendantes de la volonté de son auteur, est considérée comme le crime même. »

Le commencement d'exécution, qui rend la tentative punissable, est difficile à définir. La doctrine et la jurisprudence distinguent les actes préparatoires non punissables, des actes d'exécution qui constituent la tentative. Mais la distinction est, dans certaines hypothèses, singulièrement délicate ; par exemple, l'individu qui, ayant l'intention de voler, est arrêté au moment où il vient d'esca-

---
[1] *Code pénal français*, art. 296-297. *Code pénal impérial allemand*, § 211-212 ; von Liszt, Lehrbuch, p. 307. L'interprétation psychologique de la préméditation comme circonstance aggravante soulève d'ailleurs des difficultés Cf. Vidal-Magnol, p. 189, n. 1 ; Saleilles, p. 65.
[2] *Code pénal impérial allemand*, § 44 ; von Liszt, Lehrbuch, p. 207 ; cf. Vidal-Magnol, p. 151, n. 1. — *Code pénal français*, art. 2 et 3 ; Ortolan, tome I, p. 434 sqq. ; Garraud, t. I, p. 472 sqq.

lader le mur ou de fracturer la porte d'entrée, doit-il être considéré comme coupable d'une tentative de vol ? ou bien, faut-il attendre qu'il ait attaqué le coffre-fort ? — Quand les actes d'exécution ont été achevés, mais que le résultat voulu par l'agent ne s'est pas réalisé, en raison de circonstances indépendantes de sa volonté, par exemple, si le meurtrier a tiré sans atteindre celui qu'il visait, il y a « délit manqué », puni comme la tentative. Mais si le résultat ne pouvait se produire en raison de circonstances matérielles ignorées de l'agent, par exemple, si le meurtrier tire avec un fusil déchargé à son insu, s'il pratique des manœuvres abortives sur une femme non enceinte ou étrangle un enfant mort-né, il y a « délit impossible ». La question de savoir si le délit impossible constitue ou non une tentative punissable soulève une des controverses les plus célèbres du droit pénal.

Qu'il s'agisse de la pénalité de la tentative, de la définition des actes d'exécution ou de l'assimilation à la tentative du délit impossible, deux tendances se manifestent dans la législation, la doctrine, et la jurisprudence. La théorie objectiviste s'attache surtout à l'acte, la théorie subjectiviste à l'intention. La première refuse de punir le délit impossible, parce que les actes qui le constituent, ne pouvant pas entraîner le résultat prohibé par la loi, il ne saurait y avoir commencement d'exécution ; l'élément matériel nécessaire à toute incrimination fait défaut. Elle étend la notion d'acte préparatoire non punissable à tous les actes qui restent équivoques, c'est-à-dire ne révèlent pas, par eux-mêmes, l'intention de l'agent : l'escalade et l'effraction peuvent également servir à préparer un vol, un meurtre, un viol ; en faire une tentative de vol, c'est déterminer l'intention par des circonstances extrinsèques ; c'est tenir compte trop de l'élément moral et pas assez de l'élément matériel. Enfin, la théorie objectiviste réclame une peine moindre pour le délit manqué que pour le délit consommé, pour le délit simplement tenté que pour le délit manqué, proportionnant la peine à la quantité d'élément matériel qui a été réalisée. La théorie subjectiviste tend à punir le délit impossible comme le délit manqué, celui-ci et la tentative proprement dite comme le crime consommé. Elle entend d'une manière plus large le commencement d'exécution et voit par exemple dans l'escalade et l'effraction une tentative de vol, pourvu que l'intention de l'agent soit révélée avec certitude d'une manière quelconque. L'élément matériel, toujours nécessaire d'ailleurs, est considéré moins en lui-même que comme manifestation de la résolution criminelle. Dès qu'à un minimum d'exécution s'ajoutent des signes révélant l'intention précise et irrévocable de commettre un délit déterminé, la peine est encourue.

D'une manière générale, la tradition juridique est matérialiste et formaliste [1] : les faits externes, plus aisés à définir et à prouver que les faits internes, sont le terrain solide qu'elle n'aime pas à quitter. Une responsabilité purement subjective lui est suspecte ; elle ne veut pas d'une inquisition qui prétend forcer le secret des consciences et asservir l'accusé aux conjectures arbitraires du juge. Les jurisconsultes subjectivistes, eux-mêmes, répugnent à admettre tout ce qui se rapprocherait d'une incrimination des intentions pures ; ils légitiment la punition de la tentative en marquant le caractère dangereux des faits externes qui la constituent, les intérêts que lèse la menace, l'alarme qu'elle jette dans la société. Mais nous avons le droit de distinguer entre les raisons qui justifient l'opportunité d'une répression et les conditions génératrices de la responsabilité qui la rend possible. On aura beau dire : cette responsabilité est surtout engendrée par la faute, par le fait interne. Sinon, la tentative devrait être incriminée comme un fait spécial, distinct du crime consommé : dès le moment qu'on assimile la tentative de meurtre au meurtre consommé, c'est qu'on interprète principalement le fait externe comme un indice et qu'on accorde à l'intention une importance prépondérante. À un minimum d'imputation objective se superpose l'imputation décisive de l'événement interne.

L'histoire du droit pénal atteste un progrès incontestable du subjectivisme [2]. Les sociétés moins élevées en organisation que les nôtres n'incriminent en règle générale que le délit consommé ; quand elles sanctionnent certains actes de préparation et d'exécution, elles les considèrent plutôt comme des délits indépendants que comme des tentatives. Même un droit aussi pénétré d'esprit

---

1 Voir notamment la critique du droit français dans Rossi, *Traité de droit pénal*, Paris et Genève, 1829, tome II, p. 306 sqq.
2 Westermarck, tome I, pp. 240-248. Rome : Mommsen, p. 95 ; Pernice, Labeo, t. II, p. 41 ; Ferrini, p. 241 sqq. ; Ortolan, tom, I, p. 450, note 1. — Droit allemand : Brunner, *Rechtsgeschichte*, tome II, pp. 558-664 ; von Liszt, Lehrbuch, p. 202 (Carolina, art. 178). — Ancien droit français — Ortolan, p. 452, n, 1, (cas de lèse-majesté au premier chef, où la seule pensée fut punie de mort).

PARTIE I : DESCRIPTION DE LA RESPONSABILITÉ

subjectiviste que le droit Romain ne contient sur la matière que des dispositions éparses et ne connaît encore ni le mot, ni l'idée technique de tentative. L'élaboration d'une théorie générale de la tentative fut l'œuvre de la doctrine italienne du Moyen-Age. C'est seulement avec le Code pénal de Joseph II (1787) et le Code Français (1810) que l'assimilation complète de la tentative et du crime consommé, l'égale pénalité des deux infractions sont posées en principe. À l'époque contemporaine, ce sont les théories hardiment novatrices de l'école italienne qui poussent le plus loin l'application de la doctrine subjectiviste [1]. Et la jurisprudence française récente marque, elle aussi, une tendance à faire prévaloir un certain subjectivisme [2].

III.

À l'acte interne, au fait de volonté, s'oppose l'acte externe, le fait corporel. Ce dernier peut, lui aussi, suffire à engendrer une responsabilité : responsabilité objective pure. Nous appellerons : *intervention active, mais non volontaire, dans l'acte externe,* la situation qui l'engendre.

La responsabilité objective pure trouve sa place dans le droit pénal, mais seulement dans les couches archaïques de ce droit. Elle perd du terrain au cours de l'évolution, tandis que la responsabilité subjective, comme nous l'avons noté, en gagne. Cependant, même dans le droit contemporain des sociétés européennes, le principe de la responsabilité objective a laissé des traces profondes [3]. Nous les signalerons d'abord, avant de décrire des systèmes juridiques moins évolués, plus indifférents que les nôtres aux conditions subjectives de l'infraction et dont certains imputent l'acte involontaire et accidentel à peu près au même titre que l'acte volontaire.

A. — D'abord, tandis que dans la tentative on est responsable de plus qu'on n'a fait, on est au contraire quelquefois responsable de plus qu'on n'a voulu. L'élément matériel du délit est pris en consi-

---

1 Garofalo, pp. 338 sqq.
2 Cassation, 4 janvier 1895, 3 janvier 1913 et la note de Roux sous ce dernier arrêt : Sirey, 1895, 1, 108 et 1913, 1, 281 ; Vidal-Magnol, p. 155 sqq.
3 Nous disons : des traces. En principe, la doctrine actuelle n'admet pas qu'il puisse y avoir infraction, là où tout élément subjectif fait défaut.

dération plus que l'élément moral. Un minimum de faute subjective est sans doute requis, mais il permet l'imputation d'un résultat qui n'a été ni voulu, ni prévu. Von Liszt enseigne que ce « dernier reste de l'ancienne responsabilité du résultat (ce que les Allemands appellent *Erfolghaftung*), ne répond ni à la conscience juridique d'aujourd'hui, ni aux principes d'une politique criminelle raisonnable ». Mais il reconnaît que le droit en vigueur admet des *délits qualifiés par le résultat,* dérogeant ainsi au principe qui fait de la faute un élément constitutif de l'infraction. « Une peine plus grave intervient dans toute une série de cas, lorsque par une action fautive en elle-même un résultat plus grave, mais non fautif comme tel, est produit. Dans ce cas la peine plus grave est donc imposée, même s'il n'y avait eu, par rapport au résultat plus grave, ni intention, ni imprudence de l'auteur [1] ». Nous empruntons à Ortolan un tableau de la législation française concernant ces délits. « Ainsi, dans certains crimes d'incendie, de destruction d'édifices, navires, ponts ou chaussées, de dérangement de la voie ferrée, que quelqu'un se trouvant sur les lieux ait péri : peine de mort ; s'il n'y a pas eu de blessures, ou si, les blessures ayant eu lieu, elles n'ont pas été suivies de mort, peine inférieure : le médecin, en sauvant la vie au blessé, la sauve aussi au coupable. Que, par suite de certaines infractions en matière de police sanitaire, une invasion pestilentielle ait eu lieu, peine de mort ; si l'invasion ne s'en est pas suivie, peine inférieure. Que, par suite du délaissement d'un enfant au-dessous de sept ans dans un lieu solitaire, l'enfant ait péri, peine de mort ; si l'enfant n'a pas péri, peine inférieure, correctionnelle ou criminelle, suivant les conséquences qu'aura eues ce délaissement. Ainsi, à la suite de coups on blessures, que le mal ait entraîné une incapacité de travail personnel de plus de 20 jours ou seulement de 20 jours ou au-dessous ; que le malade, par sa constitution robuste, y ait résisté, qu'il ait été sauvé par quelque hasard, par la promptitude ou par l'habileté des secours reçus, ou qu'il ait succombé : peine correctionnelle ou peine criminelle, jusqu'à la peine du meurtre, suivant l'événement. De même, en cas d'administration de substances nuisibles à la santé, quoique non mortelles, et dans bien

---

[1] Von Liszt, Lehrbuch, p. 161-162 (162, n. 2 : renvois aux §§ du Code) : Löffler, p. 266 et le tableau à la fin de l'ouvrage. — Ortolan. tome I, p. 432-433 : — Vergleich. Darstell., Allg. Teil, II. Bd., p, 227-253 (Erfolghaftung : tableau de la législation contemporaine.

d'autres cas encore. Notre législateur n'a pas hésité à subordonner la punition ou la gravité de la punition à des événements accidentels, qui sont la suite des actes de l'agent, mais qui, par des causes indépendantes de la volonté de cet agent, dont il profitera ou dont il souffrira néanmoins, ont pu tourner plus ou moins mal. »

B. — Dans certains cas, la loi punit le fait reconnu inintentionnel, pourvu qu'il soit corrélatif à une faute (*culpa*) désignée des noms variés d'imprudence, négligence, oubli, inattention, maladresse. Si l'accusé peut établir qu'il n'a pas commis de faute, l'acte considéré comme accidentel ne sera pas imputable. Mais c'est bien l'élément matériel qui, pour la plus grande part, crée la responsabilité, car si le résultat ne s'était pas produit, la faute, bien qu'avérée, ne serait pas punie ou le serait infiniment moins. Ainsi le mécanicien qui, par négligence, dépasserait un signal commandant l'arrêt du train, n'est passible que d'une punition disciplinaire, si la négligence est restée sans résultat, quand bien même le hasard seul aurait retardé le convoi qu'il devait normalement rencontrer. Que le hasard, au contraire, mettant sur son chemin un convoi qui, normalement, devrait être fort éloigné, détermine une collision mortelle pour quelques voyageurs : la même négligence entraîne des poursuites pour homicide par imprudence, infraction pénale sanctionnée par l'emprisonnement de trois mois à deux ans et par l'amende de 50 à 600 francs. — En principe, les crimes et délits *stricto sensu* sont des infractions intentionnelles [1] : « même dans le silence de la loi, l'intention criminelle... est une condition distincte, qui s'ajoute aux conditions ordinaires de l'imputabilité, le défaut d'intention, aux causes d'irresponsabilité pénale... Mais il existe bien des exceptions ». Elles se classent sous trois chefs : 1° Dans un grand nombre de cas les actions ou inactions incriminées ont pour auteurs des fonctionnaires ou officiers publics, des citoyens appelés à remplir certains services publics, toutes personnes tenues, à raison de la nature même de leurs fonctions, d'apporter à l'accomplissement de leur devoir une attention particulière. 2° D'autres fois, la loi se place an point de vue du dommage particulièrement grave qui peut résulter d'une faute inintentionnelle : homicide, blessures, incendie, accident de chemin de fer, etc. 3° Ou bien, il s'agit de prescriptions réglementaires se rattachant au bon ordre de la cité,

---

1 Garraud, p. 597-600 ; cf. Ortolan, tome I, p. 168-171.

aux intérêts financiers de l'État ou à l'administration publique. — « Pour les contraventions de police, la règle est toute différente : l'intention, à moins d'exception contraire qui ne peut résulter que d'un texte de loi, n'y est pas exigée comme condition générale de la culpabilité. » On dit souvent que la loi présume ici la faute : mais c'est reconnaître qu'elle incrimine l'acte externe en lui-même et reste indifférente à l'élément interne.

Cette indifférence ne saurait être complète dans le droit pénal contemporain, profondément imprégné d'esprit subjectiviste. L'absence d'intention n'est pas exactement la même chose que l'absence de volonté [1]. Mais en remontant dans l'histoire du droit pénal, nous nous rapprochons peu à peu d'une responsabilité objective pure ; l'importance relative de l'élément moral interne diminue, celle de l'élément externe augmente : à la limite l'acte accompli sans aucune défaillance morale et l'accident sont exactement assimilés à l'acte intentionnel. A vrai dire, la peine, comme sanction publique et purement laïque, témoigne toujours d'une affinité marquée pour la responsabilité subjective. On peut énoncer cette loi approximative que, dans une législation, la responsabilité est d'autant plus objective que la peine est moins complètement différenciée de la vengeance privée et de la sanction religieuse [2].

Considérons d'abord la responsabilité dans le système de la vengeance privée et la responsabilité pénale qui en dérive. J'appellerai meurtrier l'auteur du meurtre ou homicide volontaire, et homicidiaire, l'auteur d'un homicide involontaire on accidentel, avec ou sans faute (*culpa*).

Dans le Pentateuque [3], la sanction du meurtre est une vendetta réglementée : c'est la famille de la victime qui en poursuit l'exécution, mais avec le plein assentiment et sous le contrôle de la société

---

1 Garraud, t. I, p. 571-574.
2 La responsabilité des mineurs, des fous, des animaux et des choses, décrite au chapitre précédent (§§ II, III et V), est à rapprocher de la responsabilité objective.
3 Riehm, *Handwörterbuch*, article *Blutrácher* ; Nowack, *Lehrbuch der hebräischen Archäologie*, Freiburg i. B. et Leipzig, 1894, tome I, p. 330-332, Benzinger, *Hebräische Archäologie*, 2ᵉ éd., Tübingen, 1907, pp. 279-281 ; Förster, *Das mosaische Strafrecht in seiner geschichtlichen Entwickelung*, Leipzig, 1900, pp. 45-49 ; Löffler, p. 48-50 ; Günther, *Die Idee der Wiedervergeltung*. Abteilung I, p. 48, note 18. — Les ouvrages plus anciens de Michaëlis, Saalschütz, Salvador, Thonissen, etc., n'ajoutent rien qui doive être retenu.

PARTIE I : DESCRIPTION DE LA RESPONSABILITÉ

politique et religieuse, souillée par le meurtre et intéressée à son expiation. L'homicide involontaire, distingué du meurtre, donne lieu à une sanction atténuée, mais est puni. Le texte de l'Exode, dit « *Livre de l'Alliance* », et généralement considéré comme le plus archaïque des coutumiers incorporés au Pentateuque, ouvre à l'homicidiaire un lieu d'asile où il est à l'abri. Quant aux caractères qui distinguent les deux espèces d'homicides, ce sont, dans un cas, l'intention et l'embûche, dans l'autre cas, l'absence d'intention, l'agent intervenant en quelque sorte comme instrument de Dieu. On ne voit pas que l'accident ou cas fortuit soit distingué de l'imprudence [1]. — Dans les textes Deutéronomiques [2], qui correspondent manifestement à un état plus avancé des institutions, la législation de l'homicide se perfectionne, mais le principe reste le même. Au meurtrier, l'asile est refusé ; contre lui, la vendetta n'est pas seulement permise, mais prescrite par la loi religieuse. Contre l'homicidiaire, la vendetta est réputée injuste ; il est innocent, son sang souillerait Israël. Cependant la loi prévoit que cette vendetta serait exercée sous le coup de la colère. Elle ne l'interdit pas et se contente d'assigner à l'homicidiaire des villes d'asile où il sera en sûreté : mais elle admet qu'il soit tué par le vengeur, s'il quitte le lieu d'asile. Le séjour dans ce lieu peut d'ailleurs être considéré comme une sorte d'exil véritablement pénal. Les termes employés pour marquer l'intention criminelle se réfèrent à la haine et à l'embûche. La notion de l'homicide involontaire est définie par des exemples : c'est celui qui est commis par mégarde et sans hostilité antérieure. Mais il semble ici encore que le cas fortuit soit implicitement confondu

---

1 Exode, XXI, 12-14. — Les versets 18-27, relatifs aux coups et blessures pour lesquels sont prescrits soit le talion, soit la composition, soit des sanctions indéterminées, ne distinguent pas nettement entre actes intentionnels et actes inintentionnels. Mais c'est manifestement au résultat, non à l'intention, que se mesure la sanction (par exemple, 20-21, meurtre d'un esclave 22-13, coups donnés à une femme enceinte au cours d'une rixe). Beinzinger, p. 281, n'est pas fondé à dire que la loi ne permet le talion qu'en cas de blessure volontaire. Cf. Löffler, p. 47, n. 9. Le caractère de ce coutumier (cf. Nowack, I, p. 319, Benzinger, p. 268-270, Löffler, p. 48, n° 10) interdit d'ailleurs tout essai de systématisation. — Remarquer que, si la responsabilité, purement objective est explicitement admise en cas d'homicide, ce n'est pas que les degrés de la culpabilité subjective ne puissent être assez finement distingués : cf. les v. 29, 33, 36, sur la responsabilité du propriétaire d'un animal qui a tué ou d'une citerne où l'on est tombé.

2 Deutér., XIX, 1-13 (cf. IV, 41-43 et Josué, XX, 1-6). notamment pour les paradigmes de l'homicide et du meurtre, v. 4, 5 et 11.

Paul Fauconnet

avec l'imprudence. — Enfin, le passage Nombres, XXXV, 11-34 [1], qui appartient au Code sacerdotal, atteste le progrès réel on idéal de la réglementation. Tout homicide donne lieu à un jugement qui décide s'il y a lieu d'accorder l'asile ou de livrer le meurtrier au vengeur. La vendetta n'est légitime qu'après ce jugement, mais probablement alors obligatoire. La composition, dans tous les cas, est interdite, que l'homicide soit volontaire ou non. Cependant, même ici, la sanction capitale plane encore sur l'homicidiaire : le vengeur peut légitimement le tuer, s'il quitte la ville d'asile avant la mort du Grand-prêtre ; passé ce délai, il y a prescription. La définition, par voie d'exemples, de l'élément subjectif reste maladroite, quoique les formules se perfectionnent. Est volontaire, le meurtre commis par haine ou hostilité, quand on jette intentionnellement quelque chose sur quelqu'un, qu'on le frappe par inimitié ou encore avec un instrument tel que le coup doive être mortel. Donne droit à l'asile, l'homicide commis sans intention, sans inimitié, mais aussi fortuitement. — Ainsi la conscience hébraïque, qui a si puissamment contribué à élaborer l'idée d'un mérite et d'un démérite purement subjectifs, n'a pas réussi à dégager de toute responsabilité l'auteur d'un homicide, même tout à fait involontaire. L'action corporelle reste, pour elle, génératrice d'une responsabilité. La société politique et religieuse refoule les prétentions du vengeur, mais n'entend pas y mettre complètement obstacle. L'objectivisme du droit hébraïque est reconnu unanimement ; on l'a même exagéré pour opposer plus radicalement ce droit aux droits aryens [2], opposition que rien, comme nous allons le voir, ne justifie.

Dans la Grèce homérique [3], celui qui a versé le sang d'un homme libre prend la fuite et va vivre à l'étranger : il y est reçu sans opposi-

---

[1] Les paradigmes, versets 16-21 et 22-23 (cf. Löffler, p. 48-49, Förster, p. 47, Benzinger, p. 280, Nowack, tome I, p. 330), sont intéressants et comme efforts pour déterminer des présomptions légales de culpabilité, et comme application d'une théorie de l'intention qui rappelle le *dolus indirectus* de la doctrine moderne.
[2] Leist, *Graeco-italische Rechtsgeschichte*, Iena, 1884, p. 744 sqq.
[3] La bibliographie est étendue. Il suffit de renvoyer à Löffler, pp. 51-53 ; Glotz, pp. 51 sqq., 114 sqq. ; Freudenthal, in Zum ältesten Strafrecht, p. 9-12 ; von Wilamowitz-Möllendorff, *ibid.*, p. 22. — La question de la purification du meurtrier à l'époque primitive est controversée : cf. Löffler, p. 51, n. 2 et Glotz, pp. 228-230. Elle est d'ailleurs généralement mal posée. Cf. Gernet, *Recherches*, p. 36, 70, 147, 156, 254, 386. — Composition dans Homère : Il. IX, 632. Sur Il. XVII, 498 (bouclier d'Achille), cf. Glotz, pp. 115 sqq., 127 sqq.

tion et l'on ne voit pas que ses hôtes lui demandent de se soumettre à des expiations rituelles. Son crime n'est donc apprécié comme tel que par ses concitoyens. Les nombreux exemples de vendetta et de composition que fournit la légende, la mention, par Homère lui-même, de la composition pécuniaire, les tarifs de composition de la loi de Gortyne, enfin les survivances incontestables du régime de la sanction pénale privée dans le droit pénal d'Athènes, commandent cette interprétation : c'est à une vendetta que le meurtrier se soustrait par la fuite. Mais le texte homérique ne le dit nulle part, et il est probable que déjà cet exil est en même temps une satisfaction donnée à l'opinion publique et aux dieux. Quoiqu'il en soit, la responsabilité semble bien être appréciée d'un point de vue tout objectif [1]. Le plus souvent, le texte ne mentionne pas les circonstances qui distingueraient l'homicide du meurtre. Dans un passage au moins, le poète indique explicitement que l'homicide, qui contraint au départ, a été purement involontaire : Patrocle, tout enfant, a tué, sans le vouloir, un camarade de jeu ; son père doit le faire élever à l'étranger [2]. Et quand Ulysse tue Antinoos, les prétendants veulent le mettre à mort, bien qu'ils croient à un pur accident [3]. La légende confirme sur ce point le témoignage de l'épopée.

Pour les crimes de sang, Athènes a conservé, jusqu'à la conquête romaine, la législation de Dracon et le système des tribunaux institués ou, plus probablement, conservés par Dracon [4]. L'homicide est un crime public, sanctionné par une peine, mais cette peine participe encore de la vengeance privée. Cinq tribunaux connaissent des affaires de sang et les circonstances qui influent sur la responsabilité déterminent leur compétence respective. Les tribunaux siégeant à Phréatto et au Prytaneion mis à part (l'un juge l'exilé qui a commis un meurtre hors du territoire et l'autre, les ἄψυχα),

---

1 Löffler, p. 52 et pp. 57-58 (Anhang) ; Glotz, p. 49.
2 Il. XXII, 85-88. — Nous avons déjà cité ce texte à propos de la responsabilité de l'enfant.
3 Odyss. XXII, 27-32.
4 Source principale : Démosthène, C. Arist., 627, 22 sqq. L'étude d'ensemble la plus complète est celle de Philippi, *Der Aeropag und die Epheten,* Berlin. 1874, pp. 3-63 (compétence) et 109-149 (sanctions). Cf. Caillemer, article *Phonos* in *Dictionnaire des Antiquités* de Daremberg-Saglio, tome IV, 1, p. 439 sqq. Les pénétrantes analyses de Gernet viennent de renouveler l'interprétation de ces faits, Cf. *Recherches*, IIIe partie, ch. I et II, et notamment p. 63, 350, 355, 361 ; *Commentaire de Platon, Lois,* IX, p. 111-174.

Paul Fauconnet

restent : l'Aréopage qui connaît du meurtre volontaire (φόνος ἑκούσιος, ἐκ προνοίας) ; les Ephètes (héliastes) siégeant auprès du Delphinion, qui connaissent du meurtre légitime (φ. δίκαιος) ; les Ephètes (héliastes) siégeant auprès du Palladion, qui connaissent de l'homicide involontaire (φ. ἀκούσιος). L'Aréopage condamne à la peine capitale, l'accusé, gardant la liberté de s'exiler définitivement avant le prononcé de la sentence. Si le Delphinion admet le φόνος δίκαιος, l'accomplissement des rites expiatoires s'impose seul. Le Palladion condamne l'homicidiaire à un exil temporaire, probablement pour un an : exil comparable, à la durée près, à celui du meurtrier qui s'est soustrait à la peine capitale ; exil qui prend fin, dès qu'intervient une transaction, très vraisemblablement accompagnée de composition pécuniaire, avec la famille de la victime ; des cérémonies expiatoires sont obligatoires au retour. Les homicides qui ressortissent à la juridiction du Delphinion appartiennent à deux types que les modernes distinguent nettement : l'homicide commis δικαίως, c'est-à-dire justifiable ou excusable, dans un sens voisin de celui que notre droit pénal donne à ces mots (meurtres commis en état de légitime défense, en cas de vol flagrant avec violence, ou du voleur par le propriétaire ; meurtre du séducteur surpris auprès d'une femme par le mari, le fils, le père ou le frère) ; mais aussi des homicides que nous appellerions non-imputables en raison de l'absence d'intention et même de *culpa* (comme si quelqu'un tue par mégarde un de ses concitoyens dans un combat ; si on tue son adversaire dans les jeux publics, sans le vouloir). Dans le détail, la reconstitution de ces règles comporte des incertitudes. Le Palladion connaît de l'homicide involontaire, ἀκούσιος. Il faut entendre par là : assurément l'homicide par imprudence ou négligence, comportant une *culpa* ; peut-être également le meurtre commis dans un mouvement de passion ; mais sans doute aussi l'homicide accidentel, exception faite des hypothèses d'erreur et d'accident formellement réservées à la juridiction du Delphinion et que notre logique rangerait sous la notion de φόνος ἀκούσιος et non sous celle de φόνος δίκαιος. — Freudenthal [1] admet que le meurtre purement accidentel devait être impuni (c'est-à-dire, sans doute, ressortir au Delphinion et ne pas entraîner l'exil temporaire), parce que, dit-il, il est invraisemblable qu'un droit qui traite l'homicide de deux façons différentes selon la présence ou l'ab-

---

[1] Freudenthal, *loc. cit.*, pp. 11-12.

sence d'une *espèce* de la faute (l'intention), n'ait pas d'abord compris la différence de la faute en général (comprenant intention et *culpa*) et du *casus*. Mais cette argumentation est contredite par les faits. Là où l'on commence à tenir compte des conditions subjectives de l'homicide, c'est toujours entre l'homicide inintentionnel et l'homicide intentionnel que se fait d'abord la coupure, le *casus* et la *culpa* restant d'abord indistincts [1]. Freudenthal ajoute qu'il ne connaît aucun texte d'où l'on puisse sûrement conclure qu'une peine ait été appliquée à l'homicide vraiment fortuit. Il reste pourtant que le mot ἀκούσιος désigne proprement ce qui n'a pas été fait exprès et qu'on en restreint arbitrairement le sens, si l'on entend par là : fautif, quoique inintentionnel. Chez Aristote lui-même [2], la distinction de l'ἀτύχημα, l'accident, et de l'ἁμάρτημα (quelque chose comme la négligence) ainsi que la notion de *culpa* restent mal élaborées.

A Rome, dès les temps préhistoriques, le meurtre est un crime public. L'homicide involontaire fait l'objet d'une disposition attribuée à Numa : « *In Numae legibus cautum est, ut si quis imprudens occidisset hominen, pro capite occisi agnatis ejus in contione offerret arietem* [3] ». Une formule équivalente se retrouve dans les XII Tables : « Si telum manu fugit magis quam jecit, aries subjicitur [4] ». Ainsi l'absence de volonté n'entraîne pas l'irresponsabilité complète : « tamen hujusce rei veniam majores non dederunt », dit Cicéron. Le bélier est assurément un *piaculum* [5] ; mais il est offert aux agnats de la victime : comment ne pas voir là un vestige de vengeance privée combiné avec une sanction rituelle ?

---

[1] Löffler, p. 37 (droits germaniques : « Bei der Unterscheidung von absichtlicher und absichtsloser Missethat, fällt die kulpose Handlung in die zweite Gruppe ») ; p. 49 (Hébreux) ; p. 64, (très ancien droit romain, etc. Cf. Post, *Grundriss,* t. II, p. 218 : « Wo auf die Absicht Wert gelegt wird, stehen den absichtlichen Missethaten zunächst alle übrigen Rechtsbrüche gegenüber, wobei zwischen fahrlässigen und kasuellen nicht unterschieden wird ».
[2] Loening, *Die Zurechnungslehre des Aristoteles,* tome I, pp. 184 sqq, 186, 220 sqq., 235 ; Gernet, *Recherches,* p. 307, 338, 348.
[3] Servius, *Ad Verg. Egl.,* 4, 43 (Girard, *Textes de droit romain,* 2ᵉ éd. Paris, 1895, p. 8). Cf. Girard, *Histoire de l'organisation judiciaire des Romains,* tome I, Paris, 1901, p. 32, n. 1 ; Huvelin, *La notion de l'injuria dans le très ancien droit romain* (Mélanges Ch. Appleton), Lyon, 1903, p. 17, n. 2 ; Löffler, p. 63.
[4] VIII, 24 a. (Girard, *Textes,* p. 18) ; Cicéron, Pro Tullio, 51. Cf. Löffler, p. 64.
[5] Löffler, p. 64 et notes 26 et 27 ; Mommsen, *Römisches Strafrecht,* p. 85, n. 3.

Paul Fauconnet

En matière de délits privés, la sanction est, dans le très ancien droit : ou bien le talion, c'est-à-dire une vendetta réglementée par la loi ; ou bien une *poena* qui, son montant dépassant souvent la simple réparation du dommage, est évidemment une amende privée, par conséquent une composition légale : personne ne le conteste aujourd'hui. Or, tandis qu'il n'y a pas à l'époque historique de crime public sans volonté, le système des délits privés, comme le système des infractions rituelles, conserve le principe de la responsabilité objective. Sous le nom d'*injuria*, la loi des XII Tables incrimine les actes de violence physique à l'exception du meurtre, par exemple des coups, des soufflets ; ces délits entraînent une action privée en paiement d'une *poena* de vingt-cinq as. Deux lésions corporelles particulièrement graves sont sanctionnées plus sévèrement : celui qui brise un os, *os fractum*, doit une *poena* de trois cents ou de cent cinquante as, selon que la victime est un homme libre ou un esclave ; en cas de mutilation d'un membre, *membrum ruptum*, la victime peut exercer le talion, si elle n'accepte pas la composition, dont le taux n'est pas légalement fixé. L'intention n'est certainement pas un élément constitutif du délit [1]. Un texte célèbre d'Aulu-Gelle [2] indique explicitement, pour le *membrum ruptum*, que les jurisconsultes de l'époque classique l'entendaient bien ainsi. Cette interprétation objectiviste, contre laquelle aucun texte n'autorise la moindre objection, qui s'harmonise seule avec tout ce que nous savons du très ancien droit, a d'ailleurs pour elle l'autorité de presque tous les historiens contemporains [3]. Ainsi la *poena* ou même le talion sanctionnaient une lésion corporelle amenée par imprudence ou maladresse. Peut-être même faut-il aller plus loin et admettre que le cas fortuit n'était pas distingué de l'acte inintentionnel, mais fautif. Rien n'indique, dans les textes, qu'une *culpa* ait été requise. Nous avons des preuves que la notion qui s'opposait à celle de l'intention criminelle, du dol, était quelquefois désignée du nom de *casus*, mot que Gaius par exemple interprète dans le sens de négligence, conformément aux idées de son temps, mais qui

---

1 Huvelin, *loc. cit., p. 6-15*. et 16-18 ; Löffler, p. 62.
2 *Noct. Att.*, XX, 1 ; cf. Löffler, p. 91-92.
3 Outre Löffler, Huvelin, les auteurs plus anciens cités par Löffler, p. 91 cf. : Mommsen, *loc. cit.* ; Jhering, p. 12 sqq. ; Girard, *Manuel*, p. 397. — Opinion contraire : Ferrini, p. 77 sqq. et, dans quelque mesure, Hitzig, in *Zum ältesten Strafrecht*, p. 34.

semble autoriser cette hypothèse : que tous les actes involontaires ont été d'abord rangés dans la même catégorie juridique, la *culpa* se distinguant mal du cas fortuit et, à la limite, se confondant avec lui [1].

Un exposé des faits germaniques [2] serait fort délicat ; non que le caractère objectif de la responsabilité soit douteux : mais les textes sont d'une extraordinaire hétérogénéité et reflètent des états de civilisation très différents ; et, d'autre part, l'enchevêtrement des sanctions pénales privées et des sanctions publiques rend difficile le départ des règles de responsabilité qui les concernent respectivement. La sanction pénale consiste dans la *Friedlosigkeit* et dans ses dérivés : le crime, et parmi les crimes le meurtre, est une « rupture de la paix », *Friedensbruch* ; il entraîne la « mise hors la paix », *Friedloslegung*, c'est-à-dire une sorte de proscription du coupable qui, privé de tout droit, *friedlos, exlex,* est poursuivi soit par les parents de la victime exerçant la vendetta, soit par la société tout entière. La détermination des rapports exacts de la vendetta avec la *Friedlosigkeit* est épineuse et restera ici hors de question. La *Friedlosigkeit* a pour substitut une peine pécuniaire : le *Friedlos* obtient de rentrer dans la paix en acquittant le *Friedensgeld, fredus*. Ce *fredus* n'est pas une composition privée, mais une peine publique : là où la puissance royale est développée, où c'est d'elle que procède l'ordre public ou la paix (*Königsfriede*), le *fredus*, rachetant la proscription (*Bann*), est perçu par le roi (*bannus regius*). Dans certaines sociétés germaniques, le *fredus* est la sanction primaire du crime et la *Friedloslegung* n'intervient qu'à titre subsidiaire, comme procédure de contrainte contre le criminel qui n'acquitte pas le *fredus* ; — À côté de ce droit pénal public fonctionne un

---

[1] Sur la question de terminologie, pleine de difficultés pour le droit très ancien, cf. notamment Mommsen, pp. 86 sqq., Löffler, pp. 64, 66.
[2] Von Amira, *Recht*, in Hermann Paul, *Grundriss der germanischen Philologie*, 2ᵉ éd., tome III, Strasbourg, 1900, pp. 191-202 ; Schröder, *Lehrbuch der deutschen Rechtsgeschichte*, 3ᵉ éd., Leipzig, 1898, pp. 71-81, 335-349 ; Wilda, notamment pp. 116 sqq., 544 sqq. ; Brunner, *Deutsche Rechtsgeschichte*, tome II, pp. 536-550, 585-598, 612-623 et ses deux mémoires : *Abspaltungen der Friedlosigkeit* et *Ueber absichtslose Missethat im altdeutschen Strafrechte*, in Forschungen, pp. 414 et 487 ; Heusler, *Das Strafrecht der Isländersagas*, Leipzig, 1911 ; *Zum ältesten Strafrecht, III*, Brunner, pp. *53-54, 55-56 ;* Roethe, pp. 63-65. Pour les traits généraux du système des sanctions et du régime de la responsabilité, nous suivons surtout Löffler, pp. 33-44 et 114-136.

système de sanctions mixtes, à la fois publiques et privées : vendetta — combinée ou non avec la *Friedloslegung,* — et composition pécuniaire, facultative et débattue librement entre les parties ou bien obligatoire et fixée dans son taux par la coutume ou la loi. Les *Leges Barbarorum* sont principalement des tarifs de composition pécuniaire. Cette composition, *Busse,* qu'on appelle le *Wergeld* quand elle sanctionne un homicide, est incontestablement une sanction mixte : tout le monde reconnaît que le *Wergeld* est autre chose qu'une indemnité réparatrice du dommage et lui attribue une fonction pénale, un caractère rétributif.

D'une manière générale, la responsabilité purement pénale n'est engendrée que par l'acte volontaire : seul le méfait intentionnel est un *Friedensbruck* et entraîne la *Friedlosigkeit* : sans volonté criminelle, pas de *fredus,* pas de *bannus regius.* Mais d'une manière générale aussi, l'acte corporel, même tout-à-fait involontaire, suffit à engendrer la responsabilité qui correspond à ce que nous appelons la sanction mixte. Sans doute il est facile de grouper des textes nombreux où s'affirme la tendance à distinguer deux sanctions et deux responsabilités d'abord confondues : en cas d'homicide volontaire, responsabilité qui garde un caractère pénal : le montant total du Wergeld est dû ; en cas d'accident, responsabilité essentiellement restitutoire, civile ; l'auteur doit une fraction du Wergeld, la moitié, le tiers, plus tard la réparation pécuniaire du dommage. Mais il est incontestable : 1° que le Wergeld total est imposé à l'auteur d'un homicide involontaire par un grand nombre de textes, qui reconnaissent explicitement l'absence d'intention, puisqu'ils se réfèrent à ce caractère inintentionnel pour exclure la sanction pénale publique, le *fredus* [1] ; et 2° que, durant tout le moyen-âge, cette conception objectiviste a lutté contre le principe subjectiviste, représenté par le droit romain, défendant pied à pied ses positions et regagnant souvent le terrain perdu, quand l'anarchie affaiblissait l'État, paralysait le droit pénal public et favorisait le retour au régime de la vengeance et de la composition [2] — Si l'on ajoute que le mythe et la légende [3] témoignent que, dans les temps préhistoriques, la vendetta sanglante s'exerçait contre l'homicidiaire, cette

---
[1] Cf. notamment Wilda, pp. 545 sqq.
[2] Cf. Löffler, pp. 446 sqq.
[3] Baldur, Sigurd, Beowulf : Löffler, p. 33 ; Roethe, *loc. cit.*, p. 64 ; Brunner, *Ueber absichtslose Missethat*, p. 488-490.

conclusion s'impose : que le droit germanique vérifie, lui aussi, l'affinité de la vengeance privée et des sanctions qui en dérivent pour la responsabilité objective.

Cette interprétation des faits grecs, romains et germaniques a pour elle, au fond, la plupart des historiens. Les divergences d'opinion procèdent d'un état d'esprit dont il est aisé d'apercevoir les défauts. Leist [1], dont les théories aventureuses ont d'ailleurs soulevé d'unanimes défiances, enseigne que les Indo-Européens auraient, dès la plus haute antiquité, distingué le méfait intentionnel de l'acte involontaire : ce serait un principe spécifiquement aryen qu'il n'y aurait proprement de mal que dans la volonté mauvaise. Les droits indou, grec et romain, les seuls sur lesquels Leist fonde sa reconstruction du droit aryen primitif, vérifieraient cette doctrine : la législation athénienne, malgré ses ressemblances extérieures avec la loi mosaïque, fournirait l'expression la plus raffinée du principe subjectiviste. Mais, outre que Leist est conduit à torturer les textes pour s'autoriser de leur témoignage, il est manifestement inadmissible de chercher, dans les droits aryens les plus certainement évolués, le reflet des institutions indo-européennes communes. Les civilisations les plus élevées que connaisse l'humanité sont précisément nées de la combinaison de la civilisation gréco-romaine avec la civilisation germanique. Puisque les sociétés chrétiennes ont fait prévaloir le principe de la responsabilité subjective, il serait inconcevable que les sociétés dont elles procèdent directement fussent attachées au principe contraire. Aussi bien la question n'est pas là. Personne ne conteste que les législations grecque, romaine et germanique tendent, dès qu'elles apparaissent dans l'histoire, à éliminer la responsabilité objective. Mais, précisément pour cette raison, il est démonstratif de constater que, là où elles conservent quelque chose de la sanction pénale privée, elles conservent aussi quelque chose de la responsabilité objective. Bien loin de s'inscrire en faux contre la loi, l'exemple de ces sociétés la vérifie : dans la mesure où une sanction est une vendetta ou une composition, l'acte corporel suffit à engendrer la responsabilité du patient qui la supporte. C'est tout ce dont il s'agit. — Mommsen [2], exposant

---

[1] *Gräco-italische Rechtsgeschichte*, Iena, 1884, pp. 324, 348, 399 ; *Altarisches Jus Gentium*, Iena, 1889, pp. 286 sqq. ; *Altarisches Jus civile*, I. Abt., Iena, 1892, pp. 377 sqq. — Discussion dans Löffler, pp. 29-31 et 57-58.
[2] Römisches Strafrecht, p. 85.

le droit pénal romain, formule ce principe : « la notion du délit exige chez la personne capable d'action la volonté contraire à la loi ». Et il est de toute évidence que le droit romain, dans son ensemble, justifie cette proposition dogmatique. Mais il faut se défier de la tendance à interpréter rétrospectivement le très ancien droit à la lumière des institutions postérieures : l'abondance et la sûreté des textes récents ne doit pas faire recevoir pour « romaine » une conception de la responsabilité dont l'élaboration, à Rome même, semble avoir été lente et difficile. Nous ne voyons pas ce qui autorise à dire, sans réserves, que « là où le droit romain entre dans la lumière de l'histoire », la conception objectiviste de la responsabilité est déjà dépassée et que « le délit public tout aussi bien que le délit privé suppose la faute [1] ». La loi dite de Numa et la loi des XII Tables prouvent que les Romains, dès le début des temps historiques, sont déjà très avancés sur le chemin qu'ont suivi les modernes. Mais l'une accorde explicitement une satisfaction aux agnats de la victime d'un homicide involontaire, et il faut suppléer au silence de l'autre pour admettre qu'elle fait de la volonté un élément constitution de l'*injuria*. — Wilda semble considérer comme des détracteurs les historiens allemands qui ont fortement marqué le caractère objectif de la responsabilité dans le droit germanique. Il veut établir que c'est « la volonté antijuridique, *der widerrechtliche Wille* », qui fait proprement le crime ; proposition qu'il tient d'ailleurs pour le fondement de tout droit pénal, si bien que l'opinion par lui combattue prend sous sa plume l'expression suivante : que les Germains n'ont pas connu un droit pénal proprement dit. « En prétendant ainsi que la volonté n'était pas prise en considération, on extirpe de la vie des Germains les concepts de droit et de violation du droit [2] ». Ce postulat montre combien l'esprit de Wilda est prévenu et il explique l'acharnement avec lequel il plie à son interprétation, malgré leur résistance, des faits qu'il a, plus que personne, contribué à faire connaître. Plus récemment Brunner [3] a repris la question du « méfait inintentionnel dans l'ancien droit allemand » : lui aussi veut établir que ce droit n'est pas indifférent

---

1 Hitzig, in Zum ältesten Strafrecht, p. 34.
2 Wilda, pp. 146 sqq. — P. 149 : « Mit der Behauptung einer solchen Nichtberücksichtigung des Willens vertilgt man die Begriffe von Recht und Unrecht aus dem Leben der Germanen ».
3 Forschungen. p. 488. — Discussion de Wilda et Brunner : Löffler, p. 42.

à l'élément psychologique du crime et que les faits de responsabilité objective, dont il dresse d'ailleurs l'inventaire le plus exact, s'expliquent autrement que par cette indifférence, à savoir par le *formalisme* du droit germanique. Mais l'historien, si attentif à la preuve, quand il s'agit de faits, se contente d'indiquer sommairement son interprétation ; il ne la vérifie pas ; il ne se demande pas si elle est autre chose qu'une explication verbale ; surtout il nous laisse ignorer pourquoi les faits germaniques relèvent seuls d'un formalisme spécifiquement germanique, sans rapport avec les faits analogues observés dans tant d'autres sociétés.

Les traces de responsabilité objective dans les législations supérieures attestent que la responsabilité pénale reste objective dans la mesure où la sanction garde les caractères, de la vengeance privée. C'est que cette sanction, par nature, a une sorte de prédilection pour la responsabilité objective. L'observation directe des sociétés où la vendetta est en pleine vigueur confirme ce que l'histoire du droit pénal proprement dit permet seulement de prévoir.

« En soi, dit Kohler [1], la vengeance du sang est originairement permise contre quiconque a amené la mort d'autrui, que ce soit avec intention, par négligence ou par hasard... L'homicide involontaire donne plus facilement ouverture à une composition que l'homicide volontaire, mais *in thesi* l'un et l'autre tombent également sous la vengeance du sang ». Cette proposition d'un des principaux théoriciens de la vendetta est généralement admise tant par les ethnologues que par les historiens [2] ; des exemples innombrables l'illustrent. Mieux qu'une énumération arbitraire, les preuves suivantes en démontreront l'exactitude.

I. — Nous verrons ci-dessous [3] que, primitivement, toute mort quelconque, et non pas seulement tout homicide, donne ouverture à la vendetta, et que celle-ci ne cherche même pas à s'exercer sur l'auteur réel ou supposé des actes homicides. Indifférente à l'action, la vendetta l'est, *a fortiori*, à l'intention.

II. — Dans certaines sociétés, on peut observer la coexistence d'un

---

1 *Shakespeare vor dem Forum der Jurisprudenz*, Würzbourg, 1883-84, p. 188 et n. 1.
2 Löffler, pp. 16-19 et note 22 ; Post, *Grundriss*, II, pp. 214, 231, 414 ; Kovalewsky, pp. 287, 295, 325 ; Makarewicz, p. 360 ; Glotz, p. 48 ; Dareste, *Études d'histoire du droit*, Paris, 1889, pp. 213, 215, etc..
3 Pages 236 sqq.

régime de vengeance privée et d'un régime de sanction proprement pénale, dont l'un comporte et l'autre exclut la responsabilité objective [1]. Par exemple, chez les Kabyles du Djurjura [2], le droit pénal intérieur du village se distingue nettement du système des sanctions pénales privées que la Kharouba, groupe de nature essentiellement domestique, exerce contre une autre Kharouba, le village contre un autre village. 1° — Sanction pénale, droit intérieur du village « Le fait, pour être punissable, exige une intention coupable, sauf en ce qui touche les contraventions de propreté et quelques délits ruraux. La peine se détermine, généralement, d'après le degré d'intensité et le mode de manifestation de cette volonté... La folie reconnue et l'idiotisme sont, en Kabylie comme partout, des causes qui enlèvent au fait toute criminalité envers la Djemâa... Il n'en est pas de même, en principe, à l'égard des particuliers... Le meurtre commis par un imbécile ou par un insensé donne ouverture à la Rek'ba contre sa famille. Ici encore le droit social est en progrès sur le droit privé... Dans quelques villages, l'Amin et les Temman qui l'assistent sont frappés d'une grosse amende, s'ils se sont trompés dans le compte des parts de viande... Cette rigueur excessive n'est pas d'usage dans la majorité des tribus, qui ne punissent l'amin qu'autant que l'erreur serait volontaire [3] ». — 2° Sanction mixte, vendetta et composition : « Dans la rigueur des mœurs kabyles, tout fait de l'homme qui produit la mort d'un individu entraîne la *rek'ba* (dette de sang). Peu importe que la victime ait succombé par suite d'un acte d'imprudence ou de maladresse, qu'elle ait péri dans les flammes d'un incendie, ou même qu'elle ait été atteinte au moment de la perpétration d'un crime... Le meurtre d'un Marabout, d'un étranger, ou d'un Kabyle qui s'est neutralisé, est toujours une cause de *Rek'ba*, lors même que la victime aurait été atteinte par une balle égarée... Le meurtre, même involontaire, commis par une femme, emporte Rek'ba... Tout meurtre engendre un meurtre,

---

[1] Löffler, p. 25, fait de cette opposition de tendances des deux régimes ; une loi générale : « überall dort, wo mit der Strafe in erster Linie ein öffentliches Interesse gewahrt werden soll, das Schuldprinzip günstige Bedingungen findet ».
[2] Hanoteau-Letourneux, *La Kabylie et les coutumes kabyles*, Paris, 1873 : Structure du village et de la Kharouba, tome II, pp. 4, 7 sqq. ; distinction des deux régimes de sanctions, tome III, pp. 56 sqq. ; régime de la vendetta, III, pp. 60 sqq. ; régime pénal du village, III, pp. 124 sqq.
[3] Tome III, pp. 128 (cf. p. 204), 151, 172. — Voir aussi pp. 174, 175, 179 et note 1, 181, 187, 272.

PARTIE I : DESCRIPTION DE LA RESPONSABILITÉ

tel est le principe absolu. L'usage a permis, dans certains cas, d'y apporter quelques tempéraments. Si les mœurs n'autorisent jamais la famille victime d'un homicide volontaire à amnistier un crime, elles lui permettent presque toujours de pardonner la mort qui ne résulte que d'une maladresse ou d'un accident... L'opinion publique n'exige pas impérieusement l'effusion de sang. La famille lésée a, dans ce cas, le choix entre la vengeance et l'amnistie. Lorsque la pitié l'emporte, le pardon est accordé dans des conditions particulières » : des tiers interviennent pour ménager un accommodement, l'homicidiaire s'humilie devant la famille de la victime et lui dit : Si vous voulez me tuer, tuez-moi ; il est finalement adopté par elle. « Le pardon doit être accordé par la famille entière : il n'appartient pas au chef ou au plus proche parent de transiger..., les opposants auraient le droit de prendre la vengeance pour leur compte. On a même vu, dans certains cas, des familles revenir sur l'arrangement accepté et ne tenir aucun compte du sauf-conduit qu'elles avaient donné... Le Kabyle qui, pendant la guerre, a tué une femme ou un enfant en tirant sur l'ennemi, échappe à la *Rek'ba* » (dans les conditions qui viennent d'être dites) mais il y reste soumis, s'il a atteint, même involontairement, un Marabout, un étranger ou un médiatisé... L'homicide d'un Kabyle tué, la nuit, dans une embuscade, ou le jour, dans un combat, par un homme du même çof, qui l'a pris pour un ennemi., est un cas qui donne difficilement lieu à un accommodement [1] ». — L'opposition est tranchée, et il ne peut pas être ici question d'une inaptitude psychologique à distinguer l'accident du crime volontaire : c'est bien dans la nature des deux sanctions qu'il faut chercher le principe différentiel des deux responsabilités.

III. — L'institution de la vendetta ne peut fonctionner en développant toutes les conséquences de son principe que dans des sociétés d'une structure déterminée : il faut que des groupes domestiques, fortement intégrés, soient complètement indépendants les uns des autres, ou très lâchement fédérés. Car, d'une part, la vendetta est une obligation essentiellement domestique, et d'autre part, toute forte organisation politique tend nécessairement à détruire un ré-

[1] *Ibid.*, pp. 63, 64, 68, 69. Voir aussi pp. 69-74 : Hanoteau et Letourneux attribuent à l'action du Coran les tempéraments apportés, notamment chez les tribus du versant sud qui ont subi l'influence arabe, au strict principe de la responsabilité objective.

gime endémique de guerres privées : le déchaînement de vendettas illimitées menaçant constamment de dissolution la fédération des familles qu'elles mettent aux prises. La limitation de la vendetta est donc une des manifestations principales du progrès politique. On suit, dans l'histoire, la lutte de l'État contre l'autonomie des familles, dont la vendetta est peut-être l'expression la plus significative. Or, il semble bien que la responsabilité purement objective pour homicide régresse, comme la vendetta elle-même, sous la pression de l'opinion, de la coutume, de la loi fédérales. L'irresponsabilité partielle et, à la limite, totale en cas d'homicide inintentionnel paraît avoir été imposée à la famille vengeresse et non spontanément reconnue par elle ; elle résulte de la compression d'une responsabilité infiniment plus étendue et purement objective dans son principe. Et cette compression, comme toutes les autres limitations de la vendetta, est l'œuvre de forces antagonistes, s'exerçant du dehors et tendant à la ruine de l'institution. Par exemple, on voit la société politique aider l'auteur de l'homicide inintentionnel à se soustraire par la fuite à la vendetta menaçante, puis imposer au vengeur son retour et son irresponsabilité définitive après que le temps a fait son œuvre : rappelons les faits hébraïques, athéniens, germaniques équivalents historiques et ethnographiques sont nombreux. — La composition est bien un substitut de la vendetta, mais d'une vendetta atténuée. Quand la société politique contraint les parties à composer, elle limite, à coup sûr, le libre jeu de la sanction pénale privée. Or, c'est souvent à l'occasion de l'homicide inintentionnel qu'elle exerce d'abord cette contrainte. D'une façon générale, et sans attacher à ces expressions une signification rigoureuse, l'évolution de la vengeance privée et son absorption graduelle par la peine, vérifie la proposition suivante : dans un système de sanctions, la proportion de responsabilité objective pour homicide varie comme la proportion de vendetta ; plus la vendetta est libre de toute restriction étrangère à sa nature, plus la responsabilité est objective. D'où il suit que l'action pure et simple est, en principe, la situation génératrice de la responsabilité, en matière de vendetta.

IV. — La même idée se retrouve sous une forme un peu différente dans une loi qu'énoncent plus ou moins explicitement divers historiens du droit comparé. La sanction pénale privée est une sanction mixte, à la fois rétributive et restitutive ; son caractère rétributif apparaît vivement quand elle est vendetta sanglante, son caractère restitutif quand elle est composition. Mais, dans la vendetta même, l'élément restitutif est présent ; dans la composition, l'élément rétributif. Or la responsabilité est restée, même aujourd'hui, plus largement objective en matière de délit civil qu'en matière pénale : une négligence légère ou le fait d'autrui, des animaux, des choses, nous obligent civilement à la réparation intégrale d'un dommage considérable. Notre conscience admet donc aisément la réparation civile, dérivée de la composition pécuniaire, et par son intermédiaire, de la vendetta, là où elle exclut la peine. Aussi, pour rendre intelligibles les droits archaïques, les historiens assimilent-ils souvent la composition et même la vendetta à une réparation civile : si elles sont provoquées par l'accident comme par l'acte volontaire, c'est, disent-ils, qu'elles ont pour fonction la réparation d'un dommage, non la punition d'un crime ; la responsabilité est objective parce que le groupe victime qui se fait justice soi-même est également lésé, que l'acte ait été voulu ou non. Il ne se soucie nullement d'apprécier impartialement la culpabilité, parce qu'il n'a pas l'intention de punir ; il poursuit l'exécution d'une obligation née du fait à son profit, et juge les choses partialement de son seul point de vue. Cette interprétation est fortement présentée par Kovalewsky [1] à propos du droit des Ossètes, et elle est familière aux romanistes et germanistes [2], qui ne peuvent admettre qu'une responsabilité d'ordre pénal ait jamais pu être objective. Nous ne la faisons pas nôtre pour des raisons qu'on verra ci-dessous. Mais nous pouvons retenir que l'élément proprement restitutif de la sanction privée s'accommode longtemps encore de la responsabilité objective, dans des sociétés ou l'élément rétributif de la composition, la vendetta sanglante réglementée et, *a fortiori*, la peine ne frappent l'homicide que s'il est intentionnel. C'est donc que la responsabilité que nous appelons mixte, dans l'un de ses deux éléments, est essentiellement objective. Mais alors, tant que, sous le régime de la vendetta pure,

[1] Page 310 : « La loi... ne voit dans le crime que le préjudice qu'il occasionne... il ne saurait y avoir aucune différence entre le crime et l'inexécution d'une obligation civile... Cet état de choses explique, en particulier, pourquoi les Ossètes... n'établissent point de différence entre les actes volontaires et ceux qui ont été commis par imprudence ou par accident... ».
[2] Par exemple, Wilda, pp. 315, 551 sqq. « Dass wir also das Wergeld bei Tödtungen, die nur durch ein Ungefähr herbeigeführt waren, mehr als Schadenersatz zu betrachten haben... » (551).

ces deux éléments ne sont pas différenciés, il faut, ou que la famille victime renonce spontanément à la réparation du dommage pour ne pas punir l'accident, ou bien qu'elle en poursuive la punition en même temps que la réparation. Les faits montrent que c'est la seconde hypothèse qui se réalise ; les historiens le reconnaissent puisqu'ils expliquent le caractère objectif de la responsabilité par le caractère partiellement restitutif de la composition et même de la vendetta ; l'explication est contestable, mais il reste établi que la sanction pénale privée a une affinité pour la responsabilité objective beaucoup plus grande que la sanction pénale publique.

Rien ne peut mieux corroborer les preuves précédentes qu'un examen systématique de faits contraires. Westermarck est, à ma connaissance, le seul ethnologue qui nie le principe énoncé par Kohler. Après avoir établi que beaucoup de sociétés ne distinguent pas entre la lésion intentionnelle et l'accident, il ajoute : « De toute évidence cependant, nous nous méprendrions en supposant que, aux premiers degrés de la civilisation, il est général qu'on s'attache exclusivement au préjudice causé, et pas le moins du monde à la volonté de celui qui l'a causé. Même dans le système de la réparation privée, nous observons souvent qu'on distingue entre la lésion intentionnelle ou prévue, d'une part, les lésions inintentionnelles ou imprévues, de l'autre [1] ». Examinons tous les faits qu'il invoque à l'appui de sa thèse.

I. — Dans trois exemples, il y a exil temporaire de l'auteur d'un homicide involontaire : 1° chez les Hébreux ; 2° chez les Papous (?) des îles Tami ; 3° chez les Omahas (type II, n° 11).

II. — Dans onze exemples, la pression exercée par l'opinion ou l'intervention de la société politique protège l'homicidiaire : 1° chez les Romains ; 2° chez les Hottentots Namaqua, la coutume demande que la composition soit acceptée en cas d'homicide involontaire ; même principe chez : 3° les Albanais ; 4° les Slaves ; 5° dans l'Europe ancienne ; 6° chez les Irlandais ; 7° les Germains ; 8° au Yucatan ; 9° en droit musulman ; 10° chez les Kabyles ; 11° chez les Omahas, l'homicidiaire est « sauvé par l'interposition des chefs et ensuite puni comme s'il était un meurtrier, mais seulement pour un an ou deux ».

III. — Dans dix exemples, enfin, il y a vendetta pour meurtre et

---
[1] Tome I, p. 219-220. Les faits examinés sont empruntée aux pages 220-223.

composition pour homicide involontaire : Papous (ci-dessus, type I, n° 2) ; Namaqua, (type II, n° 2) : les numéros 3° à 9° du type II ; Kabyles (type II n° 10).

IV. — Un exemple unique semble ne rentrer sous aucun des types précédents : « Chez les Africains Wapokomo, l'intention amène une différence dans la vengeance ». Il n'y a rien à tirer d'une indication aussi vague ; le document utilisé par Westermarck [1], document de bien faible valeur, permet d'ailleurs de faire rentrer le fait sous le type n° III.

Exil temporaire de l'homicidiaire, substitution de la composition à la vendetta, pression exercée par l'opinion publique ou l'État : tous ces faits relèvent des interprétations que nous avons proposées ci-dessus, tous se réfèrent à des civilisations où la sanction pénale privée est réfrénée et dégénère ; pas une seule fois, on ne nous montre la vendetta pure distinguant spontanément entre le meurtre et l'homicide accidentel. Westermarck ajoute [2] que chez certains peuples qui acceptent la composition, même en cas de meurtre, le taux est moins élevé si l'homicide est involontaire ; il s'agit là de sociétés déjà élevées en organisation ; la composition est tarifée.

C'est à une responsabilité plus proprement pénale que se rapportent les autres faits que Westermarck étudie. Il veut montrer que, dans beaucoup de sociétés inférieures, l'accident ou bien n'engendre aucune responsabilité pénale, ou tout au moins n'engendre qu'une responsabilité atténuée. Un certain nombre de faits cités nous ramènent à des types constitués ci-dessus : faits indéterminés d'où il n'y a rien à tirer [3], faits voisins de ceux qui rentrent sous le type III [4] ; d'autres sont empruntés à des sociétés où fonctionne un droit pénal proprement dit et une procédure pénale [5]. Un fait serait

1 Kraft, in *Rechtsverhältnisse von eingeborenen Völkern in Afrika und Ozeanien*, hrsgg. v. Steinmetz, Berlin, 1903, p. 292 : il semble y avoir substitution à la vendetta d'une composition tarifée. Steinmetz souligne que le document est insuffisant.
2 P. 221.
3 *Ibid.*, p. 222 — « The Eastern Central Africans, according to the Rev. D. Macdonald, know the difference between an injury of accident and one of intention. »
4 P. 222 : Nouvelle-Guinée, d'après Chalmers : peine capitale pour meurtre, amende (ou composition ?) pour homicide ; — Masaï : en cas d'homicide, « the elders arrange what compensation shall be paid », d'après Hinde.
5 P. 222 : Nossi-bé et Mayotte, d'après Walter, in *Rechtsverhältnisse...* hrsgg. von

tout à fait favorable à la thèse de Westermarck, s'il ne comportait une autre explication que la sienne [1] : il prouve, à notre sens, qu'en Australie la vendetta réglementée entre clans fédérés est soumise à des restrictions, tandis que la vendetta libre, entre clans tout à fait indépendants, ne connaît aucune limitation, ce qui vérifierait notre thèse et non pas celle de Westermarck. Trois faits seulement appellent des observations nouvelles [2]. Chez les Mpongwe, la différence faite entre le meurtre volontaire, l'homicide justifiable et l'homicide accidentel, est minime ou nulle, sauf si le responsable est un chef ou un homme très riche. On voit bien ici des forces externes, le prestige du pouvoir et de la fortune, refouler exceptionnellement une sanction qui, en vertu de son principe interne, tend à frapper l'accident. Chez les Cafres, la loi ne demande pas de compensation, si le cas est fortuit, pour les attentats à la propriété ; au contraire, l'homicide accidentel est mis presque sur le même plan que le meurtre volontaire ; tout au plus exige-t-on peut-être moins strictement le montant total de l'amende. Chez certains indigènes des îles Marshall, les offenses inintentionnelles ne sont punies que si la victime est une personne de distinction, un chef ou un membre de la famille d'un chef. Dans ces deux exemples, on voit que l'aptitude à distinguer l'action intentionnelle de l'accident varie avec l'intensité des tendances répressives ; la sanction, refoulée par des forces contraires, quand ces tendances sont modérément fortes, se développe conformément à sa nature propre quand elles sont puissantes.

Il nous paraît donc que Westermarck échoue dans sa tentative ; sans doute il signale avec raison que la responsabilité n'est pas toujours objective dans les sociétés primitives et que l'évolution n'a pas pour point de départ un objectivisme radical qui décroîtrait régulièrement à mesure que progresse la civilisation ; mais la doctrine qu'il combat n'est pas la nôtre et, à vrai dire, elle n'a aucune signification précise. Sous le nom de primitives et de sauvages, Westermarck énumère des sociétés appartenant aux types les plus divers. Dans ce pêle-mêle, il n'est pas surprenant qu'on n'aperçoive

---

Steinmetz, p. *393* ; A-lùr, d'après Stuhlmann : il faut que la preuve soit faite du caractère intentionnel ; en plus de la composition, une amende est payée au chef.
1 P. 221 : Grey, *Journals of two expeditions of discovery in North-West and Western Australia*, London, 1841, tome II, pp. 238 sqq.
2 P. 222 et 223.

que contingence et désordre. Chez les sauvages, la responsabilité, souvent objective, est cependant souvent aussi subjective ; chez les civilisés, elle reste souvent objective, bien qu'elle tende à devenir essentiellement subjective. La question n'est pas là. Il s'agit de savoir si la vengeance privée, sous sa forme pure, comporte un principe interne d'où résulte nécessairement l'inimputabilité de l'action inintentionnelle. Nous croyons avoir établi que cette action est, au contraire, pleinement génératrice de responsabilité en matière de sanction pénale privée et que, dans toute société, « primitive » ou non, c'est par l'intervention inhibitrice de forces antagonistes que cette responsabilité s'atténue ou s'annule, quand l'intention fait défaut.

Le régime de la vendetta mis à part, c'est sur le terrain religieux que se développe le mieux la responsabilité objective ; un système pénal la reconnaît, peut-on dire, d'autant plus largement, qu'il retient davantage, soit pour le crime, soit pour la sanction, soit pour l'un et l'autre à la fois, les caractères du sacrilège et de l'expiation rituelle.

Le Code chinois [1] ne prescrit pas de sanctions rituelles ; mais il inflige les peines laïques ordinaires pour des sacrilèges involontaires. La responsabilité engendrée par l'action pure est généralement moindre en degré que la responsabilité née du fait intentionnel, mais lui est identique en nature. Celui qui détériore une aire consacrée aux grands sacrifices est puni de cent coups de truong et de l'exil à deux mille *lées*, « sans discerner si le fait a été volontaire ou accidentel ». Celui qui, volontairement, détruit, perd, détériore

1 AIRE ET OBJETS CONSACRÉS : Ta-Tsing-Leu-Lée, section CLVIII, tome I, p. 283 ; Code annamite, art. CXL, tome I, p. 625 ; Alabaster, pp. 532-533. Le mot « mégarde » correspond probablement au terme « mistake » qu'emploie Alabaster (pp. 260) : il s'agirait d'erreur sur la chose ou sur la personne. — PARRICIDE : Ta-Tsing-Leu-Lée, sect. CCCXIX, tome II, p. 141 ; Code annamite, art. 288, tome II, p. 351, commentaire officiel, p. 353. Cf. aussi pp. 357 et 227. Alabaster (pp, 158 sqq., meurtre des ascendants ; p. 192, du mari par la femme) confirme les principes du Code, mais il distingue de plus nombreux types d'espèces, où la révision et la mitigation interviennent de façons différentes. — MEURTRE DU MAÎTRE PAR L'ESCLAVE : Ta-Tsing-Leu-Lée, sect. CCCXIV, t. II, p. 124 ; Cod. ann., art. 283, t. II, p. 313 ; Alabaster, p. 212. — HOMICIDE ORDINAIRE ACCIDENTEL : Ta-Tsing-Leu-Lée, sect. CCXCII, t. II, p. 80 ; Cod. ann., art. 261, t. II, p. 222 (cf. Ta-Tsing-Leu-Lée, sect. XVI, t I, p. 43 ; Cod. ann., t. I, p. 156 et II, pp. 239, 241, 243, 266) ; Alabaster, pp. LXIV-LXV, pp. 41, 85, 260-285. — HOMICIDE PAR UN ASCENDANT : Alabaster, p. 244.

Paul Fauconnet

les objets consacrés est puni de cent coups et de trois ans de travail pénible : si le crime est commis par mégarde, la peine est diminuée de trois degrés (soixante-dix coups, un an et demi). On sait à quel respect religieux sont tenus les descendants envers les ascendants, l'esclave envers le maître. Le parricide, en Chine, n'est pas un homicide aggravé mais un monstrueux sacrilège. Celui qui tue volontairement aïeul ou aïeule, père ou mère, est puni de la mort lente ; celui qui, sans le tuer, frappe volontairement son ascendant, de la décapitation. « S'il s'agit d'un homicide commis par mégarde ou accident, la peine sera de cent coups de truong et de l'exil à trois mille *lées* ; s'il s'agit de blessures, la peine sera de cent coups de truong et de trois ans de travail pénible ». Et le commentaire officiel ajoute : « Des enfants aux parents ou aïeux, tout doit être fait avec respect et circonspection, et il ne doit pas y avoir mégarde ou accident... C'est exactement le sens de cette sentence : du sujet au prince, du fils au père, on ne peut arguer d'erreur. » L'esclave qui donne volontairement des coups à son maître, est puni de la décapitation ; s'il le tue volontairement, de la mort lente ; s'il agit par mégarde ou accident, de cent coups de truong et de l'exil à trois mille *lées* pour le premier cas, et pour le second de la strangulation. Quand le crime n'a pas ce caractère sacrilège, le droit pénal chinois ne punit pas l'accident ; par exemple, pour homicide ou blessures accidentels, la sanction se réduit à une amende payée à la famille victime, trace manifeste de composition pécuniaire. L'ascendant qui tue accidentellement son descendant reste impuni.

À Athènes et à Rome, certaines infractions pénales involontaires appellent des sanctions rituelles.

Dans la législation athénienne [1], l'homicide involontaire entraîne deux sanctions religieuses. D'une part, l'exil temporaire : satisfaction donnée au mort, conformément à de vieilles croyances que Platon déclare respectables ; et aussi forme atténuée de l'excommunication totale et définitive qui exclut de la religion de la cité l'auteur du meurtre intentionnel. D'autre part, l'homicidiaire à son retour, l'auteur du φόνος δίκαιος après la sentence du Delphinion qui l'a justifié, doivent se soumettre à des expiations rituelles. Le

---

1 Démosthène, Contre Aristocrate, 631, 37 ; Platon, Lois, IX, 865 ; Schœmann, t. II, p. 366 ; Gernet, Recherches, p. 70, 386 ; Commentaire de Platon, Lois, IX, notamment n°s 84, 91-100, 103, 114, 137, 147, 153, 163, 182.

droit pénal positif et la législation idéale de Platon prennent à leur compte la règle religieuse, à laquelle s'attache l'autorité de Delphes, qui tient l'action inintentionnelle pour génératrice d'une souillure.

A Rome [1] (1), les *piacula* étaient obligatoires quand on avait involontairement commis une faute dans l'exécution des rites ou, en général, transgressé le *jus divinum*. Le sacrifice piaculaire acquitte une amende pénale qui est, « dans le droit sacral, le parallèle de la *multa* du droit pénal laïque [2] ». « Quand un sacrifice était nul en raison de quelque négligence, il fallait le recommencer, et l'État, ou le prêtre ou magistrat en cause, avait à se racheter par une *hostia piacularis*. La même expiation était nécessaire quand un magistrat avait par erreur commis un acte irrégulier, par exemple si un préteur avait rendu la justice un jour néfaste ; dans les temps anciens, une exécution capitale nécessitait aussi un *piaculum*.... À part les fautes contre les dieux, la *procuratio prodigii* (quelque accident extraordinaire, un tremblement de terre, la chute de la foudre) nécessitait aussi l'offrande de *piacula* [3] ». Si au contraire la transgression du *jus sacrum* est volontaire, il n'y a pas d'expiation possible pour le coupable qui, déclaré *impius*, échappe sans doute à toute peine laïque, mais est abandonné pour le châtiment à sa propre conscience et aux dieux.

Dans le droit archaïque, certaines infractions inintentionnelles, de caractère proprement pénal, entraînent des sanctions religieuses. Une même transgression, frappée d'une peine juridique si elle est volontaire, réclame un *piaculum* si elle est involontaire. La loi concernant le bois sacré de Spolète prescrit, pour toute violation, le sacrifice d'un bœuf à Jupiter, et en outre, si la violation est délibérée, l'amende de CCC as [4]. C'est aussi le cas de l'homicide involontaire, dans la loi de Numa. L'offrande du bélier aux agnats de la victime est un *piaculum*, le bélier était sans doute sacrifié à Janus [5].

---

1 Chantepie de la Saussaye, *Manuel d'histoire des religions*, trad. franç., Paris, 1904, p. 608 ; Wissowa, *Religion und Kultus der Römer* (Iwan von Müllers Handbuch, V, 4), Munich, 1902, pp. 329 sqq.
2 Wissowa, *loc. cit.* p. 322.
3 Chantepie, *loc. cit.*, Wissowa, p. 330. — Cicéron, *De leg.*, II, 22 Varron, *de ling. lat.*, VI, 30.
4 Mommsen, *Römisches Strafrecht*, p. 36, note 4 ; 85, note 3 et 811, n. 2.
5 Cf. ci-dessus, p. 112 et Löffler, p. 64, note 26.

Paul Fauconnet

La punition corporelle que le magistrat, en vertu de son droit de *coercitio*, inflige aux impubères, est appelée *castigatio*, nom qui se réfère à sa fonction purificatrice [1]. Les XII Tables prescrivent une *castigatio* contre l'auteur d'un incendie accidentel [2].

D'autres traces de sanctions religieuses pour fautes inintentionnelles se retrouvent dans le droit civil [3]. La procédure *per sacramentum* comporte la sanction religieuse d'une faute involontaire. Le *sacramentum* primitif consiste en têtes de bétail ; il est employé en sacrifice, c'est un *piaculum*. Or la partie succombante perd le *sacramentum*, préalablement déposé par elle, du seul fait que sa déclaration a été reconnue fausse, sans qu'on distingue si elle a agi avec conscience ou non. L'injustice de procédure, comme l'appelle Jhering, c'est-à-dire « l'injustice que commet toute partie litigante qui conteste une réclamation fondée ou qui en soulève une non fondée », peut être purement objective, si la partie est de bonne foi. Pour que les peines de procédure fussent encourues, « il ne fallait point, comme condition, l'existence d'une injustice consciente ; cela est formellement exprimé pour quelques-unes, et cela va de soi pour d'autres [4] », notamment pour le *sacramentum*. Si un *piaculum* est ici nécessaire, c'est que le *sacramentum* a sans doute d'abord été un serment, et que le parjure, même involontaire, réclamait une expiation.

Dans les sociétés chrétiennes de l'Europe Occidentale, nous observons des faits qui rappellent à la fois les faits grecs et romains, — responsabilité rituelle pour homicide involontaire — et les faits chinois — responsabilité proprement pénale pour actes inintentionnels ayant le caractère de sacrilèges.

Le droit canonique est naturellement porté à tirer toutes les conséquences du subjectivisme chrétien : non seulement l'intention est requise, mais elle suffit à constituer, sinon le délit, au moins

---

1 Hitzig, in *Zum ältesten Strafrecht*, p. 34.
2 Gaius, 1. 4 ad XII tab., D., 47, 9, 9 (Girard, *Textes de droit romain*, p. 17) : aut, si minus idoneus sit, levius castigatur. CL Löffler, p. 64.
3 Girard, *Histoire de l'organisation judiciaire des Romains*, tome I, p. 30, note 2 ; 41 note 1 ; Jhering, *De la faute en droit privé*, pp. 15-17.
4 Jhering, *loc. cit.*, p. 17.

le péché [1]. Cependant des canons anciens et les Pénitentiels [2] prescrivent des pénitences sévères pour diverses fautes involontaires, par exemple : 1° pour mensonge ou parjure par ignorance ; 2° pour relations involontaires avec païens et hérétiques ; 3° pour adultère commis par erreur ; 4°surtout pour homicide involontaire. Le synode d'Ancyre (314) ordonne que le meurtrier soit *substratus* et admis à la communion au terme de sa vie ; l'homicidiaire, soumis à sept ans, plus récemment à cinq ans de pénitence graduée et ensuite admis à la communion. Beaucoup de Pénitentiels s'inspirent de ces dispositions. Dans certains d'entre eux, les deux incriminations se rapprochent davantage encore : la pénitence pour meurtre est temporaire et à peine plus longue que la pénitence pour homicide. Reginon, abbé de Prüm, dans son Traité « *de synodalibus causis et disciplinis ecclesiasticis* » (début du xe siècle), fixe ainsi la pénitence : pour meurtre volontaire sept ans, pour homicide « *si nolens aut casu* » cinq ans ; si le meurtre est une vendetta, un an ; pour *truncatio manuum aut pedum*, un an ; pour blessures, quarante jours, sans qu'aucune mention soit faite, dans ces deux derniers cas, de l'intention. Du droit canonique, ces sanctions religieuses de l'homicide ont passé dans les législations laïques du moyen-âge : par exemple dans le droit normand du xiiie siècle, dans le droit des Arméniens de Lemberg ; on le retrouve aujourd'hui encore dans le droit pénal russe [3].

1 Makarewicz, p. 367 ; Löffler, p. 136 ; Kahn, *Etude sur le délit et la peine en droit canon*, pp. 36, 46. Cf. ci-dessus, p. 95.
2 Makarewicz, p. 367, Löffler, p. 137-139 ; Kahn, p. 37. (Dans le canon cité par Kahn, relatif à l'adultère, l'opposition est nette entre la *vindicta,* comminée contre la femme volontairement coupable, et la *pœnitentia,* imposée au mari, qui « hoc probaverit, quod inscius fecerit hoc scelus »). — Synode d'Ancyre, can. 22 et 23, texte in Löffler, p. 137 ; la terminologie est celle de l'ancien droit grec. — Pénitentiels : Löffler, p. 138-139 ; l'influence des droits germaniques sur les pénitentiels, p. 137, n. 2. — Cf. Löffler, p. 138-142 : objectivisme du droit canon en matière *d'irrégularité,* incapacité sacerdotale qui exclut des fonctions ecclésiastiques. Dans la doctrine dominante depuis le début du xiiie siècle, tout homicide fautif entraîne l'irrégularité, mais pour qu'il y ait faute, il suffit, en dehors du dol et de la *culpa* au sens romain du terme, que l'auteur ait tué accidentellement, alors qu'il était en train de faire une chose défendue : « versanti in re illicita imputantur omnia quæ sequuntur ex delicto ». Cette doctrine a exercé une grande influence, notamment dans le droit allemand, sur la théorie du *dolus indirectus.* Cf. von Liszt, *Lehrbuch,* p. 160.
3 Makarewicz, p. 368 (normand) ; ibid. et Löffler, p. 138, n. 7 (arménien) ; Foinitsky,in von Liszt, *Le droit criminel des Etats européens* (Législation pénale comparée, tome I), édition française, Berlin, 1894, p. 531 (russe).

Paul Fauconnet

Dans le droit pénal laïque, l'idée qu'une certaine responsabilité résulte de l'homicide accidentel lui-même, s'exprime sous d'autres formes qui rappellent les dispositions du code chinois. En Angleterre, au moyen-âge, l'homicide *per infortunium or misadventure*, est un crime capital ; l'auteur n'est pas exécuté, mais non plus acquitté : il est recommandé à la clémence du prince. Cet homicide entraîne toujours « confiscation des biens personnels (chattels) ou d'une partie de ces biens *in pios usus*, et du temps de Blackstone, on n'échappait encore à cette confiscation qu'au moyen d'un *writ* de pardon et de restitution des biens, obtenu du roi en payant les frais d'impétration ». Cette confiscation, tombée en désuétude au cours des siècles derniers, a été exécutée encore en 1828 ; la règle fut alors abolie [4]. Dans l'ancien droit français, « si l'homicide était purement casuel ou de force majeure, sans aucune faute de la part de l'agent, il n'y avait lieu à aucune peine, ni même à aucune condamnation en dommages-intérêts, et toutefois l'usage du royaume, quoique la nécessité en fût contestée par quelques-uns, était de recourir même en ce cas à des lettres de rémission du prince. Que s'il y avait eu faute par imprudence, faute non intentionnelle, l'homicidiaire, outre les dommages-intérêts à sa charge, devait être condamné à une amende à employer en majeure partie en œuvres pies pour l'âme du trépassé : et quant à la peine afflictive, il n'y échappait qu'au moyen des lettres de rémission du prince, qu'il était d'usage de demander et d'octroyer [5] ».

Il est remarquable que des législations, d'inspiration laïque et de tendances subjectivistes, dérogent à leurs principes pour prescrire la sanction rituelle de l'accident ou pour incriminer pénalement certains sacrilèges involontaires. Mais, ici encore, c'est au-delà du système pénal de l'État qu'il faut remonter, pour atteindre dans sa libre expansion cette responsabilité objective que le droit pénal n'admet qu'exceptionnellement et qu'il tend à éliminer. Son domaine propre, c'est la religion : nous allons le constater.

Mais nous pouvons, dès à présent, tenir pour établi que l'action pure est génératrice de responsabilité. Qu'il s'agisse de contraventions, de délits privés, de sacrilèges ; qu'il s'agisse de peines de po-

---

[4] Westermarck, tome I, p. 226 ; Stephen, *A History of the criminal law of England*, Londres, 1883, tome II, p. 77 ; Ortolan, t. I, p. 164.
[5] Ortolan, tome I, p. 164, d'après Bouteiller, *Somme rural*, liv. 2, tit. 40, p. 870 ; et Jousse, *Traité de la Justice criminelle*, tome III, p. 523.

lice, de vengeance et de composition, de rites, ou enfin de peines apparentées à la vengeance privée et à la sanction rituelle, nous avons vu la responsabilité s'attacher à l'agent ainsi défini : celui dont le corps fait le geste ou produit le résultat incriminé.

IV.

De l'acte intentionnel, par l'intermédiaire de l'acte fautif comportant une négligence, on passe, sans solution de continuité, à l'acte corporel pur ; l'élément psychologique, perd insensiblement de son importance relative ; à la limite, il disparaît et l'élément matériel subsiste seul. Mais il y a toujours action, au moins dans un sens indéterminé du mot. Or, pour la conscience religieuse, certains événements, qui ne sont pas proprement des actes, réclament une expiation. Il faut observer et définir cette nouvelle situation génératrice, sans se laisser arrêter par des classifications traditionnelles qui séparent trop radicalement des phénomènes apparentés.

Assurément les interdictions religieuses sont autre chose que des normes juridico-morales. La violation de ces interdictions ne saurait être, sans abus du langage, appelée dans tous les cas un crime. Les conséquences de cette violation ne sont pas toutes, à proprement parler, des sanctions. Par suite l'être sur lequel se déroule la série de ces conséquences n'est pas nécessairement un responsable. Cependant la différenciation de la religion d'une part, du droit et de la morale d'autre part, à peine commencée dans un très grand nombre de sociétés, est bien rarement radicale. Si, par exemple, le caractère laïque du droit pénal et de la moralité est assez accentué en Grèce et très prononcé à Rome, les sociétés chrétiennes sont revenues, pour une part, à une confusion de la vie religieuse et de la vie morale, sinon juridique, qui témoigne de leur affinité. Nous sommes donc fondés à éclairer les faits juridico-moraux en les rapprochant des faits religieux.

Dans cette section et dans la suivante, nous décrivons surtout le mécanisme de la faute rituelle. En violant des interdictions rituelles, l'homme commet tantôt un véritable crime, tantôt un simple péché. Souvent, et c'est là ce qui nous intéresse ici, il ne commet même pas un péché. Mais il contracte une souillure, une impureté ; et des choses, incapables d'agir, sont, comme l'homme, souillées et impures dans certaines conditions. L'être souillé ou impur devient lui-même un être interdit, qui inspire des sentiments d'horreur, de crainte, en face duquel la société prend une attitude d'abstention. Émotions et attitudes qui ne sont pas sans analogie avec celles que traduit la réaction pénale. Pour éliminer la souillure, des rites purificatoires sont nécessaires. De ces rites aux rites d'expiation et de pénitence, on passe aisément d'un mouvement continu. Il est souvent malaisé de distinguer purification, expiation et pénitence. Or l'expiation et la pénitence sont à leur tour étroitement apparentées à la peine juridique et plus encore aux sanctions morales.

Devenir impur, se charger d'un péché, être responsable sont donc bien choses comparables, quoique distinctes. Nous ne les confondons pas. Mais la génération et la transmission du péché et même de l'impureté religieuse nous paraissent éclairer, par analogie, la génération et la transmission de la responsabilité proprement dite, du mérite et du démérite moraux. Il nous paraît nécessaire d'étendre notre description jusqu'à des faits où la responsabilité, qui est notre objet propre, en arrive presque à se confondre avec la propriété dite impureté, acquise sans transgression, non seulement volontaire mais même active, des interdictions religieuses, par des hommes ou par des choses. — Cette impureté les désigne comme point d'application à une réaction collective, de la même manière que la responsabilité désigne des patients à la réaction pénale.

L'École anthropologique d'histoire des religions a fait une analyse, devenue classique, de la violation des *Tabous* ou interdictions rituelles [1].

« L'action du Tabou, dit F. B. Jevons, est toujours mécanique, et le contact avec l'objet taboué communique l'infection tabou aussi cer-

---

1 F. B. Jevons, *An Introduction to the history of religion*, Londres, 1895, ch. VI, pp. 59 sqq. ; Robertson Smith, *Lectures on the religion of the Semites*, New Ed., Londres, 1907, pp. 152 sqq., 446 sqq., 481 sqq. ; Frazer, article *Taboo* dans *The Encyclop. britannica* (cf. *Ibid.*, 11ᵉ éd., vol. 26, Cambridge, 1911, p. 338 et 340), article de N. W. Thomas) ; Frazer, *The Golden Bough*, 2ᵉ éd., Londres, 1900, tome I, pp. 297-450, tome III, pp. 1-39, 201-236, 463-467 ; Crawley, *The mystic rose*, Londres, 1902, chap. II-IX, pp. 15-223 ; Van Gennep, *Tabou et Totémisme à Madagascar* (Bibl. Ecole Hautes Etudes, Sc. relig., 17e vol.), Paris, 1904, chap. II, pp. 12-23 ; Durkheim, *Les formes élémentaires de la vie religieuse*, Paris, 1912, p. 453 sqq.

tainement que le contact avec l'eau communique l'humidité, ou un courant électrique un choc électrique ». L'attouchement de la chose interdite, abstraction faite de toute désobéissance consciente, suffit à constituer la violation ou sacrilège ; mais ce n'est pas assez dire : ce n'est pas l'action de toucher, c'est le contact qui, par lui-même, viole l'interdit. Les verbes « actifs » dont nous usons ne doivent pas faire illusion : toucher, manger, voir la chose, interdite, sont des violations, non parce que ce sont des actes, mais parce que, d'une façon quelconque, la chose est touchée, vue, mangée. Sans doute, quand il détermine la conduite qu'il doit tenir à l'égard des choses interdites, l'homme formule des règles d'action : ne touche pas, ne mange pas, ne regarde pas. Mais ses prières énoncent à l'optatif des formules qui traduisent la nature des interdits et les dangers de leur contact : Que cette chose ne me touche pas, qu'elle ne pénètre pas dans mon estomac, qu'elle ne frappe pas mes regards. Nous n'entrons qu'à demi dans la logique du système, quand nous reconnaissons l'exacte équivalence de l'acte inintentionnel et de l'acte volontaire : notre langage confère, malgré tout au premier, quelque chose des caractères du second ; la désobéissance, l'attitude de rébellion envers la règle semblent demeurer la chose essentielle. Mais si l'intention est à ce point indifférente, c'est qu'en vérité le mécanisme physique du sacrilège l'est également. Le résultat seul importe et c'est tout un qu'il soit *subi* ou *agi*. On a raison en ce sens de comparer la propriété spécifique des choses tabou à un fluide matériel.

D'ailleurs, même quand un acte produit l'événement indu, il arrive que l'acte, comme tel, ne retienne pas l'attention : ce qui le prouve, c'est que la conscience religieuse s'attache souvent aux conséquences du contact subi et néglige celle du contact *agi*. Qu'un homme soit touché par une femme, qu'un cadavre, un objet impur tombent sur lui : c'est du point de vue de l'homme touché que ces événements pourront être aperçus ; il aura été mêlé à une violation d'interdit ; des conséquences néfastes en résulteront pour lui. Les circonstances qui ont déterminé le contact restent relativement indifférentes, et il n'importe guère que l'être tabou se soit mû par son activité propre, ou ait obéi par exemple à la pesanteur. On connaît les tabous qui interdisent la personne des chefs, des rois : l'interdiction est violée si on les touche, mais aussi quand on est touché par eux ; leur contact communique leur propriété sacrée ; le sacrilège qui porte sciemment la main sur eux, le maladroit ou l'infortuné qu'une négligence ou un hasard rapprochent d'eux, l'homme ou la chose qu'ils saisissent, deviennent des êtres interdits. Et précisément, dans le cas où ils ont voulu et imposé leur contact, ce n'est pas leur action qui est le fait important : c'est la situation du patient, homme ou chose, qui a subi cette action. Souvent le chef agent reste ce qu'il était, et les conséquences de l'événement se déroulent dans le sens du seul patient qui n'a rien fait.

Mais s'il y a violation d'interdit sans action, si même en cas d'action le contact, comme tel, est le fait décisif, *l'intervention passive dans un événement qui réalise la violation* est génératrice d'impureté. Or cette impureté entraîne après elle la faiblesse, la maladie, le malheur, la souffrance, la mort, qui sont en somme des sanctions, naturelles ou divines, de la transgression passive de l'interdiction ; l'être, devenu passivement impur, a diminué de valeur, on peut dire qu'il a démérité, et cette diminution de valeur l'expose au mépris, au blâme, aux mauvais traitements, c'est-à-dire à des sanctions diffuses. S'il veut interrompre le déroulement de ces conséquences nuisibles, il a recours à des rites : rites d'expiation ou de purification ; des rites, la société les lui impose avant de reprendre avec lui des relations régulières ; ils constituent de véritables sanctions. Que le rite soit douloureux, que la société impose un exil, une mutilation, que le rite enfin ait pour rôle, non plus de rouvrir à l'être impur l'accès de la vie profane, mais de l'éliminer définitivement de la société qu'il contamine, il y a sacrifice humain, peine capitale, supplice, proscription. Nous rejoignons la responsabilité au sens ordinaire du terme.

Dans l'ordre des sanctions rémunératrices, la chose est plus manifeste encore. Une consécration rituelle et bienfaisante confère au bénéficiaire une augmentation de valeur religieuse. Il n'importe guère qu'il ait lui-même accompli les rites ou qu'un prêtre les ait accomplis sur lui. C'est l'accomplissement des rites qui est efficace ; le mérite rituel ne suppose pas nécessairement l'activité de celui qui l'acquiert. Inversement, le non-accomplissement des rites négatifs, c'est-à-dire le contact, même inéluctable, des choses que sépare un interdit, engendre du démérite qui appelle des interdictions, des maux de tous ordres, des rites expiatoires, des peines ; le déméritant est l'être *par* qui, mais tout aussi bien *sur* qui s'est réalisé l'état antirituel ; tout au plus peut-on admettre que la différenciation est plus rapide et plus profonde pour les démérites que pour les mérites : les peines se distinguent mieux des conséquences immédiates de la souillure, que les récompenses ne se distinguent des conséquences immédiates de la consécration rituelle. Et le démérite actif, qui appelle la peine, se confond moins aisément avec le démérite passif, que les mérites actifs et passifs ne se confondent entre eux. Mais la faute rituelle et l'impureté subie restent les espèces d'un même genre. Le rite expiatoire n'est qu'un cas particulier du rite *piaculaire*. Il n'y a pas de différence essentielle entre la mise à mort rituelle du sacrilège et celle du nouveau-né difforme, entre le *piaculum* qu'on offre pour une faute et celui qu'on offre pour un prodige [1]. Toute une partie du culte a pour fonction d'expier des malheurs, que ces malheurs soient provoqués par l'homme ou résultent du cours naturel des événements et de la volonté des dieux.

À l'appui de ces remarques, l'observation ethnologique fournit des faits nombreux. Mais, ici encore, il sera plus démonstratif d'observer, dans leur ensemble, quelques systèmes de sanctions élaborés par des sociétés élevées en organisation. Mieux ces systèmes distinguent l'acte intentionnel de l'acte pur et de l'intervention passive, plus il sera remarquable de constater qu'à certains égards ils les confondent.

On sait la place importante qu'occupent, dans le Vendidad, les prescriptions relatives au cadavre, à la matière morte en décomposition (Nasu [2]). La *Nasu* est l'une des sources principales d'impureté : les prescriptions ont pour but d'empêcher qu'elle ne souille l'homme et les éléments purs. Examinons les diverses conditions dans lesquelles sont violées ces prescriptions et, pour chaque type de violation, les sanctions et les situations génératrices de responsabilité.

Premier type : action volontaire. — Exemples : 1° « Pour les hommes qui mangent d'un chien mort ou d'un homme mort, il n'y a pas de purification... de ces hommes il faut détruire le terrier (la

---

1 Mommsen, *Römisches Strafrecht*. p. 85 ; Chantepie de la Saussaye, *Manuel d'histoire des religions*, trad. franç., Paris, 1904, p. 608 (Romains).
2 Darmesteter, Le Zend-Avesta : voir à l'index, tome III, p. 222, le mot Nasu et tome II, p. x sqq.

maison) et arracher le cœur ; à ces hommes on enlèvera l'œil clair de l'orbite... ils restent impurs pour toujours et à tout jamais [1]. » — 2° « Rendre impurs l'eau ou le feu en y portant un cadavre immonde » : le crime est inexpiable, les auteurs « restent impurs pour toujours et à tout jamais [2] ». Le texte ne mentionne pas la peine temporelle, mais nous savons par ailleurs que le coupable est écorché vif [3]. — 3° « Que jamais homme ne porte seul un mort ! Si un homme porte seul un mort... la *Druj Nasu* se précipite sur lui jusqu'au bout des ongles et le voici impur pour toujours et à tout jamais [4]. » Il ne peut se purifier comme le *Nasâ-sâlâr* ordinaire, qui a porté le corps rituellement dans les funérailles. Il doit vivre, pour toujours, isolé des fidèles que son contact souillerait. Quand il est sur le point de mourir, on le décapite ; la formule appelée *Patet* [5] sauve son âme de l'enfer. — 4° « Si un homme enterre un cadavre d'homme ou un cadavre de chien », la sanction varie selon qu'une demi-année, une année entière ou deux années se passent sans qu'il le déterre : dans le premier cas, elle est de 500 + 500 coups, dans la seconde, de 1.000 + 1.000 coups ; dans la troisième, le crime est inexpiable, le coupable est damné. La suite du texte montre que l'intention est requise on tout au moins la négligence. En l'absence de culpabilité subjective, le *Patet* emporte le péché [6].

Deuxième type : action corporelle pure, sans que soit nécessaire l'intention. — 1° L'homme qui a touché de la *Nasu* se purifie en se lavant le corps avec le *gômêz* et l'eau, si le rite appelé *Sag-dîd* avait déjà atténué l'impureté du cadavre. Dans le cas contraire, il faut recourir à la grande purification de neuf nuits. Le *Nasâ-Sâlâr*, après des funérailles régulièrement conduites, est tenu de se purifier, bien qu'il ait accompli son devoir. Darmesteter nous apprend que, chez les Parsis, si quelqu'un touche le cadavre par accident, il est impur et ne peut plus toucher aucun vivant avant d'avoir subi les cérémonies de purification. Les parents du défunt, après les funérailles, prennent du *gômêz*, se lavent le visage et les parties

---

1 Vendidad, Fargard VII, 23-24, *ibidem*, tome II, pp. 100-101 ; sur l'intention, note 26.
2 Farg. VII, 25-27, II, p. 101.
3 *Ibid*, p. 101, n. 31.
4 Farg. III, 14-21, II, p, 38-40 et notes 25, 31, 34, 36 ; cf. Appendice A au Farg. VIII, II, pp. 147 sqq., et p. XXI.
5 Tome II, p. 40, n. 38 ; p. 147 ; t.III, p. 167-180.
6 Farg. III, 36-40, II, p. 45. Sur la nature de ces flagellations, cf. II, pp. XVII sqq.

nues du corps : la purification est plus simple parce qu'ils n'ont pas directement touché le mort. L'homme qui a touché un cadavre en pleine solitude, loin de tout lieu habité, accidentellement selon toute vraisemblance, est, lui aussi, astreint d'urgence à une purification : le rituel est seulement modifié en raison des circonstances. Il ne semble pas douteux que le contact volontaire et rituel et le contact indu, volontaire ou accidentel, soient mis exactement sur le même plan [1]. — 2° Si un homme jette sur la terre un os de chien mort ou d'homme mort et qu'il en tombe de la graisse ou de la moëlle : la peine varie selon la dimension de l'os, de 30 + 30 à 1.000 + 1.000 coups. Rien n'indique que l'accident soit distingué de l'acte volontaire [2]. — 3° Si un homme, ayant touché un cadavre dans un lieu écarté et courant pour se faire purifier, « rencontre de l'eau sur son chemin » ou « s'il rencontre des arbres sur sa route », ce qui, manifestement, est accidentel, il souille l'eau et les arbres : l'expiation prescrite est de 400 + 400 coups [3].

Troisième type : Contact passif. — 1° Tout ce qui, lors du décès ou des funérailles, a subi le contact du mort, est impur, notamment : *la maison du mort ;* le feu et les instruments nécessaires pour la célébration du sacrifice doivent être emportés et ne peuvent être rapportés qu'après neuf nuits en hiver, un mois en été ; la violation de cet interdit est punie de 200 + 200 coups ; les Zoroastriens de Hérat abandonnaient eux-mêmes la maison et c'est encore aujourd'hui l'usage en Perse ; la maison doit être purifiée par des rites ; — les *vêtements et la literie :* s'il y a sur eux du sperme, du sang, de l'ordure ou de la matière vomie, ils sont mis en pièces et enfouis ; sinon, ils sont minutieusement purifiés par le *gômêz,* la terre, l'eau et exposés à la lumière pendant plusieurs mois ; — *le chemin suivi par le convoi :* il est interdit au bétail, aux hommes et aux femmes, au feu et aux faisceaux liturgiques, jusqu'à ce qu'on ait chassé la *Druj Nasu* du chemin, comme on la chasse du cadavre, par le rite *Sag-dîd ;* — *les parents du mort : les* interdits qui pèsent sur eux ne sont pas mentionnés au texte, mais la durée du deuil est minutieusement fixée selon les degrés de parenté ; la purification de la

---

1 Farg. VIII, 35-72, II, pp. 128-135 (notes 55, 56) ; 97-106, II, pp. 143-145. — Sur la grande purification, Farg. IX, pp. 159 sqq. Contact accidentel, purification des parents du mort : Append. A au Farg. VIII, II, pp. 148, 151 sqq.
2 Farg. VI, 10-25, II, pp. 87-89.
3 Farg. VIII, 104-106, II, p. 145.

maison, celle des parents et de leurs vêtements semble marquer la fin du deuil ; — *les personnes qui ont été avec le mort en contact direct ou indirect :* elles sont souillées sans que nous connaissions les conséquences de la souillure ni les purifications qui l'éliminent ; le texte vise explicitement le contact passif [1]. — 2° La femme qui accouche d'un enfant mort doit être isolée dans une enceinte, à l'intérieur de la maison, mais à distance des choses sacrées ; elle boira un mélange de cendre et de *gômêz* « qu'elle fera descendre dans le Dakhma qui est à l'intérieur de son ventre » et se soumettra à des interdictions alimentaires et à de longues et minutieuses purifications. C'est, sous une forme atténuée, la sanction prescrite contre celui qui a porté seul un cadavre [2]. — 3° La terre est souillée par la *Nasu*. Le péché « d'inhumation des morts » attire des sanctions sur l'auteur, nous l'avons vu, mais aussi sur la terre, qui est impure pour cinquante ans. Quand le contact est superficiel et que le cadavre reste exposé au soleil, la souillure est moindre, la terre est interdite à la culture pour un an seulement. Peu importe qu'un homme soit mort sur une pièce de terre ou bien que le corps d'un mort ait été apporté sur la terre : la souillure est la même et, dans le second cas, il n'y a pas de sanction prescrite contre celui qui a commis l'acte d'apporter le corps. Mais si l'on cultive avant l'expiration du délai la « pièce de terre sur laquelle sont morts hommes ou chiens », on se rend coupable « envers les eaux, envers la terre, envers les plantes, du péché d'inhumation des morts », puni d'ailleurs dans ce cas d'une sanction atténuée (200 + 200 coups). Avant de cultiver à nouveau, il faut soigneusement débarrasser la terre des débris de *Nasu*, sous menace de la même sanction [3]. — 4° L'eau est rendue impure et imbuvable par le cadavre qui s'y trouve ; l'aire d'extension de l'impureté varie selon qu'il s'agit d'une eau stagnante, d'un puits jaillissant, d'une couche de neige, d'une eau courante. Les fidèles sont tenus de purifier l'eau, en retirant le cadavre

---

[1] MAISON : Farg. V, 39-44, II, p. 78-79, cf. t. II, p. 9, note 20, p. 119, p. 151, pp. 186, 188. — VÊTEMENTS-LITERIE ; Farg. VII, 10-15, II, pp. 99-100. — CHEMIN : Farg. VIII, 14-22, II, pp. 122-124. — PARENTS : Farg. XII, pp. 186 sqq., Cf. p. 151. — CONTACT : Farg. V, 27-38, II, pp. 75-78.
[2] Farg. V, 45-56, II, pp. 79-82 et Farg. VII, 60-69, pp. 111-112 ; cf. II, p. 80, note 82.
[3] Farg. VII, 45-48, II, p. 108 ; cf. II, p. 36, notes 14 -15 ; Farg. VI, 1-9, II, pp. 85-87.

PARTIE I : DESCRIPTION DE LA RESPONSABILITÉ

qu'ils déposent sur la terre sèche ; une partie de l'eau est rejetée [1]. — 5° La vaisselle qui a touché la *Nasu* est impure ; les vases de terre, bois, argile, pour toujours et à jamais, ceux de métal et de pierre jusqu'à des purifications par le *gômêz*, la terre et l'eau, d'autant plus souvent répétées que la matière du vase est moins précieuse [2]. — 6° Un *Haoma* non encore préparé pour le sacrifice sur lequel aura été porté de la *Nasu* de chien ou d'homme est impur sur une longueur de quatre doigts ; le reste est interdit pendant un an [3].

Ainsi le contact avec la Nasu entraîne pour conséquences : l'impureté, plus ou moins profonde et durable ; des interdits, résultant immédiatement de cette impureté et variables comme elle en rigueur et en durée ; des rites de purification au sens étroit du mot ; des rites expiatoires dont les uns, comme le *Patet*, n'ont pas, dont les autres, comme les flagellations, ont le caractère de pénitences ; des peines proprement dites, mort et supplices ; et enfin des sanctions d'outre-tombe, tortures provisoires ou damnation. La responsabilité qui appelle sur le patient la damnation, la peine capitale, quelques interdits particulièrement rigoureux, est engendrée par l'action volontaire seule. La responsabilité qui appelle les sanctions d'outre-tombe provisoires, les expiations consistant en flagellations rituelles et dont libère le *Patet*, est engendrée par l'action, tant involontaire que volontaire. Enfin l'impureté, d'où résultent la plupart des interdits et dont libèrent les rites de purification et le *Patet,* est engendrée par le contact, passif aussi bien qu'actif. L'action et surtout l'action volontaire a donc une puissance génératrice de responsabilité qui manque à l'intervention passive, au contact subi. L'élément psychologique ou actif de l'infraction est pris en considération ; il ne saurait être question : ni de sanctions d'outre-tombe, de peines, de pénitences expiatoires, de *Patet* pour les choses inanimées, pour les hommes qui ont violé passivement un interdit, ni d'une simple purification rituelle pour les auteurs de violations intentionnelles. Comment pourrait-il en être autrement dans un système religieux qui tient à si haut prix la piété spirituelle, la pureté de l'esprit, la connaissance de la vérité révélée et sa profession et qui, en un sens, attache moins d'importance, pour le salut de l'âme, au culte qu'à l'activité morale ? Il n'en reste pas moins

---

1 Farg. VI, 26-41, II, pp. 89-91.
2 Farg. VII, 73-75, II, p. 113.
3 Farg. VI, 42-43, II, pp. 91-92.

Paul Fauconnet

que le péché consiste essentiellement dans un contact matériel et la pureté, — le plus grand bien après la naissance, — dans la stricte observation des interdits qui séparent les choses pures des choses impures. La pureté que nous appelons morale est inséparable de la pureté rituelle : elle en procède. L'incrimination particulièrement grave de la transgression volontaire des interdits est greffée sur l'incrimination du contact : la volonté, l'action ajoutent à l'intensité du sacrilège, mais ne le constituent pas. Les sanctions, les moyens de purification et les conséquence spontanées de l'impureté, qui nous paraissent, à nous, si hétérogènes, se présentent, dans l'Avesta, presque sur un même plan : la peine capitale, sur le caractère de laquelle nous sommes bien mal renseignés [1], va avec la damnation ; les flagellations rituelles (qui semblent avoir été remplacées dans la réalité par des amendes) vont avec les supplices provisoires d'outre-tombe ; mais, comme le *Patet* et les rites purificatoires, elles effacent la souillure. Les notions de culpabilité, de responsabilité, sont enveloppées dans la notion d'impureté ; qu'il s'agisse de la transgression volontaire d'un interdit ou du contact subi par la chose inanimée, le problème se pose toujours pour Zoroastre de la même manière, dans les mêmes termes : « Créateur du monde des corps, saint ! Combien de la literie et des coussins la *Druj Nasu* atteint-elle de son mal, de sa pollution, de son impureté ? Ahura Mazda répondit : La *Druj Nasu* atteint de son mal... etc. Peut-on purifier des vêtements ? On le peut, ô saint Zarathushtra ! Quand le peut-on ? » et immédiatement après ce passage : « Y a-t-il purification pour les hommes qui mangent d'un chien mort ou d'un homme mort ? — Il n'y a pas de purification pour eux... » et ensuite : « peut-on purifier le bois sur lequel aura été portée de la Nasu ?... — On peut le purifier... — Suivant quelles règles, etc ? »

Les Codes Brahmaniques prescrivent trois sortes de sanctions : purifications, expiations et peines. Le droit pénal laïque, si l'on peut employer cette expression quand il s'agit de l'Inde, est assez nettement différencié de la législation religieuse, au moins dans ceux des Dharmaçâstras qui ne reflètent pas l'état le plus archaïque des institutions. Dans Manou, les lois civiles et criminelles forment, aux livres VIII et IX, un système passablement cohérent et dis-

---

[1] Sur la peine capitale et les flagellations, *voir l'introd. au Vendidad,* Darmesteter, tome II, pp. XVII-XXIV.

tinct. La peine est prononcée par le roi ou par un tribunal auquel le roi délègue ses pouvoirs judiciaires. L'exclusion de la caste et les pénitences religieuses mises à part, les peines consistent principalement en peines corporelles (mutilations, mort, supplices entraînant la mort) et en amendes : l'amende est de beaucoup la pénalité la plus fréquente [1]. D'une façon générale, l'intention semble être un élément constitutif de l'incrimination pénale. Kohler l'affirme sans réserves. Oldenberg a raison, à mon sens, en disant seulement que la tendance à affranchir de toute peine la transgression inintentionnelle se manifeste dans le droit indou, mais qu'il ne peut être question d'une application conséquente du principe et que la notion de dol reste extrêmement flottante [2].

Pour les expiations et pénitences religieuses, réglementées par Manou au livre XI, c'est le principe inverse qui prévaut [3]. Sans doute les fautes volontaires sont beaucoup plus graves que les fautes involontaires : mais les pénitences qu'appellent les unes et les autres sont toutes de même nature et ne diffèrent qu'en degré. L'opposition entre la responsabilité pénale et la responsabilité religieuse est fortement marquée dans la formule de Yâjñavalkya : « Par le moyen des expiations disparaît la faute qu'on a commise sans le savoir. Mais si l'on a agi avec intention, on tombe sous le coup d'une procédure judiciaire [4] ».

Quant aux purifications, prescrites par Manou au livre V, elles peuvent être nécessaires à la suite d'un contact passif avec les choses naturellement impures, par exemple avec les douze impuretés du corps humain, avec le sang menstruel, les morts, les personnes impures [5]. Les choses inanimées *subissent* évidemment la souillure :

---

1 Jolly, *Recht und Sitte* (Bühler's *Grundriss der Indo-Arischen Philologie*, II, 8) Strasbourg, 1896, pp. 119, 129 sqq., 132.
2 Jolly, p. 122 ; Kohler, *Das indische Strafrecht*, in Zeitsch. f. vergl. Rechtsw., XVI. Bd., p. 183 ; Oldenberg, in *Zum ältesten Strafrecht*, pp. 76-77.
3 XI, 45-46 : A sin unintentionally committed is expiated by the recitation of Vedic texts, but that which (men) in their folly commit intentionally, by various (special) penances (trad. Bühler).
4 III, 226 (Yâjñavalkya's *Gesetzbuch, Sanskrit und deutsch*, hrsgg. v. Stenzler, Berlin-Londres, 1849, p. 114) : Durch *Bussen* verschwindet die Sünde, etc... Mais Oldenberg (Zum ältesten Strafrecht, p. 76) traduit : Durch Sühnungen verschwindet die Schuld... Sur le sens du mot sanscrit et l'extension de l'idée de Sühnung, expiation, cf. Oldenberg, *La religion du Véda* trad. franç., Paris, 1903, p. 277.
5 V, 135, 85, 57 sqq.

tels l'ustensile en terre qui a été en contact avec des liqueurs fortes, de l'urine, de l'ordure, des aliments qui ont été becquetés par des oiseaux, flairés par des vaches, remués avec le pied, sur lesquels on a éternué, qui ont été souillés par des cheveux ou des insectes, les organes par où sortent l'urine et les excréments [1]. Mais l'homme est souillé aussi par le contact qu'il subit sans agir. Ainsi : « celui qui porte un objet d'une manière quelconque, et qui vient à être touché (par une personne ou une chose) impure, reprend sa pureté en accomplissant une ablution, sans déposer pour cela l'objet [2]. » « Celui qui a vomi ou qui a la diarrhée doit se baigner et manger ensuite du beurre clarifié... [3] ». Manou se préoccupe même d'empêcher les scrupules excessifs que peut faire naître la crainte de ces contacts passifs inévitables [4]. La femme est souillée par l'avortement et par les menstrues, l'homme par les pertes séminales [5]. Les *sapindas* d'un mort, c'est-à-dire ses ascendants et descendants jusqu'au sixième degré, sont impurs pendant dix jours, même s'ils sont éloignés du lieu du décès ; l'impureté des parents du mort est tout à fait identique à celle des personnes qui ont touché un cadavre [6]. La naissance d'un enfant impose une purification aux parents [7].

Peine pour les crimes volontaires, pénitences pour les fautes tant volontaires qu'inintentionnelles, purification pour les souillures passivement subies : il semble qu'aux trois espèces de sanctions ou de rites correspondent des formes de responsabilités et d'impuretés nettement distinctes. Mais la différenciation est très imparfaite. La peine remplit la fonction de la pénitence, elle libère de la souillure et assure le salut [8] ; inversement la pénitence remplit la fonction de la peine et peut lui être substituée au moins partiellement : pour les quatre crimes intentionnels les plus graves, la mort apparaît, non comme une peine infligée de force par le roi, mais comme une pénitence spontanément acceptée du coupable ;

---

1 V, 123, 125, 134.
2 V, 143.
3 V, 144.
4 Exemples : V, 127, 131, 133, 141.
5 V, 66, 63.
6 V, 59 sqq., 74 sqq., 64.
7 V, 62, 71.
8 7. VIII, 318 : But men who have committed crimes and have been punished by the king, go to heaven, being pure like those who performed meritorious deeds.

PARTIE I : DESCRIPTION DE LA RESPONSABILITÉ

même, dans l'un des cas, la pénitence consiste à solliciter du roi le châtiment. « Un brahmane qui a commis un vol d'or doit se présenter au roi et confesser son méfait en disant : Sire, punissez-moi ! Que le roi prenant une massue l'en tue d'un seul coup : le voleur est purifié par sa mort [1]. » Entre les pénitences et les purifications, la ligne de démarcation est plus flottante encore [2]. Les pénitences comportent, outre le jeûne et autres austérités, des bains et des lavages rituels analogues à ceux qui purifient les ustensiles souillés ; et les austérités, la science sacrée, la pratique de certaines vertus sont comptées au nombre des agents de purification. Ce mélange de pratiques rituelles et de pratiques morales, d'austérités et de nettoyages, témoigne que l'impureté matérielle et subie avec les purifications qu'elle nous paraît réclamer d'une part, et d'autre part le péché d'intention, avec l'expiation toute morale qu'il appelle pour nous, sont, pour la pensée indoue, choses étroitement apparentées.

Pas plus que les espèces de sanctions et les rites purificatoires, les espèces de responsabilités et d'impuretés ne sont radicalement hétérogènes. S'il est vrai que des infractions volontaires ou des négligences mettent seules en mouvement la justice royale, l'expiation religieuse n'est pas réservée aux fautes inintentionnelles. Manou indique que la question est controversée : « Les sages prescrivent une pénitence pour une faute commise involontairement ; quelques-uns, sur la foi des textes révélés, déclarent la pénitence applicable même pour la (faute) intentionnelle ». Manou se range à la seconde solution : « Une faute commise involontairement est expiée par la récitation de textes védiques, mais (une faute) que les (hommes) dans leur folie commettent intentionnellement par diverses sortes de pénitences [3] ». Ainsi une culpabilité et impureté religieuse, variable en degré, mais constante en nature, est engendrée par l'action purement corporelle. Mais cette responsabilité religieuse, qui appelle l'expiation, rejoint l'impureté, qui appelle une purification. Les objets et l'homme sont souillés, s'ils subissent

---

1 IX, 236, 240 : On those four even, if they do not perform a penance, let him inflict corporal punishment and fines... But (men of) all castes who perform the prescribed penances, must not be branded on the forehead by the king, but shall be made to pay the highest amercement. — XI, 74, 91, 104 ; 100-101 (cités au texte).
2 XI, passim, et notamment 211 sqq. : liste des moyens de faire disparaître les péchés ; V, 105-109 : procédés de purification.
3 XI, 45-46.

le contact des choses impures ; et même quand ils provoquent ce contact, quand ils mangent, touchent ou *font* les choses interdites, les hommes se souillent par le contact bien plus que par l'action.

Oldenberg a vigoureusement analysé la double nature du péché dans la religion védique [1] : « D'abord le péché a une existence à lui : c'est un être indépendant. Les maladies et autres puissances nuisibles... passent pour des substances réelles, plus ou moins fixes, parfois aussi fluides que l'air, qu'on peut diluer dans l'eau, consumer au feu, bannir au moyen de charmes et d'amulettes. Tout de même en est-il du péché *(enas* ou *aghas)*. Comment, en effet, cette puissance, qui porte nuisance à son auteur, ne ressemblerait-elle pas à toutes les autres puissances nocives, ne serait-elle pas concrète au même degré que celles-ci ? Rien de plus fréquent que l'idée d'un lien ou d'un lacet où le pécheur s'embarrasse de lui-même... Dans une conception aussi extérieure et, si l'on peut dire, aussi matérielle de la faute, il est à peine besoin de constater que l'élément purement subjectif de l'intention délictueuse est encore fort éloigné de jouer aucun rôle décisif : l'essentiel, c'est le fait objectif, le fait brut du péché... L'idée qu'on se faisait et que nous devons nous faire de ce fluide peccatif se complètera plus bas par l'étude du culte expiatoire : c'est là qu'on verra les charmes variés destinés à le conjurer, comment le sorcier le lave, l'essuie, le chasse, le brûle, le traite par les simples à l'instar d'une maladie. Bornons-nous à remarquer ici combien une pareille conception de la faute et de l'expiation était peu propre à favoriser le progrès de la conscience morale en intimité et en profondeur, combien même elle devait l'entraver. Si la faute, tout extérieure, pouvait être effacée par des procédés également extérieurs, si un lavage pouvait emporter « tout mensonge commis et tout faux serment prêté », comment le péché aurait-il inspiré au coupable aucun sentiment plus sérieux de componction, que la simple répugnance préventive au dangereux contage de sa substance nocive ?... On méconnaîtrait néanmoins la variété des courants d'idées qui se croisent dans le Véda, si l'on s'avisait de faire tenir dans des formes aussi extérieures de magie ou de liturgie expiatoire toute la pensée religieuse de l'Inde antique en matière de péché et d'expiation. Nous avons, de ces prêtres-poètes, des effusions touchantes, où s'exhale de l'âme bourrelée le sentiment

---

[1] *La religion du Véda*, p. 243. Cf. Zum ältesten Strafrecht, p. 71.

profond de la conscience de ses péchés. Là où règne cet esprit, il ne s'agit plus de quelque substance peccative et impersonnelle, ni des moyens de s'en débarrasser, soit par opération magique, soit par intervention d'une divinité ; il n'est plus question que d'apaiser la colère des dieux qui châtient le péché ; et nous nous trouvons ainsi amenés à considérer l'autre face du concept moral. La faute nous est apparue jusqu'à présent comme une entité indépendante, qui agit de son pouvoir propre ; voyons-la maintenant dans ses rapports avec la colère divine, avec l'intervention des dieux pour le maintien de l'ordre et du droit ». La seconde conception, plus « morale » et subjectiviste, a sans doute gagné du terrain depuis les temps védiques. Dans les Dharmaçâstras, l'importance relative de l'élément « transgression, » a augmenté ; la faute consiste surtout dans le contact actif, où se combinent deux situations génératrices de responsabilité. Corrélativement se sont développées les expiations qui, à l'élément rituel, ajoutent l'élément pénitence, et exigent le repentir, l'acceptation de l'austérité, le changement d'attitude de la volonté. Mais la première conception domine encore incontestablement la réglementation des sanctions religieuses, dans les Dharmaçâstras.

Nous avons vu plus haut comment la législation mosaïque conservait, tout en la limitant, la responsabilité objective en matière de vengeance privée. Sous réserve de l'exception concernant l'homicide involontaire, le droit pénal n'incrimine que des actes intentionnels ou des négligences : il n'y a pas de règle qui prescrive une peine pour une transgression vraiment involontaire ou fortuite. Si nous nous tournons vers les textes qui régissent le peuple plutôt comme Église que comme État, toute infraction à la loi, infraction cultuelle et morale aussi bien que juridique, apparaît comme un péché qui trouble les rapports d'Israël et de son dieu, tant qu'il n'est pas éliminé. Les moyens d'élimination sont : le retranchement [1], sanction qui se confond peut-être avec la peine capitale, qui semble être quelquefois administrée par Jahveh lui-même, qui, en tout cas, exonère la communauté du péché en la débarrassant du pécheur ; et les rites d'expiation et de purification,

---

[1] Cf. entre autres : Ex., XII, 15, 19 ; Lev., VII, 20 sqq., XXIII, 29 ; Num., IX, 13, XV, 30. — Thonissen, *Etudes sur l'histoire du droit criminel des peuples anciens*, Bruxelles-Paris, 1869, tome II, pp. 46 sqq. ; Nowack, *Lehrbuch der hebräischen Archäologie*, Freiburg i. B. — Leipzig, 1894, tome I, p. 329 sqq.

Paul Fauconnet

qui libèrent à la fois le peuple et le coupable. Les livres historiques nous rapportent quelques cas d'espèce où la transgression involontaire d'un interdit est sanctionnée par la mort. Le contact de l'arche est interdit : pour l'avoir touchée, d'un geste irréfléchi, et à bonne intention semble-t-il, Uzza est frappé de mort. Saül édicte une interdiction alimentaire : Jonathan, qui l'ignore, est digne de mort pour l'avoir violée [1].

Dans la Loi, le retranchement n'est édicté que contre le péché volontaire et, comme dans les Codes brahmaniques, le double principe est posé qu'au péché volontaire répond le retranchement, au péché involontaire, les sanctions rituelles [2]. Ici encore d'ailleurs, la seconde formule est démentie par les règles particulières qui prescrivent souvent des expiations rituelles pour des péchés volontaires. Les rites expiatoires sont nombreux : laisser couler du temps en respectant des interdits, couper les cheveux et la barbe, faire des ablutions et des lavages avec de l'eau pure ou mélangée de diverses substances, avec le sang des victimes, faire des onctions avec l'huile et le sang etc [3]. Le principal consiste dans les sacrifices expiatoires, *hattât* et *asham*, mots qui désignent le péché lui-même aussi bien que les sacrifices qui l'expient. Quels sont les rapports de ces deux espèces de sacrifices ? Les textes dont nous disposons ne nous permettent pas d'en décider et, sans doute, leurs rédacteurs ne les comprenaient-ils plus eux-mêmes [4]. Les sacrifices et autres rites expiatoires sont prescrits [5] : 1° pour des actes volontaires : appropriation frauduleuse d'un dépôt ou d'un objet trouvé, avec mensonge et faux serment ; expiation : restitution volontaire du principal plus un cinquième et *asham* [6] ; commerce sexuel avec

---

1 II Rois (Samuel), VI, 6-7. — I Rois (Samuel), XIV, 24 sqq.
2 Num., XV, 27-30.
3 Benzinger, *Hebräische Archäologie, Grundriss der theolog. Wissensch.*, 2° éd., Tübingen, 1907, pp. 411-413 ; Nowack, *loc. cit.*, tome II, pp. 287-293 ; Robertson Smith, *Lectures on the Religion of the Semites*, New ed., Londres, 1907, pp. 446-456.
4 Lev., IV-VII, Num., XV, 22-29 ; cf. Benzinger, pp. 375-377 ; Nowack, t. II, pp. 225-237 ; E. D. Burton, J. M. P. Smith et G. B. Smith, *Biblical ideas of Atonement*, Chicago, 1909, pp. 42 sqq.
5 Nowack, tome II, pp. 275-286 ; Benzinger, pp. 404-409.
6 Lev., V, 21-26, rapproché de Num., V, 6-8. On peut cependant prétendre qu'il s'agirait là d'une faute involontaire, en s'appuyant sur Lev., V, 15-16, qui prescrit mêmes sanctions pour l'appropriation involontaire de choses consacrées. à Javheh, Cf. Nowack, p. 235.

l'esclave d'autrui : peine indéterminée et *asham* [1] ; 2° d'une façon générale, pour les actes involontaires et notamment pour certains contacts involontaires [2] ; 3° pour les contacts passivement subis : souillure des objets par le cadavre des animaux impurs, ou par les pertes séminales et écoulements ; souillure de l'homme par ces mêmes pertes, de la femme par l'accouchement ou les menstrues [3]. C'est surtout à ces deux dernières catégories de souillures que répond le sacrifice expiatoire.

Ainsi les êtres souillés sont tenus d'accomplir exactement les mêmes rites que le pécheur qui viole les commandements de Jahveh : même péché, impureté ou souillure, mêmes expiations, même responsabilité. L'assimilation de l'intervention passive à la transgression active ne peut pas être plus complète. Et elle s'observe dans la religion qui, par la prédication de ses prophètes, suscite et prépare la prédication évangélique ; sans que d'ailleurs nous soyons en état de déterminer exactement les rapports de coexistence et de succession que soutiennent entre eux le ritualisme et le subjectivisme qui s'y oppose, ainsi que les rapports chronologiques des textes qui les représentent l'un et l'autre [4].

Le Lévitique, les Dharmaçâstras et l'Avesta sont, sans aucun doute, des œuvres de théologiens, tirant systématiquement jusqu'aux conséquences extrêmes des principes qu'ils voudraient faire prévaloir. Leur ritualisme est une élaboration savante d'institutions archaïques, plutôt qu'un tableau fidèle de ces institutions. Dans quelle mesure ces législations idéales ont-elles été réellement en vigueur ? La question est épineuse, surtout pour la Bible et l'Avesta. Mais nous pouvons la négliger ici. L'esprit dont procèdent ces dispositions nous intéresse seul, et leur application, même partielle, — qui est hors de contestation, — suffirait à démontrer la proposition que nous voulons établir. Il apparaît que la religion, contrairement au droit pénal laïque, admet une responsabilité engendrée par l'intervention passive dans la violation des interdits, dans l'événement qui réalise la souillure. Sans doute, entre cette intervention passive et l'acte à résultats accidentels, on peut établir une série

---
1 Lev., XIX, 20-22.
2 Lev., IV, 2-3, 13-14, 22-24, 27-28, V, 17-19 ; Num., XV, 22-24. Contacts : Lev., V, 2-3, 6.
3 Lev., XI, 32-38, XII, XIV, XV ; Num., V, 1.
4 Cf. Burton, J. M. P. Smith, G. B. Smith, op. cit., pp. 3-90, 247 sqq., 269 sqq.

continue d'intermédiaires. Quand ils comportent l'action inintentionnelle, les faits étudiés dans ce paragraphe se rangent à côté de ceux que nous avons examinés sous la rubrique précédente. Mais ils ne la comportent pas toujours et, même si le responsable a agi, c'est moins de l'acte même et bien plus du contact en résultant que découle sa responsabilité.

V.

Les situations génératrices qui viennent d'être définies sont toutes des espèces d'un même genre : le sujet responsable soutient toujours avec le fait sanctionné une relation directe et immédiate, qu'il y intervienne psychologiquement ou corporellement, activement ou passivement. Mais la responsabilité peut aussi être indirecte ou médiate : la situation du sujet responsable est alors définie, non pas directement par rapport au fait sanctionné, mais par rapport à un intermédiaire qui s'intercale entre ce fait et lui. Cet intermédiaire est le responsable primaire. Suivant les cas, la responsabilité dérivée se substitue à la responsabilité primaire et l'annule : il y a alors substitution de patient ; ou bien la deuxième s'ajoute à la première sans la détruire, égale ou inférieure à elle, concomitante ou subsidiaire ; quelquefois elle ne se réalise que si le responsable primaire échappe à la sanction ; il arrive enfin que l'intermédiaire n'est, à aucun moment, responsable : la responsabilité indirecte s'établit à travers lui, mais sans l'intéresser. La transmission ne s'arrête pas nécessairement au premier sujet indirectement responsable : à son tour, celui-ci peut jouer le rôle d'intermédiaire et communiquer sa responsabilité à un troisième, à un quatrième sujet. Toutes ces différences sont secondaires et peuvent être négligées. De même, la nature de la situation génératrice d'où est sortie la responsabilité primaire ne nous intéresse pas ici. Seule est essentielle l'apparition d'une responsabilité chez un sujet qui ne soutient avec le fait sanctionné aucune relation directe.

Il est tout à fait exceptionnel que le droit laïque fasse une place à la responsabilité indirecte ; mais toutes les fautes religieuses sont éminemment communicables. La souillure indirecte s'observe donc dans le même domaine que la souillure née d'une intervention passive, d'un contact. Aussi bien présentent-elles les plus étroites ressemblances : la première est, en quelque sorte, un prolongement de la seconde. S'il suffit de toucher à des choses interdites pour devenir impur, on s'explique qu'un contact médiat puisse avoir les mêmes effets. La communication avec le responsable primaire réalise une sorte d'*intervention indirecte* dans la violation de l'interdit, voisine de l'intervention passive. Les mêmes raisons qui nous ont commandé la description du fait de souillure passive nous conduisent à décrire la souillure indirecte.

Pour donner à ces faits toute leur portée, il convient de rappeler ce qui se passe tous les jours dans les sociétés où nous vivons. Le mépris, le dégoût, l'horreur, que nous inspirent certains criminels, nous l'éprouvons facilement pour tout ce qui les touche ou leur est apparenté. Inversement, l'entourage d'un héros participe à son mérite. Nos mœurs comportent en fait une responsabilité morale indirecte, flottante mais étendue, bien que nous proclamions, en principe, que la responsabilité est rigoureusement individuelle. Quelle doit être l'importance de faits analogues dans des sociétés qui admettent explicitement la communication de la faute et du mérite ! Les règles écrites ne sont que les indices d'un état de choses qui échappe, dans une très large mesure, à notre observation expresse.

L'Avesta décrit en termes saisissants la transmission de l'impureté : « Des hommes sont assis sur la même place, sur le même lit ou le même coussin, l'un près de l'autre, à deux, à cinq, à cinquante ou à cent, tous se touchant ; un de ces hommes vient à mourir : combien d'entre eux la *Druj Nasu* embrasse-t-elle de son mal, de sa pollution, de son impureté ?... Si c'est un prêtre, la *Druj Nasu* se précipite sur lui ; elle va jusqu'au onzième et en souille dix. Si c'est un guerrier, ... elle va jusqu'au dixième et en souille neuf. Si c'est un laboureur ... elle va jusqu'au neuvième et en souille huit, etc..., etc... Si c'est une belette, combien de créatures du Bon Esprit souille-t-elle par contact direct ?... La belette ne souille aucune créature du Bon Esprit ni par contact direct, ni par contact indirect, excepté celui qui la frappe et la tue ». Mais « c'est pendant qu'il est vivant qu'un bandit, un méchant bipède, un impie Ashemaogha (un hérétique) souille les créatures du Bon Esprit par contact direct, les souille par contact indirect ¹ ».

Si un homme a touché un cadavre en pleine solitude, loin de tout lieu habité (cf. ci-dessus, p. 144), « il courra jusqu'à ce qu'il rencontre homme vivant, en élevant haut la voix : je suis sous le coup [du contact] d'un mort et impuissant de pensée, impuissant de parole, impuissant d'action : veuillez me purifier... Si l'homme refuse de le purifier, cet homme lui remet le tiers du péché (involontairement, en le prenant sur lui-même, explique Darmesteter)... Il courra une seconde fois jusqu'à ce qu'il atteigne un homme. Si l'homme refuse de le purifier, cet homme lui remet la moitié de son péché (la moitié du reste, le second tiers)... Il courra une troisième fois... Si l'homme refuse, de le purifier, cet homme lui remet tout son péché ² ». C'est un manque de bonté et de piété, s'ajoutant au contact, qui détermine ici le report du péché.

L'Avesta exprime, avec plus de force peut-être qu'aucun autre texte, la crainte qu'inspire la contagion menaçante des souillures et des fautes. L'idée que la communauté est souillée par la faute d'un seul n'apparaît pas comme dans la Bible ³, non plus que la responsabilité héréditaire ⁴. Mais la mort d'une créature d'Ahura Mazda, l'accouchement, les menstrues, la miction, la violation des interdits, le crime volontaire, etc... allument des foyers d'infection contre le rayonnement desquels des précautions minutieuses peuvent seules protéger les fidèles et les choses pures. Le principe d'impureté est incarné dans des démons, les *drukh* ; la *Druj* par excellence est la *Druj Nasu* qui, aussitôt après la mort, « fond des régions du nord sous la forme d'une mouche furieuse » et s'empare

---

1 Vendidad, Farg. V, 27-36, Darmesteter, tome II, pp. 75-77.
2 Farg. VIII, 100-102, II, p. 144. Cf. IX, 42-44, p. 169 : mérite de l'homme qui purifie celui qui a touché la Nasu. Autres exemples de transmission entre personnes qui soutiennent entre elles un autre rapport qu'un rapport de contact : Responsabilité du mari pour la violation d'un interdit par la femme, autorisé d'ailleurs en raison de « l'état de nécessité » : VII, 70-72, p. 112, cf. la note 88. — Responsabilité du séducteur, en cas d'avortement provoqué par la mère, sans que sa complicité semble présumée : XV, 11-12, p. 223 ; à rapprocher de XV, 13-14. — Le prêtre indigne attire du mal sur ceux qui l'emploient : XVIII, 1-12, cf. p, 244, n. 22 (?). — Inversement le fidèle qui porte le Kôsti (ceinture du Zoroastrien) participe à toutes les bonnes œuvres accomplies par ses coreligionnaires, p. 243, n. 13.
3 Cf. cependant XIII, 52, p. 208 : « Celui qui tue un chien d'eau produit une sécheresse qui détruit les pâturages », et IX, 51-57, p. 171-172.
4 Cf. cependant XIII, 3, p. 194, n. 6 (douteux).

du cadavre ; de là, elle s'élance sur tout ce qui touche ou approche le mort [1]. Tantôt les termes employés par le texte se réfèrent à ce combat contre des agents personnels ; tantôt l'idée d'une contamination, d'une contagion apparaît au premier plan.

La contamination est d'autant plus profonde que les rapports de parenté avec le mort sont plus étroits, que la *nasu* tombée sur le sol est plus abondante, que l'enfouissement a été plus prolongé, que les vases souillés sont d'une matière plus perméable ou plus vile ; que la chaleur est plus forte [2]. L'humidité la favorise : un même contact souille une plus grande quantité de bois humide que de bois sec ; les personnes et objets impurs doivent être isolés en lieu sec ; il est prescrit de déposer sur la terre sèche la *nasu* qu'on retire de l'eau [3]. La force expansive de l'impureté s'épuise à mesure qu'on multiplie les rites, les distances, les intermédiaires [4] : au feu qu'a souillé la *nasu*, on allume un nouveau feu, disposé de telle sorte qu'il s'éteigne bientôt ; à ce feu, avant qu'il s'éteigne, on allume un troisième feu ; et ainsi de suite ; le neuvième feu obtenu est pur [5]. Et logiquement la contagion devrait aller à l'infini ; à l'exception des choses les plus saintes et à défaut de rites, tout devrait être contaminé, puisque tout communique indirectement avec les choses impures. Le théologien avestique aperçoit bien cette conséquence inéluctable des principes posés et il cherche à sortir de l'impasse. Comment concevoir qu'Ahura Mazda fasse tomber la pluie sur les Dakhmas, sur les cadavres, lui qui interdit de laisser la matière morte toucher l'eau ? C'est qu'il purifie les eaux souillées sur la terre avant de les faire rentrer dans la circulation générale [6]. Un homme meurt dans les profondeurs de la vallée, un oiseau se repaît du corps, va sur un arbre, vomit et fait des ordures, un homme abat l'arbre et l'allume dans le feu. « Quelle sera sa peine ? Ahura Mazda répondit : jamais *Nasu* apportée par le chien, apportée par les oi-

[1] Cf. Lehmann, in Chantepie de la Saussaye, *Manuel d'Histoire des Religions*, trad. fr., Paris, 1904, p. 458 ; Darmestefer, *Introd. au Vendidad*, p. XI Farg. VII, 2, II, p. 96.
[2] Farg. XII, II, p. 187. — Farg. VI, 10-25, p. 87-89. — Farg. VII, 45-50, p. 108 ; cf. III, 9 sqq. — Farg VII, 73-75, p. 113. — Farg. V, 42, p. 79, n. 78.
[3] Farg. VII, 30-31, p. 103. — Farg. III, 15, p. 38 ; V, 46, p. 79. -Farg. VI, 28-37, p. 90.
[4] Cf. Farg. IX, 13, p. 163.
[5] Farg. VIII, 73-80, p. 136-138 ; cf. n. 74 sur le rituel moderne des Parsis.
[6] Farg. V, 15-20, p. 71-73, note 35.

seaux, apportée par le loup, apportée par le vent ne met l'homme en état de péché », sinon « bien vite, tout ce monde des corps que j'ai créé ne serait plus qu'un seul criminel... à cause du nombre infini d'êtres qui meurent sur la face de cette terre [1] ». « L'homme sera-t-il pur, qui aura touché un cadavre desséché, mort depuis plus d'un an ?... Il sera pur. Le sec ne se mêle pas au sec. Si le sec se mêlait au sec, bien vite, tout ce monde, matériel de moi ne serait plus qu'un seul criminel... [2] » ! La casuistique corrobore le principe par les limitations qu'elle est contrainte d'y apporter.

Dans le Véda [3], comme dans l'Avesta, « la faute ne s'attache point au seul coupable ; elle peut, par les voies les plus diverses, passer à d'autres individus. La voie la plus courte, à cet effet, c'est le rapport de filiation : la faute passe du père au fils. La formule du poète qui demande l'absolution « de tout péché de tromperie que nous avons hérité de nos pères ou que nous avons commis nous-mêmes de nos propres personnes », donne à entendre que telles sont, dans la croyance générale, les deux tares de péché les plus communes : acte personnel, hérédité paternelle. Mais il y a d'autres manières d'en être affecté : l'oiseau noir qui porte sur soi la substance omineuse issue de la déesse Nirrti (Perdition), peut la laisser tomber sur un homme avec sa fiente ; si la victime du sacrifice sanglant vient à mugir ou à ruer, il en résulte un péché pour le sacrifiant ; les lamentations des pleureuses souillent de péché la maisonnée ; Trita, sur qui les dieux « se sont essuyés » du péché, « s'en essuie à son tour sur les hommes ». À tout moment apparaît, dans les textes relatifs à l'absolution des péchés, le souci d'être obligé d'expier « la faute commise par autrui », y compris celle « dont les dieux se sont rendus coupables », et inversement, le constant effort de faire retomber sur quelqu'autre la faute qu'on a soi-même commise... On fait par conjuration passer son propre péché sur la tête de son ennemi ou de l'impie... Inversement la bonne œuvre d'une personne est réversible sur une autre ».

Cette conception de la faute se maintient dans les livres brahmaniques. Manou, par exemple, admet et le report du mérite et

[1] Farg. V, 1-4, p. 66 et 5-7, p. 67.
[2] Farg. VIII, 33-34, p. 127-128. Note 52 : le principe a conservé sa force chez les Musulmans de Perse ; le contact avec les chrétiens et les juifs ne souille que si les vêtements sont mouillés, ou quand il pleut.
[3] Oldenberg, *La Religion du Véda*, p. 245.

PARTIE I : DESCRIPTION DE LA RESPONSABILITÉ

le report de la faute ; souvent il ne mentionne pas la nature exacte de la sanction ; ailleurs il édicte, contre la personne indirectement coupable ou impure, des sanctions déterminées, à savoir : des sanctions spontanées terrestres, des sanctions d'outre-tombe, l'exclusion de la caste, une peine proprement dite. Rapportés aux modes de transmission de la faute, les faits se classent de la manière suivante : 1° *Transmission par la parenté, aux descendants ou ascendants, vivants, morts ou à naître* : la présence d'un brahmane versé dans la connaissance du Véda à un sacrifice et repas funéraire (çrâddha) procure aux ancêtres de celui qui offre le repas, jusqu'au septième ascendant, une satisfaction durable [1] ; si celui qui a pris part, à un repas funéraire entre le jour même dans la couche d'une femme soûdra, les Mânes de ses ancêtres seront couchés pendant tout ce mois sur l'ordure de celle-ci [2] ; d'un mariage répréhensible, naît une postérité répréhensible ; contracter des mésalliances, négliger les rites, ne pas étudier le Véda, outrager les brahmanes fait déchoir les familles [3] ; l'iniquité commise en ce monde ne produit pas toujours des fruits immédiats : si le châtiment n'atteint pas l'auteur, il retombe sur ses enfants ou petits enfants [4] ; le faux témoin envoie en enfer cinq, dix, cent, mille de ses parents, selon la gravité du faux témoignage [5] ; il est prescrit au roi de mettre à mort certains voleurs avec leurs amis, parents et proches [6]. On peut aussi ranger tous ces faits sous la notion de responsabilité collective [7]. — 2° *Transmission par voisinage, contact, rapports directs et indirects* : celui qui fréquente un homme exclu de sa caste, qui sacrifie pour lui, lui donne l'instruction, s'allie à lui, ou même seulement partage sa voiture, son siège, ses aliments, est lui-même exclu de sa caste, à moins de se soumettre à la pénitence encourue par le responsable primaire [8] ; si l'interdiction de recevoir des présents et des aliments d'un coupable, d'un homme exclu de sa caste, d'un membre d'une caste inférieure, de toute personne impure, ou

---

1 Manou. III, 146 ; cf. I, 105.
2 III, 250.
3 III, 42, 63.
4 IV, 172-174.
5 VIII, 97-99.
6 3. IX, 269.
7 Remarquer que Manou, IV, 239-240, semble exclure en principe la responsabilité collective et héréditaire.
8 XI, 55, 181-182.

Paul Fauconnet

d'entretenir des rapports avec eux est si souvent renouvelée [1], c'est évidemment parce qu'on redoute la transmission de l'impureté ; « le meurtrier d'un brahmane instruit communique sa faute à celui qui mange ses aliments [2] » ; en se baignant dans l'étang d'un autre, on se souille d'une partie des péchés de celui qui a creusé l'étang [3] ; en faisant usage du lit, véhicule, siège, puits, jardin, maison d'autrui, du quart des péchés du propriétaire ; celui qui, invité à un repas funéraire, a des rapports sexuels avec une femme soûdra, se charge de tous les péchés commis par le donateur du repas [4] : ici la faute personnelle détermine le report, sur le coupable, de la responsabilité incombant à celui qui l'a invité. La présence d'un brahmane instruit purifie toute une assemblée souillée, par la présence, de gens indignes [5]. — 3° *Transmission par l'effet d'une faute personnelle ou d'une sorte de complicité indirecte, dans un sens tout à fait indéterminé du mot* : un roi qui protège ses sujets acquiert le sixième de leurs mérites spirituels, celui qui ne les protège pas, le sixième de leurs démérites [6] ; la femme infidèle communique sa faute à son époux, l'élève à son directeur spirituel [7] ; si le roi ne punit pas le voleur qui vient lui déclarer son vol et s'offre à l'expiation, la faute du voleur retombe sur le roi [8] ; en cas d'injustice judiciaire, un quart de la faute retombe sur l'auteur du méfait, un quart sur le faux témoin, un quart sur tous les juges, un quart sur le roi [9] ; l'homme qui tolère le meurtre d'un animal, ceux qui le tuent, le dépècent, achètent ou vendent sa chair, l'apprêtent, la servent, la mangent, sont tous considérés comme ses meurtriers [10] ; ceux qui donnent aux voleurs abri, armes ou nourriture ainsi que les receleurs doivent être punis de mort comme les voleurs [11].

Les relations que soutiennent les deux responsables, primaire et

---

1 IV, 187, 191, 205 sqq., V, 85, X, 53, 109 sqq., etc.
2 VIII, 317.
3 IV, 201-202.
4 III, 191.
5 I, 105, III, 183 sqq.
6 VIII, 304-305.
7 VIII, 317 (la négligence est peut-être présumée).
8 VIII, 316-317.
9 VIII, 18-19. Il semble qu'il y ait une sorte de confusion entre la faute résultant de l'injustice et celle du coupable jugé.
10 V. 51.
11 IX, 278.

secondaire, et qui permettent la communication de la faute ou de l'impureté sont, on le voit, des plus variées, mais se ramènent en somme à deux types : relation spatiale de contact ou de proximité et relation sociale. La notion de contact, entendue au sens le plus large, répond à la plupart des cas ; on devient responsable pour avoir touché, approché, peut-être même vu ou entendu un responsable primaire, pour lui avoir parlé ; la maison où il a dormi est souillée pour l'avoir contenu. Peu importe, en principe, que le contact soit actif ou passif, que je touche le responsable primaire ou qu'il me touche. *A fortiori* est-il indifférent que le contact soit volontaire ou accidentel et inconscient : lorsque l'intention est requise pour que la communication s'effectue, la règle de responsabilité ne rentre plus complètement sous la présente rubrique ; elle combine l'idée d'une responsabilité dérivée et celle d'une responsabilité primaire qui naîtrait d'un nouveau crime, à savoir du fait d'avoir sciemment entretenu des rapports avec un être interdit. Par exemple, dans notre droit, le recel de malfaiteurs est un crime indépendant, ou une sorte de complicité après-coup, plutôt qu'une condition de communication au receleur de la responsabilité propre des malfaiteurs recelés. À défaut de contact, la responsabilité se communique entre « *consociés* », parents, concitoyens, sectateurs d'une même église, membres de groupes professionnels ou du genre humain. Les relations domestiques sont prépondérantes : la communication se fait des morts aux vivants (responsabilité héréditaire, péché originel), et inversement des vivants aux morts, des descendants aux ascendants (sanctions d'outre-tombe pour les parents du criminel vivant). Des relations sociales, artificielles et provisoires, comme celles qui groupent les passagers d'un même vaisseau [1], des relations indéfinies et imaginaires, quelque ressemblance grossière, celle des gens qui portent, même nom ou passent pour être solidaires aux yeux des foules, suffisent pour permettre la communication. D'ailleurs, relations sociales et relations spatiales sont souvent inséparables : héberger et nourrir un responsable primaire, c'est en quelque sorte l'adopter ; la vie commune des parents, des concitoyens, suppose des contacts répétés ; la filiation est un lien social qui double généralement un lien physiologique et, dans la communication de la responsabilité héréditaire, contact et parenté se confondent.

1 Voir, par exemple, le texte d'Antiphon cité par Glotz, p. 231.

Paul Fauconnet

Quand la communication se produit dans l'intérieur d'un groupe social en vertu des relations constitutives de ce groupe, les faits que nous étudions ne se distinguent qu'imparfaitement des faits de responsabilité collective examinés au chapitre précédent. La responsabilité des parents d'un criminel se présente sous deux aspects. La famille, peut-on dire, est collectivement responsable de son propre fait : le patient est ici un groupe, la situation génératrice, l'intervention active de ce groupe. Mais on peut dire aussi que l'individu auteur est le responsable primaire et que la responsabilité des parents, dérivée, résulte, d'une communication. Les deux interprétations sont, croyons-nous, vraies toutes deux de tous les faits de responsabilité d'un groupe, mais dans des proportions variables : tantôt domine la responsabilité collective et les choses se passent comme nous les avons présentées au chapitre précédent ; tantôt, au contraire, la responsabilité primaire de l'individu se détache en relief, et celle des consociés apparaît nettement, comme un emprunt. Il en est évidemment ainsi lorsque la constitution du groupe ou l'introduction du responsable primaire dans un groupe déjà constitué sont postérieures à la perpétration du crime. Le criminel communique sa responsabilité au groupe des passagers en s'embarquant sur le navire, à la famille dans laquelle il entre par mariage ou par adoption. De la responsabilité collective immédiate à la responsabilité dérivée des parents, il y a un passage continu. C'est ce que montrent nettement les faits de noxalité dont nous avons parlé. En refusant de recevoir, en excluant ou en livrant l'auteur du fait sanctionné, le groupe évite la communication de responsabilité qui résulterait de la solidarité sociale et du contact qu'entraîne la vie en commun. Il y a ici à la fois concentration de la responsabilité collective du groupe sur la tête de l'auteur et précaution prise contre le danger de communication de l'auteur au groupe.

Vue sous cet angle, la responsabilité en matière de vendetta, et la responsabilité pénale qui en dérive, apparaît comme communicable, tout comme la responsabilité religieuse. Quand la vendetta frappe les parents d'un meurtrier, on peut dire, sans abus, qu'il y a communication de responsabilité de lui à eux. D'innombrables faits de responsabilité collective se rangent donc, considérés de ce point de vue, sous la présente rubrique. En particulier, la responsabilité du chef de famille et du propriétaire, pour les faits des femmes, mineurs, aliénés, esclaves et de toute personne en puissance, pour le fait de ses animaux et de ses choses, du tuteur ou maître pour le fait du pupille ou de l'élève, du chef ou du roi pour le fait de ses sujets doit être interprétée de deux points de vue : d'une part, c'est une responsabilité collective, concentrée sur l'individu qui incarne le groupe ; mais c'est aussi d'autre part une responsabilité dérivée. La personne en puissance, l'animal ou la chose, l'élève ou le sujet déterminent, par leur fait, une génération de responsabilité qui, sans s'arrêter sur eux, mais par leur intermédiaire, passe sur la tête des individus dont ils dépendent ; sauf abandon noxal, intervenant à temps pour empêcher cette communication. Cette forme de responsabilité est abondamment réglementée dans la plupart des législations. — Dans la mesure où la sanction pénale privée est incorporée au droit pénal public et prend les caractères de la peine, les mêmes faits fournissent des exemples de responsabilité pénale indirecte.

Dans tous les cas qui viennent d'être énumérés, la communication de responsabilité n'est pas voulue pour elle-même. Mais l'homme utilise systématiquement cette propriété communicative. Artificiellement, il établit un lien entre un responsable primaire et un être choisi, pour faire de ce dernier un responsable secondaire. L'opération a pour but de libérer le responsable primaire, en communiquant intégralement toute son aptitude à subir la sanction, sa faute, son impureté, son péché. Nous appelons *responsabilité par substitution* ou, pour emprunter un terme expressif à la théologie chrétienne, responsabilité *vicaire* cette forme particulière de la responsabilité indirecte. La situation génératrice reste celle que nous avons analysée ; seule diffère la nature du lien qui permet la communication.

Dans la majorité des cas, cette communication résulte de l'accomplissement d'un rite ; la nature du procédé rituel importe peu : qu'il soit oral ou manuel, il réalise toujours une espèce de contact au moins imaginaire entre le responsable primaire et le substitut ; le contact, au sens littéral, est d'ailleurs communément employé. De ce point de vue, tout sacrifice expiatoire comprend un fait de responsabilité. La victime, homme, animal, plante ou objet quelconque, supporte la sanction à la place du sacrifiant, c'est-à-dire de celui pour le compte de qui le sacrifice est offert. Puisque la faute de ce dernier est expiée, c'est que la sanction qu'appelait cette faute s'est produite. Et l'aptitude de la victime à supporter cette sanction, sa responsabilité, n'est autre que celle du sacrifiant communiquée par le rite. Il est vrai que le sacrifice n'est pas ordinairement considéré comme une exécution de la sanction sur la victime ; que le sort de la victime n'est pas toujours l'équivalent exact du sort qui attendrait le responsable primaire, si la substitution n'avait pas eu lieu ; que le sacrifice, par la prestation souvent considérable qu'il suppose, est en même temps une sanction que supporte le sacrifiant à la place de celle qu'il réussit à détourner. Nous ne prétendons pas assimiler complètement le sacrifice à la sanction et la propriété de la victime à la responsabilité. La substitution produit des effets propres, et c'est même, pour cela qu'elle est voulue. Mais, sous ces réserves, la substitution est un phénomène de communication de responsabilité. Dans le cas le plus simple, rien de plus apparent. Il est bien reconnu que la peine capitale est, originairement, un sacrifice expiatoire, par lequel la société écarte les dangers que le crime attirerait sur elle. Qu'on permette au criminel de se substituer une victime humaine ou animale, et le fait que nous appelions tout à l'heure exécution d'une peine devient le sacrifice expiatoire, tel qu'il est communément entendu ; le rituel de la mise à mort est à peu près le même ; seul le patient a changé. Quand la sanction proprement dite et le sacrifice se différencient, le phénomène se complique : mais du point de vue auquel nous nous plaçons ici, il reste le même dans son principe.

On sait l'énorme rôle que joue, dans la vie religieuse de l'humanité, le mécanisme de la substitution sacrificielle ; accumuler des exemples serait ici inutile. Le Christianisme a pour fondement le dogme de la rédemption du genre humain par le Christ, « Agnus Dei qui tollit peccata mundi ». La théorie chrétienne a fortement élaboré la théorie de la satisfaction vicaire, c'est-à-dire de l'expiation par un substitut [1]. Et les satisfactions surabondantes du Christ et des Saints forment le trésor de l'Église où sont puisées les indulgences qui, appliquées aux fidèles vivants ou aux âmes du Purgatoire, viennent en déduction, si l'on peut dire, des satisfac-

---

1 Sabatier, *La doctrine de l'expiation et son évolution historique*, Paris, 1903, pp. 9, 28, 54, 59, 64-65, 70.

tions personnelles qu'ils auraient à fournir.

Ne se distinguent qu'en degré de la substitution sacrificielle, et doivent en être rapprochés :

La constitution du « bouc émissaire [1] », pour emprunter l'expression commune, quels que soient le substitut, le rituel de la substitution et celui du sacrifice ou de l'expulsion. Ici, comme dans le sacrifice, une sanction naturelle ou divine est écartée et remplacée par une sanction rituelle : il y a transformation de la sanction en même temps que déplacement de la responsabilité ;

La *devotio* [2] : elle a souvent pour rôle de concentrer sur la tête d'un seul homme ou de quelques-uns les sanctions divines qui menacent la cité ou l'armée. La peine primitive peut être considérée comme une *devotio* à propos d'un sacrilège, l'auteur servant de substitut à la société. Le dévouement d'Alceste, mourant volontairement pour écarter la mort qui menace Admète, est une *devotio* avec substitution [3].

Enfin, et sous réserve, le rituel de la purification tout entier, en dehors même du sacrifice : se purifier de la souillure, se décharger de son impureté par un bain, c'est en somme communiquer cette impureté à l'eau dans laquelle on se plonge ; l'eau est bien devenue comme le substitut d'un responsable, puisqu'elle est interdite, frappée d'une sanction ; d'ailleurs, nous ne rappelons ces faits que pour montrer l'extension du phénomène qui nous occupe. Ici, nous sommes à la limite de son domaine.

Il ne semble pas que le droit pénal laïque autorise jamais la substitution de patients [4]. La loi d'Hammourabi édicte : « Si un homme a frappé une fille d'homme libre et a fait tomber son intérieur (avor-

---

[1] Frazer, *The Golden Bough*, 2ᵉ ed., Londres, 1900, tome III, p. 1 sqq., notamment 93-134. — Cf. Westermarck, I, p. 61 sqq., qui exagère la différence entre le sacrifice expiatoire et les autres formes d'élimination rituelle du péché par substitution de patients.
[2] Bouché-Leclercq, article *Devotio*, in Daremberg-Saglio, *Dict. des Antiquités* : devotio et peine, p. 114 ; cérémonie italique du *ver sacrum*, p. 115 ; φαρμακοί, p. 116, Decius, p. 118.
[3] Glotz, p. 167.
[4] Cependant, d'après Kohler, *Das Chinesische Strafrecht*, Würzbourg, 1886, p. 10, l'ancien droit chinois admettait qu'un parent du condamné à mort se substituât à lui, pour subir la peine. — Deux faits, cités par Westermarck, I, pp. 43-44 (Fiji et Australie) ressortissent probablement plutôt au type de la responsabilité collective.

ter), il payera pour son fruit dix sicles d'argent. Si cette femme meurt, on tuera la fille (de l'agresseur). Si un architecte a construit pour un autre une maison, et n'a pas rendu solide son œuvre, si la maison construite s'est écroulée, et a tué le maître de la maison, cet architecte est passible de mort. Si c'est l'enfant du maître de la maison qu'il a tué, on tuera l'enfant de cet architecte [1], » Mais c'est là plutôt une forme de talion qui atteint le père lui-même dans ses enfants. Nous reviendrons ailleurs sur ce fait. — Peut-être peut-on rappeler la décimation des légions romaines [2]. La responsabilité collective de la légion est concentrée sur la tête de quelques-uns de ses membres qui se substituent, pour subir la peine, à la légion entière. Le tirage au sort serait ici le rite qui désignerait les patients et opérerait la substitution. — Dans notre droit pénal, le gérant d'un journal est véritablement un responsable secondaire, substitué à l'avance et d'une manière permanente, par une fiction juridique, aux rédacteurs qui commettent des délits de presse [3].

Enfin l'exécution par effigie, en même temps qu'un fait de responsabilité des choses, est un phénomène de responsabilité par substitution. Par un procédé ou par un autre, — confection d'une image ressemblante, inscription d'une formule, opération rituelle, — un objet est substitué au responsable primaire, contumace, inaccessible, protégé, épargné, et subit à sa place, soit la peine qui aurait dû l'atteindre, soit une sanction qui la remplace.

Il y a des exemples de substitution de patients pour l'application de sanctions disciplinaires d'ordre pédagogique : des enfants ont été quelquefois attachés à la personne des jeunes princes, pour subir à leur place les corrections corporelles méritées par ces derniers.

* * *

De l'ensemble des faits exposés dans ce chapitre, il résulte que la responsabilité est engendrée :

    1° par l'intervention active et volontaire dans le crime ;
    2° par l'intervention de la seule volonté dans la faute in-

---

1 Scheil, *La loi de Hammourabi*, §§ 209-210, 229-230.
2 Polybe, VI, 38, 2. — Cagnat, article *Militum pœnæ*, in Darember-saglio, *Dict. des Antiquités*.
3 Loi 29 juillet 1881, art. 6, 42.

terne ;

3° par l'intervention du corps seul dans l'infraction matérielle ;

4° par l'intervention passive ;

5° par l'intervention indirecte.

Ces cinq situations génératrices ont une vertu commune ; en l'analysant, nous devons découvrir le principe élémentaire de toute responsabilité.

Mais cette vertu commune, il ne semble pas qu'elle reste à découvrir. Toutes les théories connues de la responsabilité s'accordent à soutenir cette opinion de sens commun : que la situation génératrice est toujours, au fond, la relation qui unit l'auteur — responsable — à l'acte sanctionné. Cette relation serait un cas particulier du rapport de causalité. Nous ne saurions aborder l'analyse directe des faits, sans avoir soumis ces théories à un examen critique. La confrontation des doctrines avec les faits montrera si une nouvelle hypothèse est nécessaire et orientera la recherche.

PARTIE II : ANALYSE DE LA RESPONSABILITÉ

I. — Facteur principal et formes fondamentales.

Chapitre III.
Examen critique des doctrines.

Les doctrines actuelles de la responsabilité ressortissent à deux types très différents. Les unes sont d'ordre historique. Elles font état des phénomènes que nous venons de décrire et en proposent une interprétation. Les autres, au contraire, purement abstraites et philosophiques, ne cherchent nullement à expliquer des faits. Elles veulent fonder en raison la conception de la responsabilité qui leur paraît vraie. Par suite elles ignorent systématiquement toute règle de responsabilité étrangère au droit et à la moralité des sociétés où nous vivons. Ce sont des doctrines construites en vue de l'action. Conservatrices, elles visent à défendre une conception de la responsabilité, menacée de tomber en désuétude ; réformatrices, à accélérer l'établissement de règles de responsabilité nouvelles ; éclectiques, à ménager un compromis entre un régime qui tend à disparaître et un régime qui s'instaure.

Historiques ou philosophiques, toutes ces doctrines reposent sur un postulat commun, qu'elles ne croient nécessaire ni de démontrer, ni même le plus souvent de formuler. Elles admettent que le vrai responsable est toujours l'auteur ou la cause du crime, et que sa responsabilité dérive, si l'on peut dire, de sa causalité. L'étroite connexion logique des deux notions de causalité et de responsabilité leur paraît être une donnée première : elles ne remontent pas au-delà. « Le problème de la responsabilité, dit Tarde [1], se rattache à la recherche philosophique des causes et n'en est qu'une application ». C'est la valeur de ce postulat que nous allons discuter. Sans le contester absolument, nous essayerons d'établir qu'il a une portée plus restreinte et une autre signification qu'on ne l'admet ordinairement.

Les doctrines historiques se placent, comme nous, sur le terrain des faits. C'est à elles que se rattache directement notre essai théo-

---
1 *La philosophie pénale*, p. 85.

rique. C'est elles que nous examinerons en dernier lieu. Nous commencerons par éprouver les doctrines philosophiques. Sans leur opposer des faits dont elles se refusent à tenir compte, nous nous demanderons si elles réussissent, autant qu'elles le prétendent, à déduire logiquement la responsabilité de la causalité, telles qu'elles les définissent l'une et l'autre.

Quand il s'agit de concevoir la causalité humaine, et corrélativement la responsabilité, les philosophes se partagent en deux camps. Les uns professent que la volonté est libre : c'est la doctrine indéterministe, généralement solidaire d'une conception spiritualiste des sanctions. Les autres nient la liberté : leur doctrine est le déterminisme, généralement solidaire d'une conception utilitaire des sanctions. Les deux philosophies fondent l'une et l'autre la responsabilité sur la causalité, mais par des voies et dans des significations différentes, voire opposées [1].

I.

La première est celle de « l'École classique ». Elle se donne comme l'expression fidèle du sentiment de justice inné dans la conscience morale ; elle prétend avoir inspiré les règles essentielles du droit pénal en vigueur dans l'Europe moderne, notamment le Code pénal français de 1810. Ses adversaires reconnaissent qu'elle a pour elle « l'opinion vulgaire » et la tradition juridique. Elle a dominé la doctrine universitaire dans l'enseignement du droit, notamment en France, en Italie, en Allemagne. Aujourd'hui encore, c'est à elle que se réfèrent, à travers les compromis éclectiques qui leur sont familiers, la plupart des traités de droit pénal. Battue en brèche depuis cinquante ans, elle maintient ses positions théoriques fondamentales, tout en consentant, avec les représentants de l'École néo-classique ou de la « Terza Scuola », de larges concessions pratiques à l'adversaire. Dans les congrès d'Anthropologie criminelle et de droit pénal, dans les polémiques de presse, elle n'a pas cessé de défendre contre le déterminisme son principe essentiel.

Ce principe consiste à présenter comme indissolubles les deux notions de libre arbitre et de responsabilité. Si nous cherchons à

---

[1] Cf. les indications bibliographiques, à la fin du volume, § XIII.

atteindre, sous les exposés très pauvres qu'on nous donne de ce principe, les raisons plus ou moins conscientes qui le justifient, nous trouvons deux groupes de croyances communes.

1° Il y a une causalité propre à l'homme, distincte de la causalité qui enchaîne les uns aux autres les phénomènes de la nature. L'homme est, dans un certain sens, une cause première, sinon des mouvements matériels qui constituent ses actes, au moins de leur qualité morale. Ce caractère qui leur confère une valeur, il en a, en lui, toute l'efficience, il en est pleinement l'auteur, le créateur. De cette causalité parfaite dérive la responsabilité. Seuls me sont pleinement imputables les actes qu'il dépendait de moi de ne pas produire. Je peux faire ou ne pas faire, faire le bien ou faire le mal, vouloir conformément au devoir ou en opposition avec lui ; je peux créer de la moralité ou de l'immoralité. En tant que bon ou mauvais, l'acte est mien exclusivement et absolument. Pour cette raison, j'en suis responsable.

2° Pourquoi l'auteur volontaire ou libre est-il responsable ? Pourquoi doit-il supporter la sanction ? C'est ce qu'explique la nature de cette dernière. La sanction est une conséquence morale et non naturelle de l'acte moral. C'est une loi de l'ordre, une exigence de la justice que l'acte moralement mauvais produise des conséquences mauvaises, qu'il engendre du mal, du blâme, du mécontentement, du malheur, une punition. A cette condition seulement, l'ordre troublé est rétabli, la justice est satisfaite. Il est inadmissible que le mal triomphe ; le mal est comme une négation qui doit être niée à son tour, pour que la vérité s'affirme à nouveau. Tel est le principe de l'expiation. On peut en varier la formule. Théologiquement, on dira que la justice de Dieu réclame une vengeance, une satisfaction. Des abstractions métaphysiques, la Justice, l'Ordre, pourront être substituées à Dieu ; l'idée de purification morale par la souffrance volontairement acceptée, à celle de l'expiation. Sous des expressions différentes, et malgré des oppositions secondaires, la doctrine reste au fond la même. Ce qui la caractérise, c'est qu'elle invoque, pour justifier la sanction, une convenance morale dont le principe est transcendant, non un intérêt temporel ; c'est la foi ou la raison qui réclament l'expiation, quand bien même elle ne servirait à rien [1].

---

1 Sans doute, le spiritualisme radical est exceptionnel ; presque toujours, les juris-

La théorie déterministe de la responsabilité a eu, dans le passé, des représentants parmi les purs philosophes (Spinoza, Stuart Mill). Mais c'est seulement vers la fin du xixe siècle qu'elle s'attaque directement au droit pénal en vigueur, prétend le transformer et, pour suffire à sa tâche, s'enrichit et se perfectionne. L'École dite « positiviste » ou « italienne » est son organe. Incontestablement elle est soutenue par un mouvement de l'opinion et exprime certaines tendances collectives : on ne s'expliquerait pas autrement l'accord, sur les points principaux, d'esprits aussi différents que Lombroso, Garofalo, Ferri, la popularité de leurs ouvrages, l'ampleur des polémiques qu'ils soulèvent dans les congrès et dans la presse, surtout les concessions consenties par les classiques à leurs adversaires, dans la doctrine et dans la législation.

1° L'activité humaine est, comme toute la nature, soumise à la loi de causalité ; l'acte volontaire est l'effet nécessaire de la réaction d'un caractère donné dans des circonstances données. Ce caractère et ces circonstances étant ce qu'ils sont, l'acte ne peut sans absurdité être conçu comme différent. À leur tour, le caractère et les circonstances sont les effets nécessaires de causes antérieures. Mais précisément parce que le crime est déterminé, nous pouvons raisonnablement prétendre l'atteindre dans sa cause. L'effet accompli appartient au passé, il échappe irrévocablement à nos prises ; mais nous pouvons agir sur les causes et, dans les causes, atteindre les effets qu'elles recèlent encore. Seul, le déterminisme rattache par un lien étroit le crime à l'auteur et rend intelligible une imputation. L'effet est la cause manifestée, l'acte est l'agent lui-même vu du dehors. Affirmer la responsabilité d'un auteur, c'est apercevoir ce rapport nécessaire et saisir l'acte, perçu d'abord comme un tout isolé, dans la cause dont il procède et qu'il exprime.

2° Mais pourquoi punir la cause du crime ? Pour prévenir son retour. Une philosophie naturaliste, animée de l'esprit de la science consultes et même les purs philosophes ou les théologiens assignent simultanément à la sanction des fins secondaires : l'intimidation, l'exemple, l'amendement du coupable. Mais ces raisons utilitaires ne jouent, si je puis dire, que dans l'intérieur d'un système déjà constitué pour des raisons d'un autre ordre. Par exemple, la société, qui n'a pas à assurer le règne de la justice absolue, ne devra punir que si son intérêt l'exige ; mais quand bien même son intérêt l'exigerait impérieusement, elle n'a le droit de punir que si la Justice le permet ou mieux le commande. En définitive, dans le spiritualisme, la sanction, même pénale, a toujours pour condition nécessaire, sinon suffisante, cette convenance morale qui veut que le crime soit expié.

Paul Fauconnet

positive et tablant seulement sur l'expérience, a, pour punir, des raisons utilitaires. Comme la maladie ou les intempéries, le crime est un mal ; si nous pouvons l'empêcher, il serait absurde de le subir passivement. Or, nous disposons de moyens efficaces : nous pouvons modifier les facteurs sociaux de la criminalité, mettre un homme dans l'impossibilité physique de nuire en le tuant ou en l'emprisonnant, modifier ses inclinations dangereuses par la thérapeutique ou l'éducation, exercer une inhibition sur elles par l'intimidation. Les peines ne sont pas des expiations, infligées *quia peccatum* ; ce sont des précautions préventives prises contre le crime : elles sont infligées *ne peccetur*. Et il va de soi que les mesures préventives doivent s'appliquer à la cause.

Telles sont les deux significations qu'on peut donner à l'axiome : la responsabilité dérive de la causalité. Or, soit dans l'une, soit dans l'autre, cet axiome ne nous semble pas avoir l'évidence ni la clarté qu'on lui prête. Il n'est pas pleinement exact que les deux notions se superposent et s'impliquent. C'est dans le déterminisme que l'écart entre elles est le plus grand.

II.

Le déterminisme veut prévenir le crime en agissant sur sa cause ; mais quelle est sa cause ? La criminologie répond que « chaque crime particulier résulte de la coopération de deux groupes de conditions, d'une part de la nature propre individuelle du criminel, et d'autre part des circonstances extérieures, physiques et sociales et surtout économiques, qui l'encerclent [1] ». Examinons si toutes ces causes sont des responsables.

S'agit-il de modifier les circonstances extérieures pour qu'elles neutralisent, au lieu de la favoriser, l'action des causes anthropologiques de la criminalité ? C'est le rôle de la politique sociale. Les réformes qui, par exemple, diminuent la misère, l'alcoolisme ou le vagabondage, sont les plus efficaces des mesures préventives. Mais l'alcoolisme, la misère ou le vagabondage ne sont pas responsables ! Des réformes ne sont pas des sanctions : Ferri [2] les appelle

---

1 Von liszt, *Lehrbuch*, p. 70.
2 *Sociologia criminale*, p. 396.

seulement des *sostitutivi penali*, des substituts de la peine. Tout le monde est donc d'accord pour distinguer la peine des autres mesures préventives, et pour réserver le nom de responsable à l'une seulement des causes du crime, le criminel et la force déterminante incarnée en lui. Ainsi donc, dans le déterminisme, responsabilité n'est pas rigoureusement synonyme de causalité ; même ce n'est pas la causalité des facteurs prépondérants qui est la responsabilité ; c'est la causalité de l'auteur. Cela seul nous avertit déjà que l'idée de responsabilité ne se superpose pas exactement à celle de causalité.

Le déterminisme ne manque d'ailleurs pas de bonnes raisons pour faire au criminel une place à part. Cause seconde assurément, déterminée par l'hérédité et par le milieu physique et social, le criminel est pourtant une cause relativement indépendante. Il y a, sinon des criminels-nés, comme le voulait Lombroso, au moins des tempéraments prédisposés au crime. Sous une impulsion extérieure presque insignifiante, la criminalité potentielle emmagasinée en eux produit ses effets. Appuyé sur l'anthropologie criminelle, le déterminisme peut légitimement distinguer entre les réformes, qui agissent sur les facteurs lointains du crime, et la prévention proprement pénale, qui agit sur sa cause prochaine. La recherche étiologique n'est pas condamnée à une régression indéfinie, elle peut s'arrêter à la criminalité latente constituée chez le prédisposé. Laissant à la politique sociale le soin de prévenir la criminalité d'occasion et la formation du tempérament criminel, la politique dite criminelle [1] voit dans le tempérament une cause originale sur laquelle on peut directement agir. Les peines sont les mesures de prévention qu'elle emploie. La responsabilité est la criminalité virtuelle de l'agent prédisposé. La peine agit de deux façons différentes : elle élimine le criminel et le met hors d'état de nuire, soit définitivement s'il est inamendable, soit temporairement s'il peut être réadapté à la vie sociale par la cure physiologique et la rééducation morale ; elle l'intimide en réveillant chez lui par la souffrance une crainte du châtiment capable d'exercer une inhibition sur ses tendances. À qui doit s'appliquer la peine pour remplir cette double fonction ? La question est résolue en même temps que posée. Par définition, la prévention pénale s'applique au crime considéré dans la cause dont il découle et résorbé, en quelque sorte,

---

[1] Von Liszt, *loc. cit.*, p. 73.

dans son auteur. La mesure adoptée variera d'ailleurs selon que le criminel sera plus ou moins redoutable, amendable et intimidable. On doit donc définir la responsabilité d'abord par la causalité et, subsidiairement, par ce que Garofalo appelle la *témibilité* [1] ; par l'anormalité qui rend inapte à la vie sociale ; et par l'intimidabilité. Telle est la formule la plus savante de la théorie déterministe.

Remarquons d'abord que la peine remplirait parfaitement sa fonction éliminatrice, curative et intimidatrice, en s'appliquant à des non-criminels. Est-il avéré que certains alcooliques, certains fous ou dégénérés, inoffensifs par eux-mêmes, ne peuvent engendrer que des prédisposés au crime ? Il est expédient de les contraindre à la stérilité par la castration ou l'internement. À ceux qui sont curables, on imposera de ne pas se reproduire avant d'avoir été traités et guéris. En intimidant par des peines les parents, enfants, époux des prédisposés, on les astreindra à une surveillance si active qu'un crime ne pourra pas être commis. Des idées d'élimination, d'amendement et d'intimidation, on ne saurait tirer analytiquement d'autres principes de responsabilité que celui-ci : choisir un patient auquel la mesure préventive, s'applique efficacement. Tout individu dont l'activité s'insère, par action ou par omission, dans la série causale qui aboutit au crime, peut être, en toute rigueur, considéré comme une de ses causes. S'il est socialement plus avantageux d'atteindre, non pas la cause immédiate, mais une cause médiate, pourquoi se l'interdire ? Rien dans le principe déterministe n'exclut la responsabilité des individus qui sont des *causes,* quoique n'étant pas des *auteurs* au sens habituel du mot. Certes, personne ne réclame une pareille extension du système pénal préventif. Notre respect de la liberté individuelle ne s'en accommoderait pas. Mais la logique du déterminisme voudrait que la responsabilité fût plus étendue qu'elle ne l'est réellement. Puisque les déterministes reculent devant cette extension de la responsabilité, c'est donc que la causalité ne suffit pas à la définir.

Reste enfin à voir si la responsabilité se confond avec la causalité propre du criminel ou auteur du crime. Ce mot a deux sens : il désigne l'auteur du crime accompli et l'auteur du crime à venir. Puisqu'on punit *ne peccetur,* c'est évidemment ce dernier seul qu'on vise. La causalité qui se confond avec la responsabilité est

---

[1] *La criminologie*, p. 332.

donc exclusivement la causalité du crime futur. D'où suivent deux conséquences que les adversaires de l'École italienne ont souvent retournées contre le système [1] : 1° il faut exempter de toute peine ceux qui, ayant commis un crime dans une occasion exceptionnelle dont le retour est imprévisible, ne sont point exposés à en commettre un second ; les *criminaloïdes* ou faux criminels sont irresponsables, parce que leur tempérament ne comporte aucune criminalité potentielle, facteur de crimes futurs ; — 2° il faut punir par avance des hommes qui n'ont jamais commis de crimes sans attendre que leur criminalité virtuelle, indiscutable pour l'anthropologiste, se manifeste par des actes irréparables ; les suspects sont responsables. De ces deux règles, la première serait à la rigueur acceptable, si radicalement qu'elle contredise le droit pénal en vigueur. Mais la seconde est ordinairement rejetée par les déterministes eux-mêmes [2] : « l'application de la peine dans l'État juridique ne se justifie que lorsque le malfaiteur a prouvé ses intentions hostiles par un acte précis et légalement bien délimité ». « Ce qui est nécessaire avant tout, dit Ferri, c'est l'imputabilité physique qui permet d'imputer matériellement une action physique ou musculaire déterminée... à l'homme qui l'a réellement exécutée [3]. Le suspect ne devient donc punissable, en prévision du crime futur, qu'à raison du crime passé. Pour diagnostiquer sa criminalité, pour interpréter contre lui les symptômes anthropologiques qui la révèlent, nous devons attendre l'accomplissement d'un premier crime. Pourquoi ?

Au fond de toutes les raisons invoquées, on retrouve le principe du respect de la liberté individuelle. *Nullum crimen sine lege, nulla poena sine lege* : dans ce sens, dit von Liszt, la loi pénale apparaît comme la *magna charta* du criminel. La raison est excellente, mais elle est étrangère à la logique de la doctrine déterministe. Pour déclancher toute la rigueur du système préventif, un délit est

1 Cf. par exemple Saleilles, *L'individualisation de la peine*, p. 109 sqq., 125.
2 La législation (Code norvégien de 1902, lois Égyptiennes de 1908 et 1909) et la doctrine marquent cependant une tendance à admettre, même avant tout crime, des mesures de sûreté contre certains individus reconnus en *état dangereux*. CL Vidal-Magnol, p. 61 et les renvois de la note 3 ; Prins, *La défense sociale et les transformations du droit pénal*, Bruxelles-Leipzig, 1910 ; Julliot de la Morandière, *De la règle Nulla poena sine lege*, Paris, 1910, p. 70.
3 3. Von Liszt, *loc. cit.*, p. 79. — Ferri, *La Sociologie criminelle*, p. 375. Paris, F. Alcan.

nécessaire. C'est donc que le crime accompli détermine un affaiblissement des droits individuels. On élimine l'individu redoutable parce qu'on voit en lui l'auteur de crimes futurs, mais on se croit *en droit* de l'éliminer parce qu'il est l'auteur du crime passé. Le spiritualisme et la conscience commune tiennent pour responsable l'auteur du crime accompli ; le déterministe voudrait qu'on punît seulement l'auteur du crime futur. En les assimilant l'un à l'autre, on profite d'une équivoque. La causalité qui légitime moralement l'application de la sanction n'est pas celle qui, du point de vue utilitaire, légitime la prévention. La première engendre une responsabilité que le déterminisme exploite, sans l'expliquer. La seconde seule a sa place dans l'économie du système déterministe : mais elle ne suffit pas à rendre compte de la manière dont le patient est choisi et doit l'être.

Ce choix une fois fait, la responsabilité engendrée par le crime accompli intervient encore, contre la logique de la doctrine, dans la détermination qualitative et quantitative de la peine. Puisque le déterminisme punit *ne peccetur*, il devrait proportionner la rigueur des mesures préventives à la difficulté de la prévention. Plus la *témibilité* du criminel sera grande, mieux l'élimination devra être assurée. Moins il est intimidable, plus l'intimidation devra être énergique. Pour apprécier la *témibilité* et l'intimidabilité, tous les indices révélés par les antécédents et par l'examen anthropologique du délinquant devront d'ailleurs être utilisés. La gravité du crime accompli n'a qu'une importance secondaire, purement symptomatique : si minime qu'elle soit, on est autorisé à prendre des mesures radicales, dès que la *témibilité* est indiscutablement très grande ou l'intimidabilité très faible. Deux jeunes hommes ont commis un larcin insignifiant. Mais l'un est un criminel-né dont on peut affirmer qu'il assassinera, et l'examen psychiatrique apprend que l'autre est très difficilement intimidable : il faudra frapper le second d'une peine intimidante très forte et éliminer définitivement le premier par la peine capitale ou par l'internement à vie. Ainsi, la responsabilité pénale, dans la doctrine déterministe, est augmentée précisément par les circonstances qui, au regard de la conscience commune, devraient l'atténuer ou l'annuler. L'habitude, la passion, la minorité, la débilité mentale sont, pour le déterminisme, des circonstances aggravantes. Plus l'individu est perverti et apparaît comme contraint au crime par sa nature, moins sa responsabilité morale, telle qu'on l'entend communément, est grande. Contrairement au jugement spontané de la conscience collective, la responsabilité pénale varie donc exactement en sens inverse de la responsabilité morale.

Les déterministes avouent pour une part ces conséquences de leur principe. Ils soumettent à une critique très vive le « formalisme » des juristes, qui fait de chaque délit une entité juridique exactement définie à laquelle répond une peine légalement fixée. Ils préconisent *l'individualisation* judiciaire, et surtout administrative, de la peine, les *sentences indéterminées,* qui permettent une adaptation exacte de la prévention au tempérament du criminel, quel que soit son délit : la classification des peines doit correspondre, non à une classification juridique des infractions, mais, à une classification anthropologique des criminels. Ils dissocient radicalement la responsabilité pénale de la responsabilité morale et déclarent se désintéresser de cette dernière. Mais ils reculent devant les conséquences extrêmes, trop violemment opposées aux règles du droit en vigueur. Comme le leur reproche, Landry [1], ils font à l'opinion vulgaire des concessions, tacites ou expresses. Garofalo demande la peine capitale pour le criminel-né, et seulement l'internement perpétuel dans un asile spécial pour le criminel aliéné. L'un et l'autre pourtant sont des anormaux dont la *témibilité* est maxima. Rien, du point de vue de l'utilitarisme et de l'anthropologie criminelle, ne légitime cette différence de traitement. Mais, dit Garofalo, « si la violation du sentiment de la pitié constitue le crime, on ne pourra pas la réprimer par une violation du même sentiment, ce qui arriverait si on tuait le criminel infirme, ce qui n'arrive pas lorsqu'on tue le criminel monstre [2] ». Comme le remarque justement Landry [3], Garofalo s'appuie ici sur des considérations tout à fait étrangères à son système. L'idée maîtresse de ce qu'on a appelé la *Terza Scuola* est que « la pénalité étant faite pour les hommes, s'adapte et s'adaptera éternellement à ces sentiments réels et humains, d'où il suit que la pénalité a sa limite naturelle dans le sentiment de la justice, tel qu'on le rencontre dans

---

1 Landry, *La responsabilité pénale*, p. 78 sqq.
2 *La criminologie*, p. 310.
3 *Ibid.*, p. 80, n. 1.

la conscience collective »[1]. Mais si ce principe est adopté, il faut revenir aux règles suivies par l'École classique. La *Terza* Scuola et les principaux représentants de l'Union Internationale de Droit pénal croient pouvoir concilier l'essentiel du formalisme classique avec une individualisation de la peine qui satisferait aux principaux desiderata de l'École Italienne. Mais comment admettre que deux responsabilités radicalement hétérogènes, l'une proportionnelle à la gravité du crime accompli, l'autre à la *témibilité* du criminel, se superposeront, même par à peu près ? La coïncidence serait miraculeuse. En fait, elle ne se produit pas. Pratiquement, on a sans doute raison de tenir compte du crime accompli ; mais, théoriquement, cette considération est étrangère à l'esprit du déterminisme utilitaire. La concession qu'il consent prouve l'existence réelle d'une responsabilité irréductible à celle qu'il croit pouvoir fonder en raison.

Ce n'est pas à dire, bien certainement, que le droit pénal, dans l'histoire et aujourd'hui, soit étranger à toute idée de prévention, au sens utilitaire et déterministe du mot. Mais la prévention se greffe sur une sanction expiatoire qu'elle suppose.

En résumé, le déterminisme justifie seulement certaines des modalités de la responsabilité. Nous prenons bien en fait, contre le criminel, quelques-unes des mesures qu'il réclame. Mais ces mesures apparaîtraient comme une intolérable injustice, si le patient qui les supporte n'avait pas *mérité* son sort. D'où procède ce démérite, qui est la responsabilité même ? Si elle se confond avec la causalité, ce n'est pas avec la causalité au sens déterministe.

III.

La théorie spiritualiste réussit-elle mieux à réduire la responsabilité à la causalité ? Les deux notions communes de sanction expiatoire et de libre arbitre étant posées, est-il immédiatement évident que l'expiation doive être soufferte par l'auteur libre ? C'est la valeur de cette prétention qu'il nous faut éprouver.

Considérons d'abord l'idée d'expiation. Pourquoi une sanction expiatoire devrait-elle nécessairement s'appliquer à l'auteur libre

---

[1] Alimena, *I limiti e i modificatori dell' imputabilità*, p. 24 ; Landry., *op. cit.*, p. 79.

du crime sanctionné ? Nous avons décrit des faits où des fautes involontaires et même des fautes passives réclament des expiations rituelles. D'autre part l'expiation consiste bien souvent dans le sacrifice d'une victime substituée à l'auteur : le Christianisme repose sur la croyance au Rédempteur qui prend sur lui le péché d'Adam. En fait, l'expiation religieuse ne requiert donc pour patient ni l'auteur libre, ni même l'auteur. Et l'on comprend pourquoi. De quelque manière qu'on l'interprète, le principe d'expiation exige seulement une prestation équivalente à la dette ou la génération rituelle d'un bien compensateur du mal. Vouloir que l'expiation soit subie et procurée par l'auteur, ce n'est pas purement et simplement appliquer le principe, c'est ajouter une exigence supplémentaire.

L'expiation morale se distingue-t-elle, à cet égard, de l'expiation religieuse ? Telle que nous la concevons aujourd'hui, cela va sans dire. À nos yeux, la souffrance physique n'est pas la sanction elle-même et ne fait que la symboliser ; la conversion radicale, le changement d'attitude de la volonté en face du devoir, l'effort vers la vertu purifient et relèvent le pécheur ; qu'il se mortifie pour attester à lui-même et aux autres la sincérité de sa conversion, pour traduire en actes et fortifier sa résolution de vertu, cela est bien : mais la contrition, faite de repentir et de ferme propos, est l'unique expiation véritable. De ce point de vue, il est évident que l'auteur, seul peut expier. Mais, pour que cette conséquence s'impose, il faut spécifier le principe d'expiation par des déterminations secondaires. Si l'attitude de la volonté peut seule être qualifiée moralement, si les actes externes sont sans importance, les expiations externes le sont également. La conception subjectiviste de la faute appelle une conception subjectiviste de la responsabilité. Mais rien, dans les notions de crime et d'expiation, n'implique essentiellement le subjectivisme. Nous voulons que l'expiation soit intérieure à la conscience de l'agent : notre subjectivisme l'exige et non la logique de l'idée d'expiation. À vrai dire d'ailleurs, notre subjectivisme moral fait évanouir le problème dont nous traitons. Si tout se passe dans la conscience, si le crime est l'adoption d'une maxime mauvaise, et l'expiation la lutte pour l'adoption d'une maxime contraire, crime et auteur, sanction et responsable ne semblent plus faire qu'un. Il n'y a plus ici rattachement du crime à sa cause, application de la sanction à l'auteur ; l'agent et l'acte, la cause et l'effet se confondent. On peut à peine parler d'une réduction de la responsabilité à la causalité.

Mais le droit pénal ne saurait s'accommoder d'une confusion aussi complète. Si profondément qu'il soit aujourd'hui pénétré d'esprit subjectiviste, le crime comporte toujours pour lui un élément externe, l'acte reste distinct de la conscience de l'agent, la peine de son repentir. Même, la sanction pénale remplit sa fonction expiatoire sans être ordinairement acceptée par le patient qui la subit ; on lui impose une souffrance, on ne saurait lui imposer l'acceptation morale de cette souffrance, ni la contrition ; l'expiation pénale, comme l'expiation rituelle, est efficace par elle-même, abstraction faite des sentiments du patient qui la supporte. Pourquoi donc faut-il que ce patient soit l'agent ? La justice le réclame : entendez que l'agent seul nous paraît pénalement responsable. Mais une peine expiatoire pourrait s'appliquer à un patient autre que l'agent, surtout que l'agent libre. Pas plus pour le droit pénal que pour la religion, la règle de responsabilité qui nous paraît juste ne se déduit du principe d'expiation ; elle s'y surajoute.

Passons à l'autre élément de la doctrine. Est-il exact, même quand la sanction expiatoire s'applique à l'auteur du crime, que la responsabilité se réduise à la causalité définie comme liberté ?

D'abord, si la responsabilité suit la causalité, c'est, en toute rigueur logique, la volonté libre qui devrait seule supporter la sanction. Or cela est concevable pour la sanction purement morale, faite de contrition et symbolisée au dehors par des mortifications librement voulues. Mais il s'agit de justifier l'application d'une peine imposée par contrainte et subie par le patient dans son corps et dans sa sensibilité. Corps et sensibilité ne sont pas les auteurs de l'acte libre ; et la véritable cause, seule responsable, échappe aux prises de la sanction. L'indéterminisme isole si bien la volonté libre qu'il la rend inaccessible. Le patient n'est pas cause et la cause ne peut pas être punie. Le patient qu'on frappe n'est pas le même agent auquel on attribue le pouvoir de créer arbitrairement du mal. On se contente d'une assimilation grossière.

Du moins, si la responsabilité découle de la liberté, devrait-on proportionner l'une à l'autre. La responsabilité serait maxima quand la liberté serait entière ; tout ce qui diminue la seconde atténuerait la première ; l'acte le plus libre est celui qu'appelle le moins le système qui constitue le moi. La philosophie morale tend peut-être, par esprit de système, à admettre un pareil principe, mais la moralité réelle le rejette ; elle impute aux hommes les vertus et les vices, qu'ils doivent pour une large part à la naissance et aux circonstances. *A fortiori*, le droit pénal ne saurait-il accepter une règle, qui exigerait l'absolution de la plupart des grands crimes et la sévère punition des fautes sans gravité sociale, commises par les honnêtes gens. Le déterminisme reprend ici ses avantages : en fait nous punissons les criminels à la fois pour ce qu'ils ont fait volontairement et pour ce que leur nature congénitale les détermine à faire, pour ce qu'ils veulent et pour ce qu'ils sont. Le droit pénal se contente d'un minimum de liberté [1] : il accorde l'irresponsabilité lorsque toute liberté fait complètement défaut ; mais, dès que l'hypothèse d'un choix libre n'est pas radicalement exclue, il tient l'auteur pour responsable, si grande que puisse être la part de la nature dans la production de l'acte imputé. Même, la perversité de l'agent, due à l'éducation ou congénitale, aggrave sa responsabilité plutôt qu'elle ne l'atténue. Le droit pénal refuse de pousser trop profondément l'analyse de la volonté. Il tient pour également libres, contre l'évidence, tous les criminels qui ne sont pas manifestement fous. A chercher minutieusement la liberté, il sait, bien qu'il ne la trouverait pas justement dans les cas où il tient le plus à punir. Quand il entre dans cette voie, il aboutit à des absurdités. L'individualisation de la peine fondée sur la responsabilité conduit à un énervement de la répression ; les tribunaux ne trouvent devant eux que des irresponsables ou des demi-responsables et les criminels les plus dangereux sont les plus irresponsables de tous. C'est en montrant les conséquences déplorables qu'entraîne effectivement le système de la responsabilité atténuée et les conséquences tout à fait absurdes qu'entraînerait son application intégrale, que l'École Italienne a rencontré ses arguments les plus décisifs. La *témibilité* est réellement l'un des facteurs de la responsabilité : les plus profondément pervertis doivent être les plus sévèrement punis. Mais la perversité crée un lien nécessaire entre l'agent et le crime ; elle exclut, dans une large mesure, la contingence, la liberté ; elle devrait exclure la responsabilité. Est-il convenable qu'une responsabilité fondée sur la liberté croisse à mesure que la liberté diminue ?

[1] Ces idées sont bien exposées par Saleilles, *L'individualisation de la peine*, p. 87 sqq.

Paul Fauconnet

Ces difficultés inextricables, on pouvait *a priori* les prévoir. Entre le problème qu'ont à résoudre les indéterministes et le principe de solution qu'ils apportent, il y a une véritable antinomie. Le problème se pose ainsi : établir entre le crime et le patient de la sanction un lien si étroit que le patient soit en quelque sorte le crime lui-même ; je serais un mauvais responsable si le crime ne tenait à moi que par des relations accidentelles ; il faut qu'il soit l'expression profonde de ma personnalité. Et la solution est la suivante : le rapport du crime à la volonté échappe à toute détermination rationnelle ; inintelligible par essence, il est comme un pur néant au regard de la pensée. Entre la liberté et l'acte, la contingence creuse une solution de continuité radicale. A vouloir que la cause libre soit totalement indépendante et première, au sens plein du mot, on la sépare si bien de tout, qu'elle ne communique plus avec la personnalité du sujet voulant. La responsabilité qui découlerait de la causalité libre serait celle d'une entité insaisissable et non pas celle d'une personne réelle, produit d'une collaboration de la nature et de la liberté.

L'indéterminisme a le sentiment vif, mais confus, de ce qui se passe réellement lorsque nous imputons. La notion commune de liberté exprime approximativement la principale des conditions actuelles de l'imputation pénale et surtout morale. Mais l'indéterminisme prétend lier le sort de deux choses parfaitement distinctes : le sentiment commun de la responsabilité, qu'il formule assez bien, et l'explication théorique qu'il en donne. Or cette dernière, pour peu qu'on la serre de près, ne rend pas exactement compte des jugements de responsabilité qu'en fait nous prononçons. La responsabilité est chez nous à peu près ce que disent les indéterministes. Si elle se déduisait de la causalité, définie comme liberté, elle serait tout autre chose.

IV.

Au cours des polémiques qu'ont suscitées les doctrines italiennes, beaucoup de criminalistes sont arrivés à cette conclusion, que l'indéterminisme et le déterminisme sont également inaptes à fournir un principe d'où l'on puisse logiquement déduire un régime de responsabilité qui satisfasse aux exigences de la pratique. Ils entreprennent donc de dissocier le problème juridique de la responsabilité du problème métaphysique de la liberté. C'est une opinion fort répandue aujourd'hui qu'on y réussit notamment en s'attachant surtout à la fonction *exemplaire* de la peine. Cette doctrine mérite un examen particulier. Est-il vrai que, pour remplir cette fonction, la peine doive frapper la *cause* du crime, la notion de cause étant ici également indépendante des deux philosophies antagonistes dont il vient d'être question ?

L'idée d'exemplarité comporte deux interprétations différentes. Faire exemple, c'est d'abord exercer une intimidation, non plus sur le patient de la sanction, mais sur tous ceux qui seraient portés à l'imiter. L'exemple de la peine neutralise l'exemple du crime. Il éveille dans les consciences une crainte salutaire ; il rappelle que les menaces de la loi ne sont pas vaines et les rend sensibles à l'imagination. Par là, il tient en échec les inclinations criminelles. Cette interprétation est d'esprit utilitaire.

Mais faire exemple, c'est aussi rappeler à tous les prohibitions que le crime a violées ; c'est attester que ces prohibitions ne sont pas lettre morte, que le crime froisse la conscience collective et provoque une réaction morale, une réprobation qu'exprime la peine ; c'est par suite corroborer les représentations morales qui, dans chaque conscience individuelle, tiennent en échec l'incrimination criminelle. Cette interprétation est d'esprit spiritualiste.

Comme la crainte utilitaire du châtiment et la crainte morale de la réprobation se combinent intimement dans chaque conscience, sans qu'il soit possible de tracer entre elles une ligne exacte de démarcation, la conception de la peine exemplaire participe à la fois des deux doctrines utilitaire et spiritualiste. Elle offre un terrain convenable pour un compromis entre elles. Ainsi s'explique la faveur dont elle jouit auprès des théoriciens qui, voulant échapper aux difficultés des doctrines *unilatérales,* cherchent à combiner leurs avantages respectifs. La peine exemplaire, si elle est juste et méritée par le patient, ressemble de près à la peine expiatoire. Elle s'acquitte d'une fonction morale : en régénérant le respect de la loi ébranlée par le crime, elle remplit vraiment le rôle que le spiritualisme assigne à l'expiation, qui consiste à rétablir l'ordre moral et à compenser le mal du crime. Mais elle échappe au reproche de satisfaire une exigence mystique et irrationnelle : ce n'est pas une *Vergeltungsstrafe*, réclamée seulement par un principe de justice contestable, mais une *Zweckstrafe* adaptée à des fins sociales. Par opposition à la *prévention spéciale* (l'élimination et l'intimidation), ce qu'on appelle *la prévention générale* paraît légitimer à la fois la tendance conservatrice, qui retient l'essentiel du droit pénal traditionnel, et la tendance progressiste, qui veut le réformer pour le rendre plus efficace. Il semble ainsi que, par la théorie de la prévention générale, on se soustrait à la nécessité de choisir entre le déterminisme et la liberté. Elle fournit à des classiques, le moyen « d'organiser la répression en dehors du libre arbitre ». c'est-à-dire de conserver leur formule de la responsabilité, sans la fonder sur une philosophie indéterministe ; aux déterministes, un moyen de rejeter le libre arbitre, sans accepter les conclusions révolutionnaires de l'École Italienne. On admet que, grâce à elle, le problème de la liberté peut être réservé et une collaboration féconde rendue possible entre criminalistes que séparent cependant leurs convictions philosophiques.

Nous ne saurions entrer dans l'examen des formules complexes que les auteurs ont proposées pour définir ce que doit être la responsabilité, si la peine a l'exemple pour fonction principale. On y démêle bien des obscurités et des compromis. Bornons-nous à mettre en lumière deux de leurs caractères, qui seuls nous importent ici.

Tous ces auteurs admettent tacitement que la peine ne peut avoir pour patient que l'auteur. Elle serait, pensent-ils, assurément injuste et déraisonnable, parce qu'elle ne saurait alors remplir sa fonction exemplaire, si elle s'appliquait à un autre patient qu'à l'auteur du crime accompli, et accompli sciemment. Mais rien, dans la notion d'exemple, n'implique ce postulat. Ce serait un très efficace exemple de punir toute la famille de l'auteur ou toute sa corporation ; de punir celui que la foule tient pour l'auteur, même s'il ne l'est pas réellement ; de punir l'auteur d'un acte involontaire ou le fou, si l'opinion est incapable de reconnaître l'absence de volonté ou la psychose ; de punir un patient choisi sur de simples présomptions, si toute preuve précise fait défaut, plutôt que de laisser un crime impuni. Quand on juge nécessaire de faire un exemple, le choix du patient importe assez peu. Dans l'armée, à l'école, il arrive que l'autorité rende responsable arbitrairement n'importe qui, pour l'exemple. En guerre, l'envahisseur obtient la soumission des populations par l'exemple, sans se soucier de découvrir les véritables auteurs des faits dont il veut prévenir le retour. On ne saurait prétendre que de pareils exemples soient *inutiles* ; dira-t-on qu'ils sont injustes ? Mais à quelle condition une peine exemplaire est-elle juste ? À condition que le patient soit tenu pour responsable. Nous revenons à la conclusion à laquelle nous conduisait l'analyse du principe d'expiation. Des règles de responsabilité s'ajoutent au principe d'exemplarité pour en restreindre et en déterminer l'application : mais elles n'en découlent pas.

La théorie de la peine exemplaire possède cependant, comparée à ses rivales, une supériorité incontestable. Elle concorde bien mieux avec la pratique réelle, tant avec la nôtre qu'avec celle de sociétés différentes. C'est qu'au lieu de poursuivre un idéal d'expiation ou de prévention défini par la philosophie ou la science, *elle regarde vers l'opinion*. C'est sur l'opinion et non sur le coupable qu'elle prétend agir. Elle le soumet à la peine, non pour les effets purifiants ou préventifs que produira réellement cette peine, mais pour l'effet qu'elle produira sur l'imagination des autres. Et c'est par les tendances de l'opinion qu'elle se laisse guider, aux besoins organiques de l'opinion qu'elle prétend satisfaire. Pour qu'une peine soit efficacement exemplaire, il faut et il suffit qu'elle apparaisse telle à la société qui la commine et l'exécute. Son efficacité est une affaire de croyance. En soi, il n'y a pas d'exemple utile ni juste. Tout dépend de la manière dont le fait exemplaire est perçu, des sentiments qu'il suscite. La justice et l'utilité d'une sanction exemplaire se définit par rapport au système d'idées par lequel on l'interprète. Ce souci de l'opinion est remarquable chez celui des théoriciens qui fait le plus effort pour écarter toutes les concessions à l'opinion vulgaire. Pour Landry [1], la responsabilité se définit par l'intimidabilité, non pas réelle, mais apparente. Il ne faut pas, dit-il, subordonner la vertu exemplaire des peines à leur vertu intimidante, « dire que cette peine seule est utile pour l'exemple qui doit avoir pour effet d'intimider le délinquant à qui on l'applique. *Une peine non intimidante peut être une peine exemplaire*, et elle peut être une peine exemplaire parce que *l'intimidabilité des individus n'est*

---

[1] *Op. cit.*, pp. 146-147 et 152.

pas une chose qui se mesure exactement, parce qu'il n'y a pas moyen de savoir au juste jusqu'à quel point chaque homme est susceptible d'être influencé par la crainte des peines... Vous acquittez un incorrigible ; cet acquittement est, dans bien des cas, déplorable. Car si vous, juge, vous considérez comme incorrigible ce criminel à qui vous donnez le bénéfice de l'irresponsabilité, les raisons que vous avez de le tenir pour incorrigible sont tirées de l'examen de son *indoles* ; votre homme ne porte pas sur le front un signe qui serait commun à tous les incorrigibles et par où ils se distingueraient des autres hommes. Les gens, par conséquent, pourront espérer passer eux aussi, à vos yeux, ou aux yeux des autres juges, pour des incorrigibles. Et ainsi votre décision aura peut-être pour conséquence dix crimes qui, si vous aviez prononcé dans un autre sens, n'eussent pas été commis... *Un genre d'hommes sera irresponsable, si tous les individus appartenant à ce genre sont inintimidables, et si, en outre, ce genre se définit par des caractères assez manifestes pour que personne ne puisse se flatter d'être traité comme les individus de ce genre, qui n'y appartiendrait pas réellement* ». Le genre des responsables se définit *a contrario*. Sera donc tenu pour responsable l'auteur du crime qui, bien que n'ayant pas été intimidé en fait par la menace pénale, n'apparaîtra pas ostensiblement comme inintimidable pour l'avenir. Le critérium de la responsabilité est l'opinion que se font les hommes de leur propre intimidabilité et de celle du délinquant.

De ce point de vue, la responsabilité, elle aussi, se définit donc en fonction de l'opinion publique. Pour que je sois responsable, il faut et il suffit que l'opinion me juge tel, c'est-à-dire qu'elle ressente comme un mauvais exemple l'absolution qui me laisserait impuni, et comme un bon exemple, efficace et par là-même juste, la peine qui me frapperait. La responsabilité, ici, n'est plus une propriété intrinsèque de l'auteur, liée à son libre arbitre ou à sa criminalité potentielle, lui appartenant en vertu de sa nature réelle et abstraction faite de la manière dont il affecte la conscience collective ; elle lui est prêtée par cette conscience. La relation métaphysique qui rattache l'auteur au crime importe peu. Ce qui importe, c'est le rapport qui, au regard de l'opinion, les unit ; si ce rapport est si étroit et qualitativement tel, que la représentation du crime et celle de la sanction se lient dans l'opinion et que la seconde vienne corriger l'exemple funeste inclus dans la première, il y a responsabilité.

V.

Si la notion de responsabilité se laissait réduire à celle de causalité, elle serait, pourrait-on dire, extra-sociale ou pré-sociale. La relation rattachant l'auteur au crime et le responsable à la sanction préexisterait logiquement au jugement par lequel une société déclare que tel être doit justement subir une sanction. La société juge se bornerait à constater une situation de fait : elle tirerait les conséquences morales et juridiques d'une vérité d'ordre spéculatif, que son intelligence aurait d'abord reconnue. Le jugement de responsabilité, rendu par l'opinion diffuse ou par un organe judiciaire constitué, serait social dans sa *forme*. Mais, dans son *contenu,* il ne serait pas essentiellement un fait social. Il n'exprimerait pas l'état de la société qui juge, ne résulterait pas des sentiments qui l'agitent ni des forces qui la meuvent, quand un crime est commis.

Or l'examen des doctrines nous conduit à cette conclusion que la notion de responsabilité ne coïncide pas avec la notion de causalité et ne s'en laisse pas déduire. Accordons que tous les responsables soient des auteurs, des causes. Il n'est pas vrai, réciproquement, que toutes les causes soient des responsables. Et quand les deux concepts coïncident à peu près, on ne voit pas que le responsable soit tel parce qu'il est cause, ni dans la mesure où il est cause. Quand une société énonce un jugement moral de responsabilité, elle fait autre chose que tirer la conséquence d'un jugement spéculatif de causalité.

L'interprétation déterministe est la moins favorable à une réduction des deux notions de causalité et de responsabilité. Pour réussir à les rapprocher, elle doit d'abord rejeter comme irrationnelle l'institution réelle de la responsabilité : le régime qu'elle estime fondé en raison devrait être révolutionnairement substitué au régime traditionnel. Le déterminisme emprunte bien aux sciences de la nature sa conception de la causalité. Mais celle-ci, au regard de l'historien ou du sociologue, est la moins propre à rendre compte des jugements de responsabilité qu'énoncent, en fait, les sociétés. Quoiqu'il parle le langage de la science, le déterminisme prend ici, en face de la réalité sociale, une attitude anti-scientifique.

La doctrine du libre arbitre est au contraire traditionaliste et conservatrice. Il nous a paru qu'elle échouait, elle aussi, dans la tentative de réduire la responsabilité à la causalité. Mais elle tient les règles de responsabilité en vigueur pour fondées en raison. Le sociologue peut se demander si elle n'a pas un juste sentiment de la réalité des faits qu'il étudie. Or le spiritualisme indéterministe manie des notions dont le contenu religieux et moral est très riche. Il nous invite donc à chercher le principe de la responsabilité dans des croyances. Il dira, par exemple : Dieu exige que l'auteur du crime expie. Transposant cette formule, nous dirons : telle société croit que son dieu exige que l'auteur du crime expie. De ce point de vue, rechercher le fondement de l'expiation, c'est analyser les représentations et les émotions religieuses d'où elle procède. Le « mysticisme », reproché à ses adversaires spiritualistes par le déterminisme utilitaire, est peut-être bien plus voisin de la science que ce dernier. Il nous achemine vers l'analyse des représentations collectives, latentes dans l'idée de responsabilité.

Par une autre voie, l'examen des théories de l'exemplarité nous a orientés dans la même direction. Elles s'accommodent mieux de ce régime réel de la responsabilité, parce qu'elles définissent celle-ci par rapport à un état de l'opinion. Elles ne résolvent pas la question, mais elles permettent assez bien de la poser. Le responsable est celui qui, aux yeux de la société qui juge, apparaît tel que la sanction, en s'appliquant à lui, remplisse sa fonction exemplaire. D'où vient qu'il apparaît ainsi ? Ce n'est pas dans l'analyse d'une qualité qui lui serait inhérente, c'est dans l'analyse de la manière dont il affecte la conscience collective qu'il faut chercher les éléments de la réponse.

Cette réponse, nous pouvons déjà en prévoir la complexité. Les jugements de responsabilité doivent être le produit de facteurs multiples ; le fait de responsabilité ne doit pas être simple. Car nous avons pu faire aux diverses doctrines des objections contraires. Aucune n'est adéquate, mais toutes éclairent un aspect de l'institution réelle. Le jurisconsulte praticien a le sentiment confus de cette complexité. Il répugne généralement à se laisser entraîner par la logique interne des doctrines philosophiques. Aux formes pures de l'indéterminisme et du déterminisme, il préfère les compromis éclectiques, les doctrines mixtes. Il aperçoit bien que le principe de causalité, de quelque manière qu'on l'entende, est infiniment trop rigide et trop pauvre pour qu'on en puisse analytiquement déduire, dans leur souple et riche diversité, les règles de responsabilité effectivement suivies. Et, tout en se référant toujours à la notion de causalité, il admet des complications au nom de la justice ou de l'intérêt social. Comme lui, nous devons nous défier des explications trop simples : elles ne répondent pas à ce qui se passe réellement dans la conscience sociale qui impute un crime à un responsable.

Nous venons de discuter les doctrines philosophiques, comme si les règles de responsabilité actuellement reconnues par notre droit pénal étaient seules concevables.

Or cette étroite limitation du champ de discussion était favorable à ces doctrines. Car nous ne punissons jamais que des auteurs, le plus souvent que des auteurs volontaires, et c'est la responsabilité de l'auteur volontaire qu'il est assurément le plus facile de fonder logiquement sur la causalité. Confrontées avec l'ensemble des faits que nous avons décrits aux chapitres précédents, les théories philosophiques révéleraient bien plus irrécusablement encore leur insuffisance. Aucune d'entre elles ne saurait expliquer pourquoi la responsabilité évolue, pourquoi elle n'est pas dans toutes les sociétés identique à elle-même. La responsabilité objective pure est inintelligible du point de vue indéterministe, puisque toute liberté fait évidemment défaut là où manque l'intention. Le déterminisme ne peut y voir qu'une application absurde de son principe : car il est évidemment déraisonnable d'éliminer, d'amender ou d'intimider l'auteur d'un acte accidentel. *A fortiori* les responsabilités passive et indirecte sont-elles totalement inassimilables à toute doctrine qui déduit la responsabilité de la causalité. Donc, quand bien même les philosophes auraient réussi à fonder sur la causalité la responsabilité telle que nous la concevons — ce qui n'est pas, — un problème historique subsisterait. Il resterait à comprendre comment, dans tant de sociétés, la responsabilité a des fondements tout différents.

Les philosophes ignorent cette difficulté. Mais certains ethnologues, historiens et sociologues ont au contraire bien aperçu l'importance des formes de responsabilité que notre droit et nos mœurs ne connaissent plus : d'une part la responsabilité objective pure, engendrée par l'action corporelle sans intervention de la volonté et même par une participation toute passive au crime, et les faits connexes de responsabilité des enfants, des fous, des animaux et des choses ; d'autre part, la responsabilité collective et la responsabilité indirecte et transmissible. Cependant ces historiens admettent, avec les philosophes, que l'auteur volontaire seul est *vraiment* responsable.

Ils sont donc conduits à se demander pourquoi le fait ne concorde pas avec le droit. Pour eux, il faut distinguer la responsabilité vraie, seule fondée en raison, de ses déviations ou formes aberrantes. Laissant aux philosophes le soin de justifier le postulat qui leur est commun, ils s'attachent à rendre compte de ces aberrations. À leurs yeux, des causes perturbatrices peuvent seules expliquer pourquoi les sociétés se sont si souvent écartées de ce que commandent la justice et le bon sens.

Quelles sont ces causes perturbatrices ? Sans exposer une à une les diverses théories évolutionnistes [1], nous examinerons les divers principes qu'elles proposent pour *réduire* les faits aberrants au fait réputé *normal*.

VI.

Un premier procédé de réduction, purement verbal, consiste à masquer le fait sous des mots. Il n'y aurait jamais que des apparences de responsabilité collective et objective [2]. Ainsi la respon-

---

1 Théories générales, expliquant systématiquement toute l'évolution de la responsabilité : Westermarck, tome I, chapitres II, III, VIII à XIII, et Makarewicz, VI. Abschnitt (Die Entwicklung der Schuld). La première est de beaucoup la plus importante. — Glotz traite surtout de la responsabilité collective, Löffler de la responsabilité objective. Kovalewsky touche aux principales questions. — On trouve seulement des ébauches de théorie, sommaires et avec peu de références à des faits précis, chez : Ferri, p. 342 sqq. ; Tarde, *La philosophie pénale*, p. 134 sqq. ; de la Grasserie, *Des principes sociologiques de la criminalité*, Paris, 1901, p. 253 sqq. Je me réfère souvent aux historiens du droit germanique, notamment à Wilda.

2 Je ne connais pas de théorie qui réduise systématiquement la responsabilité collective à la complicité, mais l'idée est couvent indiquée : cf. Tarde, p. 139 ; Makarewicz, p. 313 (responsabilité des groupes territoriaux), p. 324 (droit colonial contemporain) ; Westermarck, p. 33 ; Mestre, *Les personnes morales et le problème de leur responsabilité pénale*, Paris, 1899, Appendice II, p. 308 sqq., *De La responsabilité collective en Algérie*, passim ; Girard, *Les actions noxales*, Paris, 1888, p. 42 (système

sabilité collective résulterait d'une sorte de complicité : complicité réelle et active dans ces sociétés domestiques puissamment intégrées, où chacun, fort de l'appui de tous, agit au nom de tous ; complicité, réelle encore quoique rétroactive, quand le meurtrier, visé par la vendetta, trouve asile et approbation parmi les siens ; complicité présumée tout au moins par les vengeurs qui, cherchant à découvrir l'individu auteur du meurtre, ne trouvent devant eux que des groupes impénétrables à l'enquête et à la poursuite. De même, la responsabilité ne serait jamais objective qu'en apparence. L'acte inintentionnel ne serait pas imputé comme tel ; il y aurait trop aisément présomption de faute ; une analyse psychologique insuffisante ne saurait pas distinguer l'intention de la négligence, ni celle-ci du pur accident [1]. Certaines sociétés concluraient indûment du fait externe au fait interne : esclaves d'un formalisme rigoureux, elles ne sauraient admettre qu'un même acte extérieur entraînât des sanctions inégales et verraient toujours, dans le tort matériel, une expression sensible de la volonté criminelle [2].

Certes lorsque, dans une société, la responsabilité tend à devenir subjective et individuelle, les présomptions de faute et de complicité servent de justification à des « survivances » de responsabilité objective et collective, et il est difficile de marquer exactement où commence ce compromis. Notre droit pénal contemporain lui-même masque encore, sous le couvert de pareilles présomptions, des vestiges de responsabilités archaïques [3]. Mais cette interprétation ne saurait s'appliquer à tous les cas. Les dogmes du péché originel et de la rédemption, les systèmes de souillure par contact passif, sont évidemment étrangers à toute présomption de complicité et de faute. Parler de présomptions, c'est esquiver la difficulté, par une interprétation purement verbale. Présumer la complicité d'un groupe, au point d'assimiler à l'auteur principal tous ses consociés, présumer la faute subjective au point d'assimiler l'acte

des romanistes qui fondent l'action noxale sur une faute présumée du titulaire de la puissance).

1 C'est notamment la thèse que soutient, pour le droit germanique, Wilda, p. 146 sqq., p. 544 sqq. Cf. Löffler, p. 42. — Même idée chez Westermarck, I, 235.
2 C'est sous cette forme que la thèse de Wilda est reprise par Brunner, *Ueber absichtslose Missethat im altdeutschen Strafrechte,* in Forschungen, p. 488 sqq. ; et *Deutsche Rechtsgeschichte,* t. II, p. 537, p. 544.
3 Voir les observations de Makarewicz, p. 327 et p. 330, sur le et la complicité, réminiscences de responsabilité collective.

Paul Fauconnet

accidentel à l'acte prémédité *et exclure la possibilité de toute preuve contraire*, c'est en somme admettre la responsabilité collective et la responsabilité objective.

De même, on ne fait guère que substituer un mot à un autre quand on explique la responsabilité collective par la solidarité domestique [1]. Il est clair que la responsabilité d'une famille atteste sa solidarité : pour qu'elle soit jugée et se juge collectivement responsable, il faut qu'elle ait un vif sentiment de son indivisibilité devant la sanction, de sa « solidarité ». Le mot solidarité désigne, d'ailleurs, originellement cette responsabilité solidaire de débiteurs qui, à l'égard d'un créancier, ne font qu'un. Mais comment la responsabilité, si elle est individuelle dans son principe, peut-elle être solidaire ? Veut-on dire que, dans un groupe très étroitement uni, chacun participe à la conduite de tous ? On revient à l'hypothèse de complicité. Ou bien entend-on plutôt que la conscience morale, répugnant à dissocier les parents étroitement unis, étend à tous la faute de chacun ? C'est alors l'aptitude de la responsabilité à être collective qu'on invoque comme explication. C'est-à-dire qu'on postule ce dont on prétend rendre compte. Le groupe, comme tel, est jugé punissable. Voilà le fait : le mot solidarité l'exprime, mais ne l'explique pas.

Il n'avance à rien, non plus, de distinguer plus ou moins explicitement entre la situation du vrai responsable et celle des êtres assimilés à tort au responsable. On a dit justement que la vendetta est une guerre en même temps qu'une sanction [2] : sanction, elle ne viserait que l'individu auteur ; guerre, elle atteindrait tout le groupe ennemi sans se soucier de la culpabilité de chacun. De même il est souvent exact qu'à travers ses parents la peine vise directement l'auteur [3] : on tue ses enfants pour le priver de descendance et in-

---

1 C'est l'idée maîtresse de l'ouvrage de Glotz, lequel apporte d'ailleurs la contribution la plus importante à l'histoire de la responsabilité collective. Le même principe d'explication se retrouve chez Tarde, p. 134 sqq. ; de la Grasserie, p. 265 sqq. ; Westermarck, I, p. 33. Nous lui faisons d'ailleurs une place : cf. ci-dessous, p. 265 et 334.
2 Westermarck, I, p. 33 : « A homicide frequently provokes a war, in which family stands against family, clan against clan, or tribe against tribe ». — Sur la vendetta comme guerre, cf. Steinmetz, I, p. 395 ; Löffler, p. 17. La même idée se retrouve chez les historiens du droit germanique. Cf. Wilda, p. 184 sqq.
3 Glotz, p. 458, texte et note 3. Aux références de cette note relatives au droit chinois, ajouter : Alabaster, p. 58.

terrompre les rites qui lui profitent ; par précaution on supprime, avec le père, les enfants qui chercheraient plus tard à le venger. — La responsabilité des parents n'est souvent que subsidiaire ; elle procède d'une sorte de complicité rétroactive, résultant du recel, du défaut de punition du coupable. Les parents de l'auteur ne sont frappés qu'à défaut de sa personne, et seulement d'une sanction atténuée [1]. — Dans tous les cas de ce genre, il est arbitraire de réserver le nom de responsables à certains patients de la vendetta ou de la peine, alors qu'on le refuse à d'autres. Englobés dans la même sanction, ils sont tous responsables en fait.

Plus consistante est la théorie qui admet une évolution intellectuelle, tout en maintenant le principe de l'immutabilité morale. Partout et toujours la règle prescrirait de tenir pour responsable le seul auteur volontaire, mais l'extension de ce concept d'*auteur* varierait selon l'état des connaissances et se réduirait à mesure de leurs progrès [2]. La responsabilité des fous serait ainsi le produit de l'ignorance. Ils seraient jugés responsables, parce qu'ils seraient tenus à tort pour des agents volontaires. À mesure que la psychiatrie a rectifié cette erreur, les fous ont été exonérés de la responsabilité : donc la responsabilité n'a pas changé [3]. De même la grossièreté de l'analyse psychologique confond d'abord l'état mental de l'enfant et celui de l'adulte, la négligence et le dol. Mais les sociétés, qui se trompent en croyant remplies les conditions psychologiques de l'imputabilité, ne méconnaissent pas ces conditions ; si elles pouvaient reconnaître leur erreur intellectuelle, leur conscience morale conclurait immédiatement à l'irresponsabilité [4]. — On explique de même la responsabilité des animaux. Suivant von Amira [5], les procès ecclésiastiques, intentés aux animaux dans l'Europe chrétienne, seraient en réalité dirigés contre des revenants ou des spectres. La superstition présente ces animaux comme des agents <u>humains déguisés</u>, et la procédure se justifie d'après les principes

---

1 De la Grasserie, p. 266.

2 Westermarck, I, p. 259 (animaux), p. 263 (choses), p. 264 sqq., 269 sqq. (enfants et fous), p. 235 (actes involontaires). Cf. Hamon, *Déterminisme et responsabilité*, Paris, 1898, 5ᵉ leçon, § 4.

3 C'est bien ainsi que l'entend Maudsley, *Le crime et la folie*, Paris, 1891, chapitre IV. Cf. Hamon, *loc. cit.*, p. 136 sqq.

4 C'est bien surtout l'histoire d'un progrès intellectuel que fait Löffler. Cf. notamment p. 68 sqq.

5 *Thierstrafen und Thierprozesse*, p. 599.

Paul Fauconnet

ordinaires. Plus généralement, l'animisme est une des causes assignées à l'institution des procès contre les animaux et contre les choses [1]. Animaux et choses sont jugés responsables, parce qu'ils sont, à tort, réputés agents volontaires. — C'est enfin par une erreur intellectuelle, procédant d'une exagération, qu'on explique souvent la responsabilité collective. Une famille est véritablement un être, doué d'individualité, de personnalité. Pendant longtemps les familles et non les individus ont été les molécules de la société politique. Les personnes étant des familles, la responsabilité est personnelle quoique collective. C'est à elles, en tant qu'agents volontaires, que s'applique la sanction [2].

Il est incontestable que l'aliénation mentale a été souvent méconnue : bien souvent on a dû punir des fous, non parce qu'on se refusait à tenir la folie pour une cause d'irresponsabilité, mais perce qu'on ne savait pas diagnostiquer la folie. — Quelle part est à faire à l'animisme dans les faits de responsabilité des animaux et des choses ? Sans en décider, on peut admettre qu'elle n'est certainement pas nulle. — Enfin il est possible qu'en appliquant la vendetta ou la peine à des familles, certaines sociétés se soient représentées, à la lettre, ces familles comme des individus [3].

Mais si la responsabilité des fous, des animaux, des sociétés, a pour principe des croyances erronées, elle doit être en quelque sorte proportionnelle à l'autorité de ces croyances. Par exemple, plus l'illusion animiste sera puissante, plus les animaux et les choses seront responsables ; la responsabilité des fous ira toujours de pair avec la méconnaissance de la folie, la responsabilité des groupes avec le « collectivisme » primitif qui empêche de penser l'individu comme tel. Or, un simple coup d'œil sur les deux chapitres précédents montre que les faits ne vérifient nullement ces hypothèses. Ce n'est pas le seul hasard de la documentation qui

1 Löffler, p. 20 ; Westermarck, I, p. 258 ; Glotz, p. 184 sqq.
2 Tarde, p. 139 ; de la Grasserie, p. 265. Cf Glotz, p. 564, citant Plutarque.
3 Cette assimilation littérale de l'individualité domestique à l'individu organique paraît d'ailleurs difficilement concevable. Peut-on prendre tout à fait au sérieux ces formules de Tarde, p. 139 : « Nous avons beau croire que la cause d'un crime réside dans une partie seulement du cerveau de son auteur, nous faisons parfois tomber sa tête tout entière sous le couperet de la guillotine. Nous nous fondons alors sur la solidarité étroite qui lie les organes d'un même individu... Nos pères se fondaient sur la solidarité, à leurs yeux non moins rigoureuse, qui liait de leur temps les membres d'une même race. »

accumule les procès contre les animaux dans les derniers siècles de l'histoire des civilisations chrétiennes : croit-on que l'animisme atteigne son apogée en Europe entre le XIVe et le XVIIe siècles ? Les Athéniens du Ve ou du IVe siècles laissaient-ils vivre l'institution du Prytaneion parce qu'ils confondaient les aptitudes psychologiques des animaux et des choses avec celles de l'homme ? C'est tout juste comme si l'on supposait, pour expliquer la procédure contre les cadavres réglée par l'ordonnance de 1670, que les contemporains de Louis XIV attribuaient au corps mort la capacité de sentir la peine. Les Chinois, les Athéniens du Ve siècle, les Français du XVIIIe, qui punissaient la famille entière pour le crime de l'un de ses membres, sont-ils incapables de distinguer l'individu du groupe, comme peuvent l'être des primitifs ? D'ailleurs, dans une même société, la responsabilité des enfants, des fous, des animaux, des groupes, est admise ou exclue selon la nature de la sanction et celle du crime. Dira-t-on que le Code chinois, qui reconnaît l'incapacité du mineur et de l'aliéné à agir volontairement quand il s'agit du meurtre ordinaire, la méconnaît par erreur intellectuelle, quand le crime est particulièrement grave ; ou que nos criminalistes du XVIIIe siècle entendent par *auteur d'un meurtre* l'individu qui a tué, et par *auteur d'un régicide* la famille de celui qui a tué.

Quand bien même les erreurs qu'on allègue expliqueraient un certain nombre de faits, on ne saurait, dans la plupart des cas, les faire intervenir. Même si elles étaient à l'origine des règles relatives aux fous, animaux ou groupes, il faudrait que la responsabilité de ces patients fût autre chose qu'on ne dit, pour avoir pu subsister après la correction de ces erreurs. Quand un Athénien du Ve siècle siégeant au Prytaneion ou qu'une officialité française du XVIe siècle condamnaient des choses ou des bêtes, ils avaient le sentiment de faire leur devoir. Quelle que fût l'interprétation qu'ils se donnassent à eux-mêmes de leur conduite, c'était bien une responsabilité, et la responsabilité d'un être notoirement incapable d'action volontaire, qu'ils admettaient. Aujourd'hui, nous nous refuserions à jouer ce qui nous paraîtrait une comédie. Intellectuellement, notre conception de l'animal et des choses n'a cependant guère changé. La différence est donc d'ordre moral. C'est la conception de la responsabilité qui a changé. Et puisqu'elle a pu changer sans que les croyances animistes changeassent parallèlement, c'est qu'il n'y a pas entre l'une et les autres une relation d'effet à cause. Les erreurs intellectuelles peuvent être des conditions favorables à l'établissement des règles de responsabilité considérées. Elles n'en sont pas la condition nécessaire : et il faudrait qu'elles le fussent pour que la réduction tentée fût acceptable.

VII.

Nous pénétrons plus profondément dans l'analyse des faits avec les doctrines qui font intervenir, non plus seulement l'aberration intellectuelle, mais l'aberration morale. Selon ces doctrines, l'homme se méprend sur le rôle des sanctions, il les altère, et corrélativement la responsabilité, pour leur faire remplir une fonction qui n'est pas la leur ou mettre au premier plan une fonction secondaire. La sanction viciée dans sa source s'égare sur des patients auxquels sa nature ne la destinait pas. Examinons quelques-unes de ces « erreurs » morales.

On dit que les sociétés se laissent souvent entraîner à lutter contre le crime par la terreur. Elles abusent du pouvoir exemplaire des peines. Or, pour frapper l'imagination par le spectacle du supplice, point n'est besoin d'apprécier la responsabilité des patients ; une peine injuste et déraisonnable peut être utile et efficace par sa vertu exemplaire. Ainsi s'expliquera, dans nombre de cas, la prétendue responsabilité des choses, des effigies, des animaux, des cadavres, des agents involontaires, des familles [1]. En détruisant un objet insensible, en exécutant un animal ou des innocents, en traînant un cadavre sur la claie, on rappellerait vivement aux hommes à quoi le crime les expose.

Résulte-t-il de cette interprétation que ces faits soient aberrants et que cette aberration procède d'une erreur morale ? Nous ne le voyons pas. Tout le monde accorde que la fonction exemplaire de la peine est essentielle, tant qu'il est implicitement entendu que l'exemple est donné aux dépens de l'auteur volontaire. Mais alors

---

1 C'est ainsi, notamment, que d'anciens criminalistes (Ayrault, Muyart de Vouglans) justifient les peines infligées aux animaux, aux cadavres, les peines collectives. Ils ont raison en un sens parce que ces peines sont, dans le droit pénal de leur temps, des survivances que la raison réprouve. Mais ces peines ont apparu d'abord dans des sociétés qui les trouvaient raisonnables et justes.

pourquoi parler de déviation quand la sanction, remplissant cette même fonction, s'applique à un autre patient ? Il faudrait qu'on prouvât qu'il y a deux sortes d'exemples : l'un légitime et rationnel, conforme à l'esprit véritable de la peine, l'autre indu. Or, on ne le prouve nullement. Sans doute des sociétés, abusant de leur toute-puissance, ont bien souvent prétendu faire exemple en frappant des innocents avérés, des patients qui, à leurs propres yeux et selon leurs propres principes, n'étaient pas responsables : il y avait alors injustice, violence, despotisme. Le prétendu exemple terrorisait peut-être, il n'y avait pas exemple au sens moral du mot. Dans ces cas-là, il ne faut pas parler de responsabilité aberrante, mais de violations immorales des règles de la responsabilité. Il en est tout autrement quand la sanction frappe des patients qui, *au regard d'une conscience sociale donnée*, peuvent être dits responsables. Fonctionnant selon les règles de la justice, la sanction peut alors remplir moralement son rôle exemplaire. Si ces responsables ne sont pas des auteurs volontaires, il y a, à nos yeux à nous, injustice, donc violence, et non pas exemple moral. Mais c'est notre conception de la responsabilité et non pas la notion même d'exemplarité qui commande cette appréciation. Au lieu de dire que la nécessité de l'exemple fait punir des irresponsables, disons au contraire que, quand la peine produit un effet moral exemplaire, c'est que les êtres, quels qu'ils soient, sur lesquels elle frappe, sont jugés responsables.

Avec Kovalewsky, bien des auteurs rendent compte des aberrations de la vendetta en insistant sur son caractère de sanction restitutive [1]. Pour le tort matériel ou moral, fait au groupe domestique par la mort violente d'un de ses membres, les vengeurs poursuivent une réparation matérielle et morale. Peu leur importe le degré de culpabilité interne du meurtrier et aussi que ce meurtrier lui-même ou l'un des siens fasse les frais de la réparation. Il ne s'agit pas de punir un coupable, mais de dédommager des victimes. La responsabilité, ici est plutôt comparable à la responsa-

---

1 Kovalewsky, p. 287 sqq. — Pour Löffler, l'histoire de l'idée de faute consiste surtout dans le progrès de la sanction pénale publique, liée à la responsabilité subjective, et dans la régression de la peine privée, vendetta et composition, liée à la responsabilité objective. Cf. notamment le § 2 : *Das germanische Recht bis zur Zeit der Volksrechte*. — Même idée chez les historiens du droit germanique : Wilda, p. 545 sqq. ; Brunner, *Ueber absichtslose Missethat*, p. 505.

bilité civile qu'à la responsabilité pénale et morale. Westermarck interprète d'un point de vue analogue certains faits de substitution sacrificielle [1] : la victime n'est pas un responsable, elle constitue une rançon offerte aux dieux pour apaiser leur colère.

Interprétation pleinement légitime. Mais pourquoi voir dans ce besoin de compensation un facteur d'aberration ? Pourquoi postuler que la vendetta *devrait*, comme la peine dans notre droit pénal, frapper de préférence l'auteur volontaire du meurtre qui la déchaîne et, quand elle frappe ailleurs, lui chercher en quelque sorte des excuses ? En réalité, Kovalewsky rend compte d'un caractère essentiel de la responsabilité par un caractère essentiel de la vendetta. Cette sanction a bien pour fonction de procurer, au groupe de la victime, une compensation. Or il n'est pas de l'essence de la compensation d'être obtenue au détriment de l'auteur de l'acte à compenser. Cela est vrai des compensations matérielles : aujourd'hui, la victime d'un accident est souvent satisfaite quand une compagnie d'assurances lui paie une indemnité, bien qu'une faible part de cette indemnité soit seule à la charge de l'auteur. Mais cela est également vrai des compensations sentimentales [2] : la mort qu'un groupe inflige compense celle qu'il a subie, c'est-à-dire qu'il éprouve à tuer des émotions agréables qui compensent les émotions pénibles provoquées par le décès. Aux sentiments d'humiliation, d'affaiblissement, succède un sentiment d'orgueil et de force. Rien dans la nature de ces passions n'exige qu'elles s'assouvissent exclusivement sur l'auteur volontaire du mal souffert. Il faut donc conclure que, si la recherche d'une compensation se manifeste dans la réaction vindicative, cette réaction ne vise pas nécessairement l'auteur volontaire.

Beaucoup d'historiens enseignent explicitement ou tiennent pour établi que la recherche de la proportion, de l'équivalence exactes entre la sanction et le fait sanctionné conduit les sociétés à adopter des règles de responsabilité vicieuses. Pour obtenir une symétrie très apparente entre le tort et la réparation, la sanction atteindra le coupable à travers des innocents. La vendetta abattra un enfant pour un enfant, une femme pour une femme, quel que soit le meurtrier. Le principe du talion dégénère en une sorte de

---

[1] Westermarck, I, p. 68.
[2] Ce point est bien traité par Steinmetz, tome I, p.99 sqq., 328 sqq.

matérialisme pénal : la sanction mutile le corps de l'auteur comme le crime le corps de la victime, sans que l'intention du coupable soit prise en considération¹.

Mais où commencent, où finissent les applications légitimes du principe d'équivalence ? De l'équivalence et de la symétrie matérielles que réclame le principe du talion, à l'équivalence qu'établissent entre le mal moral du délit et le mal sensible de la peine les théories les plus raffinées de l'expiation, la même idée procède à l'administration des sanctions. Cette idée semble si bien essentielle à la notion même de sanction rétributive, qu'elle est, en somme, au fond des critiques les plus graves adressées aujourd'hui aux théories de l'École Italienne. La prévention du crime à venir par l'élimination, l'intimidation, l'amendement du criminel et par la politique sociale n'ayant rien à voir avec la mesure du crime accompli, la justice, dit-on, se refuse à reconnaître des sanctions dans ces mesures de prévention. Ainsi, l'analyse des faits contemporains s'accorde avec l'histoire pour montrer dans le principe d'équivalence une règle suprême de la justice pénale. Qu'on taxe d'erreur, si l'on veut, l'humanité tout entière ; mais il est impossible de prouver, par les faits, que la sanction dévie quand elle réalise cette équivalence. Et distinguer entre ce qui nous paraît, à nous, une juste proportion de la peine au crime et des équivalences ou proportions abusives, dont se satisferaient à tort d'autres sociétés que les nôtres, c'est pur arbitraire. Abstraction faite de toute conscience sociale qui les perçoive, la proportion, l'équivalence entre la peine et le crime n'existent jamais. Mais elles sont toujours réelles pour la société qui les perçoit. Car il n'y a là que contrastes d'images et oppositions de sentiments.

En fin de compte, tous les principes d'aberration morale qu'on fait intervenir sont des passions² : passion de la réparation, de l'équiva-

---

1 Voir surtout Günther, *Die Idee der Wiedervergeltung in der Geschichte und Philosophie des Strafrechts*, Erlangen, Abteil. I, 1889, Abteil. II, 1891, Abteil. III, 1895.

2 Les formules de Jhering, *De la faute en droit privé*, p. 11-12, sont remarquables : « L'éducation seule aide les peuples comme les individus à dépouiller le sentiment juridique de la passion dont il est primitivement empreint... L'ancien droit civil de Rome nous présente un tableau saisissant de cette période... où la passion règne dans le droit. Le trait fondamental qui s'en détache se résume en ces mots : *réaction violente contre toute injustice soufferte*. Cette réaction est violente, sans mesure, sous un double rapport : 1° En ce que, dans l'aveuglement de la passion, elle perd de vue

lence, passion qui exige à tout prix une sanction exemplaire. C'est à bon droit qu'on rend compte de certains faits de responsabilité par l'intervention de ces passions. Mais faut-il parler de déviations ? Ces passions ne seraient-elles pas un élément constitutif de toute sanction rétributive ? On n'a pas prouvé le caractère aberrant d'un fait de responsabilité, quand on a montré dans certaines passions des facteurs de la peine. Toute la question est de savoir si la peine, sous l'influence de ces passions, s'adultère et dévie. On reconnaît que des traitements, qu'on appellerait des sanctions si elles s'appliquaient aux auteurs volontaires du crime, peuvent avoir une vertu exemplaire, procurer une réparation matérielle et morale, satisfaire au besoin d'équivalence dont procède la proportionnalité et la symétrie pénales, même si les sujets qui les subissent ne sont pas des auteurs volontaires. Mais, dit-on, les auteurs volontaires seuls peuvent être légitimement responsables : et seul le traitement infligé à un responsable est véritablement une sanction. Les réactions contre des innocents ne sont en réalité que des violences sans caractère juridique ni moral, c'est par erreur qu'on les assimile à des sanctions. Mais faisons le raisonnement inverse. Supposons établi que ces réactions sont bien des sanctions : nous serons obligés de conclure que des sanctions peuvent s'appliquer à des irresponsables, ou, ce qui revient au même, que la responsabilité n'appartient pas au seul auteur volontaire du fait sanctionné. Or, on ne conçoit pas que le sociologue et l'historien puissent contester que ces réactions soient effectivement des sanctions. Au nom d'une philosophie personnelle, l'historien pourra opposer l'idéal de la sanction tel qu'il le conçoit à ces sanctions grossières. Mais il n'établira pas que, pour les sociétés qui les édictent, les mesures dont nous parlons ne soient de véritables sanctions.

VIII.

De toutes les erreurs qu'on invoque pour expliquer les aberrations de la responsabilité, il en est une, à la fois intellectuelle et morale, dont l'importance est prépondérante : c'est l'erreur religieuse. Sous l'action de certaines croyances ou superstitions, les jugements de responsabilité dévient. Cette théorie de l'erreur religieuse inter-
la culpabilité... ».

vient d'ailleurs de deux façons très différentes et pour *réduire* des faits précisément opposés.

Selon Westermarck [1], un très grand nombre de faits aberrants s'expliquent par la croyance au « tabou ». L'action du tabou étant toute mécanique, le contact avec l'objet taboué communique l'infection, qu'il soit volontaire ou accidentel, actif ou passif, immédiat ou médiat. C'est en somme la matérialité et la contagiosité du tabou qui rendent compte, l'une de la responsabilité objective, l'autre de la responsabilité indirecte. Beaucoup d'historiens admettent, sans la formuler explicitement, une thèse analogue : ils rapportent à l'influence du culte et des représentations religieuses la faute objective et sa transmission. Ce qui serait absurde du point de vue juridique leur paraît intelligible du point de vue religieux, les fautes et les expiations rituelles étant tout autre chose que des crimes et des peines.

Selon Enrico Ferri, c'est au contraire la responsabilité subjective, ou du moins une certaine façon de l'entendre, qui constitue l'erreur imputable aux superstitions religieuses. Normalement et primitivement, la réaction défensive, soit individuelle soit sociale, « a pour mobile, unique et fondamental l'utilité personnelle de l'offensé et sa tendance irrésistible à sa propre conservation. La faute, comme caractère de perversité morale chez l'agresseur, c'est-à-dire le délinquant, est un élément... qui lui est tout à fait étranger... Le premier fait où nous voyons poindre l'idée de culpabilité morale comme condition de la pénalité, se trouve dans le double caractère, militaire et sacerdotal, du chef de tribu et plus tard des ministres délégués par lui. Les prêtres... finirent par s'attribuer complètement la répression... Et alors la réaction défensive ou répressive... prit, quand elle fut exercée par la caste sacerdotale, le caractère de vengeance divine ; elle cessa d'être une fonction purement défensive pour devenir une mission religieuse et morale, avec l'accompagnement naturel à toute religion d'un formalisme rigoureux et surtout d'un esprit mystique de pénitence et de purification [2] ». Ainsi, parce que la sanction est essentiellement une réaction défensive et préventive, « elle est toujours indépendante

---

1 Tome I, p. 52 sqq. ; p. 86 ; p. 98 ; p. 233 sqq. — Pour les rapports de la religion et de la moralité en général, voir tome II, chapitres XLVII à LII.
2 Ferri, pp. 349, 350, 351.

de la volonté et de la culpabilité morale de l'individu qui agit ». La faute subjective n'est recherchée que sous l'influence déviatrice de la croyance religieuse au caractère expiatoire de la peine. Sous des formes variées, la même doctrine se retrouve chez beaucoup d'auteurs.

Qu'on puisse ainsi rapporter à l'influence de la religion des aberrations en sens contraires, cela seul doit éveiller déjà notre suspicion. Les deux théories se font mutuellement échec : chacune renferme une part de vérité ; ni l'une ni l'autre n'est pleinement acceptable. Ferri sent vivement que la justice pénale, telle qu'on l'observe dans l'histoire et telle qu'elle subsiste encore aujourd'hui, ne se laisse pas réduire à la réaction biologique qu'il lui assigne comme origine. Il est bien vrai que, quand nous analysons une culpabilité, notre pensée est pleine de représentations religieuses : la terminologie de nos spéculations morales sur la responsabilité et la sanction suffit à attester leur parenté avec celles de la théologie chrétienne. Il est vrai également que certaines religions, comme le christianisme, incriminent l'intention pure, ce que se refuse à faire le droit pénal. Il est donc légitime de montrer les progrès parallèles du subjectivisme pénal et du subjectivisme religieux. Mais faut-il admettre pour autant la thèse d'Enrico Ferri ? Si elle était exacte, plus une société subirait fortement l'influence de la religion, plus elle accorderait d'importance à la culpabilité subjective. Or cette hypothèse est infirmée par les faits et la doctrine de Westermarck retrouve ici tous ses avantages. Comparée au droit pénal, la religion, nous l'avons vu, manifeste une véritable prédilection pour la responsabilité objective et indirecte. Et, au contraire, l'analyse de la culpabilité subjective n'a jamais été poussée aussi loin que par les jurisconsultes de l'empire romain, pendant la décadence du paganisme, et par les philosophes de l'Europe moderne, quand la vie sociale tout entière se laïcisait plus complètement que dans aucune société connue. Ainsi les religions fournissent également des exemples de subjectivisme extrême et d'objectivisme radical.

Cette apparente contradiction n'a rien qui doive étonner. Il est évidemment abusif d'assigner comme cause, à un phénomène qui s'observe dans certaines sociétés et non dans d'autres, la religion *in genere*. En soi, la religion n'est ni objectiviste, ni subjectiviste. Tous les rites peuvent se définir en termes matériels, comme en termes spirituels. On peut attribuer à l'esprit religieux la prédominance des gestes rituels sur les dispositions intérieures, et inversement le triomphe de la foi sur les « œuvres ». Ces variations de la religiosité, tout à fait comparables à celles de la responsabilité, sont, en réalité, celles de la civilisation tout entière. Sans évoluer nécessairement *pari passu*, toutes les institutions y participent, et il est toujours possible de rattacher les unes aux autres ces variations parallèles. Entre la conception matérialiste du tabou et la faute engendrée ou transmise par un contact, la parenté est certaine ; elle l'est également entre notre conception du mérite et du démérite internes et le spiritualisme chrétien. Seulement ces rapprochements n'expliquent rien ; ils ne résolvent pas le problème, ils se bornent à l'élargir.

Sous les deux thèses antithétiques de Westermarck et de Ferri, on découvre un postulat commun : la responsabilité vraie, d'après eux, ne doit rien à la religion ; l'idée qu'ils s'en font, réduite à ses éléments rationnels, est vide de tout contenu religieux. Et c'est du dehors que la religion intervient, pour y mêler des éléments étrangers à sa nature, par conséquent pour la vicier. Aucun des deux auteurs n'étudie les rapports historiques de la religion et de la responsabilité, pour découvrir ce que celle-ci doit à celle-là. Tous deux ont une idée préconçue, une prénotion de la responsabilité. Quand la responsabilité qu'ils observent ne concorde pas avec cette prénotion, cette responsabilité leur semble aberrante. Et si elle est profondément pénétrée d'éléments religieux, c'est par ce mélange indu de choses hétérogènes qu'ils expliquent cette aberration. En bonne méthode, il faudrait renverser la question et la poser ainsi : que nous apprennent, sur la nature de la responsabilité, les rapports constatés de la responsabilité et de la religion ?

Seulement la mise en pratique de cette méthode réclame aussi le sacrifice préalable des théories préconçues de la religion. Nos auteurs postulent arbitrairement, tout comme le caractère aberrant de certains faits de responsabilité, le caractère erroné de certaines croyances religieuses ou même de toute religion. Ils peuvent ainsi élaborer les combinaisons les plus variées. Pour Westermarck, la crainte des dieux et la superstition du tabou engendrent les règles aberrantes de responsabilité objective, indirecte et collective. Pour Enrico Ferri, c'est l'erreur subjectiviste au contraire qui procède de la religion. Et pour Löffler enfin, le subjectivisme est la vérité et la religion travaille en sa faveur [1]. Aucune de ces théories contradictoires n'est sans doute complètement fausse. Mais toutes sont justiciables de la même critique. Sans critère méthodique, elles distinguent le vrai et le faux, en matière de religion, comme en matière de responsabilité. Ferri préjuge que la religion, et tout particulièrement le spiritualisme chrétien, est un système d'illusions. Westermarck pense la même chose, mais il entend surtout par religion, non les croyances des sociétés supérieures, mais les croyances et rites des sociétés inférieures et leurs survivances. Löffler semble voir dans la religion un principe de progrès, dans la mesure où il lui fait honneur des progrès du subjectivisme pénal ; mais il admet aussi la tendance conservatrice du culte à perpétuer les formes archaïques de responsabilité objective et, de ce point de vue, il tient probablement les croyances religieuses pour erronées. Pour Jevons, le système du tabou est comme une approximation grossière de la vérité morale et religieuse ; Frazer y voit une superstition utile qui, sous le couvert d'idées fausses, protège l'évolution primitive des institutions fondées en raison [2]. La pensée de ces deux derniers auteurs est la plus respectueuse des faits. Mais, pas plus que les autres, ils ne fournissent de preuves à l'appui de l'opposition qu'ils établissent entre l'erreur et la vérité.

Il y a donc lieu de retenir ce que les historiens ont justement marqué des rapports de la responsabilité et de la religion. Mais, en élargissant le problème posé par eux, nous ferons faire un progrès à leur doctrine.

Puisque les croyances religieuses, dans toutes les sociétés, soutiennent un étroit rapport avec un bon nombre des règles de responsabilité en vigueur, il y aurait lieu d'admettre que ces croyances sont un facteur essentiel de l'idée de responsabilité. Au lieu de faire intervenir la religion pour rendre compte des aberrations de la responsabilité, on soumettrait au contrôle des faits l'hypothèse inverse, savoir : que la responsabilité, dans ce qu'elle a de plus profond, est un produit de la pensée religieuse ou, si l'on veut, <u>un produit des</u> mêmes causes qui déterminent les caractères de

---

1 Löffler, p. 22.
2 F. B. Jevons, *An Introduction to the history of religion*, London, 1896, notamment p. 84, 86, 265 et passim ; et Frazer, *La tâche de Psyché, De l'influence de la superstition sur le développement des institutions*, trad. fr., Paris, 1914.

la pensée religieuse. Responsabilité et religiosité évoluent-elles de l'objectivisme au subjectivisme ? on étudierait corrélativement ces variations, l'une éclairant l'autre. Mais toutes les religions doivent avoir des caractères génériques communs. Ceux-là seuls seraient à rapprocher des caractères génériques et universels de la responsabilité. Une ablution efface la souillure matérielle, un acte de contrition la faute intérieure : malgré les différences qui distinguent si profondément les deux rites, leur vertu purificatrice les apparente. De même, subjectif ou objectif, le péché est toujours le péché. Dans ce qu'ils ont d'universel, le mécanisme de l'expiation doit être rapproché du mécanisme de l'inculpation ; la nature du rite expiatoire, en général, et la nature de la responsabilité s'expliquent l'une l'autre. Nos métaphysiciens spiritualistes s'aident de la théologie chrétienne pour analyser la responsabilité qu'ils tiennent pour fondée en raison. On peut s'aider de la théologie des sociétés inférieures pour analyser la responsabilité engendrée et transférée par le contact. Et, plus généralement, l'on doit aussi rechercher si toute situation génératrice de responsabilité ne tiendrait pas sa vertu de représentations religieuses.

IX.

Nous pouvons conclure que la réduction des faits de responsabilité dits aberrants n'a pas été opérée, qu'elle ne saurait l'être et qu'il n'y a pas de faits aberrants. Rien ne permet de penser que les règles de responsabilité qui nous paraissent le plus déconcertantes soient le résultat d'une erreur, intellectuelle, morale ou religieuse, ni que la responsabilité des auteurs volontaires soit plus vraie que celle des autres patients, relativement aux sociétés qui jugent ces derniers moralement aptes à supporter la sanction. Les historiens et anthropologistes ont eu le très grand mérite de réunir une masse de faits instructifs et de montrer comment les règles de responsabilité, actuellement en vigueur dans nos, sociétés, sortent par une évolution continue de règles très différentes. Mais cet apport ne leur a pas servi à renouveler l'idée qu'on se fait communément de la responsabilité. Au lieu de la rectifier, pour l'accorder aux faits nouvellement étudiés, ils cherchent à réduire les faits pour la leur imposer. Explicitement ou tacitement, ils adoptent l'une des théories philosophiques qui déduisent la responsabilité de la causalité propre à l'agent [1].

Pour les dépasser, il suffirait cependant de suivre la voie qu'ils ouvrent. Les variations aberrantes de la responsabilité ont des causes sociales. » Pourquoi la responsabilité vraie n'aurait-elle pas, elle aussi, une cause sociale ? On admet que le jeu des représentations et des émotions collectives explique comment des êtres, bien que n'étant pas des auteurs volontaires, sont tenus pour responsables. Mais on continue à soutenir, ou à sous-entendre, que l'auteur volontaire est responsable *en soi*, en vertu d'une nécessité métaphysique ou biologique. Pourquoi ce brusque changement d'attitude ? En fait, la responsabilité de l'auteur volontaire se présente comme un cas particulier d'une responsabilité beaucoup plus étendue. On la voit souvent résulter, dans l'histoire, de la limitation graduelle d'une responsabilité primitivement objective et collective, engendrée par des interventions purement corporelles, passives ou indirectes dans le crime. Il serait d'une bonne méthode de faire rentrer d'abord le cas particulier, quoique le plus fréquent, dans le cas général. Et puisque, sans aucun doute, ce sont des forces sociales qui engendrent toutes les responsabilités, sauf une qu'on répute vraie, il y a lieu de rechercher si des forces sociales plus complexes n'engendrent pas toute responsabilité quelconque, y compris celle-là.

Naturellement il convient de s'attacher d'abord aux faits de responsabilité dont le caractère social est le plus apparent. On nous a montré des croyances religieuses, des émotions collectives déterminant des sociétés à s'imaginer qu'elles doivent punir des animaux, des agents involontaires, des collectivités, des non-auteurs. Nous tenterons de pousser plus loin qu'on ne l'a fait l'analyse de ces croyances et de ces émotions. Et nous nous demanderons si ce principe d'explication ne serait pas applicable à tous les faits de responsabilité sans exception, si ce n'est pas toujours, en définitive, dans l'état de la société, juge de la responsabilité, qu'il faut chercher

---

1 Löffler écrit un bon livre sur l'histoire de l'idée de faute dans le droit pénal ; mais sa propre théorie de la responsabilité, qu'il expose dans la préface de ce livre, ne doit rien à cette étude historique. Westermarck consacre plusieurs chapitres à l'évolution de la responsabilité ; mais c'est en philosophe qu'il établit ce qu'est la responsabilité pour la conscience morale « éclairée » (I, Ch. VIII).

PARTIE II : ANALYSE DE LA RESPONSABILITÉ

les raisons qui lui dictent le choix du responsable et l'affirmation de son aptitude morale à subir la sanction [1].

Chapitre IV.
Pourquoi il y a une institution de l responsabilité

I.

L'examen des doctrines nous montre surtout ce que la responsabilité n'est pas et comment une conception trop étroite de sa nature laisse échapper un grand nombre de faits, qui sont incontestablement des faits de responsabilité. Si nous embrassons d'un regard tous ces faits, que nous avons décrits, sans accorder une sorte de supériorité à ceux qu'on prétend seuls fondés en raison, deux caractères communs apparaissent immédiatement, l'un négatif, l'autre positif. En les dégageant, nous marquerons les premiers traits par lesquels la responsabilité, considérée dans toute son extension, doit être définie.

D'abord, en dressant le tableau des sujets responsables, nous avons constaté que *tous les êtres sont aptes à jouer éventuellement le rôle de patients*. L'aptitude de l'homme adulte et normal est prééminente, mais il s'en faut qu'elle soit exclusive. Individus, collectivités, enfants, fous, cadavres, animaux, choses, les sanctions peuvent tout atteindre. *Leur champ d'application est donc extrêmement large, on peut même dire illimité*. Une responsabilité virtuelle aussi étendue est certainement très indéterminée dans son principe : il faut admettre que la responsabilité n'a aucun rapport nécessaire avec les qualités spécifiques de tels ou tels groupes de patients, qu'il y a bien des manières d'être responsable et que les sociétés sont partiellement indifférentes aux choix qu'elles font.

La description des situations génératrices confirme, d'une part, ce caractère négatif. Mais, d'autre part, elle met en lumière un caractère positif. C'est en tenant compte à la fois de l'un et de l'autre que nous pourrons poser le problème que nous devons résoudre.

Toutes les situations génératrices, savoir :

---

[1] On rapprochera, de ce que nous disons ici, les formules de Gernet, *Recherches*, p. 368. Cf. tout le chapitre II de la IIIᵉ Partie.

L'intervention active, à la fois corporelle et spirituelle, dans le crime ;
L'intervention purement spirituelle ;
L'intervention purement corporelle, active ;
L'intervention passive ;
L'intervention indirecte ;
sont des espèces d'un même genre. *Le responsable soutient toujours avec le fait sanctionné une relation, immédiate ou médiate.*

Ainsi tous les êtres sont aptes à devenir responsables. Mais ils ne deviennent pas responsables dans toutes les circonstances quelconques. Pour devenir responsable, il faut être en rapport avec le crime, se rattacher à lui. La nature de ce rapport, de ce lien, ne se laisse pas immédiatement définir. Elle est beaucoup plus indéterminée que le lien de cause à effet, le rapport d'agent à acte. Cependant, il y a rapport. Ainsi l'indétermination de la responsabilité n'est pas totale. Il reste vrai que les sanctions provoquées par le crime menacent un très grand nombre d'êtres ; les coups qu'elles frappent portent dans une aire de dispersion étendue, comme les projectiles d'un tir mal réglé. Mais on aperçoit bien que cette aire se distribue autour d'un centre et qu'il y a un but visé. C'est le crime. *La direction de la sanction, très mal déterminée par rapport au patient qui finalement la supportera, semble au contraire bien déterminée par rapport au crime.* Tout se passe comme si, dans un premier moment, la sanction, sûre de sa marche, allait directement vers le seul point d'application qui lui convînt, puis, dans un second moment, flottait au-dessus de ce point, et finissait par tomber quelque part autour de lui.

Cette indétermination partielle nous paraît être le caractère dominant de la responsabilité. Essayons d'en rendre compte.

II.

La principale condition de l'existence d'une société donnée est la vitalité du système de croyances qui assure la solidarité de ses membres ; non pas de toutes croyances quelconques, capables d'engendrer une solidarité sociale indéterminée, mais précisément de ce système de croyances qui lui est propre et d'où procède son idiosyncrasie. Tout affaiblissement de ces croyances est le commencement d'un processus de dissolution et de mort. C'est de ce point de vue que le crime est véritablement un acte antisocial qui lèse la société et menace sa vie. Ainsi s'explique la douleur qu'il provoque. Mais un être vivant ne supporte pas passivement le mal. Il réagit, et d'autant plus vigoureusement que sa vitalité est plus grande. Dans l'organisme, les réactions émotionnelles sont, grossièrement au moins, adaptées à des fins utiles : la colère et la peur remplissent une fonction, sinon par toutes, au moins par les plus importantes de leurs manifestations. Il en est de même de la peur et de la colère collectives, constitutives de la sanction. Steinmetz [1] a bien analysé quelques-unes des fonctions de la vendetta : elle rend toute son intensité au sentiment que le groupe social a de lui-même ; de sa force, de sa pérennité, de son intangibilité. Il en est de même de la sanction pénale, rituelle ou juridique [2]. Elle restitue, dans son intégrité, la croyance ébranlée par le crime, qui s'atrophierait à supporter passivement l'offense, qui se nourrit et reprend sa vigueur en réagissant. La peine répare ainsi le mal moral résultant du crime et arrête le cours de ses effets. L'utilité de la peine n'est pas essentiellement dans l'action qu'elle exerce sur les criminels, mais dans l'action qu'elle exerce sur la société elle-même. Tout se passe dans le domaine spirituel ; des images s'opposent à des images, des émotions à des émotions, des forces à des forces. La prévention spéciale, dont le rôle peut devenir important, reste chose secondaire. Par la peine rituelle ou juridique, le mal moral du crime est compensé, l'ordre moral rétabli, la colère des dieux apaisée, les forces religieuses déréglées sont à nouveau disciplinées, la souillure est lavée, l'impureté éliminée. Entendez par là que la société reprend sa confiance en elle-même et réaffirme l'intangibilité de la règle ébranlée par le crime.

Dès lors, telle étant la fonction de la peine, nous avons le droit de faire cette hypothèse : c'est au crime même que s'appliquerait la peine, si elle pouvait le saisir pour l'annihiler. Une confrontation de cette proposition avec les faits n'est pas possible. Mais l'étude de

---

[1] Cf. surtout I, p. 5-140 ; p. 328 sqq. ; p. 287-297 et 334-355 ; II, p. 130 sqq. cf. Mauss, *La religion et les origines du droit pénal*, Rev. de l'Hist. des Religions, XXXV, 1897, p. 35 sqq.

[2] Pour cette théorie de la sanction pénale et de sa fonction, nous renvoyons à Durkheim, *De la Division du travail social*, p. 64 sqq.

Paul Fauconnet

certaines sanctions restitutives permet une vérification indirecte de l'hypothèse.

Quand l'événement indu a eu les apparences d'un acte juridique régulier et entraîné des conséquences juridiques, la société a prise sur l'acte lui-même. Elle peut remettre les choses dans l'état de droit : telle est la fonction de la sanction restitutive pure. « La nullité est l'invalidité ou l'inefficacité dont un acte est frappé comme contrevenant à un commandement on à une défense de la loi ». Elle constitue « ce que l'on nomme (*hoc sensu*) la sanction de la loi » [1]. Par exemple le mariage contracté entre personnes déjà mariées à d'autres, le contrat vicié par un vice de consentement sont annulés par la juridiction civile ; l'acte administratif entaché d'excès de pouvoir est annulé par la juridiction administrative. Et, sauf exceptions, toutes les conséquences juridiques du mariage, du contrat ou de l'acte administratif sont annulées du même coup. *Quod nullum est, nullum producit effectum*. Dans la mesure du possible, les choses sont remises dans l'état où elles auraient dû rester et tout se passé comme si l'événement indu ne s'était pas produit [2]. Subsidiairement les bigames, les contractants, le fonctionnaire peuvent être frappés de peines ou condamnés à des dommages-intérêts. Mais la sanction restitutive, considérée en elle-même, s'applique exclusivement à l'acte et à ses conséquences. C'est l'acte indu lui-même qui supporte la sanction ; c'est sur lui, et non sur un patient, qu'elle remplit sa fonction [3].

En matière pénale, la procédure de l'annulation ne joue pas.

On observe cependant que la réaction pénale ne se produit pas, lorsque le crime a été supprimé avant qu'elle n'intervienne ; l'auteur du crime subsiste, mais le crime a disparu ; la peine avorte ; elle ne servirait à rien, elle n'a plus rien à frapper. C'est ce qui se produit dans la *prescription* [4]. Comme toutes les émotions, celles que sou-

---

1 Aubry et Rau, *Cours de droit civil français*, 5ᵉ éd. Paris, 1897, t. I, p. 179-180.
2 Hauriou, *Précis de droit administratif*, 9ᵉ édition, Paris, 1919, p. 517 : « L'annulation produit ses effets *erga omnes* « objectivement », elle fait disparaître l'acte aussi complètement que s'il était rapporté par son auteur ».
3 « ... L'instance... ne comporte pas de défendeur. L'auteur de l'acte ne paraît pas. Ce n'est pas contre lui qu'on agit, c'est contre l'acte... Si le Conseil annule, il n'y a pas de perdant. » Berthélemy, *Traité élémentaire de droit administratif*, 6ᵉ édition, 1910, p. 936.
4 Voir, par exemple, Vidal-Magnol, p. 830 : « La prescription... est basée sur l'oubli

lève le crime s'éteignent avec le temps ; la société présente ne se ressent plus du crime d'autrefois : c'est l'oubli qui a joué ici le rôle de la sanction ; le crime est comme annulé, puisque la société a réussi à vivre, et à vivre saine, malgré lui. On dit alors que la peine n'a plus d'objet : c'est donc que son objet est le crime lui-même. De la prescription, on peut rapprocher l'amnistie [1] et le pardon. Une société qui, prenant conscience de sa vigueur morale, sent qu'elle n'a été que faiblement atteinte par le crime, peut l'oublier volontairement, décider qu'il est non avenu. D'autres fois, le crime est détruit par ceux-là même qui en ont souffert et dont la plainte était nécessaire pour qu'il y eût poursuite ; le pardon est une sorte d'amnistie privée [2].

Une autre preuve indirecte que la sanction pénale vise le crime, bien plutôt que le criminel, est fournie par le *formalisme* traditionnel dont l'École Italienne fait grief aux jurisconsultes. L'un des pivots du système classique, dit Garofalo, est le principe qui réclame « la proportion de la quantité de la peine à la quantité du délit ». « On s'est efforcé de former une échelle graduée des délits, selon leur gravité, au moins pour les grandes espèces, afin de pouvoir construire vis-à-vis une échelle graduée des peines [3] ». Entreprise absurde, selon Garofalo, et vouée d'avance à l'insuccès. Et il demande, quant à lui, l'*individualisation* radicale de la peine, adaptée, en quantité, et en nature, non au délit commis, mais à l'*indoles* du criminel. Ce que nous devons retenir ici, c'est seulement l'exactitude du reproche fait au droit pénal en vigueur [4]. À tort ou à raison, le droit pénal contemporain est, comme le remarque Saleilles, objectif dans son principe. La peine « doit être

---

du délit, sur la cessation du trouble causé par son accomplissement... ». Sur la prescription de la peine, voir *ibidem*, p. 727 sqq. — Cf. Ortolan, II, p. 331 : « Après un certain temps écoulé, le souvenir du fait coupable s'en est allé, le besoin de l'exemple a disparu... »

1 Ortolan, *loc. cit.*, II, p. 353 : « L'amnistie s'applique aux faits et non aux personnes ».

2 Vidal-Magnol, *loc. cit.*, p. 740.

3 Garofalo, *La criminologie* : « Critique du système pénal selon les juristes », p. 321, 324.

4 Sur ce *formalisme* ou *réalisme* du droit pénal, voir Tesar, *Die symptomatische Bedeutung des verbrecherischen Verhaltens, Ein Beitrag zur Wertungslehre im Strafrecht*, Berlin, 1907, et le compte-rendu que j'ai donné de cet ouvrage dans *L'Année sociologique*, tome XI, Paris, 1910, p. 450-454.

Paul Fauconnet

un forfait, fixé d'avance et invariable, tant pour chaque crime, tant pour chaque délit. Tel fut, en effet, le système pénal du droit de la Révolution. Nous avons, de 1791, un Code pénal,... qui révèle admirablement l'esprit de l'époque. Les peines y sont fixées par la loi, sans que le juge ait le moindre pouvoir... La peine était absolument fixe, comme dans la loi salique. C'était un taux invariable : pour tel vol, tant de prison ou tant de galères... On n'avait à tenir compte, ni des circonstances du fait, ni de l'entraînement possible, ni des antécédents... Le juge n'était qu'un instrument mécanique d'application de la peine... Il n'avait qu'un rôle à remplir, vérifier la preuve du fait [1]. » Et, quoiqu'il ait admis l'élasticité des peines, variables entre deux limites fixes, notre Code pénal de 1810 reste fidèle au fond à la théorie purement objective du Code de 1791 : il reconnaît seulement que les circonstances matérielles du fait sont trop variables pour que le législateur puisse assurer lui-même la rigoureuse proportionnalité de la peine au délit ; il réclame donc la collaboration du juge. Mais c'est toujours au délit seul que se mesure la peine. Le patient de la sanction reste « le criminel abstrait, l'individualité anonyme [2] » qui a commis le délit. L'école classique, fidèle interprète des tendances du droit en vigueur, demeure réfractaire au principe de l'individualisation. Elle a dû faire des concessions. Mais Saleilles, qui les fait plus larges que tout autre, maintient néanmoins le principe : « le crime doit être défini par ses caractères abstraits, et tarifé à sa valeur sociale, c'est-à-dire d'après sa gravité objective pour la société... c'est l'entité crime qui seule peut permettre une poursuite... *c'est le fait criminel qui sera l'objet de la peine* [3] ».

Ainsi la formule même de notre hypothèse vient sous la plume d'un juriste, qui oppose l'esprit du droit pénal positif à celui des théories qui en exigent la subversion. À vrai dire, il ne la prend pas au sens littéral. Mais nous sommes autorisés à dire que, dans le criminel, c'est le crime que vise la peine. Si elle pouvait atteindre

---

1 Saleilles, *L'individualisation de la peine*, p. 51-52.
2 *Id. ibid.*, p. 55. — L'objectivisme du droit pénal révolutionnaire trouve son expression doctrinale dans certaines théories du XVIIIe siècle, par exemple chez Montesquieu : cf. nos observations à ce sujet dans *L'Année sociologique*, tome VII, Paris, 1904, p. 502, compte-rendu de : von Overbeck, *Das Strafrecht der französischen Encyclopädie*, Karlsruhe, 1902.
3 *Ibid.*, p. 168.

PARTIE II : ANALYSE DE LA RESPONSABILITÉ

le crime même, comme la sanction restitutive atteint l'acte illégal qu'elle annule, elle le ferait.

Seulement elle ne le peut pas. À parler exactement, un événement accompli ne peut pas être supprimé. L'acte entaché d'excès de pouvoir, le mariage prohibé ont eu lieu. Les annuler, cela ne peut signifier que deux choses : on supprime d'abord, dans la mesure du possible, les conséquences que ces événements indus ont produites, on en arrête le cours ; et d'autre part, on rétablit dans son intégrité la règle violée, on affirme, en dépit du fait accompli, qu'elle est intangible et intacte. Une satisfaction est ainsi donnée à la conscience juridique, satisfaction imaginaire et cependant réelle : le droit est affaire de croyances. Dès le moment qu'une procédure restitue à la représentation de la règle la confiance qui s'attache à elle et fait sa force contraignante, tout se passe comme si le fait qui tendait à sa ruine n'avait pas eu lieu.

Mais justement le crime diffère des autres illégalités par les conséquences qu'il produit [1]. Les règles qu'il viole correspondent aux états forts de la conscience collective, elles sont objet d'un respect intense et tellement spontané, tellement commun à tous les membres de la société, que les codes n'ont pas besoin de les formuler. Leur transgression soulève des émotions violentes dont les effets destructeurs se déroulent : ou bien pour mettre en péril les croyances sociales fondamentales, si le crime paraît l'emporter sur la règle ; ou bien pour manifester énergiquement le respect inspiré par la règle et lui rendre toute son autorité, si la règle l'emporte finalement sur le crime. Mais cette victoire de la règle ne saurait consister en une simple rectification des opérations qui ont modifié l'ordre moral [2]. Reprendre au voleur la chose volée pour la rendre à son légitime propriétaire, ce serait nier bien mollement l'acte du voleur. Le caractère sacro-saint de la propriété a été directement mis en cause : et c'est pourquoi le vol est un crime. L'un des

---

1 Durkheim, *loc. cit.*, p. 35-52 : analyse du crime ; p. 52-78 : analyse de la peine ; p. 79-83 : analyse de la sanction restitutive.

2 L'impossibilité d'annuler le crime par une procédure analogue à l'annulation civile ou administrative ne découle pas, comme on pourrait l'admettre d'abord, du caractère irréparable des maux nés du crime. Car, s'il est vrai que l'homme assassiné ne peut pas être ressuscité, le bien volé ou son équivalent pourrait souvent être rendu au propriétaire. Inversement les nullités ou annulations restitutives peuvent laisser subsister derrière elles des malheurs irréparables, conséquences de l'illégalité commise.

sentiments moraux les plus énergiques a été offensé. Sa réaction est proportionnelle à sa vitalité et il faut qu'il en soit ainsi, à moins qu'il ne demeure blessé et n'entre en décomposition. Il est nécessaire et indispensable que les conséquences du crime, entendez ses conséquences émotionnelles, soient détruites, autrement dit que l'émotion soulevée s'apaise en se dépensant. Il faut que la sanction consiste en une manifestation très énergique : la *valeur* de la règle réaffirmée engendre et appelle des actes qui en soient l'expression fidèle. La sanction pénale a bien, elle aussi, pour fonction d'annuler le crime. Mais cette annulation est d'une nature particulière. Il ne s'agit plus seulement de supprimer ce qui est contraire au droit, de rétablir l'ordre ancien. Il faut refaire du neuf, guérir des sentiments que le crime impuni laisserait énervés. C'est la confiance sociale dans l'autorité des règles morales, la foi morale qui réclament un réconfort. Les sociétés n'ont pas trouvé d'autres moyens d'apaiser le trouble né du crime et de restaurer leur respect pour la règle violée que de détruire, imaginairement, la représentation sacrilège que le crime leur a imposée, en se déchaînant contre elle. Ce déchaînement destructeur est le principe de la sanction pénale : elle est réputée exercée, dès que les sociétés *croient* avoir supprimé le crime, mais pas avant.

C'est donc sur le crime et ses conséquences ainsi définies que la peine doit exercer son action. En ce sens, il est vrai de dire que la peine réagit sur la cause qui la provoque, que c'est la cause qui devient le patient. L'opinion commune qui lie les deux idées de responsabilité et de causalité prend, de ce point de vue, une signification nouvelle. La peine est bien la réflexion de l'effet sur sa cause, seulement la cause de la peine n'est pas l'auteur du crime, mais le crime lui-même.

Mais n'est-ce pas là une formule vide de sens ? Comment le crime, représentation qui appartient au passé, peut-il être détruit ? Il semble que les sociétés soient enfermées dans une impasse et que le mal créé par le crime soit irréparable. Les sociétés ne s'arrêtent pas dans cette impasse. Elles sont acculées à la nécessité de détruire quelque chose qui, logiquement parlant, est indestructible ; elles ne le peuvent, sans doute, qu'au prix d'une sorte de contradiction ; mais une contradiction coûte peu, lorsqu'elle est la condition du maintien de la vie.

Pour se donner ainsi satisfaction, il suffit que la société soit capable de susciter un symbole ou un signe, c'est-à-dire un être dont elle puisse faire, de bonne foi, le substitut du crime passé. La destruction d'un symbole remplacera la destruction du crime qui, en lui-même, ne peut pas être détruit. Ce sont les êtres jugés aptes à servir de substituts d'un crime et à supporter comme tels la peine de ce crime qui deviennent *responsables* [1].

III.

La peine se dirige vers le crime. C'est seulement parce qu'elle ne peut l'atteindre en lui-même qu'elle rebondit sur un substitut du crime. Dans ce second moment, elle peut prendre bien des directions différentes. Rien, semble-t-il, ne contraint les sociétés à circonscrire étroitement le cercle où elles choisiront l'être qui servira de substitut au crime et deviendra le point d'application de la peine. Le rapport de symbole à chose symbolisée est tout à fait indéfini. Seule la conscience qui le pose le perçoit et le tient pour valable.

L'orientation des sanctions rétributives doit donc rester largement indéterminée. Tout être quelconque doit pouvoir jouer éventuellement le rôle de patient et les combinaisons d'images d'où naissent sa responsabilité doivent être des plus variées. Nous avons vu qu'il en est effectivement ainsi.

À la limite on doit admettre que cette orientation serait absolument fortuite et le choix du patient tout à fait arbitraire. Or l'obser-

---

[1] En assignant à la peine, comme rôle essentiel, la fonction d'expiation, on ne nie pas qu'elle remplisse simultanément des fonctions accessoires d'intimidation, d'élimination, d'amendement des coupables. Or le choix du patient auquel doit s'appliquer une mesure de prévention spéciale dépend de conditions qui n'ont rien à voir avec celles qui viennent d'être analysées. Mais, précisément parce que l'orientation de la peine, considérée comme expiation pure, reste dans une certaine mesure indéterminée, un champ d'action est ouvert à d'autres facteurs pour une détermination plus étroite. Parmi tous les êtres qui pourraient indifféremment servir à symboliser le crime, la réflexion fera souvent choisir le patient auquel la peine s'appliquera efficacement comme mesure de prévention spéciale. — Mais autre chose est de dire que la peine est, par nature, orientée vers l'auteur redouté du crime à venir, autre chose que son orientation dominante vers le crime est compatible avec cette orientation spéciale.

Paul Fauconnet

vation d'un groupe remarquable de faits de vendetta vérifie l'exactitude de cette conséquence extrême de notre hypothèse.

Steinmetz a reconnu l'existence de ce qu'il appelle heureusement « *die völlig ungerichtete Rache*, la vengeance complètement inorientée [1] ». La vendetta s'exerce, non sur l'auteur du dommage, mais sur « le premier venu ». Ainsi dans le Daghestan, « en cas de mort sans cause connue, les parents du mort, après s'être rassemblés devant la mosquée, déclarent une personne quelconque être le meurtrier, et se vengent sur elle comme sur un criminel véritable [2] ». Steinmetz cite dix-huit autres faits plus ou moins analogues. Mais ce sont là, pour lui, des exceptions et il admet que « la vengeance ordinaire a toujours le coupable... pour objet [3]. » Nous croyons au contraire que cette « inorientation » radicale est un caractère essentiel de la vendetta pure. Et l'on peut s'étonner que Steinmetz ait passé, sans apercevoir leur signification, à côté de faits qu'il connaît bien.

En Australie, quand la vendetta se développe librement [4], sans qu'aucune force contraire la restreigne, les choses se passent à peu près comme au Daghestan.

Tous les observateurs s'accordent à dire que la mort n'y est jamais tenue pour naturelle [5]. Le décès d'un vieillard ou d'un malade, l'accident mortel, le meurtre sont sentis comme des événements de même nature : tout décès est attribué à l'activité malfaisante, aux coups ou aux pratiques magiques d'un ennemi. Toute mort donne donc ouverture à une vendetta. Et voici comment est choisi

---

1 Steinmetz, I, p. 318 sqq.
2 I, p. 322, d'après Kovalewsky, Rev. intern. de Sociol., t. I, 1893, p. 301.
3 I, p. 318.
4 Une forme de vendetta, toute différente de celle que nous analysons dans le texte, s'observe en Australie. Elle a été bien étudiée par Steinmetz, II, 1. Abschnitt : der geregelte Rachekampf ; (parmi les textes postérieurs, cf. Howitt. The native tribes of South-East Australie, London, 1904, p. 348 sqq. ; N.W. Thomas, Natives of Australia, London, 1906, p. 149 sqq.) : la vendetta est un combat réglé, un duel individuel ou collectif ; elle est considérée comme accomplie, dès que le combat a duré un certain temps ou qu'un des adversaires a été blessé. Les observateurs européens disent que le parti vengeur provoque l'homme ou le clan qu'il tient pour l'auteur du meurtre. L'orientation vers l'auteur serait donc très nette. Mais, à supposer cette interprétation exacte, il s'agit évidemment ici d'une vendetta *limitée*. Les forces sociales qui paralysent son essor et lui imposent une réglementation s'opposent en même temps à un choix libre du patient.
5 Cf. par exemple Spencer et Gillen, *The native tribes of Central Australia*, London, 1899, p. 476.

le patient qui doit la subir. Dans certaines tribus, le mourant le désigne lui-même. « Un mourant qui croit que des actes de sorcellerie ou des incantations sont cause de sa maladie, dit Dawson, indique à ses amis le nombre de personnes qu'ils doivent tuer dans la tribu qu'il suspecte. Quelquefois le mourant nomme l'individu qu'il considère comme l'auteur de sa maladie [1] ». Spencer et Gillen rapportent la même chose. « Il n'est pas rare que le mourant murmure à l'oreille d'un *Railtchawa*, ou homme-médecine, le nom de l'homme dont la magie le tue [2] ». Ou bien la désignation est rituelle ou magique : l'interprétation de certains signes naturels oriente la sanction. « Quand la tribu de l'offenseur n'a pas été autrement révélée (par le mourant), dit Dawson [3], la question est tranchée une fois le corps placé dans l'arbre, par l'examen du premier ver qui tombe du corps et rampe sur l'espace balayé qui est au-dessous. Si le corps a été enterré, la surface de la tombe est soigneusement balayée et nivelée, Puis la première fourmi qui la traverse indique la direction de la tribu coupable de la mort du défunt. Si possible, l'un des membres de cette tribu doit être tué ». Dans le même cas, selon Spencer et Gillen [4], « il n'y a pas de difficulté à déterminer tôt ou tard, par quelque autre méthode, le parti coupable. Peut-être, quand on creusera la tombe, trouvera-t-on une cavité aboutissant sur un de ses côtés, laquelle montrera immédiatement la direction dans laquelle vit le coupable ; ou bien l'indication peut être fournie, quelquefois pas moins d'un an après le décès, par un terrier fait par quelque animal sur un côté de la tombe. L'identité de l'homme coupable est toujours révélée par l'homme-médecine ». Ou bien enfin le choix du patient est délibéré. Chez les Dieyeries, par exemple, le chef, un indigène influent, choisit les hommes qui, composeront le parti vengeur, le *pinya*. « La nuit précédant le départ, les hommes composant le pynia sortent du camp vers sept heures du soir et s'éloignent à une distance d'environ trois cents yards ; là ils s'asseyent en cercle, plantant leurs lances dans le sol à côté d'eux. Les femmes forment autour des hommes un cercle plus grand, un certain nombre d'entre elles portent à la main des

---

[1] Dawson, *Australian Aborigines*, p. 68. Il s'agit de tribus du S.-O. de Victoria ; cf., sur ces tribus, Frazer, *Totemism and Exogamy*, London, 1910, I, p. 463.
[2] Il s'agit des *Arunta* du Centre : Spencer et Gillen, *loc. cit.*, p. 476.
[3] *Loc. cit.*
[4] *Loc. cit.*

Paul Fauconnet

branches enflammées. Le chef ouvre le conseil en demandant qui causa la mort de leur ami ou parent : en réponse, les autres nomment plusieurs indigènes de leur propre tribu ou des tribus voisines, chacun attribuant le crime à son ennemi le plus acharné. Le chef, remarquant quel est celui que la majorité voudrait qu'on tuât, proclame son nom d'une voix forte ; au même moment chaque homme saisit sa lance. Les femmes qui ont des brandons les disposent en rang et, ce faisant, prononcent des noms d'indigènes, jusqu'à ce que l'une d'entre elles nomme l'homme qui vient d'être condamné : alors tous les hommes simultanément jettent leur lance sur le brandon de la femme qui a nommé le condamné. Le chef prend alors en main le brandon ; un des vieillards a creusé dans le sol avec sa main un trou profond de quelques pouces ; le chef y place le brandon, le recouvre, et tous déclarent qu'ils tueront le condamné et le verront enterré comme ce bâton [1] ».

Quel que soit le procédé de désignation, il est manifeste que l'orientation de la vendetta est tout à fait indéterminée. Puisqu'il s'agit le plus souvent d'une mort naturelle, il n'y a pas d'auteur réel. Et les soupçons du mourant, le choix de l'assemblée, surtout l'interprétation des signes relevés sur la tombe laissent à l'arbitraire, à la passion, aux associations d'idées fortuites, le champ le plus large. L'interprétation des signes peut tout au plus orienter les vengeurs vers l'un des points de l'espace, vers une tribu voisine ; elle suppose un choix ultérieur, qui reste tout à fait arbitraire. Dira-t-on qu'à tout le moins le responsable est présumé cause du décès qu'on veut venger ? Mais c'est là une interprétation européenne du fait, qui ne change rien à sa nature. La prétendue présomption de causalité, au lieu de commander la responsabilité, n'en résulterait-elle pas ? Il faut tuer quelqu'un : le patient une fois choisi, on admet peut-être qu'il est l'auteur du décès. Mais il est bien peu vraisemblable qu'une hypothèse spéculative sur la cause précède le jugement de responsabilité. Si l'on rapproche des faits australiens les faits similaires observés ailleurs, on voit clairement que le caractère arbitraire du choix s'explique surtout par l'indifférence de la vendetta à une orientation quelconque.

---

[1] Gazon, in Woods, *The native tribes of South Australia*, Adelaïde, 1879, p. 263-264. Cf. Howitt, *The native tribes of South-East Australia*, pp. 326 sqq., p. 803 ; Spencer et Gillen, *The northern tribes of Central Australia*, Londres, 1904, p. 556 sqq.

Aux Philippines et dans presque toutes les populations de race malaise, la vendetta se confond dans une large mesure avec ce qu'on appelle la « chasse aux têtes [1] ». La coutume veut que la mort, celle d'un chef ou d'un notable surtout, ait pour sanction le meurtre d'une ou plusieurs personnes ; leurs têtes sont coupées et rapportées sur la tombe. Or, ici, il n'est même pas question de désignation : on tue n'importe qui, le premier venu, à l'exception des membres du groupe auquel appartiennent les vengeurs et des groupes alliés. C'est le hasard de la rencontre qui oriente la vendetta. « Tout homme appartenant à une tribu étrangère, avec laquelle ils n'entretiennent pas particulièrement de rapports d'amitié, est abattu, s'il a le malheur de rencontrer les vengeurs [2] ». Ou bien les parents du mort restent cachés près de la tombe et tuent d'une flèche l'étranger qui la foule aux pieds [3]. Il est possible que la rencontre ou le passage sur la tombe soient, aux yeux des indigènes, des signes rituels qui désignent la victime : je ne sache pas que les observateurs le disent ; mais on voit combien nous sommes près des faits australiens.

Voici ce que Lafitau rapporte des Iroquois [4]. « Les familles... ne se soutiennent que par le nombre de ceux qui les composent... La perte d'une seule personne est une grande perte, mais une perte qu'il faut nécessairement réparer, en remplaçant cette personne qui manque, par une ou par plusieurs autres, selon que la personne qu'on doit remplacer, était plus ou moins considérable. Ce n'est point à ceux de la Cabane à réparer cette perte, mais à tous ceux qui y ont des alliances, ou leur *Athonni,* comme ils parlent ; et voilà en quoi consiste l'avantage d'une Cabane d'avoir plusieurs hommes, qui y aient pris naissance. Car ces hommes... se mariant dans des Cabanes différentes, les enfants qui naissent de ces di-

---

1 Ici, je m'appuie seulement sur les textes rassemblés par Steinmetz, I p. 334-360, en particulier sur Blumentritt (Philippines). Cf., ci-desous, p. 44, n. 1
2 P. 343, d'après Blumentritt.
3 P. 335, d'après Blumentritt.
4 Le P. Lafitau, *Mœurs des Sauvages Amériquains,* Paris, 1724, éd. en 4 vol. in-16. — Le jésuite Lafitau a vécu cinq ans chez les Iroquois, à la mission de Saint-François du Sault (Sault Saint-Louis, Caughnawaga, à 16 kil. S.-O. de Montréal : cf. Handbook of American Indians, s. v. Caughnawaga, Bulletin of American Ethnology, n° 30, I) ; il a profité des connaissances du P. Julien Garnier, qui a passé à la mission plus de 60 ans. Sur toute la question qui nous occupe, ce texte est le plus riche et le plus précis que je connaisse.

Paul Fauconnet

vers Mariages, deviennent redevables à la Cabane de leurs Pères, à laquelle ils sont étrangers, et contractent l'obligation de les remplacer ; de sorte que la Matrone qui a la principale autorité dans cette Cabane, peut obliger ces enfants d'aller en guerre comme bon lui semble... Quand donc cette Matrone juge qu'il est temps de relever l'arbre, ou de remettre sur la natte, quelqu'un de ceux de sa famille que la mort lui a enlevé, elle s'adresse à l'un de ceux, qui ont leur *Athonni* chez elle, et qu'elle croit le plus capable d'exécuter sa commission. Elle lui parle par un collier de porcelaine, et lui explique ses intentions pour l'engager à former un parti ; ce qui est bientôt fait [1]... Les guerriers n'attendent pas toujours qu'on les sollicite, leur devoir les avertit suffisamment, et le désir d'acquérir de la gloire, les presse encore plus vivement que le devoir et l'usage [2]... Les partis détachés, qui se forment ainsi en pleine paix, pour ne pas intéresser la Nation par des hostilités, lesquelles pourraient avoir des suites fâcheuses, vont porter la Guerre chez les peuples les plus reculés. Ils seront deux ou trois ans en chemin, et feront deux ou trois mille lieues, à aller et venir pour casser une tête, et enlever une chevelure. Cette petite Guerre est un véritable assassinat, et un brigandage, qui n'a nulle apparence de justice, ni dans le motif qui l'a fait entreprendre, ni par rapport aux peuples à qui elle est faite : ils ne sont seulement pas connus de ces Nations éloignées, ou ne le sont que par les dommages qu'ils leur causent, lorsqu'ils vont les assommer, ou les faire esclaves presque jusques aux portes de leurs Palissades. Les Sauvages regardent cela néanmoins comme une belle action [3]... Ils font leurs coups d'ordinaire dans les lieux de chasse et de pêche, et quelquefois à l'entrée des champs et des bois, où après s'être tenus tapis dans les broussailles pendant quelques jours, le malheur de quelques passans, qui ne pensent à rien moins, leur donne l'avantage de la surprise et de la victoire... Ils... cassent la tête aux blessés, et à ceux qui ne peuvent les suivre, et ne mènent de prisonniers avec eux qu'à proportion de leur petit nombre [4] ». On sait que les morts sont *scalpés* et les chevelures emportées [5]. Au retour, prisonniers et chevelures sont

---

[1] Tome III, p. 148
[2] P. 151.
[3] P. 153.
[4] P. 232.
[5] P. 232 sqq.

PARTIE II : ANALYSE DE LA RESPONSABILITÉ

partagés. « La destination s'en fait dans un Conseil... Un Ancien déclare le partage qu'on en a fait... les personnes à qui ils sont donnés, et le nom de ceux ou de celles qu'ils doivent remplacer. On distribue aussi en même temps les chevelures, lesquelles tiennent lieu d'un esclave, et remplacent aussi une personne... Après cette distribution on conduit les esclaves dans les Cabanes où ils sont donnés, et on les y introduit ; ou bien on les laisse à la porte dans le vestibule ; ce qui se pratique surtout lorsqu'on n'est pas déterminé à leur donner la vie... On brûle toujours deux ou trois esclaves, lorsqu'ils sont donnés pour remplacer des personnes de grande considération, quand bien même ceux qu'on remplace, seraient morts sur leur natte, et de leur mort naturelle... mais après cela il faut que les personnes intéressées se contentent ; car l'obligation de remplacer les morts, subsistant toujours dans les enfants par rapport à la Cabane de leurs pères et de leurs tantes, jusqu'à ce qu'on ait donné la vie à une personne, qui représente celle qu'on veut ressusciter ; ceux qui ont cette obligation, auraient droit de se plaindre qu'on les ménage peu ; puisque pour faire un esclave, ils sont obligés de courir les risques d'être faits esclaves eux-mêmes, d'être tués ou brûlés, de la même manière dont ils les brûlent chez eux [1]... La condition d'un esclave à qui l'on donne la vie... est aussi douce, à proportion que celle de ceux qu'on jette au feu, est cruelle. Dès qu'il est entré dans la Cabane où il est donné, et où l'on a résolu de le conserver, on détache ses liens ;... on fait festin à tout le Village pour lui donner le nom de la personne qu'il relève... et dès ce moment il entre dans tous ses droits... Si c'est un homme qui ressuscite un Ancien, un Considérable, il devient considérable lui-même, et il a de l'autorité dans le village [2]... » Ainsi la vendetta s'accomplit par une adoption précédée de rites sanglants, meurtres, scalps, supplices de prisonniers. Mais les patients de la sanction, tant les adoptés que les sacrifiés, sont choisis d'une manière tout à fait fortuite et arbitraire. Un fait, véritablement décisif, prouve que l'auteur du meurtre, quand meurtre il y a, n'est pas nécessairement choisi comme patient : il est menacé par la vengeance des parents de la victime, auxquels tout le village offre des présents, pour leur « refaire l'esprit » et sauver la vie du criminel ; il peut être adopté <u>par eux pour tenir</u> la place de celui qu'il a tué ; *mais il peut aussi*

---
1 P. 246-247. — Sur le supplice, t. IV, p. 1 sqq.
2 T. IV, p. 31.

jouer lui-même le rôle de vengeur. « S'il est sage, il ne tarde point à s'absenter, surtout si la famille du défunt est puissante, afin d'éviter... un nouvel incident. Il prend le prétexte d'aller en guerre pour remplacer le défunt par un esclave, et ne revient qu'après que le temps a diminué la sensibilité de la perte qu'il a causée [1] ».

Les faits australiens sont à rapprocher des faits malais et américains. On voit combien nous devons nous défier des associations d'idées familières. Supposer que le responsable est présumé auteur du fait sanctionné, c'est, dans bien des cas sans doute, fausser les faits observés. Et définir la vendetta : la réaction de la famille victime *contre l'agresseur* et sa famille, c'est impliquer, dans la notion même de la sanction, une règle de responsabilité qui lui est tout à fait étrangère. Donc l'orientation de la vendetta est, dans certains cas, complètement indéterminée.

On peut dire la même chose des sanctions exercées par les dieux. Ils choisissent souvent le patient qui doit supporter leur colère d'une manière qui semble arbitraire. Ils exigent une victime : pourquoi celle-ci plutôt qu'une autre ? Les hommes s'inclinent sans comprendre. La justice divine déconcerte : elle épargne ceux que les hommes croyaient menacés et frappe ailleurs ou tarde longtemps [2]. Ainsi, quand les sociétés choisissent à leur insu un patient, en s'imaginant n'être que les ministres d'un choix divin, il leur arrive de procéder si arbitrairement qu'elles en sont elles-mêmes étonnées.

Dans l'application de la peine, on n'observe jamais une indétermination aussi complète [3]. Quand il y a vendetta, la société qui la subit est distincte de celle qui l'exerce, ce sont deux ennemis qui s'affrontent dans une guerre : sauf la force de leurs adversaires, rien n'arrête les vengeurs dans l'exercice de leur choix. Les forces morales qui pourraient contraindre la vengeance à se limiter font donc défaut ; comment y aurait-il, parmi des étrangers indifférents ou haïs, un cercle étendu d'êtres auxquels on reconnaîtrait un privilège d'irresponsabilité ? Jamais ces conditions, favorables à une indétermination *maxima* de la responsabilité, ne sont réalisées

---

1 Tome II, p. 192.
2 Voir, par exemple, pour la Grèce, Glotz, p. 559 sqq.
3 Voir cependant ci-dessous, ch. VI, Fonction de la responsabilité, des exemples de choix arbitraire du patient dans des cas exceptionnels.

pour les sanctions pénales publiques. Ici, c'est dans son sein que la société choisit des patients, c'est elle-même qu'elle frappe. On peut donc prévoir que des forces antagonistes endigueront le torrent émotionnel dont le crime est la source et le canaliseront.

Ni orientation exclusive de la peine vers un patient qui aurait, en lui-même, comme le monopole de la responsabilité ; ni indétermination complète de son orientation ; orientation vers le crime, comme nous l'avons montré, et, à défaut du crime même, vers toute sorte d'êtres qui soutiennent avec le crime un rapport mal défini : voilà ce que nous constatons. Le fait primaire est donc l'existence d'un réservoir de forces qui n'est autre que la représentation des choses saintes, des valeurs morales. Quand ces forces se déchaînent, la responsabilité est créée, sans qu'il y ait encore de responsable. Elle plane sur tous. Nous avons vu les dieux, les esprits des morts chercher une proie. Il faut qu'ils en trouvent une. Ce n'est pas parce qu'il y a des responsables qu'il y a une responsabilité. La responsabilité préexiste, flottante, et elle se fixe ensuite sur tels ou tels sujets.

IV.

En quoi consiste cette responsabilité flottante ? Comment se fixe-t-elle et sur qui ? Nous ne saurions le dire encore ; mais nous comprenons que la question se pose. Or, c'est là un premier résultat théorique qui a son importance. Car, en général, le besoin même d'expliquer la responsabilité n'est pas senti. Et il ne peut pas l'être. Une réflexion juridique ou philosophique qui s'attache exclusivement à notre droit pénal et à nos mœurs ne peut pas mettre *à part* le fait de responsabilité.

Nos codes, en effet, impliquent, dans la définition du crime, la représentation d'un agent, d'une volonté : le meurtre est l'homicide volontaire, le vol, la soustraction frauduleuse de la chose d'autrui. Si l'instruction découvre que le meurtrier est un mineur de treize ans, il ne peut pas y avoir de peine, ni même de procès pénal. Pas de responsable, pas de sanction. L'instruction révèle-t-elle que le meurtrier adulte était en démence au temps de l'action, il y aura obligatoirement acquittement ou même non-lieu, parce que, comme le dit le Code pénal français, « il n'y a ni crime, ni délit ».

Ainsi, dans notre droit pénal, les trois jugements de responsabilité, de sanction et d'incrimination sont, en fait, enchevêtrés ; ils s'impliquent l'un l'autre. Et si la réflexion doctrinale cherche à marquer leur rapport, c'est le jugement de responsabilité qu'elle tend à mettre, logiquement, au premier rang. L'incrimination elle-même se présente comme subordonnée à la désignation d'un responsable [1]. Tout se passe comme si la conscience collective commençait par se prononcer sur la question de responsabilité, pour décider seulement ensuite s'il y a lieu d'incriminer et de punir.

Or, nous avons essayé d'établir que les trois termes, crime, sanction, responsabilité, pouvaient être dissociés, et que les phénomènes s'enchaînent dans l'ordre suivant : d'abord le crime, puis, par réaction contre lui, la sanction et, pour que la sanction puisse s'appliquer, la responsabilité.

Si la peine est d'abord orientée vers le crime, le phénomène d'orientation secondaire vers le patient substitué au crime peut être, au moins par abstraction, légitimement distingué du phénomène primaire de sanction. On peut en quelque sorte marquer un temps d'arrêt, un moment logique où la peine, déjà tout entière déterminée dans sa grandeur et dans sa qualité et voyant lui échapper le crime qu'elle vise, attend, comme un ressort bandé, qu'on lui assigne un objet ; alors l'intervention de causes nouvelles produit un fait nouveau, l'orientation vers tel ou tel patient, le choix d'un point d'application. Ce second processus est le fait de responsabilité. *Le fait de responsabilité a, par rapport au fait de sanction, une certaine indépendance ; il a sa réalité propre et doit avoir ses lois propres ; la désignation du responsable n'est pas logiquement impliquée dans la notion du crime et de sa sanction, on ne peut l'en faire analytiquement sortir.* C'est parce que la peine est largement indéterminée dans son orientation, qu'une opération *sui generis*, le choix d'un symbole approprié, est nécessaire. S'il n'y avait pas d'indétermina-

---

1 La doctrine fait de la responsabilité, un « élément constitutif » de l'infraction. Cf. par exemple Ortolan, tome I, p. 99 : « Ce ne sont pas les faits qui violent le droit, qui sont punissables, ce sont les personnes... Pour qu'un fait soit reconnu délit, il faut donc le considérer avant tout... dans la personne de l'agent... L'étude de cet agent est la première qui se présente dans l'ordre des faits... La première question au sujet de l'agent... est donc de savoir... s'il y a contre lui, à raison de ce fait, imputabilité... À l'idée d'imputabilité se lie intimement celle de responsabilité. »

tion, il n'y aurait pas de responsabilité.

Mais alors un problème nouveau se pose : comment ce choix se fait-il ? Il fallait qu'on aperçût la possibilité et la nécessité de choisir pour que la question se formulât ainsi.

Notre analyse révèle la nécessité d'une *institution de la responsabilité* : il faut qu'un corps de règles, explicites ou non, et proprement morales, commande le choix du patient légitime, c'est-à-dire de l'être qui symbolise *vraiment* le crime au regard de la conscience morale ou juridique.

CHAPITRE V.
Nature de la responsabilité.

Des forces collectives entraînent les sociétés à choisir des responsables pour les punir. Comment ces forces s'exercent-elles ? quel mécanisme mettent-elles en jeu ? C'est ce qu'il nous faut maintenant examiner.

I.

Les émotions suscitées par le crime ne restent pas attachées à l'image du crime. Elles se propagent, se transfèrent et c'est ce qui rend possible la symbolisation du crime par un responsable.

Ce phénomène de transfert des émotions se produit également dans la conscience individuelle et les psychologues l'ont déjà décrit [1]. L'émotion, par nature, est expansive. Physiologiquement, toute émotion forte a d'abord pour substrat organique quelques modifications viscérales et musculaires localisées, mais elle finit par intéresser l'organisme entier. Intellectuellement, l'émotion « fait tache d'huile » dans la conscience. Liée primitivement à une image déterminée, elle rejaillit sur des images différentes avec lesquelles elle n'avait d'abord aucune affinité. Ribot, étudiant le mécanisme du transfert, le réduit en somme à l'association des idées.

---

1 Ribot, *La psychologie des sentiments*, Paris, F. Alcan, 1896, pp. 171 sqq. — On remarquera que bon nombre des exemples donnés par Ribot sont des faits de psychologie collective. L'étude de la responsabilité illustre la théorie du transfert et pourrait fournir au psychologue des matériaux.

C'est confondre deux choses distinctes. L'association explique la manière dont se dirigent les émotions propagées : elle commande le cours du transfert. Mais le ressort profond du phénomène est dans la nature même de l'émotion. Si j'en arrive à aimer ou à haïr tout ce qui, à mes yeux, s'apparente à l'être qu'initialement j'aime ou je hais, c'est que l'amour et la haine sont des forces et que l'énergie, mobilisée dans l'émotion, se dépense, en modifiant autour d'un centre d'expansion le système des représentations. L'association jalonne la voie ; l'émotion est le torrent qui se répand par toutes les voies ouvertes.

Il ne faut d'ailleurs pas oublier que le langage traditionnel de la psychologie associationiste, commode quoique imparfait, simplifie à l'excès les combinaisons réelles des représentations dans la conscience individuelle. Ressemblance et contiguïté n'expriment que très grossièrement les relations complexes des images entraînées dans le courant continu de la conscience. Mille liens les rattachent les unes aux autres, qui sont à la fois des similitudes et des adhérences résultant de contacts. L'enchevêtrement des images est bien plus favorable à la communication des émotions que ne le laisserait d'abord supposer le simple énoncé des lois de l'association.

A fortiori en est-il ainsi des combinaisons d'images dans les consciences collectives, surtout si l'on observe les sociétés inférieures dont la pensée est plus confuse. « Les représentations collectives primitives ne s'associent pas entre elles, suivant des liaisons qui leur laisseraient à chacune leur individualité marquée. Elles participent les unes des autres, c'est-à-dire que chacune d'elles retient les propriétés de l'ensemble auquel elle appartient, de telle sorte que tout est dans tout [1]... » Ce que Lévy-Bruhl dit justement du caractère *synthétique* de la mentalité primitive reste vrai, dans une large mesure, de toute mentalité collective, jusqu'au jour où des procédures lentes et circonspectes, maniées par des organes différenciés (police, juges d'instruction, experts, tribunaux) exercent une inhibition sur l'enchaînement rapide et confus des représentations sociales.

Si l'aptitude de l'émotion à se transférer le long d'une chaîne

---

1 Lévy-Bruhl, *Les fonctions mentales dans les sociétés inférieures*, Paris, F. Alcan, 1910, p.76 sqq. [Texte disponible dans Les Classiques des sciences sociales. JMT.]

d'images associées est la condition psychologique du fait social de responsabilité, elle n'en est d'ailleurs que la condition lointaine. Tout ce que la loi de transfert explique, c'est que le jugement de responsabilité soit psychologiquement possible. Mais une analyse de ce jugement, qui s'en tiendrait à l'appeler un phénomène de transfert, resterait dans le domaine des généralités. Elle suffirait peut-être à rendre compte des faits qui se passent dans les régions inférieures de la mentalité, dans les couches profondes, subconscientes, où sentiments et idées s'associent et se dissocient en rapport avec des actes qui se déchaînent comme des réflexes. Mais si la réaction brutale d'une foule contre ce qui a irrité sa colère, les exécutions sommaires de la justice de Lynch comportent bien une brusque détermination de patients, ces faits restent cependant aussi loin de la responsabilité proprement dite que la foule l'est de la société, la simple poussée d'une masse, de la conduite collective organisée. Ils ne nous intéressent que parce qu'ils nous mettent sur le chemin des phénomènes d'ordre supérieur auquel appartient la responsabilité.

II.

Le choix du responsable est fixé au cours d'une procédure. La responsabilité d'un coupable est le résultat d'une recherche plus ou moins volontaire, que ralentit toujours dans quelque mesure une intervention de la réflexion. Nous verrons plus tard comment ce caractère a pris, au cours de l'évolution, une importance croissante. Mais il n'est pas étranger aux formes les plus spontanées, les plus rudimentaires de jugement. Et nous devons ici le faire apparaître. Si absurdes que nous paraissent le choix de certains sujets responsables et les conditions dans lesquelles ils sont choisis, si extravagants que nous semblent certaines ordalies ou certains rites divinatoires qui désignent le meurtrier, toutes ces opérations mentales sont de l'ordre discursif, réfléchi. C'est une poussée émotionnelle qui met ces mécanismes en mouvement. Ce sont cependant la volonté et l'entendement qui les mettent en œuvre.

Mais de quelle nature est ce jugement ? Une description, en termes quasi logiques, va nous permettre de le mieux comprendre.

D'abord, c'est éminemment un jugement qualitatif ou, comme on dit aujourd'hui, un jugement de valeur. Tel être est responsable, apte à subir la peine : c'est-à-dire qu'il a même qualité, même valeur que la peine. Quelque chose est en lui qui se confond avec l'horreur du crime passé, comme avec la rigueur de la sanction à venir. Pour se rendre compte à elle-même de la manière dont elle attribue ainsi à certains êtres une valeur, à la fois criminelle et pénale, la pensée collective use d'interprétations diverses, mythologiques ou bien philosophiques et juridiques. La mythologie de la sanction, les représentations religieuses dont elle est l'objet donnent une image assez fidèle du mécanisme que nous décrivons. Dans les cas de responsabilité religieuse, il y a transfert de la souillure sur le violateur de l'interdit. La vendetta, rite expiatoire, reporte sur le responsable choisi, — soit par divination, soit parce qu'il est de la famille ennemie, soit parce qu'il est équivalent à la victime, soit pour tout autre raison, la souillure que ce responsable est censé avoir infligée au clan vengeur. On sait comment l'esprit de l'homme tué ou réputé tué réclame qu'on trouve son meurtrier et persécute les siens jusqu'à l'accomplissement de la vendetta. De la même manière, les dieux infligent la peste pour un crime impuni ; ils exigent une sanction, fût-ce sur un substitut. Dans un cas comme dans l'autre, c'est la même illusion spiritiste [1]. La société cherche à donner un cours à sa violence, crée des symboles pour s'expliquer son propre état et se représenter à elle-même le besoin qu'elle éprouve de juger pour punir. — Quand le droit pénal est complètement laïcisé, le caractère qualitatif du jugement de responsabilité, le transfert émotionnel qu'il suppose sont moins visibles. D'abord, comme nous le verrons ailleurs, ce transfert est en réalité moins violent, beaucoup plus lent et plus complexe : l'organisation judiciaire et la procédure l'asservissent à des formes qui le rendent méconnaissable ; et les préoccupations utilitaires de prévention spéciale, intervenant dans la désignation des responsables, le compliquent. Mais surtout le droit n'a pas, au même degré que la religion, un système de croyances parallèle au système des pratiques, le premier servant de miroir au second. Pour interpréter les rites, nous avons les mythes, les dogmes, la théologie. Le droit n'offre rien d'équivalent. Les sociétés ne traduisent pas en croyances définies la conscience qu'elles peuvent avoir des *dessous* de leur vie

[1] Voir Durkheim, *Les formes élémentaires de la vie religieuse*, Paris, F. Alcan, 1912, p. 572, 582. [Livre téléchargeable dans Les Classiques des sciences sociales. JMT.]

juridique. Elle appliquent en fait certaines règles de responsabilité ; elles formulent explicitement, pour guider la pratique, une partie de ces règles. Mais elles n'éprouvent pas le besoin de prendre conscience des raisons qui leur font tenir ces règles pour valables, ni de les exprimer dans des symboles. Le processus générateur de responsabilité pénale n'est donc pas donné dans une représentation collective définie, dont nous puissions faire état. Seulement, rien ne nous autorise à penser que le phénomène de responsabilité change de nature, quand il prend la forme proprement juridique. La responsabilité pénale a d'abord été une responsabilité religieuse. Il est vraisemblable que la première naît de la même manière que la seconde. — Ainsi, dans le droit le plus organisé comme dans les formes, les plus spontanées et diffuses de sanctions, le jugement déclaratif de responsabilité garde le même caractère. Il constate qu'une qualité, — celle d'être irritant et effrayant — s'est communiquée du crime au patient de la peine.

Un deuxième caractère du jugement de responsabilité est d'être *synthétique*. Nous avons insisté déjà sur ce fait que, la représentation d'un crime étant donnée, celle du criminel ne s'en laisse pas analytiquement tirer. Comme nous l'avons vu, il y a de l'indétermination dans l'orientation de la peine : dirigée d'abord vers le crime, elle rejaillit tout autour de lui, sans que sa nature la contraigne à frapper ici plutôt que là. Le responsable apparaît bien comme le symbole du crime ; entre le crime et lui, un pont est jeté, qui conduit la peine de l'un vers l'autre. Mais crime et responsable restent cependant deux termes hétérogènes. Le patient est traité comme le représentant du crime. Mais il a fallu que cette aptitude à le représenter lui fût conférée par un jugement. C'est dans ce jugement que consiste le fait de responsabilité. Le choix aurait pu être différent. Rien dans la représentation collective du crime, rien dans le besoin d'une répression de ce crime n'impliquait nécessairement qu'il fût tel. Incriminer et imputer, punir et imputer sont des opérations distinctes.

En troisième lieu, cette synthèse, comme toutes celles qu'opèrent les jugements sociaux, est faite suivant une tradition, des préjugés, des cadres *a priori*. Tout comme la volonté et le caractère individuels, la volonté, et le caractère collectifs ont leur idiosyncrasie. Une société a sa tournure d'esprit propre. Quand elle aborde la solution d'un problème pratique, le problème n'est déjà plus entier ; les grandes lignes de la solution sont *a priori* dessinées. Il existe des normes collectives pour la recherche des responsables. Des catégories de sujets passibles de la peine sont préconstituées. C'est dans certaines directions préconçues, et dans ces directions seules, que l'instruction criminelle cherche et doit chercher. Même quand son orientation semble indéterminée, la sanction ne prend pas fortuitement une direction quelconque : elle va là où elle doit aller, où les traditions, l'usage, les précédents juridiques, le rituel lui commandent d'aller. De là ces listes énumératives et limitatives de sujets de la peine, ces listes énumératives et limitatives de situations génératrices que nous avons dressées, et qu'on peut extraire des coutumes pénales primitives comme des codes des sociétés les plus élevées en civilisation.

Enfin ces règles, qui président à la recherche du responsable, sont obligatoires. Les enfreindre est un mal, les suivre, un bien social. De là résulte un caractère important du jugement de responsabilité : il est *moral*. Proposition qui paraîtra d'abord banale et insignifiante, à force d'évidence. Mais il faut bien voir comment le jugement de responsabilité est moral et en quoi il l'est. Car il y a ici une difficulté. En établissant que l'orientation de la réaction pénale est largement indéterminée, il semble que nous ayons méconnu ce caractère moral. Dans notre théorie, c'est au crime même que nous serions moralement obligés d'appliquer la peine : le choix d'un substitut du crime, choix que nous avons pu qualifier de relativement arbitraire, apparaît comme un expédient, que l'intérêt peut recommander, mais que la justice ne saurait que réprouver. Le caractère synthétique du jugement de responsabilité, sur lequel nous avons insisté, n'est-il pas incompatible avec son caractère obligatoire ? Nous croyons au contraire que notre théorie permet de comprendre que les deux caractères — synthétique et obligatoire — ne sont pas incompatibles, et comment ils appartiennent à la fois l'un et l'autre aux jugements de responsabilité.

Il ne suffit pas d'être *en fait* en rapport avec la peine, pour être responsable. Le responsable, c'est celui qui, *en droit*, doit servir de patient ; une peine, justement proportionnée au crime en qualité, et en grandeur, peut devenir injuste, si elle s'oriente autrement qu'elle ne devrait : la responsabilité, c'est l'aptitude à devenir *légitimement* le patient de la peine. Punir le responsable est pour la société un devoir et par conséquent un droit ; punir des irresponsables est un crime. La responsabilité a cette vertu qu'elle exerce sur la peine une sorte d'attraction morale : elle confère une *habilité* pénale à celui qui en est investi, elle le met à part, comme si une sélection avait distingué, de la foule des irresponsables, le seul être que la peine pût justement et dût frapper. Le responsable a droit à la peine, à l'exclusion de tous autres. Cet élément moral du jugement de responsabilité a été retenu dans la définition initiale du phénomène : dès le début, nous avons indiqué que le jugement était commandé par des règles obligatoires, qui ont le caractère d'une institution. Dans la mesure où l'identification du patient avec le crime est *réelle*, l'application de la peine à ce patient a une valeur morale, puisque les forces qui déterminent l'orientation de la peine vers le crime sont des forces morales. Le choix artificiel d'un patient est immoral, parce que la société le traite comme s'il se confondait à ses yeux avec le crime, tout en sachant que cela n'est pas ; elle se ment ou cherche à se faire illusion à elle-même, en affirmant faussement que le transfert s'est produit. La question qu'elle doit se poser n'est pas : qui est-il avantageux de punir ? mais : qui est coloré par le reflet du crime ? Autrement dit, la société est *liée* par le phénomène de transfert qui se produit en elle spontanément et à son insu. Quoique ce phénomène soit social, tout se passe comme s'il appartenait au monde extérieur : il est en effet extérieur par rapport à la conscience claire et réfléchie. Ainsi il y a des êtres qui sont *réellement* des substituts du crime : réalité subjective sans doute, en ce sens que le processus de symbolisation est d'ordre spirituel, mais réalité cependant et comme telle objectivement donnée à la connaissance. La société n'est pas moralement libre de choisir arbitrairement les patients, parce que le transfert de ses sentiments les a nécessairement déterminés en elle. Elle doit se poser une question qui revient à celle-ci : dans quelle direction, sur qui le transfert s'est-il opéré ? Et c'est là toute la question de la responsabilité. Pas plus que l'individu, la société n'aperçoit qu'un transfert d'émotions se produit ; encore moins est-elle consciente des causes du phénomène et de la provenance de l'émotion transférée. Elle constate seulement le résultat et elle y voit un fait premier, irréductible : tel être attire sur lui la peine. Étant données la constitution de la société et les conditions dans lesquelles s'est accompli le crime, le phénomène se produit *nécessairement* : c'est-à-dire qu'il n'est pas au pouvoir de la société de le susciter, de l'empêcher, de le modifier à son gré. Mais les forces qui le déterminent sont des forces morales et par suite aussi la nécessité dont il s'agit ici. Le jugement de responsabilité est un fait moral, parce qu'il est fait des mêmes éléments et produit par les mêmes forces que la moralité tout entière. Ce n'est pas une doctrine philosophique qui, le reconnaissant pour fondé, lui confère son caractère : il est moral *en fait*.

L'apparence logique de notre analyse ne doit pas faire illusion. Dans la conscience d'une société qui prononce un jugement de responsabilité, dans celle de l'individu qui participe à ce jugement, les éléments que nous venons de distinguer, de distribuer dans des moments successifs, forment un tout, donné en une fois, dans un seul temps. Nous avons, en quelque sorte, fait miroiter les facettes d'un phénomène dont l'unité complexe ne doit pas être méconnue. Nous sommes maintenant en état de le décrire plus concrètement.

Le phénomène fondamental, c'est le brusque transfert d'émotions, subconscient, du moins par rapport à la conscience claire, des émotions soulevées par le crime ; il peut se produire presque instantanément, de telle sorte que la responsabilité, soit à peu près contemporaine du crime et que la représentation du responsable accompagne dès son apparition celle du crime. Puis la société prend conscience du résultat de ce transfert et déclare, plus ou moins explicitement, que tel être est responsable : voilà le jugement. Ce jugement peut ne pas s'exprimer dans une formule verbale : on peut affirmer en agissant. Quand la réaction pénale suit instantanément le crime, dans la justice populaire à formes non organisées par exemple, l'exécution de la peine contient le jugement de responsabilité : la foule, en se ruant sur le patient, affirme sa responsabilité. Mais les deux phénomènes peuvent se dissocier. Supposons l'exécution de la peine retardée pour une raison quelconque ; le transfert ne s'en produira pas moins et, par conséquent, le jugement de responsabilité, lequel se traduira et par une formule verbale, s'il y a condamnation régulière, et aussi par l'attitude de mépris ou d'horreur que la foule prendra à l'égard du patient désigné ; la peine ne sera appliquée qu'ultérieurement. Nous voyons ici le fait de responsabilité bien isolé.

Ce fait apparaît, de ce point de vue, comme antérieur au fait de sanction : il faut déjà qu'il y ait un responsable pour qu'il puisse y avoir peine, tandis que la responsabilité est la conséquence immédiate du crime et peut exister même si la réaction pénale avorte. Crime, trouble émotionnel qu'il suscite et propagation de ce trouble de telle sorte qu'un certain nombre de représentations soient colorées comme le crime lui-même, voilà une première phase, phase de dépression ; puis réaction énergique contre le crime et ce qui s'assimile à lui, voilà la seconde phase, phase de réaction. Ce qui se communique du crime au patient, c'est la qualité d'être *irritant* et *effrayant* ; ce qui constitue la peine, c'est la manifestation de la colère et de la peur. La conscience sociale est satisfaite quand le circuit se referme, que la colère et la peur se dépensent sur les êtres irritants et effrayants et qu'ainsi les résultats de la réaction annulent ceux de la dépression. L'indépendance du fait de responsabilité apparaît surtout dans les cas où la peine ne se produit jamais. Supposons par exemple que le responsable soit trop puissant pour qu'on puisse exécuter la condamnation ou même pour qu'on ose la prononcer : il y a cependant eu transfert et jugement de responsabilité. Si d'ailleurs on regarde les choses de près, on constatera qu'à défaut de peine proprement dite, une sanction diffuse accompagne toujours le jugement de responsabilité, faite de mésestime, de mépris, d'horreur, de dégoût. Il n'est pas possible en effet, si la représentation du crime et celle du responsable sont liées à une émotion, que celle-ci ne se manifeste pas par une réaction, si atténuée qu'on l'imagine. Il reste cependant qu'en apparence il y a alors responsabilité sans sanction : fait important pour l'interprétation des formes les plus évoluées de la responsabilité morale.

Le jugement social commande le jugement individuel : la société exerce sur les individus une action, sentie par eux sous forme d'obligation morale, d'ailleurs acceptée. L'individu moralement sain n'a qu'à interroger sa conscience pour connaître qui il doit et qui il veut tenir pour responsable. S'il hésite, c'est qu'il participe insuffisamment à l'activité morale de la société ; il se recueille et fait un effort d'introspection pour mieux apercevoir les phénomènes moraux qui restaient, obscurs pour lui et quels êtres sont devenus des symboles du crime. Cet effort ne modifie en rien le processus ; il l'intensifie seulement pour en permettre l'aperception laborieuse. Si l'individu juge mal sans le savoir, c'est que sa moralité n'est pas seulement paresseuse et molle, mais encore faussée. Comme le jugement collectif de responsabilité dépend de la constitution permanente de la société, il est toujours le même pour le même crime ; au moins les variations, comme l'évolution morale tout entière, se produisent-elles avec lenteur. Il existe donc des habitudes collectives régulatrices, qui sont coercitives pour les individus ; ces habitudes se traduisent dans les formules abstraites qui sont les règles de responsabilité. Une fois en possession d'un corps de règles, les individus peuvent élaborer, d'une manière tout artificielle, des jugements justes de responsabilité ; il leur suffit d'appliquer correctement les règles ; l'intelligence supplée ici la conscience morale. Mais le jugement que l'intelligence affirme ne signifie pas en définitive autre chose que ceci : en principe, dans tel cas, c'est de telle façon et sur tel être que se fait le transfert émotionnel.

Précisément parce que ce phénomène est de nature émotionnelle, c'est dans les cas où l'émotion suscitée par le crime est particulièrement violente qu'on peut le plus aisément l'observer. Les sociétés inférieures ou désorganisées, les foules, sont des terrains d'observation privilégiés, où le fait apparaît comme grossi. Mais la responsabilité ne change pas de nature dans les sociétés les plus élevées en organisation. Notre description peut faire une place à tous les compléments qui seront jugés nécessaires pour l'explication des faits de responsabilité les plus complexes. On vient de voir déjà comment se superposaient le transfert, puis le jugement collectif, les habitudes, les règles, le jugement individuel spontané ou réfléchi. L'attention collective peut se porter sur les rapports que le patient soutient avec le crime et les analyser, et par là modifier la direction du transfert ; nous aurons à revenir sur ce fait : il ne change rien au phénomène que nous avons décrit.

Dans un seul cas, la réflexion et la volonté semblent s'exercer sur le transfert lui-même, l'assujettir à leur discipline et l'empêcher. Lorsque, dans une société, l'institution de la responsabilité est ébranlée, la conscience collective est traversée par des courants émotionnels variés qui se contrarient : alors des dissensions s'élèvent entre les individus et la réflexion doit intervenir pour décider entre les prétentions opposées. Lorsqu'elle a réussi à faire prévaloir une solution, celle-ci apparaît comme rationnelle ; on dit volontiers que les principes l'ont emporté sur les impulsions de la sensibilité ou sur la tradition. Par exemple, on nous accorderait sans doute sans trop de peine que la responsabilité collective de la famille ou celle des aliénés, telles qu'elles sont admises dans tant de sociétés, s'expliquent par un transfert d'émotions ; mais on ajouterait aussitôt que la raison a triomphé de ces forces aveugles et que la responsabilité actuelle est fondée en raison et non plus commandée par la loi de transfert. En réalité, les *principes* n'expriment pas autre chose que les manières stables de penser et de sentir, par opposition aux perturbations momentanées et superficielles. Si une foule, dans nos sociétés européennes, se laisse entraîner aujourd'hui à massacrer toute la famille d'un traître ou bien un aliéné, en affirmant leur responsabilité, c'est que le fait de transfert que nous avons décrit s'est produit dans la conscience de cette foule. Mais l'orage passionnel qui la secoue sera bref ; quand il sera passé, elle s'apercevra que, conformément à ses propres tendances, à ses tendances permanentes, elle aurait dû juger tout autrement. Faire appel à la raison, c'est en somme demander à la société cet effort d'introspection dont nous parlions tout à l'heure. Qu'il s'agisse d'une société qui s'écarte momentanément de la morale à laquelle elle est attachée, ou d'une société en transformation qui s'achemine vers une morale nouvelle, le rôle de la réflexion reste toujours le même : la réflexion s'efforce d'exercer une inhibition sur les phénomènes émotionnels dus à des circonstances passagères ou à des conditions reconnues comme perturbatrices, pour faire prévaloir les tendances constitutives. Elle met la société en état de lire en elle-même, de discerner les jugements qu'elle ne regrettera pas, dans lesquels elle se reconnaîtra toujours, de ceux qu'elle regretterait et qu'elle désavouerait. On peut dire encore qu'elle sert à distinguer le vrai du faux, la vraie responsabilité de la responsabilité illusoire. Mais elle est hors d'état de susciter à elle seule un jugement de responsabilité. Si la réflexion parvenait à empêcher tout phénomène de transfert des émotions soulevées par le crime, il n'y aurait plus de responsables.

Paul Fauconnet

III.

Nous nous sommes attachés, jusqu'ici, à comprendre ce qu'est la qualité de responsable, comment les forces nées du crime ont la vertu de créer cette propriété qu'on appelle la responsabilité. Il nous reste à circonscrire le champ dans lequel agissent ces forces, à marquer pourquoi certains êtres sont, plutôt que d'autres, intéressés par le transfert émotionnel que nous avons décrit et, de ce fait, deviennent les sujets dont on affirme la responsabilité.

Les êtres jugés responsables peuvent n'avoir, considérés en eux-mêmes et abstraction faite de la conscience collective qui affirme leur responsabilité, aucune affinité logiquement nécessaire avec le crime. Mais les représentations de ces êtres soutiennent, dans cette conscience, une relation avec la représentation du crime. Quelle est la nature de cette relation ?

Toutes les situations génératrices de responsabilité que nous avons décrites se laissent ranger sous deux rubriques que nous emprunterons, pour la commodité, au langage associationiste.

I. — *Responsabilité par contiguïté.* Les représentations du responsable et du crime se sont liées, parce qu'elles ont été données simultanément à la conscience sociale qui juge.

A. — Responsabilité des agents ou auteurs du crime. Il y a, au minimum, ici, un rapport de contiguïté. La présence d'un homme dans le voisinage du lieu du crime est souvent, aux yeux du jury, une forte présomption de culpabilité. Inversement, c'est un des meilleurs moyens d'établir son irresponsabilité que d'invoquer un alibi. — Le rapport d'agent à acte est d'ailleurs autre chose qu'un rapport de contiguïté : nous y reviendrons tout à l'heure.

B. — Responsabilité de tous les êtres, hommes, animaux, objets, qui jouent dans le crime un rôle quelconque, par exemple le rôle d'instrument, mais qui ne sont pas à proprement parler des auteurs : par exemple c'est l'arme ou c'est le cheval, poussé par le cavalier, qui tuent.

C. — Responsabilité de tout ce qui a tenu une place dans la scène du crime, de tout ce qu'on nommerait si l'on décrivait le crime et tous les alentours. Ici la participation au crime est purement passive : la contiguïté intervient seule pour lier les représentations.

Peuvent être dits responsables à ce titre : le lieu et le temps du crime, les choses qui constituent le décor dans lequel il s'est produit, les témoins [1] ; et encore les lieux plus ou moins rapprochés du crime avec les personnes et les choses qui y résident, par exemple les villages voisins du point où gît le cadavre de l'homme assassiné [2].

D. — Responsabilité collective des groupes organisés, de la famille surtout, de la nation, etc. [3]. L'habitude de percevoir ou d'imaginer un homme au milieu des siens, dans son pays ou dans sa maison, et la relation de contiguïté qui en résulte, peuvent déterminer dans une certaine mesure la responsabilité collective des groupes organisés ; mais c'est sans doute une relation de ressemblance qui est prépondérante.

E. — Responsabilité par contact. Ici la loi de contiguïté est seule en cause, et les faits la révèlent d'une manière si saisissante qu'ils paraissent être la loi elle-même, rendue sensible. Les exemples les plus remarquables sont : la responsabilité indirecte des êtres souillés et contaminés par un contact, postérieur au crime, avec le responsable primaire [4] ; la responsabilité vicaire des êtres artificiellement substitués au responsable primaire, notamment des victimes expiatoires [5], le contact étant très souvent la condition rituelle du transfert de la responsabilité ; la responsabilité immédiate des êtres dont le crime consiste à toucher les « sacra » dont le contact est interdit [6]. Bien entendu, le contact matériel, par lui-même inopérant, est seulement la condition déterminante de la relation qui s'établit entre deux images dans la conscience sociale. Celle-ci crée la liaison ; et elle prête ensuite au contact matériel une vertu propre, pour s'expliquer à elle-même un fait dont elle ignore la véritable nature. — Les « tabous de contact », *stricto sensu*, sont innombrables. Mais l'extension de ce groupe de faits est bien plus vaste encore, si l'on remarque que le *contact tactile* n'est qu'un cas

---

1 Lieux maudits, maisons abandonnées parce qu'un crime y a été commis. Le jour anniversaire d'un grand crime est néfaste. Les témoins d'un haut fait s'enorgueillissent d'y avoir assisté ; ils en tirent considération, c'est-à-dire mérite. Inversement la crainte d'être suspecté arrête souvent le témoignage de ceux qui ont vu le crime.
2 Glotz, p. 211, groupe un certain nombre d'exemples.
3 Voir ci-dessus, ch. I, p. 67 sqq.
4 *Id.*, ch. II, p, 157 sqq.
5 *Id.*, ch. II, p. 168.
6 *Id.*, ch. II, p. 136.

Paul Fauconnet

particulier de la *contiguïté* : la *proximité* est un contact lâche ; et en un sens on touche ce qu'on voit, le mot qu'on entend ou qu'on prononce, etc. Toutes les interdictions peuvent être aperçues sous l'aspect d'interdictions de toucher : car les choses interdites sont les choses *séparées* ; le crime est toujours un rapprochement ou un contact indu. De ce point de vue, le crime par contact, au sens large du mot, et par suite la responsabilité résultant de la contiguïté seraient le cas générique, dont tous les autres seraient des espèces. — Il faut enfin remarquer que la notion de contiguïté n'implique pas que les termes entre lesquels le contact s'établit sont d'ordre matériel ; on peut analogiquement parler d'une contiguïté entre éléments psychiques [1] : par suite, même quand le crime est conçu comme un événement purement subjectif et consiste dans une intention ou dans une volition, on peut encore se représenter cet événement comme un contact, non plus matériel mais spirituel, entre une conscience et des choses spirituelles interdites. La criminalité subjective semble être exactement le contraire de celle qui consiste à violer les tabous de contact ; elles ont pourtant des traits communs [2].

II. — *Responsabilité par ressemblance.* — La représentation du crime et celle du responsable soutiennent, dans la conscience sociale qui juge, une relation de similitude. A ce type ressortissent principalement les faits suivants de responsabilité :

A. — Responsabilité par ressemblance « corporelle ». Exemples : Responsabilité des effigies : le patient de la peine est une image, plus ou moins grossière, du criminel contumace ; ce dernier paraît responsable pour une raison quelconque, mais son effigie n'attire sur elle la peine que parce qu'elle ressemble, à lui d'abord, et par son intermédiaire au crime. — Responsabilités des victimes expiatoires : on peut conjecturer qu'elles sont souvent choisies en vertu de certaines ressemblances qui sont censées exister entre elles et les caractères du crime qu'il s'agit d'expier. — De ces faits sont voisines certaines formes de talion. L'idée de talion est celle d'une symétrie qualitative et quantitative entre le crime et la sanction. Mais il arrive aussi qu'on cherche à obtenir une symétrie ou équi-

---

1 C'est précisément ce que fait la psychologie, quand elle parle d'association par contiguïté.
2 Voir ci-dessous, p. 355.

valence entre le crime, plus exactement entre la victime du crime, et le patient de la sanction : ainsi la vengeance du sang s'exerce souvent sur un membre du groupe meurtrier équivalent et analogue à la victime, un enfant pour un enfant, une femme pour une femme, un homme adulte pour un adulte, un chef pour un chef. La responsabilité collective du groupe se complique ici par le choix d'un membre du groupe ressemblant à la victime. Les remarquables dispositions du Code d'Hammourabi analysées ci-dessus [1] peuvent servir d'exemples : sans doute c'est l'auteur qui est visé par la vengeance ; mais le Code l'oblige à livrer, non pas seulement un patient équivalent à la victime, mais encore semblable à elle : ce choix spécial est commandé par la loi de ressemblance.

B. — Responsabilité par ressemblance « spirituelle ». Ici, ce n'est plus le corps, du patient qui ressemble à certains éléments matériels du crime ; il y a ressemblance entre le crime comme événement moral et *l'indoles* du responsable. Dans nos sociétés, l'analyse psychologique des intentions, motifs, sentiments d'un accusé, convaincu d'avoir matériellement accompli le crime, prépare la solution de cette question : peut-on déceler chez l'accusé une immoralité foncière comparable à celle dont l'acte passe pour être le symptôme, retrouve-t-on son crime en lui, son caractère dans son crime, bref, ressemble-t-il à son crime ? Sa responsabilité n'est entière que si la réponse est affirmative. Lorsqu'il n'est pas avéré que le prévenu a matériellement accompli le crime, l'instruction s'attache à l'étude des « antécédents » : si sa conduite passée révèle une similitude entre son caractère et le crime, il y a présomption contre lui. Inversement, les témoins de moralité affirment que le prévenu ne ressemble pas au crime — cela, dit-on, ne lui ressemble pas —, d'où une présomption en sa faveur.

C. — Responsabilité collective des groupes organisés, aussi bien devant la vendetta que devant la peine proprement dite. Quand l'individu qui a personnellement commis le crime ou le meurtre est nommément connu, la responsabilité collective du groupe résulte évidemment d'une association qui s'établit entre la représentation du crime et celle du groupe, par l'intermédiaire de celle de l'individu auteur. Sans doute la relation de contiguïté entre ici en jeu. Mais il y a là surtout une *relation de la partie au tout*, laquelle

---
[1] Ch. II, p. 171.

n'est possible que si la partie ressemble assez au tout pour n'en pas être aisément distinguée. On explique volontiers la responsabilité collective par la forte intégration des groupes sociaux et la faible individualisation de leurs membres [1]. Cette explication, insuffisante pour rendre compte du phénomène tout entier, a cependant une part de vérité. Quand les individus sont peu différenciés, ils se ressemblent entre eux, psychologiquement et même physiquement, parce qu'ils divergent infiniment peu d'un type commun qui est le type collectif. Dans les sociétés inférieures, a-t-on dit, la solidarité provient des similitudes [2]. La responsabilité collective provient, elle aussi, des similitudes. Penser à l'un des membres, c'est penser à tous, c'est penser au groupe entier.

D. — *Responsabilité par ressemblance affective.* Deux représentations qu'aucune ressemblance ne rapproche, au regard de la seule intelligence, peuvent se lier parce qu'elles ont même tonalité affective : pour la sensibilité, elles sont semblables. — Il y a facilement présomption de responsabilité contre les personnes qui ne sont pas aimées. D'une manière générale « l'antipathie » commande la suspicion ; et une « antipathie » spéciale commande une suspicion spéciale. Les gens qu'on redoute pour leur brutalité sont les premiers soupçonnés d'un crime violent ; ceux qu'on méprise, d'une vilenie ; ceux qui soulèvent le dégoût, d'un acte immonde. Les gens « mal vus » sont accusés et condamnés sur des indices qu'on jugerait insuffisants, si une prévention défavorable ne les apparentait d'avance au crime. Inversement, si notre bienveillance est acquise à l'accusé, nous demandons des preuves irréfutables pour lui imputer la matérialité du crime. On sait combien les jurys criminels sont accessibles aux arguments d'ordre sentimental, même s'ils n'ont aucun rapport logique avec la question de responsabilité qui leur est posée. Cependant le rôle de ces ressemblances est d'autant plus petit que le contrôle critique de la réflexion sur la sensibilité et l'imagination est plus rigoureux. Aussi perdent-elles une partie de leur importance dans l'exercice régulier de la juridiction pénale organisée. Ce sont surtout les jugements de l'opinion et de la foule que commande souverainement la ressemblance affective : quand un crime, même une catastrophe, ou une crise dont rien n'établit

---

1 Voir ci-dessus, ch. III, p. 205-207.
2 Durkheim, *De la Division du travail social*, pp. 78, 99, 103, 149 sqq.

le caractère criminel, les émeut, elles sont portées à affirmer, sans enquête ou sur des indices insignifiants, la responsabilité des personnes ou des groupes qu'elles haïssent ou méprisent. Néron faisait ainsi imputer aux chrétiens l'incendie de Rome ; les sociétés chrétiennes ont, pendant des siècles, trouvé leurs boucs émissaires dans les juifs, les sorciers, les hérétiques ; l'antisémitisme contemporain a produit des conséquences analogues [1]. C'est dans les sociétés inférieures que doivent se produire les faits typiques de responsabilité par ressemblance affective. Et, en effet, ces sociétés distinguent souvent à peine la présomption que nous appelons logique et la présomption par prévention affective. Tous les êtres anormaux, par exemple les infirmes, les magiciens, les étrangers, sont rendus responsables avec une très grande facilité parce qu'ils sont habituellement l'objet de sentiments hostiles. Ces êtres occupent, dans la classification religieuse, une place telle qu'ils ne sont jamais tout à fait neutres comme ce qui est profane, mais plutôt impurs ; c'est cette impureté qui les apparente au crime. C'est ainsi que les Européens explorateurs ont été si souvent rendus par les primitifs responsables des intempéries, de l'insuccès des chasses et des pêches, etc. L'interprétation de l'observateur européen rationalise le phénomène plus qu'il ne devrait l'être : les indigènes, dira-t-il, frappent les Blancs parce qu'ils attribuent à leurs maléfices les maux dont ils souffrent ; la responsabilité semble résulter d'une constatation de causalité. Mais il est évident que tout le processus est commandé par les sentiments dont les Blancs sont l'objet.

Ces observations nous ramènent aux faits de vendetta inorientée décrits ci-dessus [2]. Le choix des patients, dans ce cas, nous a paru arbitraire : les responsables, par une exception remarquable à la loi générale, ne semblent soutenir aucun rapport, d'aucune sorte, avec l'événement qui provoque la sanction. C'est qu'il y a ici responsabilité par ressemblance affective. Les vengeurs en quête de victimes épargneront les membres de la tribu ou de la confédération à laquelle ils appartiennent, ou les voisins trop proches avec lesquels ils entretiennent des relations d'alliance ou dont ils redouteraient l'hostilité ; ils frapperont tous les autres hommes qu'ils rencontreront sur leur chemin, inconnus, étrangers, hommes d'une autre

---

[1] Voir ci-dessous, ch. VI, p. 289.
[2] Ch. IV, p. 235.

race. Dans les sociétés inférieures, l'étranger est un ennemi ; tout au moins, il n'est pas protégé contre les manifestations hostiles par des sentiments de sympathie, puisque celle-ci est tribale ou confédérale, mais non humaine : L'étranger est un patient tout indiqué, parce qu'on a pour lui des sentiments analogues à ceux qu'on nourrit pour l'attentat qu'on veut venger. Quand il y a choix délibéré, il peut sembler que l'assemblée instruit une affaire comme le ferait un tribunal organisé, et cherche qui doit être tenu pour l'auteur du meurtre qu'on veut venger : mais il est infiniment vraisemblable, certain dans bien des cas, que c'est l'attribution de la responsabilité qui est le phénomène primaire. On affirme que le maléfice mortel vient de tel clan pour des raisons confuses qui ne doivent pas faire illusion. Les vengeurs choisissent les patients selon les suggestions de leur sensibilité et de leur imagination. — Entre l'élection délibérée d'un patient choisi parmi les ennemis traditionnels et l'expédition, au cours de laquelle on tue tout étranger que ne protège pas un privilège sentimental, il n'y a sans doute que des différences secondaires. — Nous réussissons ainsi à ramener à la formule générale de la responsabilité les seuls faits qui semblaient y être irréductibles.

Une pensée où dominent les images confuses est, par excellence, un milieu favorable pour le transfert des émotions : aussi les sociétés inférieures ont comme la hantise de la contagion et se défendent contre elle en élevant les digues des interdictions. On s'explique que, dans les mêmes sociétés, la responsabilité puisse s'étendre en tous sens, dérouter dans son orientation toutes nos prévisions logiques et frapper fort loin du crime des êtres que rien, à nos yeux, n'apparente à lui. Les sociétés inférieures sont le terrain d'élection des faits de responsabilité ; celle-ci régresse à mesure que la pensée devient plus analytique, et tend à s'évanouir, quand la pensée abstraite cherche à la « fonder », en rejetant préalablement toutes les associations qui ne peuvent prendre la forme de relations logiques.

La responsabilité résultant de l'association par contiguïté a, dans notre exposé antérieur, quelque chose de déconcertant, en raison de son apparence fortuite. Mis à sa place, dans l'ensemble des faits de communication, par contact des propriétés d'une chose à une autre, le fait de responsabilité par contiguïté prend un nouvel aspect. Sans doute l'établissement accidentel d'une contiguïté entre les deux représentations reste bien le fait qui déclanche tout le mécanisme ; mais tous les ressorts du mécanisme sont préalablement tendus et c'est à chaque instant, à toute occasion qu'il se met à jouer. Le contact ou le voisinage, qui nous paraît tout à fait *extrinsèque* aux choses, incapable de changer leur nature intime, entraîne au contraire pour ces sociétés les changements les plus profonds : la liaison du responsable au crime doit, à nos yeux, être quelque chose de très étroit, une vraie participation morale ; or, pour nous, un contact ne suffit pas à déterminer cette participation, et voilà pourquoi la responsabilité par contact nous révolte. Mais si des sociétés ont une mentalité telle qu'un contact y suffise à produire une participation intime, la responsabilité par contact s'explique aisément, puisque l'identification du crime et du patient se trouve *vraiment*, pour ces sociétés, réalisée.

De même on interprétera mieux la responsabilité résultant de l'association par ressemblances, si l'on se familiarise avec cette idée, que ce qui est à nos yeux analogie lointaine ou ressemblance superficielle et illusoire peut, pour des mentalités différentes de la nôtre, être ressemblance profonde et presque identité. Les classifications des sociétés inférieures [1] rapprochent étroitement des choses qui, selon nous, n'ont rien de commun : le champ de la responsabilité par ressemblances est ainsi infiniment plus vaste qu'il ne semble d'abord, et les combinaisons possibles toutes différentes. — Les ressemblances corporelles les plus légères jouent ici le même rôle que nous assignions tout à l'heure aux contacts accidentels : ce n'est pas elles qui, par leur seule vertu, rapprochent fortement les représentations ; elles sont l'occasion pour la pensée collective de faire participer ces représentations à un même système préexistant, d'incorporer des êtres à un même groupe. L'exécution d'une effigie a fini par n'être, plus qu'une fiction, un symbole avec lequel on jouait, pour ainsi dire, sans en être dupe : mais, comme dans toutes les fictions juridiques sans doute, il y a d'abord eu une interprétation littérale que nous ne comprenons plus ; on a cru vraiment qu'une effigie, tout comme une victime ou un patient vicaire, était rendue identique, par une opération rituelle, au responsable primaire qu'on ne pouvait atteindre ou qu'on voulait sauver. — De

---

[1] Durkheim et Mauss, *De quelques formes primitives de classification*, in *L'Année Sociologique*, tome VI, Paris, F. Alcan, 1903, pp. 1-72.

ce point de vue, la ressemblance corporelle, la ressemblance « spirituelle » et la ressemblance affective ne font qu'un. C'est parce que les choses sont classées dans des groupes pour chacun desquels la société nourrit des sentiments propres que les courants émotionnels trouvent, pour leur écoulement, tout un réseau de canalisations préparées d'avance. La pensée collective, recherchant un patient pour la peine d'un sacrilège, se meut dans le cercle des images qui s'apparentent affectivement pour elle au sacrilège, qui participent à son essence d'une manière permanente : magiciens, sorciers, hérétiques, infidèles, etc. Un incident, insignifiant pour nous, par exemple l'apparition d'un insecte sur le cadavre, orientera la pensée du clan qui cherche une vengeance vers tel clan déterminé ; nous verrons là une interprétation d'indices illusoires ; c'est que nous ne *sentons* pas l'étroite parenté de l'insecte trouvé à côté du cadavre avec le clan choisi.

La désignation d'un patient, telle qu'elle vient d'être décrite, n'est pas arbitraire. Nous devons répéter ici ce que nous disions plus haut du jugement de responsabilité, quand nous analysions le contenu de la qualité qu'il affirme de certains sujets. Des associations ou liaisons quelconques s'établissent *en fait* dans la conscience collective, entre la représentation du crime et d'autres représentations. Il n'est pas au pouvoir d'une société de remplacer ces liaisons par d'autres, à son gré : si elle essaye d'en forger artificiellement, elle n'est pas dupe d'elle-même et elle sait bien qu'elle substitue, à la responsabilité réelle, une apparence injuste de responsabilité. Toute société est liée par le processus spontané qui se produit dans les régions inférieures de sa conscience et qui échappe à sa volonté ; en tant que processus moral, elle ne peut jamais le créer par un artifice. Il n'y a pas à demander si une responsabilité déterminée par de telles conditions peut être dite « vraie », si ces liaisons dont elle dépend sont légitimes. Nous ne pouvons prendre pour criterium *notre* conception de la responsabilité et des liaisons qui nous semblent la fonder. C'est au point de vue de la conscience collective, qui juge, qu'il faut se placer : est vraie, objective, fondée, morale, pour elle, la responsabilité qui lui paraît telle. La différence des moralités, ici, se ramène à une différence des mentalités.

Ce processus social de liaison des idées est coercitif pour la pensée individuelle : les individus se sentent obligés d'apercevoir certaines ressemblances et participations et, quand ils sont sainement constitués, ils les aperçoivent spontanément et ne songent pas à en concevoir d'autres. Et comme, dans des conditions analogues, les liaisons collectives s'établissent toujours de la même manière, il y a des habitudes collectives, des coutumes et, quand celles-ci s'affirment verbalement, des règles.

IV.

Qu'il s'agisse de sanctions religieuses, de vendetta ou de peine, la situation génératrice de responsabilité de beaucoup la plus commune est l'action, volontaire ou non. Dans le droit pénal différencié de la religion, on peut dire que c'est la seule. L'action a donc une vertu génératrice éminente. Notre précédente analyse ne méconnaît pas ce fait incontestable. Nous avons seulement voulu montrer que les relations du responsable avec le crime sont des relations complexes, flottantes, dues à des combinaisons d'images et d'émotions irréductibles à un concept relativement clair comme le concept de causalité. Les notions d'action et de cause ne sont pas, nous paraît-il, les notions originaires d'où procéderait logiquement celle de responsabilité. Cela ne veut pas dire que ces notions ne soient pas présentes, le plus souvent, peut-être même toujours, dans la pensée d'une société qui prononce un jugement de responsabilité. Seulement leur présence est plutôt implicite qu'explicite. Et l'entendement collectif se les représente autrement qu'on ne l'admet d'ordinaire et d'une manière beaucoup plus confuse [1]. Le rapport de cause à effet, d'agent à acte, est enveloppé dans les autres rapports, moins définis, que le responsable soutient avec le crime. C'est seulement au cours de l'évolution que s'accomplit le travail qui le distingue et tend à l'isoler.

La représentation de l'auteur est au centre de la représentation du crime ; elle y occupe une place prépondérante et ne saurait que difficilement en être dissociée. Cette proposition n'est d'ailleurs pas vraie en toute rigueur : dans la représentation totale d'un crime, l'image prépondérante peut être celle de la victime, ou celle de la société troublée par le crime, ou encore celle d'un groupe ennemi.

---

[1] Voir dans Gernet, *Recherches*, notamment pp. 316-327 et 368-371, l'étude des termes grecs qui désignent l'activité, la causalité chez le criminel.

Paul Fauconnet

Il n'y a pas de nécessité inéluctable, comme on l'admet communément, à ce que l'attention collective, quand elle se fixe sur le crime, s'attache principalement à l'auteur. Mais on comprend aisément qu'il y ait de fortes raisons pour qu'il en soit ainsi. Ce n'est pas que le principe de causalité entre ici en jeu, et que la société remonte de l'acte-effet à l'auteur-cause ; l'activité, la *productivité* de l'auteur nous paraissent choses secondaires. Ce qui est essentiel, c'est l'importance de son rôle. On se représente la scène du crime ; un personnage principal est au milieu du théâtre : c'est l'*auteur* ; le mot *acteur* exprimerait beaucoup mieux sa situation. D'autres acteurs jouent un rôle, mais ils sont au second plan ; lui est au premier. — Dans ces conditions, la responsabilité de l'auteur s'explique comme celle de tous les autres responsables : *si l'auteur, le plus souvent, est choisi comme patient de la peine, c'est que la représentation de l'auteur soutient avec celle du crime des rapports particulièrement étroits* : elle est donc seule, ou la première, ou la plus fortement atteinte par l'émotion soulevée par le crime.

D'ailleurs, en parlant ainsi, nous n'entendons nullement adhérer à une théorie associationiste de la causalité et réduire le rapport de cause à effet aux rapports de contiguïté entre deux images habituellement liées dans la conscience. Bien au contraire. La richesse et la complexité de l'idée de cause est révélée par l'analyse même des rapports qu'elle soutient avec l'idée de responsabilité. Nous avons cru devoir d'abord les dissocier, pour mieux faire apparaître le contenu propre de l'idée de responsabilité. Mais son étroite connexion avec l'idée de causalité est indiscutable. Seulement, au lieu d'appauvrir la notion de responsabilité en la réduisant à une représentation, très pauvre elle-même, de la causalité, ne conviendrait-il pas bien plutôt de voir, dans l'idée de responsabilité telle que nous l'avons décrite, l'un des facteurs essentiels de l'idée complexe de causalité ?

La philosophie admet sans discussion que l'idée d'*action* a pour origine une expérience intime de l'individu, un fait organico-psychique. La distinction des actes et des événements qui ne sont pas des actes résulterait immédiatement du sentiment qu'a l'homme de sa propre activité. Soit ; mais cette conception ne nous conduit même pas jusqu'au seuil de la moralité. Si le crime est un acte, encore est-il un acte de caractère moral, et la notion de l'action morale est certainement plus complexe que la notion de l'action pure et simple. L'acte criminel, comme tout acte dommageable, produit du mal, mais du mal moral. Or, si le mal moral est quelque chose de social, hétérogène au mal organique et psychologique de l'individu, comment l'idée de production de ce mal moral par l'acte criminel pourrait-elle être empruntée à l'expérience qu'a l'individu de sa propre activité ? La manière dont la société se représente l'acte qui la lèse doit avoir ses caractères propres.

Tant que le droit pénal est incomplètement différencié de la religion, le crime se distingue peu du sacrilège, l'infraction juridique et morale de la violation d'une interdiction religieuse. Or la mythologie nous fournit une interprétation remarquable des conditions dans lesquelles naissent l'impureté, le péché, la faute, le mal moral. La chose interdite apparaît comme un réservoir de forces qui produiraient des effets funestes, si elles cessaient d'être contenues ; le crime leur ouvre une issue, les énergies comprimées se détendent ; tout ce qui est dans le champ de leur action est modifié fâcheusement, contaminé, ravagé, y compris l'auteur du crime. Relevons deux faits d'importance capitale : 1° La *direction* générale du processus n'est pas celle qu'on attendrait. Sans doute il a fallu qu'un acte humain déclanchât tout le mécanisme ; mais cet acte n'est en quelque sorte que l'occasion de l'événement criminel et ce n'est pas sur lui, mais sur le phénomène de contamination, que se porte l'attention collective. Alors que l'idée commune d'acte criminel est celle d'un fait qui part de l'auteur, se forme en lui, puis en sort pour se répandre au dehors, ici c'est de la chose interdite que part le courant. Ce n'est pas seulement une différence, mais une opposition très nette. L'auteur du crime, au lieu de créer en lui pour le projeter au dehors le caractère moral qui donne au crime sa physionomie propre, le reçoit ; il ne *fait* pas le mal moral, le mal moral vient sur lui. Contamination, souillure, contagion par contact, ce sont là des métaphores précisément inverses de celles par lesquelles nous avons coutume d'exprimer les rapports du mal moral avec l'auteur du crime. — 2° Si le courant peut s'établir dans ce sens, c'est que le mal moral n'est pas engendré par le crime, mais lui préexiste. L'acte de l'individu permet à l'immoralité virtuellement contenue dans les valeurs morales de se manifester, au principe qui contient le mal moral comme une conséquence possible, de produire cette conséquence ; il ne crée pas le mal. Quoique l'individu pût faire, *s'il n'y avait pas de choses morales, il n'y aurait pas de crime.*

Car le crime n'est pas dans l'acte, mais dans le rapport de l'acte avec la règle : ce qui le constitue, c'est la violation, l'infraction, la transgression, tous vocables qui impliquent l'idée d'un conflit de forces. La description que nous avons proposée du crime permet de voir en quoi consiste ce conflit : il s'établit dans la conscience collective par l'antagonisme du fait accompli et du fait idéal que la société se représente comme nécessaire et sur lequel elle continue à vouloir modeler sa conduite. Ce conflit est toujours latent : au crime singulier, réalisé à un certain moment par un individu, préexiste le crime-type, parce que la représentation de la règle implique celle de sa violation éventuelle. Des sentiments intenses attachent la société à la règle. Ils impliquent une horreur des sentiments contraires qui l'attacheraient à la règle opposée et contre lesquels elle se défend. C'est entre ces forces sociales que se produit le conflit : or l'individu ne peut à lui seul susciter des forces de ce genre, il peut seulement les déchaîner. C'est donc en un sens la société elle-même qui est la cause du crime, plus exactement la cause du mal moral virtuel que le crime réalise. L'individu ne saurait produire un crime de toutes pièces ; il n'en peut être véritablement que la cause occasionnelle.

Si donc, comme on le pense communément, l'idée d'action appelle celle de responsabilité, si, en désignant quelqu'un comme auteur d'un crime, on affirme *ipso facto* sa responsabilité, cela est vrai autrement et pour d'autres raisons qu'on ne dit. Au lieu que l'idée morale de responsabilité se réduise en dernière analyse à l'idée « amorale » d'action, telle que l'expérience bio-psychologique la fournit à l'individu, c'est l'idée d'action, au moins l'idée d'action proprement humaine, qui contiendrait à titre d'élément constitutif la notion morale de responsabilité ou quelque chose d'analogue. Nous sommes conduits à admettre que, dans le crime défini comme acte, il y a déjà un processus tout à fait comparable à celui qui donne naissance à la responsabilité. Au fond du crime, comme au fond du phénomène d'où résulte la responsabilité, il y a transfert émotionnel, et les émotions transférées ont même source : elles procèdent des sentiments dont les choses morales sont l'objet, des sentiments qui donnent son contenu à la notion même du moral.

PARTIE II : ANALYSE DE LA RESPONSABILITÉ

Le crime est l'une des relations possibles avec le monde des valeurs morales, une communication indue qui s'établit entre des choses interdites ; commettre un crime, de ce point de vue, c'est intervenir dans cette communication. Il est exact de dire que le criminel est *responsable de son acte,* qu'il est responsable *parce qu'il* est l'auteur ; mais il est également exact de dire que son *acte consiste à être responsable,* c'est-à-dire à entrer en communication indue avec les choses interdites. La responsabilité, nous avons essayé de le montrer, ne se crée pas dans le responsable, par son seul fait : elle vient sur lui du dehors ; de même c'est du dehors que vient à un mouvement humain le caractère de crime, d'acte ayant une valeur morale. Le caractère que, le crime transmet au responsable n'est en quelque sorte que le prolongement de celui qui le constitue. De l'existence des sentiments collectifs qui commandent des actes résulte la possibilité de cette chose complexe qu'on appelle une action morale.

Quand l'homme cherche la cause des phénomènes de la nature, les lois de causalité, c'est par curiosité spéculative, ou bien et surtout pour étendre son empire sur les choses. Mais la recherche des auteurs, des personnes conçues comme causes, répond à d'autres besoins : elle est toujours suscitée, en dernière analyse, par le désir d'appliquer une sanction ou tout au moins d'attribuer une rémunération. La question : qui est-ce qui a fait ça ? est bien voisine de celle-ci : à qui la faute ? Demander qui est l'auteur d'un résultat ou d'un produit, c'est demander qui est responsable, qui mérite la punition, la récompense ou au moins le salaire. Si la notion de causalité scientifique peut devenir purement *intellectuelle,* vide de tout contenu émotionnel, le jugement qui attribue un résultat à un auteur paraît être toujours, à quelque degré, un jugement de valeur, impliquant une appréciation ou une dépréciation, une attitude d'approbation ou d'improbation, bref des sentiments. De fait, on ne se soucie guère de rattacher des événements à des personnes comme à leurs causes, lorsque ces événements sont tout à fait *indifférents* ; c'est pour porter un jugement, une appréciation sur le rôle et l'œuvre d'un homme d'État ou d'un écrivain qu'on discute quels événements historiques ou quels poèmes doivent lui être attribués.

Par là s'expliqueraient assez bien certains caractères particuliers de l'idée de causalité humaine. Il y a entre cette idée et la notion scientifique de causalité un véritable antagonisme. D'abord, la science ne connaît que des causes secondes : toute cause, pour elle, est aussi un effet et l'explication par la cause est une régression qui n'a pas de terme concevable ; d'autre part la cause, pour la science, est un phénomène comme l'effet, les lois de causalité n'énonçant que des relations nécessaires de phénomènes. Au contraire la personne conçue comme cause est une cause première ; l'acte, disait Aristote, a son commencement en elle ; et d'autre part les deux termes sont ici hétérogènes, il y a entre eux, non la relation de phénomène à phénomène qu'exprime une loi, mais le rapport de produit à producteur, d'ouvrier à ouvrage. Or nous n'aurions, semble-t-il, aucune raison de nous représenter ainsi la causalité humaine, si cette représentation n'avait pas à jouer un rôle dans des jugements de valeur, de sanction et de responsabilité. La sanction peut s'appliquer à un *phénomène* ; il lui faut comme sujet passif un *être*, une *chose* et surtout une *personne* ; l'attribution de la responsabilité ne saurait, comme l'explication scientifique par la cause, régresser à l'infini ; sinon, il n'y aurait pas de responsabilité, il ne pourrait pas y avoir de sanction. Une cause première et personnelle est-elle autre chose qu'une cause conçue de telle sorte qu'elle puisse être jugée responsable, fournir à la sanction quelque chose de fixe et de consistant à quoi elle puisse s'appliquer ?

Les actes humains peuvent fort bien être conçus sur le même modèle que tous les autres phénomènes de la nature, assujettis à des lois de causalité au sens scientifique du mot, dès que nous nous préoccupons, non plus d'appliquer des sanctions à l'occasion de ces actes, mais de les expliquer pour arriver à les prévoir et à les modifier. La criminologie moderne étudie des actes humains, et pourtant elle ne connaît que la causalité scientifique : elle cherche, dans le milieu cosmique et social et dans la constitution organico-psychique, les causes du crime, comme la pathologie y cherche les causes d'une maladie. Elle ne voit dans l'homme que des phénomènes régis par des lois ; ces lois ne relient que des phénomènes, elles ignorent les causes premières et ne font aucun usage de l'idée de causalité spécifiquement humaine telle que nous l'avons définie.

De cette criminologie scientifique, la politique criminelle ou, comme on dit encore, le droit pénal préventif est une application. Pour prévenir le phénomène crime, il faut agir sur ses causes, c'est-à-dire sur les phénomènes qui le conditionnent nécessairement : par des réformes sociales, par des mesures qui neutralisent l'action des causes criminogènes d'ordre cosmique, par la cure préventive des anomalies et maladies dont le crime est un symptôme, enfin par l'élimination ou, quand elle est possible, par la rééducation ou l'intimidation des prédisposés au crime. De quelque ordre que soient les mesures préventives, elles sont exactement comparables, *mutatis mutandis*, aux précautions qu'on prend, sur les indications fournies par la science, contre des inondations ou des épidémies. Ainsi, là où il n'est plus vraiment question de responsabilité, la notion de causalité cosmologique s'applique à l'homme sans difficulté. Dès qu'il est au contraire question de responsabilité, tout change : si l'idée de cause intervient encore, c'est l'idée d'une causalité toute différente. La raison de la différence est précisément que l'une des deux notions de causalité dérive de celle de responsabilité.

Si cela est vrai, on voit mieux pourquoi le juge qui scrute la responsabilité d'un accusé ne procède pas selon la même méthode que le tribunal d'experts, réclamé par l'École italienne, qui diagnostiquerait l'anormalité d'un criminel et ordonnerait son traitement. Dans les deux cas, on dit et il semble qu'il y a recherche des causes. Mais les experts recherchent scientifiquement des causes secondes, sous l'inspiration du déterminisme ; le juge recherche, derrière un fait moral, une cause première. Les deux problèmes sont parfaitement différents. Le juge qui doit apprécier la responsabilité se replie sur lui-même et s'efforce d'apercevoir si, le crime étant ce qu'il imagine, les émotions soulevées par lui marquent l'accusé pour la peine : l'affirmation que l'accusé est bien l'auteur du crime se confond avec l'affirmation de sa responsabilité. Toute l'opération est inintelligible, si l'on fait abstraction des forces morales qui y interviennent à titre prépondérant. Les experts procèdent à la détermination des causes, étrangers à toute préoccupation de moralité ; leur procédure est empruntée aux sciences de la nature. Quel contraste n'y a-t-il pas entre les qualités d'esprit du savant et ce tact moral, cet esprit de finesse nécessaire pour bien juger ; entre la lenteur et la complication de la méthode expérimentale et cette espèce d'intuition ou de sentiment, malaisé à définir, qui, souvent très vite et sans démarches réfléchies, nous conduit à affirmer ou à nier la responsabilité d'un accusé ?

Paul Fauconnet

On n'oublie pas que les peines jouent toujours, à quelque degré, le rôle de mesures de prévention spéciale, et que, par suite, la société qui prononce un jugement de responsabilité obéit, en même temps qu'à son sentiment de la justice, au désir d'empêcher la récidive, par un traitement approprié à *l'indoles* du criminel. Et au cours de l'évolution du droit pénal, l'importance de cette fonction préventive va croissant, au point qu'elle devient parfois dominante et en apparence exclusive : par suite, le jugement de responsabilité est de plus en plus solidaire de jugements qui prescrivent à qui et comment les mesures préventives doivent être appliquées. De ce point de vue, le problème de la responsabilité et la recherche des causes du crime, au sens scientifique du terme, ne sont jamais tout à fait indépendants l'un de l'autre et soutiennent même des rapports de plus en plus étroits. L'idée de causalité naturelle réagit donc sans doute sur l'idée de responsabilité. Il y a là une complication dont on doit tenir compte, quand on veut expliquer ce qu'est, considérée dans toute sa complexité concrète, l'institution de la responsabilité dans telle ou telle société déterminée. Mais pas plus que l'aptitude à être l'objet d'une mesure préventive ne se confond avec la responsabilité, la causalité naturelle ne se confond avec la causalité humaine au sens moral. L'antagonisme entre les deux conceptions de la cause est celui que nous avons dû signaler sans cesse entre les notions qui ont et celles qui n'ont pas un contenu moral.

CHAPITRE VI.
Fonction de la responsabilité.

On entend par fonction d'une institution la correspondance entre la nature de cette institution et les besoins généraux de la société à laquelle elle appartient. Jusqu'à présent nous n'avons pas montré que la responsabilité fût adaptée à quelque fin utile, mais qu'elle était nécessaire. Conséquence nécessaire du crime et de l'expansion des émotions qu'il suscite, elle pourrait ne servir à rien. Cependant, d'une manière générale, il est invraisemblable que les institutions importantes n'aient pas une fonction, pour les mêmes raisons qui excluent l'hypothèse d'une complète inutilité des phénomènes organiques chez l'animal. Tout en écartant soigneusement l'idée d'une adaptation parfaite des institutions aux conditions d'existence, il faut donc rechercher comment et dans quelle mesure chaque institution concourt à assurer cette adaptation approximative, qui est la condition de la vie. L'utilité d'une institution n'explique pas son apparition, mais elle contribue à la maintenir, quand des causes l'ont appelée à l'existence

I.

La fonction de la responsabilité apparaît quelquefois dans un état d'*isolement* remarquable.

On a souvent invoqué la raison d'État pour punir des innocents. Mais la raison d'État n'est ici que le nom donné au besoin de sanction. La société serait en péril de mort, si tel crime, exceptionnellement grave, restait impuni. Pour sauver l'État, il faut une sanction ; pour subir la sanction, il faut un responsable. Le vrai responsable fait-il défaut : on en fabrique un. La fin justifie les moyens : c'est-à-dire que la fonction devient cause et crée une responsabilité fictive, pour suppléer à une responsabilité vraie.

Assurément une procédure aussi anormale ne peut pas être réglementée : aucun droit ne saurait reconnaître à l'État le privilège de créer arbitrairement des responsables. Quand la raison d'État commande, elle se dissimule. Mais, pour les hommes d'État honnêtes qui lui obéissent, c'est le devoir politique d'assurer la répression qui légitime cette fiction de responsabilité. Un roman contemporain [1] nous fournit un exemple vraisemblable. Dans une monarchie, qu'ébranlent les agitations révolutionnaires, l'héritier du trône a été assassiné. Le vrai coupable doit rester inconnu ; il faut qu'il y ait sanction : le souverain, pour sauver la monarchie, attribue le crime à une femme qu'il en sait innocente, mais qui, à ses yeux, mérite la mort pour d'autres raisons. Et il croit remplir un douloureux devoir.

Le « droit de la guerre », qui est un autre aspect de la raison d'État, commande lui aussi des jugements de responsabilité insolites. L'envahisseur assimile à des crimes certaines manifestations hostiles des habitants, non belligérants, du territoire envahi : for-

---

[1] Jules Lemaître, *Les Rois*.

mation de corps francs, dissimulation de vivres, destruction des voies de communication, etc. Et il se croit en droit de le faire. Pour affirmer, contre le sentiment opposé des vaincus, que ces actes sont bien des crimes, il édicte des sanctions, qui lui paraissent indispensables. Mais la complicité tacite des populations ne lui permet pas, le plus souvent, d'appliquer ces sanctions aux auteurs des actes incriminés. Il lui faut donc ou subir des actes qu'il réprouve, ou déroger aux règles ordinaires de responsabilité, pour assurer la répression. Prenant ce second parti, il déclare responsable, d'une manière plus ou moins arbitraire, le village sur le territoire duquel un attentat sera commis contre lui, ou les autorités communales, ou des otages [1]. Conduite injuste aux yeux des victimes, excusable et même légitime aux yeux de l'envahisseur.

Dans les grands organismes administratifs, dans l'armée notamment, il arrive que des jugements de responsabilité soient émis, dont on peut presque dire qu'ils ont leur fonction pour cause. Afin d'assurer l'exécution d'un ordre, le supérieur déclare qu'il « rend responsable » tel de ses subalternes des infractions qui pourraient être commises. Et, sans doute, il ne choisit pas ce subalterne d'une manière arbitraire : il rend responsable celui dont c'est normalement le rôle d'assurer l'exécution de l'ordre donné, celui dont l'inexécution de l'ordre permettrait de présumer la complicité ou la négligence. Mais une justice exacte ne s'accommoderait pas de pareilles présomptions, si le souci d'assurer éventuellement la répression ne primait le souci de doser la participation de chacun à l'acte délictueux. La discipline scolaire connaît des punitions à peu près analogues.

La création, presque artificielle, de responsabilité n'est pas étrangère au droit pénal lui-même. Nous avons vu qu'en matière de contraventions, le droit, contemporain n'hésitait pas à déroger aux règles de responsabilité ordinaires [2]. Les prescriptions qu'il s'agit de sanctionner ici n'ont pas de fondement dans la conscience morale : tel un arrêté municipal qui interdit aux voitures de dépasser un

---

1 L'article 50 des *Règlements de la Haye* de 1899 et de 1907 dispose : « aucune peine collective, pécuniaire ou autre, ne pourra être édictée contre les populations à raison de faits individuels dont elles ne pourraient être considérées comme solidairement responsables ». Cf. Mérignhac, *Les lois et coutumes de la guerre sur terre*, Paris, 1903, p. 290.
2 Cf. ci-dessus, ch. II, p. 104.

maximum de vitesse. Ces prescriptions sont largement arbitraires. L'acte qui les enfreint ne suscite donc pas l'indignation collective. Pour les faire respecter, la conscience publique qui les édicte commine une peine, et, pour pouvoir appliquer cette peine, elle se contente d'une responsabilité grossière qui ne la satisferait pas d'habitude. Notamment elle assimile alors l'acte matériel à l'acte moral, sans rechercher une culpabilité subjective qui, la plupart du temps, serait indémontrable. Toutes les fois que l'État, pour des raisons de police, l'armée, dans l'intérêt de la discipline, croient indispensables des sanctions éducatrices, on les voit se refuser aux longues enquêtes, au cours desquelles la responsabilité aurait chance de s'évanouir. L'intérêt moral commande qu'il n'y ait pas impunité : on passe outre aux inconvénients moraux d'une punition injuste à certains égards.

Ainsi, dans des cas exceptionnels, le besoin de sanction suffit à susciter une responsabilité. Responsabilité imparfaite sans doute, parce que les causes qui, normalement, engendrent la responsabilité n'agissent pas. Aussi la conscience morale ne l'accepte-t-elle pas sans réserves : elle la tolère si la sanction est bénigne (contraventions, fautes disciplinaires), parce que l'injustice est petite en comparaison du bénéfice moral ; ou bien elle cède avec répugnance devant les exigences de l'intérêt public (raison d'État, droit de guerre). Mais, précisément parce que la cause fait défaut, la fonction apparaît mieux en évidence. On décrète une responsabilité factice pour engendrer des forces qui créeront ou renforceront le respect de la prohibition. C'est le contraire de ce qui se passe normalement. L'artifice consiste à faire remonter l'émotion, ou l'attention, du patient sur la règle, alors qu'ordinairement c'est du sentiment fort qui nous attache à la règle que découlent la peine et la responsabilité.

Quand le mécanisme générateur de la responsabilité joue normalement, celle-ci n'est pas décrétée en vue du rôle utile qu'elle remplit. Mais il est clair que sa fonction reste la même.

II.

Si le jugement de responsabilité était dicté aux sociétés par le désir soit de traiter chacun selon ses mérites, soit d'appliquer à chacun les mesures les plus efficaces et les plus économiques de prévention spéciale, bref si le jugement de responsabilité commandait le jugement de sanction, comme on l'admet communément, la responsabilité serait un *absolu*. Sauf erreur, la responsabilité d'un criminel, dans un cas donné, serait exactement déterminée en qualité et en grandeur ; on ne concevrait pas qu'elle pût varier en fonction du besoin de répression. Dire que telle personne est plus ou moins cause, plus ou moins auteur, qu'elle a été plus ou moins libre ou que son *indoles* réclame un traitement plus ou moins énergique, parce que la société sent plus ou moins vivement l'opportunité de la peine, ce serait dire une absurdité. Au contraire, si notre hypothèse sur la fonction de la responsabilité est juste, *la propension qu'aura une société à passer outre aux raisons qui, d'ordinaire, suffisent à lui faire reconnaître l'irresponsabilité, et à se contenter par suite dans le choix d'un patient plus aisément que d'habitude, sera proportionnelle à l'intensité du besoin qu'elle sentira de punir.*

Or c'est ce que vérifie l'observation.

Des sociétés élevées en organisation reconnaissent en règle générale l'inaptitude des enfants et des fous à commettre un délit ; le manque de discernement, la démence entraînent, pour elles comme pour nous, un privilège d'irresponsabilité. Et néanmoins, en connaissance de cause, elles punissent l'enfant et le fou quand le crime est exceptionnellement grave, par exemple en cas de sacrilège ou de lèse-majesté [1].

Dans des hypothèses analogues, l'intention cessera, par exception, d'être requise comme élément constitutif de l'infraction ; l'intervention purement corporelle dans le crime suffira à engendrer la responsabilité, aux yeux des mêmes hommes qui n'admettent pas en principe la responsabilité objective [2].

Dans les mêmes hypothèses et de la même manière, le principe de la responsabilité individuelle sera délibérément violé et le même tribunal, selon les crimes, rejettera ou admettra la responsabilité

1 Voir ci-dessus, ch. I : ENFANTS : droit chinois (trahison), p. 32 ; athénien (impiété, trahison), p. 33. FOUS : ancien droit français (lèse-majesté), p. 42 ; droit chinois (parricide), p. 43.
2 Ci-dessus, ch. II : droit chinois (parricide involontaire), p. 130 ; droit canonique (homicide involontaire), p. 133 ; droit anglais médiéval, (homicide involontaire), p. 134.

collective [1].

Le droit français, aux derniers siècles de l'ancien régime, fera, au fanatisme religieux ou monarchiste, cette concession de régler minutieusement la procédure pénale contre les cadavres, tout en reconnaissant qu'elle est absurde ou inconvenante [2].

On pourrait multiplier les exemples. Sans doute, nous savons déjà que l'irresponsabilité est d'autant plus difficilement accordée que l'horreur pour le crime est plus intense. L'aire de propagation des émotions qu'il soulève est d'autant plus étendue, leur force expansive d'autant plus grande que le respect pour la règle violée est plus énergique. Cela est conforme à la description que nous avons donnée du phénomène générateur de responsabilité. Dans nos exemples, il y a donc responsabilité vraie. Mais la réflexion morale et juridique des sociétés élevées en civilisation perçoit bien le caractère scandaleux de ces règles exceptionnelles. Pour les légitimer, elle ne peut invoquer qu'une raison : la nécessité, quand le crime est extraordinaire, d'une répression extraordinaire. La fonction de la responsabilité, ici, ne la crée pas de toutes pièces. Mais elle justifie son extension insolite [3].

---

1 *Ibid.*, ch. I : droit chinois (haute trahison, certains meurtres, qualifiés par des circonstances aggravantes), p. 71 ; droit grec (crimes contre religion et État), p. 73 ; droit romain (Lex quisquis), p. 79 ; droit espagnol médiéval (trahison), p. 81 ; droit canonique (hérésies, crimes religieux), p. 81 ; droit anglais (trahison), p. 83 ; ancien droit français (lèse-majesté), p. 84 ; sur les applications de la responsabilité collective dans le droit colonial contemporain, voir Makarewicz, p. 324.
2 Voir ci-dessus, ch. I, ordonnance de 1670 (lèse-majesté divine ou humaine), p. 48.
3 L'extension de la responsabilité, pour la satisfaction d'un intense besoin de répression, peut encore résulter d'une simplification de la procédure pénale : tribunaux moins compliqués, jugement plus rapide, voies de recours fermées. Les conditions de la responsabilité ne sont pas expressément étendues, mais on les tient plus aisément pour remplies. Les condamnations devenant plus faciles, nombre d'inculpés sont punis qui, en temps ordinaire, ne le seraient pas. Les modifications du droit pénal militaire français, pendant la guerre, sont instructives à cet égard. Dans les moments de crise, elles sont faites au profit de la répression ; quand les circonstances le permettent, on revient aux règles ordinaires, plus propres à favoriser l'impunité.
— Décret 6 septembre 1914, création des conseils de guerre spéciaux ; abrogé, loi 27 avril 1916 ; suspension du recours en révision pour les condamnations prononcées par les conseils de guerre aux armées, décret 17 août 1914 ; rétablissement du recours pour les condamnés à mort, 8 juin 1916 ; nouvelle suspension pour les condamnés à mort pour mutineries, 8 juin 1917 ; rétablissement du recours, 13 juillet 1917 et 26 février 1918.

Paul Fauconnet

III.

Le besoin de répression peut se manifester en l'absence de crime. Il suffit qu'une société soit furieuse pour qu'elle frappe. Mise par des événements perturbateurs dans un état analogue à celui que détermine normalement le crime, sa colère prend aisément la forme de sanctions. L'ordre chronologique des faits est ici le suivant : initialement, un malaise collectif d'origine quelconque, une de ces crises douloureuses que traversent les sociétés travaillées par des forces dissolvantes ; une irritation latente et des explosions de colère soudaines, un besoin de violences qui appelle des actes ; l'orientation de ces violences, qui empruntent la forme juridique des sanctions ou s'y apparentent, vers des êtres qu'une prévention défavorable désigne comme victimes ; enfin une construction d'images qui fournit après coup une interprétation du drame : les responsables en fait devaient être des responsables en droit, et, puisqu'on les a jugés tels, c'est que des crimes avaient été commis. En définitive, des sociétés imaginent de toutes pièces des crimes pour s'expliquer à elles-mêmes leur colère, et elles imputent ces crimes pour pouvoir, en les punissant, s'affranchir de leur irritation douloureuse.

C'est ce qui se produit dans les épidémies de « trahisonite ». Une foule, une armée, un peuple entier se croient trahis. Les meneurs, la presse demandent des têtes. Il n'y a pas de traîtres parce qu'il n'y a pas eu réellement trahison ; l'opinion n'imagine distinctement aucun crime. Mais on dit qu'il faut lui donner un bouc émissaire, jeter à la foule une proie. Ici nous ne constatons pas la création consciente d'une responsabilité factice. La société est dupe d'elle-même. Elle conclut de son émotion à sa cause hypothétique, comme le mélancolique imagine des malheurs pour se rendre compte de son inquiétude. Mais, pour un observateur impartial, c'est le besoin de sanction qui aura suscité la responsabilité.

Du même ordre est le délire collectif, — la *Hexenwahn* des auteurs allemands, — qui, à partir du milieu du XVe siècle, a multiplié, dans les sociétés chrétiennes de l'Europe occidentale, les procès de sorcellerie [1]. De l'aveu unanime des historiens, la cause de ce phéno-

---

[1] Voir, entre autres, Baissac, *Les grands jours de la sorcellerie,* Paris, 1890, notamment Préface, Ch. I et II, Conclusion ; Lea, *Histoire de l'Inquisition au moyen-âge,* trad. Reinach, tome III, chap. VII ; Hansen, *Zauberwahn, Inquisition und Hexenprozess*

mène étrange n'est pas l'augmentation du nombre des sorciers et des crimes de sorcellerie ; l'Europe n'a pas eu à se défendre alors contre une diffusion et une aggravation de la magie. Sous l'influence de causes mal connues, — on note entre autres le développement des hérésies [1], — travaillée par les forces qui ébranlaient la religion traditionnelle, qui allaient produire la Réformation, l'incrédulité et le rationalisme des siècles suivants, elle a trouvé, dans les procès de sorcellerie, une manifestation de ses inquiétudes et un moyen de se protéger contre elles en les dérivant. Une longue tradition populaire, juridique et théologique, dont l'histoire a été faite [2], lui a fourni les matériaux pour construire la représentation des crimes imputables aux sorciers. Ce sont des papes [3], des ecclésiastiques cultivés qui ont réclamé d'abord une répression systématique et préparé doctrinalement les types d'incrimination et les méthodes d'imputation [4]. Ils ont orienté les sanctions vers des catégories de patients, les femmes en particulier [5] en codifiant les préjugés qui, sur des indices insignifiants, déterminaient des présomptions de sorcellerie. Et, à force de tortures, on a réussi, pendant plus de deux siècles, à donner aux condamnations une base juridique, en suggérant aux malheureuses victimes de l'illusion collective la représentation traditionnelle du crime qu'on leur imputait d'abord, et dont on réussissait ensuite à obtenir qu'elles fissent l'aveu et le récit circonstancié [6]. L'efficacité de la procédure était telle que les tribunaux devaient en venir à arrêter les poursuites et à négliger une bonne partie des dénonciations : sinon les responsabilités s'étendaient in-

---

im Mittelalter und die Entstehung der grossen Hexenverfolgung, München et Leipzig, 1900.
1 Lea, *loc. cit.*, p. 492 (trad. fr. 589) ; Hansen, début du ch. IV, p. 212 sqq. ; Baissac, p. 5 sqq.
2 C'est à cette histoire surtout qui s'attache Hansen.
3 Bulle *Summis desirantes affectibus*, d'Innocent VIII (1484) : traduction française in Baissac, p. 15 ; cf. Hansen, *Quellen und Untersuchungen zur Geschichte des Hexewahns und der Hexenverfolgung im Mittelalter*, Bonn, 1901, p. 25 et *loc. cit.*, p. 467.
4 Le traité le plus célèbre est le *Malleus maleficarum*, des inquisiteurs Sprenger et Institoris. Cf. Hansen, *Zauberwahn*, p. 473 sqq. et *Quellen*, p. 360 sqq.
5 Baissac, *loc. cit.*, p. 20 sqq., 133 sqq ; Lea, p. 492 sqq. (tr. fr. 589 sqq.) ; surtout Hansen, *Zauberwahn, p.* 480 sqq. ; *Quellen, p.* 416-144 : « Die Zuspitzung des Hexenwahns auf das weibliche Geschlecht ».
6 Lea, *loc. cit.*, p. 505 (tr. fr., p. 606), p. 508 (609), p. 544 (654), n. 1 ; Baissac, *loc. cit.*, p. 151, 165, 169 sqq.

Paul Fauconnet

définiment et un procès en suscitait une foule d'autres [1]. Il n'y a pas, dans l'histoire, d'exemple plus remarquable d'une répression créant aussi facilement des responsables pour pouvoir s'exercer et engendrant la représentation de crimes imaginaires pour légitimer leur sanction par leur imputation.

IV.

Cette conception de la fonction de la responsabilité peut être encore corroborée par l'examen sommaire des caractères de la procédure pénale.

Dans la plupart des sociétés, les institutions de la procédure seraient dérisoires, si elles tendaient à la recherche impartiale des causes. Il est manifeste que tout le système est organisé en faveur de la répression. La peine doit être infligée. On n'y renoncera que dans des cas exceptionnels, si tous les patients possibles réussissent à l'esquiver. Mais la découverte d'un responsable doit être le cas normal ; la responsabilité est admise en principe et le procès sera conduit pour justifier la prévention. Du soupçon à la conviction, le passage est aisé. Tout est réglé au contraire pour que la disculpation, qui rendrait impossible l'exécution de la peine, se heurte à des obstacles difficilement surmontables.

Ces propositions s'appliquent déjà au système de la procédure accusatoire, lorsqu'il n'y a pas encore de ministère public et qu'aucun organe d'État ne conduit l'instruction. Ce système semble bien tenir la balance égale entre l'accusation et la défense et, dans les sociétés anglo-saxonnes contemporaines, il est justement réputé favorable aux intérêts du défendeur et respectueux de ses droits. Mais, dans les sociétés moins élevées en civilisation, cette égalité n'est qu'apparente. Comme le remarque justement Declareuil à propos du droit franc, « sous l'empire de la justice privée, il n'est pas exact de dire que la preuve doive être apportée par le défendeur. La vérité, c'est qu'elle est à la charge du plus faible, la force en rejetant le fardeau du côté opposé. Or, le plus souvent, c'est l'homme fort et puissant qui accuse et attaque... et c'est le plus faible qui, redoutant tout, cherche à esquiver ou à retarder les coups en prouvant qu'il

---

[1] Baissac, *loc. cit.*, p. 158.

n'est pas coupable [1] ». *A fortiori* en est-il ainsi quand l'accusation ne formule pas un grief privé, mais prend en main les intérêts de la société elle-même, par exemple prétend qu'il y a eu crime religieux, meurtre par magie. L'un des modes de preuve universellement employé est l'ordalie [2]. Il arrive qu'elle soit bilatérale [3] et maintienne les parties sur le pied d'égalité. Mais quand elle est unilatérale [4], presque toujours c'est l'accusé qui doit s'y soumettre. Spieth nous raconte longuement comment les choses se passent chez les Ho, population Ewe du Togo allemand [5], où la procédure par épreuves judiciaires semble très largement développée : en particulier il nous donne le récit d'un procès pour meurtre magique. La complaisance du tribunal à admettre la culpabilité, pour peu qu'une épreuve d'interprétation bien hasardeuse semble tourner contre un accusé, est remarquable. Qu'on songe à la situation d'un accusé obligé de se soumettre à l'une des ordalies les plus communes : saisir un fer rouge, marcher sur des charbons ardents, plonger la main dans l'eau bouillante. L'hypothèse d'une réussite complète de l'épreuve en sa faveur est inconcevable. Si l'accusé triomphe parfois, comme il arrive, c'est qu'on interprète en sa faveur des signes qui pouvaient aussi bien être interprétés contre lui. Esmein, rapportant l'épreuve du fer rouge ou de l'eau bouillante subie par le *vicarius* de la reine Teutberge, accusée d'inceste par son mari Lothaire II de Lorraine, et notant qu'il en sortit indemne, remarque : « Ce fait, comme tant d'autres semblables... ne doit point paraître invraisemblable. Pour décider si l'épreuve avait réussi, on ne constatait pas simplement si celui qui la subissait était brûlé ou non, car sans doute il l'était toujours ; on mettait sous scellé la main brûlée et, au bout de trois jours, on examinait la plaie ; si elle paraissait en Voie de guérison, l'épreuve avait réussi ; si, au contraire, la plaie était très enflammée, de mauvais aspect, l'épreuve avait échoué [6] ». Dans de pareilles conditions, pour peu que l'indignation collective

---

1 Declareuil, *Les preuves judiciaires dans le droit franc du Ve au VIIIe siècle*, Paris, 1899, p. 8.
2 Post, II, Bd., p. 459 sqq.
3 Post, p. 474. « Im Allgemeinen ist das einseitige Gottesurteil häufiger ».
4 *Ibid.*
5 Spieth, *Die Ewe-Stümme, Material zur Kunde des Ewe-Volkes in Deutsch-Togo*, Berlin, 1906, II. Kapitel, III, Das Gerichtswesen, notamment, p. 152 sqq.
6 Esmein, *Les ordalies dans l'Église gallicane au IXe siècle* (in Rapport de l'École pratique des Hautes Études, Sciences religieuses, année 1897-1898), Paris, 1898, p. 7.

soit intense et la suspicion énergique, l'épreuve doit tourner contre l'accusé. Elle est organisée de telle sorte qu'elle doit normalement finir mal pour le patient. L'échappatoire qui lui est ouverte est bien étroite. La société ne met pas sur le même plan les deux éventualités possibles : punir si la responsabilité est établie par l'épreuve, renoncer à la peine si elle ne l'est pas. La seconde n'est acceptée qu'à grand'peine ; c'est la première qu'on désire. Il ne s'agit pas d'une enquête impartiale ; il s'agit de punir, à moins d'une manifestation éclatante d'irresponsabilité. Glotz a même pu soutenir que l'ordalie primitive consistait souvent non dans une procédure, mais dans une véritable exécution conditionnelle de la peine, sous bénéfice de miracle. L'ordalie est une « dévotion ». L'individu soupçonné est soumis à un traitement qui, sauf intervention d'un dieu, entraîne la mort [1].

Mais les privilèges de l'accusation sont exorbitants surtout dans le système de la procédure inquisitoire [2] qui, développé par la législation canonique, s'est maintenu dans la plupart des États européens jusqu'à la Révolution. Le monopole de l'accusation est réservé au Ministère public qui, représentant l'intérêt social de la répression, est professionnellement enclin à préjuger la culpabilité. La procédure est secrète pendant toute la durée du procès. La défense n'est pas admise à discuter, au cours de l'instruction, les charges de l'accusation et ne peut produire que des mémoires écrits [3]. Enfin le système est aggravé par l'emploi de la torture, au moins dans les cas fort nombreux de crimes capitaux. Sans doute ce besoin qu'éprouve le juge d'arracher à l'accusé l'aveu de son crime atteste l'existence de scrupules remarquables [4]. Seulement le procédé employé pour obtenir l'aveu suppose que l'on admet déjà implicitement la culpabilité comme à peu près certaine. Avec l'ordalie, il

---

1 Glotz, *L'ordalie dans la Grèce primitive*, Paris, 1904, p. 7. — Nous ne disons pas que cette théorie doive être acceptée comme explication générale des origines de l'ordalie.
2 Vidal-Magnol, p. 764 ; Faustin Hélie, *Traité, de l'Instruction criminelle*, 2ᵉ éd., Paris, 1866, t. I, p. 431 sqq. ; Esmein, *Histoire de la procédure criminelle en France et spécialement de la procédure inquisitoire depuis le XIIIᵉ siècle jusqu'à nos jours*, Paris, 1882.
3 Esmein. *loc, cit.*, p. 231 (absence de conseil).
4 La torture est dans la logique du système des preuves légales. Pour condamner, il faut une preuve complète, et la preuve sera rarement complète sans l'aveu de l'accusé. Cf. Esmein, *loc. cit.*, p. 99, 264, 281.

fallait un miracle pour que l'inculpé échappât : ici sa disculpation sera le prix d'un héroïsme exceptionnel. La plupart des hommes avoueront n'importe quoi pour faire cesser la torture [1]. Mais le risque de condamner des innocents paraît incomparablement moins grave que le risque de laisser un crime impuni [2].

Nous disions de l'ordalie qu'elle était à certains égards une exécution conditionnelle : on pourrait le répéter de la torture. Le juge inflige à l'accusé un traitement qui est déjà un supplice, sur des indices réputés insuffisants pour que la condamnation puisse être prononcée. Il faut lire, dans les commentateurs de l'Ordonnance criminelle de 1670, pourtant si formalistes en matière de preuves, comment les « indices prochains » ou « semi-preuves » sont « suffisants pour bailler torture », et comment certains de ces indices ont eux-mêmes besoin d'être soutenus par des « adminicules », « l'inconstance des discours de l'accusé, le tremblement de sa voix, le trouble de son esprit, sa taciturnité,... la proximité de la maison de l'accusé du lieu où le crime a été commis,... l'affectation de l'accusé d'avoir l'oreille dure,... la mauvaise physionomie de l'accusé ou le vilain nom qu'il porte [3]. » Et il s'agit ici de la procédure normale, en matière de crimes qui ne mettent pas en jeu le fanatisme. C'est dans la lutte de l'Inquisition contre l'hérésie, puis dans les procès de sorcellerie que l'institution de la torture a révélé toute son efficacité [4]. Sous prétexte de l'interrompre et de la reprendre, elle a été souvent renouvelée, contrairement au principe formellement admis, autant de fois qu'il le fallait pour obtenir le résultat cherché ; elle a été appliquée aux témoins comme aux accusés. Ainsi employée, elle est vraiment une peine anticipée, préjugeant une condamnation qu'elle rend en outre inévitable. Comme nous le remarquions tout à l'heure, « la torture a été le grand levier de la sorcellerie ; c'est elle qui l'a en quelque sorte soulevée [5]. » « La procédure inquisitoriale

---

1 Esmein, *loc. cit.*, p. 349, 353.
2 C'est constamment à cette hantise de l'impunité que ramènent les arguments donnés en faveur de la torture, quand l'opinion commence à en discuter la légitimité : Esmein, *loc. cit.*, p. 374, citant Muyart de Vouglans.
3 Muyart de Vouglans, cité par Esmein, *loc. cit.*, p. 277-279.
4 Sur la torture dans la procédure de l'inquisition contre les hérétiques, Lea, *op. cit.*, tome I, p. 423 sqq. (tr. fr. 476 sqq.) ; dans les procès de sorcellerie, t. III, p. 505 (606) ; torture infligée aux témoins, I. p. 425 (479) ; interruptions et reprises. I, p. 428 (482). Cf. Marx, *L'Inquisition* en *Dauphiné*, Paris, 1914, p. 110.
5 Baissac, *op. cit.*, p. 151.

Paul Fauconnet

était sûre de sa victime. Aucun accusé ne pouvait échapper, quand le juge était décidé à le condamner [1]. »

Même aujourd'hui, malgré toutes les garanties que nous donnons à l'accusé, il est impossible de considérer la procédure comme un système logiquement satisfaisant de mesures destinées à établir des rapports de causalité, à doser la liberté, à permettre des diagnostics exacts. Les indices et preuves sur lesquels jurés et juges assoient leur conviction ne sont nullement du même ordre que les preuves qui vérifient, aux yeux d'un savant, une proposition. Bien souvent, les témoignages sont peu probants ; ils comporteraient presque toujours d'autres interprétations que celles qu'apporte l'accusation ; l'ensemble des faits allégués par elle constituent des vraisemblances et non à proprement parler des preuves. Dans des conditions analogues, le savant se refuserait à prononcer, il s'abstiendrait ; bien plus, tous ceux qui ont fréquenté la Cour d'assises reconnaîtront que nous prendrions difficilement, dans des affaires nous concernant, des décisions importantes, sur des éléments d'information comparables à ceux dont disposent parfois les jurés et les juges. Pour expliquer la hardiesse dont les tribunaux font preuve, il faut faire entrer en ligne de compte le sentiment qu'ils ont des dangers de l'impunité, de la nécessité de la répression. Dans bien des affaires, les discussions auxquelles ils assistent, à l'audience, les conduiraient à garder une attitude d'abstention, s'ils ne se rendaient compte que cette attitude est incompatible avec la mission dont ils sont chargés. On comprend, de ce point de vue, pourquoi les jurisconsultes et les médecins sont difficilement d'accord sur la portée des expertises psychiatriques [2]. L'expert, en effet, tend à mettre au premier plan la solution de certains problèmes d'ordre spéculatif : l'accusé est-il parfaitement sain, présente-t-il des tares héréditaires, etc., toutes questions qui, elles, sont susceptibles d'être résolues par la technique ordinaire de la science ; et il ne se préoccupe pas des effets fâcheux de l'impunité. Aussi n'apportera-t-il souvent qu'un avis nuancé et circonspect qui, généralement, aura pour effet d'abaisser ou de supprimer la peine. Les magistrats et l'opinion au contraire réclament que l'on ne multiplie

---

[1] Lea, *op. cit.*, I, p. 429 (tr. fr. 483).
[2] voir l'analyse de polémiques récentes, soulevées par le Congrès des médecins aliénistes à Genève en 1907, dans Grasset, *La responsabilité des criminels,* Paris, 1908, p. 154 sqq.

pas les obstacles qui barrent la route à la répression ; en principe, chaque crime doit être puni, et la société ne doit qu'exceptionnellement renoncer à tirer de la peine les avantages moraux qu'elle comporte.

V.

Il ne semble pas qu'on puisse assigner à la responsabilité d'autre fonction que celle-ci : rendre possible la réalisation de la peine en lui fournissant un point d'application et, par suite, permettre à la peine de jouer son rôle utile.

Pour apercevoir toute l'importance de cette fonction, il faut se rappeler ce que nous avons dit de la symbolisation *réelle* du crime par le responsable. Sans doute une société qui sent vivement l'utilité de la répression peut choisir arbitrairement ou pour des raisons d'opportunité un patient pour la peine. Mais précisément parce que ce choix est délibérément arbitraire, artificiel, la peine perd la plus grande part de son efficacité. Son rendement, peut-on dire, est maximum, quand le patient auquel elle s'applique symbolise le plus complètement le crime, se confond le plus parfaitement avec lui. Or le choix arbitraire n'a à aucun degré la vertu de créer un symbole parfait ; la société n'est pas dupe de son artifice ; elle essaierait en vain de se faire illusion ; ce qu'elle détruit ne représente pas réellement le crime à ses yeux ; la peine, pour une part, manque son but. Il est d'opinion unanime qu'une responsabilité fictive ne supplée que d'une façon tout à fait grossière et imparfaite la responsabilité naturelle. Pour que la peine soit pleinement efficace, il faut qu'elle soit juste ; elle ne l'est que si elle frappe, à défaut du crime lui-même, les êtres qui symbolisent le mieux le crime. Mais il ne dépend pas de la société de remplacer par un décret arbitraire le phénomène qui seul peut rendre effective cette symbolisation. Sans doute le sacrifice expiatoire de victimes vicaires semble nous offrir un exemple remarquable de transfert artificiel : pour pouvoir expier l'infraction sans en supporter elle-même la sanction, la société qui offre le sacrifice détourne par un rite sa faute sur ce que nous appellerions un innocent. Mais le rite n'est que l'utilisation méthodique d'un processus réel ; il ne crée pas la responsabilité, il l'oriente seulement et il l'oriente par un procédé à la vertu duquel on croit. Le sacrifice est efficace parce que la société croit réellement qu'elle s'est déchargée de son crime sur la victime en la contaminant. Mais une société qui ne croirait pas à la possibilité de cette substitution (c'est précisément le cas des nôtres, au moins si l'on s'en tient à considérer le droit pénal) ne pourrait pas « faire comme si elle y croyait » : la comédie qu'elle jouerait ne saurait la satisfaire.

Il suit de là que toute règle de responsabilité quelconque n'est pas également adaptée aux besoins de toute société. Ce qui est utile d'une manière universelle, c'est qu'il y ait une responsabilité, des responsables ; mais le rôle fonctionnel d'un système déterminé de règles de responsabilité ne peut être apprécié que si l'on rapporte ce système à toute la civilisation d'un type social donné. Il est sans doute utile dans certains types sociaux que la responsabilité soit collective. Dans d'autres, il est utile qu'elle soit individuelle ; collective, elle serait inutile ou même nuisible. Il faut tenir compte de tous les facteurs secondaires pour juger si dans telle société, à tel moment de son histoire, l'institution de la responsabilité doit être dite normale ou pathologique, et s'il convient de conclure à son maintien ou à sa réforme.

Notamment, si la répression, l'expiation du crime est la fonction principale de la peine, ce n'est pas la seule, et l'importance relative des fonctions subalternes de prévention spéciale peut devenir, dans certaines sociétés, considérable. L'utilité d'un jugement de responsabilité doit être appréciée aussi de ce point de vue. Il est clair que, de deux jugements qui satisferaient également aux conditions d'une expiation parfaite, celui des deux qui permettra le mieux à la peine de jouer son rôle préventif sera, tout compte fait, le plus utile.

Enfin l'adaptation de l'institution de la responsabilité aux conditions d'existence d'une société n'est qu'approximative ; il serait miraculeux qu'elle fût le plus parfaite possible. L'application des sanctions, conformément aux règles en vigueur dans une société, coûte en même temps qu'elle rapporte : des modifications qui la rendraient moins onéreuse et plus avantageuse peuvent être concevables et même réalisables. Reconnaître à la responsabilité une fonction utile, ce n'est donc pas nécessairement faire profession de fatalisme et d'optimisme. C'est au contraire par l'examen approfondi de la fonction de la responsabilité, que l'étude sociologique peut légitimer des réformes.

Il semblera peut-être qu'en concevant ainsi la fonction de la responsabilité, on lui fasse perdre tout ce qui faisait son prix au regard de la conscience morale, pour la réduire à quelque chose de très grossier : la peine est utile, il faut pour la peine un patient ; le jugement de responsabilité fournit ce patient, sorte de bouc émissaire sacrifié à l'égoïsme collectif. La justice, cette entité sublime, n'a rien à voir là : il n'y a ni innocent ni coupable au sens profond que la conscience donne à ces mots, mais seulement des individus qu'il est expédient de punir. Ne revenons-nous pas par un chemin détourné à un utilitarisme particulièrement révoltant puisqu'il insisterait, non sur la fonction de prévention spéciale de la peine, laquelle joue dans quelque mesure au profit du patient lui-même, mais sur la fonction expiatoire, qui demande que le patient soit traité exclusivement comme un moyen et non, en même temps comme une fin ? — Cette objection aurait son principe dans une amphibologie. Nous disons que la peine a une fonction utile et par suite aussi la responsabilité. Mais il s'agit ici d'une utilité *morale*, d'intérêt proprement *moral*. C'est seulement à condition qu'il y ait des sanctions que l'existence même d'une moralité est assurée : la sanction et par suite la responsabilité participe donc à la valeur de la moralité. Le sacrifice de l'individu à l'intérêt collectif, au sens où le mot intérêt s'oppose à droit et à devoir, est odieux ; mais Kant lui-même, adversaire si résolu de toute doctrine utilitaire, ne considère pas que nous dérogions au respect dû à la personne humaine, quand nous faisons d'elle un moyen pour la réalisation de l'expiation [1]. La sévérité contre le crime est un devoir, l'indulgence excessive, une faute. La haute valeur morale de la répression fait la valeur de la responsabilité qui en est la condition.

---

[1] « Richterliche Strafe... kann niemals bloss als Mittel, ein anderes Gute zu befördern, für den Verbrecher selbst, oder für die bürgerliche Gesellschaft, sondern muss jederzeit nur darum wider ihn verhängt werden, weil er verbrochen hat... Er muss vorher strafbar befunden sein, ehe noch daran gedacht wird, aus dieser Strafe einigen Nutzen für ihn selbst oder seine mitbürger zu ziehen. Das Strafgesetz ist ein kategorischer Imperativ... ». *Metaphysik der Sitten, Rechtslehre,* édition Hartenstein, VII, p. 149.

Paul Fauconnet

PARTIE III : ANALYSE DE LA RESPONSABILITÉ

II. — Facteurs et formes secondaires

De la responsabilité très étendue et indéterminée que nous avons jusqu'à présent décrite, qui peut atteindre les animaux et les cadavres comme les hommes, qu'engendrent des relations diverses et lointaines avec le crime, à la responsabilité bien plus étroite et définie que reconnaît notre conscience morale, à laquelle est seul propre l'homme adulte et normal, qu'engendre presque exclusivement l'action volontaire et qu'excluent ou limitent tant de facteurs, — il y a loin, semble-t-il. Nous nous proposons, dans cette dernière partie de notre travail, non d'expliquer l'évolution historique de la responsabilité, mais d'en indiquer la cause générale et d'en marquer les principaux traits.

La cause générale des phénomènes secondaires qui viennent compliquer et modifier le fait de responsabilité fondamental, ce sont des forces dont nous avons jusqu'à présent fait abstraction ; elles surgissent au moment où, sur le patient choisi et désigné pour la peine, l'attention collective se fixe. Nous allons d'abord montrer d'où naissent ces forces, quelle est leur nature, comment elles entrent en composition avec celles d'où procède la désignation du patient (chapitre VII).

L'intervention de ce nouveau facteur a deux effets principaux. Elle concourt, à individualiser d'une part, à spiritualiser d'autre part la responsabilité. Ces deux effets sont, dans une large mesure, concomitants et solidaires. Il est cependant possible de les décrire l'un après l'autre, tout en marquant leurs rapports. Ce sera l'objet des deux derniers chapitres.

Chapitre VII.
Réaction du patient sur la sanction et sur l'acte sanctionné.

I.

Les sociétés, quand elles prononcent un jugement de responsabilité, sont mues d'abord par des forces qui les entraînent à infliger des sanctions, par suite à trouver à tout prix un patient qui puisse les subir. Elles se posent la question : qui est responsable ? Mais il est d'avance implicitement acquis que la question comporte une réponse positive : et elle sera nécessairement résolue de telle sorte que la répression puisse s'exercer. Dans les émotions qu'éveille le crime, il y a un principe de responsabilité, il n'y a pas de principe d'irresponsabilité. Mais le responsable est un substitut, un symbole du crime. Si on lui applique la sanction, ce n'est pas en raison de ce qu'il est en lui-même, mais en raison de ce qu'il représente. Il joue d'autant plus parfaitement son rôle de substitut qu'il est plus complètement *indifférent*. Le phénomène de responsabilité se produit dans sa forme pure, si la représentation que la société a du patient choisi est rigoureusement neutre. La responsabilité est simple, si la société qui punit ne voit dans le responsable que le crime imputé, si elle a par suite pour lui exactement les mêmes sentiments que pour le crime.

Mais ces conditions ne peuvent normalement être réalisées. En fait, le phénomène essentiel que nous avons décrit est toujours, à des degrés divers, modifié par l'intervention de facteurs dont nous avons jusqu'à présent fait abstraction. Et l'élaboration des jugements de responsabilité est, au total, un phénomène complexe dont nous devons marquer les complications secondaires.

Car il n'y a pas de patient dont la représentation soit complètement neutre ou indifférente. Dès qu'il s'agit proprement de crime et de peine publics, et non plus de vendetta, le responsable appartient à la société même qui va le punir. Il est donc, comme le crime, l'objet d'une représentation collective, chargée de sentiments qui commandent une attitude à son égard. La propagation, dans une conscience collective, des émotions suscitées par le crime ne se produit pas en milieu vide. Chaque être nous affecte à sa manière. Et ces sentiments, en règle générale, au lieu d'agir dans le même sens que les émotions nées du crime, agissent en sens contraire. Il y a des forces antagonistes qui s'opposent à la peine. Les sociétés tendent à punir, mais elles résistent aussi à l'inculpation. Il y a pour elles des raisons de ne pas punir ou de punir moins et autrement que ne l'exigerait le pur appétit de répression. Et ces raisons procèdent, non plus de la considération du crime, mais de la considération du patient qui devrait en supporter la peine.

Car la peine coûte, en même temps qu'elle rapporte ; pour qu'elle joue son rôle utile, il faut qu'elle détruise : elle attente à des biens, dont la valeur est reconnue, la vie humaine, la liberté, la propriété. La peine est un sacrifice et le mot sacrifice, même au sens laïque et commun qu'il a pris, éveille l'idée d'un renoncement, d'un abandon de valeurs. Une société ne peut pas punir sans s'infliger une privation, une souffrance. Elle trouve donc en elle-même des raisons puissantes d'accepter l'impunité, pour ne pas faire le sacrifice moral qu'exigerait la punition. Elle assume des risques et se dépense pour protéger le patient contre elle-même. D'une part elle veut le punir, mais d'autre part elle veut le mettre à l'abri de la peine. Sur la colère destructive qu'a soulevée le crime s'exerce une inhibition qui arrête la destruction ; aux forces génératrices de responsabilité s'opposent des forces génératrices d'irresponsabilité.

Au cours de l'histoire, l'individu a pris une valeur morale croissante. Les sociétés où nous vivons sont éminemment individualistes, c'est-à-dire que la personne humaine y est sacrée. Elle est en outre aimée ; une pitié, qui dégénère souvent en faiblesse, nous rend difficilement tolérable le spectacle de la souffrance ; la charité, la philanthropie prolongent le respect. Or toute peine viole le respect dû à l'homme : le patient qui subit l'expiation est traité comme un moyen, non comme une fin. Et, parce qu'elle est nécessairement douloureuse, la peine révolte notre pitié. Aussi l'histoire de la peine est-elle une abolition constante, comme l'a dit justement Jhering [1].

L'examen de la procédure inquisitoire nous a prouvé que les sociétés, quand elles instruisent une affaire criminelle, veulent trouver un responsable et conduisent leur enquête en vue d'aboutir à la peine : tout nous a paru réglé pour que l'impunité demeurât exceptionnelle. Mais nous avons négligé un autre aspect de la procédure pénale. Elle fonctionne aussi en faveur du prévenu, comme un mécanisme défensif propre à tenir en échec les tendances répressives. Elle procède pour une part d'un besoin collectif de protection : ce nouvel aspect est particulièrement apparent dans la procédure accusatoire. Toutes les sociétés contemporaines en admettent le

---

[1] Jhering, *De la faute en droit privé*, p. 4, p. 75. — Voir à ce sujet, Durkheim, *Deux lois de l'évolution pénale*, in *L'Année Sociologique*, tome IV, Paris, 1901, pp. 65-95, notamment pp. 70-77, 78-80, 84, 85.

principe à des degrés divers, par une sorte de compromis entre les intérêts de l'État qui punit et ceux de l'individu qui subit la peine [1]. Mais c'est en Angleterre que le système a pris son plus complet développement ; on peut y observer, sous un grossissement exceptionnellement favorable, les institutions qui neutralisent, en faveur de l'accusé, les forces génératrices de responsabilité [2].

Ces institutions sont principalement les suivantes :

1° L'exercice de l'action publique est abandonné aux citoyens ; les officiers de police n'ont pas d'autres droits que les autres citoyens. Celui qui prend l'initiative de la poursuite le fait à ses risques et périls et peut se voir réclamer des dommages-intérêts. Si personne n'assume cette responsabilité, l'État n'agit pas. Il n'y a pas d'organe d'État préposé à l'accusation, rien qui corresponde à notre ministère public. L'accusation rassemble et fait valoir ses preuves ; elle est représentée aux débats par un avocat, non fonctionnaire, comme la défense ;

2° L'instruction préparatoire n'est pas, comme dans la procédure inquisitoire, l'enquête approfondie qui servira de base au jugement final. Elle a pour unique rôle l'examen des présomptions qui peuvent justifier le renvoi devant une juridiction de jugement, puis la mise en accusation. Il n'y a pas de juge d'instruction, investigateur actif, professionnellement disposé à rechercher des arguments favorables à la prévention, pas de mise au secret du prévenu, pas d'interrogatoire. Le juge de la cour de juridiction sommaire est plutôt le protecteur de la liberté individuelle : passivement, il entend les témoins, avertit le prévenu qu'il est libre de faire une

---

[1] La France, par exemple, a progressivement amendé, au profit de la défense, les dispositions du rigoureux Code d'instruction criminelle de 1808 : voir Garraud, *Traité théorique et pratique d'Instruction criminelle et de procédure pénale*, Paris, tome I, 1907, pp. 94-99.

[2] Sources : Seymour F. Harris (et Tomlinson), *Principles of the criminal law*, 2ᵉ édition, London, 1881, Book III : Criminal procedure ; Mittermaier, *Traité de la procédure criminelle en Angleterre, en Ecosse, et dans L'Amérique du Nord*, trad. fr. Chauffard, Paris, 1368 ; de Franqueville, *Le système judiciaire de la Grande-Bretagne*, Paris, 1893, tome II, chapitres XXIII-XXVII ; Halton, *Étude sur la procédure criminelle en Angleterre et en France*, thèse Paris, 1898. Nos indications se rapportent au temps des livres de Mittermaier et de Harris (1868-1881) et négligent certaines réformes qui ont rapproché la procédure anglaise de la procédure inquisitoire (1886 : création d'un Directeur des poursuites ; Criminal evidence act de 1898 : interrogatoire de l'accusé, etc.).

Paul Fauconnet

déclaration ou de réserver sa défense, ordonne son arrestation ou sa mise en liberté sous caution. Tout se passe publiquement ;

3° C'est un premier jury, non un juge d'instruction ou une Chambre de magistrats professionnels, le grand jury, qui décide la mise en accusation, après audition des témoins à charge ;

4° La juridiction définitive est composée d'un jury, présidée par un juge qui, au cours des débats, reste silencieux et passif. Ce juge n'est pas l'auxiliaire de l'accusation. Au besoin il donne à l'accusé des conseils et lui rappelle ses droits. Les débats consistent dans la libre interrogation des témoins, tant par la défense que par l'accusation (Cross examination). Les témoins et les avocats doivent s'abstenir de rapporter ce qu'ils ne connaîtraient que par ouï-dire ou de faire allusion aux antécédents de l'accusé. A la fin, le juge résume impartialement les débats ;

5° Enfin l'accusé n'est pas interrogé. Personne ne cherche à obtenir de lui un aveu ou à l'embarrasser dans des contradictions Si, comme c'est le cas général, il a choisi de plaider « non coupable », il peut garder le silence pendant tout le procès. La charge de la preuve incombe tout entière à l'accusation.

Bref, une poursuite criminelle en Angleterre semble être considérée « d'abord comme une atteinte à la liberté individuelle de l'accusé ; et celui-ci est, en conséquence, le premier objet de la sollicitude du législateur. De sorte que, dans les cas où il paraît impossible de concilier les deux intérêts de la société et de l'accusé, le législateur anglais n'hésite pas à sacrifier ceux de la société [1] » — Plus exactement, nous dirons que deux intérêts sociaux sont en balance : l'intérêt moral de la répression, l'intérêt moral de la liberté individuelle [2].

Si l'on tient compte de cette résistance à l'inculpation, dont l'intensité varie selon les civilisations mais n'est jamais nulle, on s'explique un caractère universel de la responsabilité, que notre définition préliminaire a retenu [3]. Une règle de responsabilité, avons-

---

1 Halton, *op. cit.*, p. 184.
2 Toutes les législations contemporaines font, à des degrés divers, bénéficier l'inculpé d'une persistante présomption légale d'innocence et même de certaines erreurs judiciaires. Ce faisant, elles compromettent les intérêts de la répression, comme le leur reproche l'École Italienne. Cf. sur ce point Vidal-Magnol, p. 845-848.
3 Voir Introduction, pp. 9-12.

nous dit, consiste à désigner le patient auquel doit obligatoirement s'appliquer une sanction ; mais aussi à déterminer comment la sanction, comminée contre un crime, doit obligatoirement être modifiée, dans sa nature et dans sa grandeur, pour s'adapter au patient désigné. Cette modification est presque toujours une atténuation [1] qui, à la limite, peut devenir une annulation. Ainsi l'élaboration d'un jugement de responsabilité, dans une conscience collective, est un phénomène complexe, parce que des règles multiples doivent être combinées par l'organe judiciaire chargé de cette élaboration. Et ces règles manifestent l'existence de forces dont les unes ont leur source dans la représentation du crime, les autres dans la représentation du patient. Les sentiments qui, du crime, se propagent vers des êtres qu'ils désigneront comme patients de la peine, rencontrent ceux que les patients suscitent en raison de leur valeur sociale. Mécaniquement, ces forces concourantes se composent pour produire une résultante. Si, comme il arrive, elles sont de même sens, elles s'additionnent. Plus généralement, étant de sens contraire, elles se neutralisent partiellement ou totalement. La grandeur de la sanction variera, en définitive, avec l'intensité finale de l'émotion résultante, qui dépend à son tour des grandeurs relatives des émotions convergentes ou antagonistes. Qualitativement, les deux systèmes affectifs se modifient : comme dans une combinaison chimique, le sentiment synthétique pourra différer notablement de chacun de ses éléments constitutifs.

La représentation du patient réagit donc sur la sanction. Un phénomène de propagation de sentiments, analogue à celui que nous avons décrit, mais de sens inverse, se produit à partir du patient [2]. Un contre-courant remonte du patient vers le crime et, en définitive, ce n'est pas seulement la sanction qui est modifiée, c'est

---

1 presque toujours, mais non toujours. En s'attachant au patient, l'attention collective peut aussi découvrir en lui des raisons d'aggraver la peine. Il y a des circonstances aggravantes : la principale est la récidive. Mais, la récidive mise à part, la théorie des circonstances aggravantes occupe deux ou trois pages dans un traité de droit pénal (cf. Vidal-Magnol, p. 391-393), alors que l'étude des causes pouvant supprimer ou diminuer l'imputabilité et la culpabilité réclame plusieurs chapitres. Voir par exemple Alimena, *I limiti e i modificatori dell' imputabilità* (tome II, 471 pages) : La non imputabilità ; tome III (p. 1 à 462) : La giustificazione, le scusanti) p. 465-72I ; Le aggravanti (y compris la récidive).

2 Rapprocher Ribot, *La psychologie des sentiments*, Paris, 1896, p. 263 sqq. : passage des émotions simples aux émotions composées.

la représentation du crime elle-même. Le fait, une fois imputé, change de couleur et de gravité. Initialement la société, émue par un crime, tend à traiter comme le crime même un être qui soutient avec lui une relation génératrice de responsabilité. Dans un second moment, elle corrige l'idée qu'elle s'était faite d'abord du crime, en s'inspirant des sentiments que lui inspire le patient choisi. Le crime changeant de figure, la sanction change elle aussi. Finalement c'est le crime ainsi modifié qui est seul imputé : et c'est à lui que se mesure la peine.

On peut s'attacher, dans l'examen de cette réaction, soit au contenu des émotions concourantes, soit au mécanisme de leurs combinaisons.

II.

Dans certains cas, les sentiments qu'inspire par lui-même le patient et qui résistent à la peine sont très spéciaux, très définis, quand ils entrent en conflit avec les sentiments qu'inspire le responsable en tant que symbole du crime, ce conflit est très apparent, parce que des émotions aussi hétérogènes ne peuvent se pénétrer mutuellement, se fondre en une émotion composée.

Par exemple certaines castes ou classes, certains corps, les titulaires de certaines fonctions ont un véritable privilège pénal : le prestige, la dignité, l'autorité — on pourrait dire, en empruntant aux sociétés mélanésiennes le nom qu'elles donnent au principe religieux du prestige et de l'autorité, le *mana* — qui appartiennent à ces groupes de personnes et les distinguent, forment comme une barrière devant la peine. Ce privilège peut être tel que la responsabilité soit annulée. En France, par exemple, l'irresponsabilité pénale du souverain était reconnue par la constitution de 1791, par les chartes de 1814 et de 1830 [1], celle des agents diplomatiques régulièrement accrédités et des souverains étrangers voyageant en France est admise par la doctrine et la jurisprudence [2]. Plus sou-

---

1 Constitution de 1791. titre 3, ch. 2, sect, 1, art. 1. — Charte de 1814, art. 13. — Charte de 1830, art. 12. — Irresponsabilité pénale du Président de la République, des sénateur et députés, Loi du 16 juillet 1875, art. 12-13 ; loi du 29 juillet 1881, art. 41. § 1.
2 Garraud, *Droit pénal*, tome I, p. 374 sqq.

vent la responsabilité est seulement atténuée : dans beaucoup de sociétés, la noblesse et le clergé par exemple sont, à crime égal, punis moins sévèrement que les classes inférieures ; ou bien des peines spéciales, moins infamantes et en quelque sorte honorables, leur sont réservées [1]. Même quand le droit pénal ne reconnaît pas explicitement de privilège de cet ordre, il n'est pas douteux que les « puissants », ceux qui occupent une haute situation sociale, ne bénéficient d'une prévention favorable, et cela d'autant plus assurément que la société observée sera moins égalitaire.

Le même individu peut être, presque simultanément, l'objet de deux jugements de responsabilité opposés, s'il a démérité d'une part et mérité de l'autre. La représentation de cet individu se trouve alors au confluent de deux courants contraires et la responsabilité rémunératoire peut faire échec à la responsabilité pénale. Le jury acquitte souvent un accusé, convaincu d'avoir commis l'acte incriminé, parce que, dans sa vie domestique, professionnelle ou civique, il a accompli des actions qui dépassent la mesure commune de la moralité. Le législateur français a réglementé, pendant la guerre de 1914, une réaction de cet ordre, par la loi du 5 juillet 1918, « tendant à éteindre l'action publique contre les auteurs de délits ou de contraventions qui se sont distingués aux armées par leurs actions d'éclat [2] ».

Ces exemples de réactions très apparentes permettent de mieux comprendre ce qui se passe dans la conscience collective, lorsque la considération du patient semble devenir prépondérante et que les sentiments qu'il inspire, intimement combinés à ceux qui procèdent du crime, paraissent le facteur primitif du jugement de responsabilité.

Le respect, l'amour et la pitié croissants qu'inspire la personne humaine concourent à limiter et à modifier la responsabilité. Sous ce rapport, le culte individualiste de la personne ne se manifeste pas seulement par l'interdiction partielle des traitements qui aviliraient ou lèseraient le patient. Il prend aussi une forme positive : l'intérêt que nous portons à l'individu incline la société qui le juge à

[1] Quelques indications dans Post, tome II, p. 300-301. — Post cite quelques exemples inverses — la haute dignité sociale jouant comme circonstance aggravante.
[2] *Journal officiel*, 8 juillet 1918. Selon les cas, l'action est éteinte de plein droit ou en vertu d'une décision judiciaire. — Cf. loi du 4 avril 1915, facilitant la réhabilitation des condamnés cités à l'ordre du jour.

Paul Fauconnet

pénétrer en lui, *à se mettre a sa place*. La sympathie, au sens propre du mot, nous ouvre le cœur et la pensée de nos semblables et nous prêtons une attention intelligente aux événements de leur vie intérieure. Dès lors, chaque individu tend à nous apparaître comme un être unique en son genre, « singulier », dont nous nous plaisons à scruter les caractères idiosyncrasiques, que nous aimons pour ce qui lui est rigoureusement personnel, pour ce qui le distingue de tous les autres.

Or un individu singulier ne peut jamais être perçu, ni senti, comme un symbole exact, un substitut parfait du crime défini *in abstracto*. Le crime devient son crime et il n'y a pas deux crimes, de même dénomination, qui soient rigoureusement identiques. En outre la sympathie fournit à l'intelligence une explication psychologique du crime : nous comprenons les combinaisons du caractère congénital, des habitudes et des circonstances qui ont déterminé l'impulsion criminelle. Mais rien ne sollicite l'indulgence comme l'explication minutieuse de l'acte coupable ; expliquer, c'est dans une large mesure excuser et toute l'énergie qui se dépense à *comprendre* diminue celle qui se dépenserait à frapper. Tout ce qui rend le coupable digne d'intérêt n'atténue pas seulement sa responsabilité, mais engage aussi la nôtre. Sous des noms divers, charité, fraternité, solidarité, l'homme moderne désigne quelque chose qui l'attache aux malheureux et l'oblige à les secourir : le développement de la bienfaisance privée, puis de l'assistance publique en témoignent. La solidarité est proprement une forme de responsabilité. En tant que criminel, l'auteur du crime est réprouvé. En tant qu'infirme, aliéné, victime de l'hérédité ou de la misère, moralement abandonné dans son enfance, il aurait en droit à une protection efficace. S'il ne l'a pas obtenue, nous jugeons la société comptable envers lui. Créancière du fait du crime, elle est aussi débitrice, et la responsabilité finale est un compromis entre les deux dettes. Enfin notre sympathie nous fait percevoir ce que pense et souffre le condamné quand il subit la peine. Nous ne voulons pas qu'il soit frappé comme une brute privée de droits ; nous exigeons que le châtiment sauvegarde sa dignité et nous souhaiterions qu'il assurât son avenir moral. Nous lui reconnaissons en quelque sorte un droit à être amendé par la peine. Tel est l'esprit qui a dicté les entreprises illusoires peut-être, mais généreuses, de l'École Pénitentiaire et l'institution plus féconde des *Reformatories*.

L'action combinée de ces sentiments concernant le patient détermine un amoindrissement général de la responsabilité et multiplie les conditions dont dépendent sa mesure et ses qualités secondaires :

1° Tout d'abord elle devient subjective : l'action corporelle pure, *a fortiori* l'intervention passive et indirecte dans le crime ne suffisent plus à l'engendrer. Nous étudierons dans un chapitre suivant ce phénomène.

2° Les animaux et les choses deviennent irresponsables, sans réserves, non seulement parce qu'il ne peuvent pas vouloir le crime, mais parce qu'il ne pourraient sentir le caractère moral de la peine.

3° La même raison, et en outre le respect pour la dignité de la personne humaine, entraînent la désuétude des peines infligées aux cadavres et des procès contre les morts.

4° Le respect, la pitié, l'amour, la solidarité exigent que les enfants soient soustraits à la peine : une minorité pénale est fixée au-dessous de laquelle l'enfant est irresponsable, une autre au-dessous de laquelle sa responsabilité est atténuée. Et des institutions procédurales et pénitentiaires s'ébauchent, qui tendent à soustraire l'enfant au procès criminel ordinaire et à substituer pour lui, aux sanctions expiatrices, de pures mesures éducatives et réformatrices.

5° Parallèlement, et dans le même esprit, l'aliénation mentale exclut la responsabilité. Définie dans des termes de plus en plus larges, elle crée un droit à la cure, aux frais de la société, qui renonce totalement à punir. Pour les aliénés criminels incurables, si dangereux soient-ils et si stériles que doivent rester les dépenses faites en leur faveur, on demande des méthodes d'élimination philanthropiques : au lieu de la mort, l'internement hospitalier et non pénal.

6° La détermination progressive, par la neurologie et la psychiatrie, d'anormalités psychiques, d'états pathologiques apparentés à l'aliénation, a d'abord eu pour résultat, au cours du XIXe siècle, de multiplier les verdicts de non-culpabilité et l'octroi des circonstances atténuantes par les jurys. La réaction contre les excès de cette indulgence dangereuse aura probablement pour conséquence prochaine l'institution d'un régime semi-pénal, semi-hospitalier.

Paul Fauconnet

Plus l'anormal se rapprochera de l'aliéné, moins il sera puni. Mais à une répression plus atténuée pourra correspondre un traitement thérapeutique plus énergique.

7° Un individu normal peut réagir exceptionnellement par un crime, sous la pression de circonstances anormales. La sympathie et l'esprit de solidarité nous interdisent de juger sévèrement l'homme qui avait à choisir entre l'héroïsme et le crime, surtout lorsque ce choix lui était imposé par le vice même de nos institutions, notamment des institutions économiques. *L'état de nécessité*, interprété dans un large esprit de bienveillance, s'introduit dans le droit pénal, d'abord comme une circonstance atténuante de la culpabilité appréciée par le juge, puis comme une véritable excuse légale.

8° La sympathie commande au juge de tenir compte non seulement de l'intention, mais des facteurs mêmes de l'intention, c'est-à-dire des motifs et des mobiles. Deux actes volontaires, semblables en apparence, apparaissent comme très différents en valeur, si le juge tient compte et de la violence des passions que la volonté avait à combattre et surtout de leur contenu. Le crime commis sous la poussée de sentiments nobles, ou apparentés aux émotions nobles, engendre une responsabilité atténuée : le juge se sent trop près du coupable pour se montrer sévère. On sait la complaisance du jury pour les « crimes passionnels ».

9° Le juge remonte, dans sa recherche sympathique des causes d'irresponsabilité, au delà même des facteurs immédiats de l'intention. Il cherche, dans les antécédents de l'accusé, tout ce qui a déterminé la formation de son caractère : hérédité, constitution physiologique, éducation, profession, influence du milieu, difficultés de la vie. Et mieux ces antécédents expliquent le crime, font apparaître comme nécessaire l'écart moral de l'accusé et de la moyenne des honnêtes gens, plus la tendance est forte à nier la culpabilité et surtout à la limiter par l'octroi des circonstances atténuantes.

10° La préoccupation de l'avenir moral du condamné porte les sociétés à se départir du formalisme juridique qui attache à chaque type d'infraction une peine déterminée, au moins entre deux limites maxima et minima, par le législateur. Tout en écartant le mot et le principe, la plupart des législations pénales contemporaines font de larges concessions au système des « sentences indéterminées ». Les tribunaux, avec le concours de l'administration pénitentiaire, traitent les condamnés moralement les meilleurs un peu comme des mineurs : le rôle éducatif de la sanction devient prépondérant ; la peine varie, non plus en fonction du crime, mais en rapport avec la réforme morale du coupable. En France, par exemple, la loi de sursis permet d'exonérer de toute peine effective les condamnés primaires, leur responsabilité reconnue n'entraînant que le blâme impliqué dans la condamnation et la menace d'une peine en cas de récidive. Et l'institution de la libération conditionnelle qu'on propose d'assouplir, crée, au bénéfice du condamné qui s'amende, l'équivalent d'un sursis partiel au cours de l'exécution de la peine.

III.

La réaction que la représentation du patient exerce sur la sanction n'a pas toujours pour effet final d'adoucir le sort du patient. Dans l'ensemble, cette réaction a bien pour conséquence d'affaiblir la répression : l'élément vindicatif, passionnel de la pénalité s'accommode mal des sentiments de respect et d'amour pour la personne humaine. Mais des mesures d'un autre ordre compensent cet affaiblissement de la répression. Ce sont des mesures de *prévention* spéciale : elles ont pour fonction, non plus d'expier le crime accompli, ni d'en prévenir le renouvellement par une action générale exercée sur la conscience collective et sur l'ensemble des délinquants possibles, mais d'agir spécialement sur les individus déjà coupables pour empêcher, de leur part, la récidive. Elles ne procèdent pas de la réaction passionnelle suscitée par le crime, des exigences religieuses et morales de la conscience collective : elles manifestent l'activité réfléchie de l'État laïque, gérant utilitairement les intérêts temporels de la société politique. L'École italienne d'anthropologie et de sociologie criminelles, représentant doctrinal de cette tendance à instituer une prévention spéciale méthodique, devance la législation et réclame notamment : l'élimination définitive et complète, par la mort ou par l'internement viager, de tous les criminels très dangereux et inamendables, — criminels-nés, aliénés criminels incurables, grands criminels d'habitudes non réadaptables ;

l'élimination temporaire, prolongée aussi longtemps que l'exige la cure physiologique et morale, des anormaux et des criminels d'occasion qui pourront recouvrer *l'idonéité à* la vie sociale ; l'intimidation des intimidables par les châtiments douloureux et plus encore par l'obligation imposée au criminel de travailler pour indemniser ses victimes ; le changement de milieu social et le régime de la liberté surveillée pour certains criminels d'occasion ; le renvoi sans condamnation de la plupart des criminels d'occasion, dont la prison avilissante contribue à faire des récidivistes ; l'extension, pour les mineurs, du régime protecteur et éducatif. Des établissements appropriés, distincts pour chaque catégorie de délinquants, devraient remplacer les prisons uniformes.

Parmi les causes qui déterminent le développement contemporain du droit pénal préventif, comme on l'a appelé, il faut noter surtout l'affaiblissement de la répression pénale. La peine remplit toujours à quelque degré une fonction préventive ; il n'y a pas de société qui soit assez inapte à la réflexion pour ne pas prendre de précautions contre les individus dangereux. Seulement, dans la plupart des sociétés, la prévention spéciale résulte nécessairement de l'expiation, sans être voulue pour elle-même. Quand la répression est très sévère, que la mort et les supplices sont d'usage fréquent, l'élimination des inadaptés est obtenue sans être cherchée. Il y a eu un temps, remarque justement Enrico Ferri, où le problème de la récidive ne se posait pas : on pendait les individus pour leur premier vol. Si les préoccupations préventives se sont imposées à nous avec tant de force, au cours du XIXe siècle, c'est que l'affaiblissement de la répression, la multiplication des cas d'irresponsabilité ont eu pour résultat l'augmentation du taux de la criminalité. L'abus des courtes peines d'emprisonnement a favorisé la récidive. Il a fallu réagir contre un danger très apparent. Le retour aux rigueurs anciennes étant moralement impossible, le problème s'est posé ainsi : comment se défendre contre les criminels autrement que par le renforcement de la pénalité expiatrice ? quelles mesures adopter pour les mettre hors d'état de nuire en les faisant souffrir le moins possible ?

En ce sens, les institutions préventives, en vigueur ou en projet, sont une conséquence indirecte de l'humanitarisme, bien qu'elles apparaissent surtout, aujourd'hui, comme des mesures énergiques de défense sociale contre les criminels. Le respect, la pitié, la sympathie ont d'abord, vers l'époque de la Révolution française, réclamé un adoucissement de leur sort. Puis, quand il a fallu remédier aux excès de l'indulgence, on a essayé de le faire sans revenir sur le principe même qui l'inspire. La peine préventive, — amendement, cure, élimination, — si l'on veut lui donner toute l'efficacité que demande l'École Italienne, sera souvent très sévère, bien plus sévère que la justice strictement expiatrice ne l'exigerait : l'inamendable, le criminel-né devront être éliminés définitivement à la suite d'un premier crime qui, pris en soi, ne mériterait qu'une courte détention. Mais cette sévérité ne sera pas proprement pénale : de même que l'internement de l'aliéné, elle ne sera pas voulue pour elle-même, mais acceptée comme la condition inévitable de la prophylaxie. S'il est vrai, comme on le lui reproche, que l'École Italienne se montre moins respectueuse et pitoyable pour l'individu que le droit classique, de la Révolution, ce n'est pas par un retour pur et simple à la pénalité plus rigoureuse du droit antérieur. La sévérité du droit préventif n'a pu naître que sur le terrain préparé par l'indulgence humanitaire.

Le choix judicieux des mesures préventives suppose un examen approfondi des individus sur lesquels on veut agir : leur efficacité dépend de leur exacte adaptation à l'*indoles* du criminel, qui doit faire l'objet d'un diagnostic et d'un pronostic précis. A l'importance croissante de la prévention spéciale, correspond nécessairement une importance croissante de la réaction exercée sur la sanction par la représentation du patient. Tant que le jugement de responsabilité a principalement pour rôle de proportionner exactement l'expiation à la culpabilité individuelle du délinquant, la représentation du patient n'est qu'un facteur, et le facteur secondaire, de ce jugement. La représentation du crime reste pour le législateur et pour le juge facteur prépondérant. Le juge *individualise* la peine, il est vrai : la loi lui permet de choisir entre un maximum et un minimum, de changer la qualité même de la peine parle jeu des circonstances atténuantes, de surseoir à l'exécution ; et le jury peut aller jusqu'à l'acquittement en déclarant non-coupable un accusé manifestement convaincu d'avoir commis le crime, mais auquel sa valeur morale vaut l'indulgence. Néanmoins, de ce point de vue, le formalisme juridique garde ses droits. C'est toujours de la répression expiatoire du crime qu'il s'agit : et, à un type de crime défini par elle, la loi attache un type de peine également définie. Au contraire, du point de vue de la prévention spéciale, *l'individualisation* radicale de la peine s'impose. Quel que soit l'acte commis, il faut que le juge, et ultérieurement l'administration pénitentiaire, aient toute latitude pour adapter la peine à la *témibilité* du criminel et pour la réadapter en cours d'exécution, à mesure que cette témibilité change ou qu'elle est mieux appréciée. On ne peut plus parler ici d'une réaction sur la peine de la représentation du patient. Cette représentation est la seule source du jugement : la responsabilité, appréciée du point de vue de la prévention spéciale, est déterminée exclusivement en fonction du patient.

Mais, en fait, dans le droit pénal en vigueur, la fonction préventive et la fonction expiatoire sont remplies par les mêmes mesures pénales. Notre droit pénal est un compromis entre l'ancien droit, surtout expiatoire, et les droits préventifs nouveaux. Notre législation oblige les tribunaux à tenir cette gageure : apprécier simultanément la responsabilité de deux points de vue différents et combiner dans un même jugement des éléments contradictoires. Le crime d'un homme généralement honnête et complètement normal est moralement très grave et suscite une réprobation très vive ; les anormalités pathologiques et l'immoralité habituelle doivent être interprétées, sous le rapport moral, comme des excuses. Sous le rapport préventif au contraire, l'attitude d'expectative est commandée en face du délinquant primaire, dont la criminalité virtuelle est faible et autorise un pronostic favorable. A l'inverse, l'individu anthropologiquement anormal ou le criminel d'habitude est très dangereux : il sera relégué comme récidiviste et l'École Italienne voudrait même qu'on pût l'éliminer définitivement sans attendre la récidive. Un jugement de responsabilité rendu dans de pareilles conditions est donc éminemment complexe. L'extériorité réciproque, l'antagonisme des deux jugements élémentaires qu'il fusionne sont manifestes. Les mêmes raisons justifient l'indulgence de la répression expiatoire et la sévérité de la répression préventive ou *vice versa*. On s'explique ainsi le désarroi de la justice pénale, les contradictions et oscillations que l'on reproche aux tribunaux et la prolifération des doctrines mixtes ou éclectiques de la responsabilité. Elles sont l'expression fidèle de l'incertitude collective : l'opinion troublée cherche par elles à concilier deux tendances divergentes, dont chacune est assez forte pour interdire le triomphe de l'autre.

IV.

La réaction qui prend naissance dans la considération du patient ressortit à plusieurs types nettement distincts, quand on l'examine non plus quant au contenu des émotions composantes, mais dans sa forme.

Le processus secondaire qui remonte du patient vers le crime peut être imprévu, soudain, violent, échapper au contrôle de la réflexion, comme celui qui part du crime. Il y a alors un refoulement excessif de la responsabilité : telle personne avait commencé par apparaître comme le patient légitime de la sanction ; on la jugeait pleinement responsable, avec une sévérité implacable ; maintenant elle apparaît comme une victime, elle inspire exclusivement des sentiments de pitié ; on préfère renoncer à toute sanction plutôt que de la frapper ; elle est totalement irresponsable. L'équilibre ne s'établit qu'après une série d'oscillations, d'amplitude décroissante. C'est le plus ordinairement sous cette forme passionnelle que s'élaborent les jugements de responsabilité des foules, ceux de l'opinion publique, ceux des assemblées et même des jurys. Dans la procédure expéditive de la justice populaire, le temps fait souvent défaut pour que ces oscillations se produisent opportunément : la peine aura été exécutée, avant qu'on ait pu prendre en considération la nature du patient. Quand la combinaison se fera entre les sentiments dont il était l'objet avant le crime et ceux que le crime avait fait rejaillir sur lui, il sera trop tard : le prétendu responsable aura été mis à mort. La société reconnaîtra alors qu'elle s'est trompée : le jugement vrai de responsabilité interviendra après l'exécution ; il y aura réhabilitation partielle ou intégrale du patient, au moins réhabilitation diffuse par l'opinion.

Au contraire, lorsque la réflexion surveille l'élaboration des jugements de responsabilité, elle prévoit cette réaction du patient sur la sanction. Elle se laisse conduire par un premier jugement tout provisoire jusqu'à un patient, mais s'interdit d'arrêter un jugement définitif avant que ce patient ait été minutieusement examiné. L'amplitude des oscillations est alors réduite et la composition des deux systèmes d'émotions s'opère dans la conscience qui juge, sans que des formules et des attitudes opposées viennent successivement manifester la victoire alternative des deux tendances. Dans ces conditions seulement, des sentiments délicats peuvent intervenir dans le processus générateur de la responsabilité finale. La finesse du jugement suppose la réflexion. Pour une même intensité de l'émotion suscitée par le crime, l'intensité minima que devra avoir la sympathie inspirée par le patient, afin de modifier sa responsabilité, sera d'autant moindre que la forme dans laquelle s'élabore le jugement sera plus réfléchie.

Pour réfléchir, les sociétés, comme les individus, ont besoin de deux choses : du temps et du calme. L'inhibition des réactions violentes rend seule possible l'élaboration de sentiments complexes où interviennent un grand nombre d'états intellectuels. Dans la justice pénale, cette inhibition est obtenue par l'institution d'organes judiciaires astreints à une procédure compliquée. Le perfectionnement historique de la procédure pénale et celui de l'organisation judiciaire sont parallèles à l'individualisation de la responsabilité. Superposition de plusieurs juridictions d'instruction et de jugement, octroi d'un défenseur au prévenu devant le juge d'instruction lui-même, expertise médico-légale : telles sont quelques-unes des précautions que les sociétés contemporaines prennent contre elles-mêmes, pour empêcher la précipitation du jugement.

Escomptée à l'avance, la réaction du patient sur la sanction peut être réglementée. La loi constitue un certain nombre de types abstraits auxquels se ramènent toutes les réactions prévues et détermine l'ampleur et la nature des modifications obligatoires. Ces règles secondaires de responsabilité sont en général les seules que formulent les textes. Notre Code pénal traite longuement des facteurs qui modifient, augmentent et atténuent la responsabilité. Il sous-entend au contraire que le patient de la sanction doit être l'auteur du crime. A première inspection, les textes encouragent à penser que la responsabilité dépend exclusivement de la nature du responsable ; ils favorisent l'illusion doctrinale qui subordonne l'incrimination à la responsabilité. Mais les textes ne font pas l'inventaire complet des règles de responsabilité en vigueur. Ils omettent précisément les règles suprêmes. Car ces dernières sont simples et, pour une même société, d'une immutabilité relative. Elles peuvent sans inconvénients rester tacites ; elles fonctionnent sans que la réflexion s'attache à elles. Au contraire les règles secondaires sont compliquées et variables ; la conscience claire s'applique à les élaborer, pour les soustraire aux fluctuations de l'opinion et permettre leur application réfléchie.

Même réglementée, la réaction du patient sur la sanction peut rester très visiblement distincte du mouvement initial qui a conduit à désigner le patient. Certaines variations de l'organisation judiciaire et de la procédure révèlent comment les deux phénomènes, d'abord complètement dissociés, s'incorporent de plus en plus intimement l'un à l'autre.

Leur dissociation est maxima, quand deux jugements de responsabilité sont successivement émis par des organes différents, le second corrigeant le premier. L'irresponsabilité ou la responsabilité atténuée des mineurs, des aliénés, des animaux, des auteurs de crime involontaire ont d'abord été reconnues par le mécanisme de la grâce ou de la révision [1]. Un premier juge se borne à affirmer qu'un être a participé au crime et, comme tel, le déclare responsable et le condamne. Un autre organe social, le Souverain ou l'Administration qui collabore avec lui, prend en considération le patient lui-même et rectifie la sentence. Aujourd'hui encore, le

---

1 L'ancien droit français faisait un large usage des lettres de rémission. Cf. ci-dessus, pp. 41 et 135. — Au XIVe siècle, en Bourgogne, c'est par un acte gracieux du souverain qu'à la responsabilité collective d'un troupeau de porcs est substituée la responsabilité individuelle de quelques animaux meurtriers : un souverain ne dédaigne pas de gracier des animaux condamnés. Trois truies et un porc dévorèrent un jeune berger, à quelque distance de Montbard. Le juge du lieu condamna non seulement les quatre animaux, mais le troupeau entier, comme complice : les bêtes , très nombreuses, devaient être toutes brûlées, ou bien abattues et enfouies, sans que leur chair pût servir à l'alimentation. Le haut justicier ducal, jugeant fondées les critiques du propriétaire contre cette sentence, ne crut cependant pas pouvoir la casser de sa propre autorité. Il fallut que le duc Philippe le Hardi octroyât la grâce du troupeau, par lettres patentes, dans les formes de la chancellerie. « Philippe, fils du roi de France, duc de Bourgogne, etc., au comte de D., salut... Ledit Prieur nous a suppliés... Nous inclinant à sa requeste, avons de grâce spéciale octroyé et consenti, et par les présentes octroyons et consentons que, en faisant justice et exécution des dites trois truies et de l'un des pourceaux dudit Prieur, le demeurant desdits pourceaux soit mis à délivre... ». — C'est l'organisation judiciaire chinoise qui fournit les faits les plus remarquables d'adaptation de la peine au patient par voie de révision. Voir Alabaster, p. 21 sqq.

droit de grâce permet au chef de l'État d'atténuer, dans certains cas exceptionnels, une responsabilité que les tribunaux ont dû légalement reconnaître. Il arrive que le jury sollicite lui-même une mesure gracieuse : il sent que des circonstances singulières, dont il n'a pu tenir compte, réclament l'intervention d'un mécanisme extra-judiciaire. De la grâce, on peut rapprocher la libération conditionnelle ; l'administration atténue la sanction en cours d'exécution : tout se passe comme si elle rectifiait après coup une sentence.

Si le tribunal lui-même modifie la responsabilité en fonction du patient, le jugement de rectification s'incorpore au jugement initial, mais à des degrés divers.

Dans la procédure contemporaine du sursis, une condamnation est prononcée, mais le juge en suspend les effets ; ici les deux éléments dont se compose le jugement total gardent leur hétérogénéité. Il semble que la responsabilité reste entière, bien que pratiquement neutralisée par quelque chose qui lui est étranger. Si le patient est un septuagénaire, les tribunaux eux-mêmes substituent la réclusion aux travaux forcés. Mais si c'est une femme, cette substitution est opérée par l'Administration pénitentiaire qui ne transporte pas les femmes et, en fait, assimile pour elles la peine des travaux forcés à celle de la réclusion.

Les circonstances atténuantes modifient plus profondément la responsabilité initiale, sans cependant se confondre encore avec les circonstances qui ont engendré cette responsabilité. La procédure exige que deux jugements se succèdent : le premier impute à l'accusé tel crime auquel correspond telle peine ; le second lui accorde le bénéfice des circonstances atténuantes et abaisse la peine d'un ou plusieurs degrés, suivant des règles préétablies. Le jugement qui reconnaît la démence pourrait très bien intervenir après coup, comme celui qui accorde les circonstances atténuantes. C'est ce qui se produit quand l'irresponsabilité des fous est partielle et non totale. Mais nous approchons ici du point où la représentation du crime va devenir inséparable de celle du patient, et les deux jugements qui les concernent respectivement s'enchevêtrer au point de devenir difficilement discernables.

La découverte du crime est, logiquement au moins, antérieure à la désignation d'un responsable. Mais qualifier crime un événement, c'est poser en principe qu'il devra être puni, et, pour que la peine s'applique, il faut qu'un patient la subisse. Quand une société se refuse à punir le mineur, le fou, l'homme qui a agi sans intention, elle déclare *ipso facto* qu'il n'y a pas lieu à peine, donc que l'événement incriminé présentait seulement les apparences extérieures d'un crime. Renoncer pour des raisons morales à punir, c'est renoncer à considérer le crime comme tel. Lorsque de pareilles modifications sont prévues et réglementées, le jugement de responsabilité en arrive à commander le jugement d'incrimination : « Il n'y a ni crime ni délit, dit l'article 64 du Code pénal, lorsque le prévenu était en démence au temps de l'action » L'intervention des processus que nous avons décrits semble alors complète : ce que nous avons considéré comme primitif et fondamental paraît devenir concomitant, même postérieur, et en tout cas subordonné à ce que nous décrivions comme une réaction secondaire. Tout se passe comme si l'émotion soulevée par le crime ne pouvait naître et se déterminer, dans sa grandeur et dans sa nature, qu'après désignation et examen d'un patient. La responsabilité du patient éventuel est devenue, comme disent les jurisconsultes contemporains, un élément constitutif de l'infraction : le jugement d'incrimination se déduit du jugement de responsabilité. La question de culpabilité posée au jury d'assises ne peut être résolue que par oui ou par non, et cependant elle signifie à la fois : tel homme soutient-il avec le fait la relation génératrice de responsabilité ? et aussi : cet homme, considéré en lui-même, peut-il devenir le patient de la sanction ? Si l'accusé est fou, s'il n'a pas commis de faute subjective, la colère que susciterait le crime ne doit pas naître, elle est refoulée avant de se manifester. Ce n'est plus seulement la responsabilité, c'est l'incrimination même qui tombe. Mais on ne doit pas oublier que, si les qualités propres de l'individu choisi comme patient hypothétique peuvent ainsi jouer un rôle prépondérant, c'est qu'il y a eu préalablement choix de ce patient. Or, ce choix résulte du phénomène élémentaire que nous avons décrit. Les sentiments dont le patient est l'objet ne peuvent intervenir qu'après sa désignation. Jamais par eux-mêmes ils n'orienteraient la peine. Ainsi, malgré les apparences, la réaction du patient sur la peine et sur le crime reste un facteur complémentaire, et non le facteur essentiel de la responsabilité.

Paul Fauconnet

Mais l'analyse historique seule révèle que l'irresponsabilité a été peu à peu conquise sur une responsabilité préexistante. Le phénomène de refoulement n'est pas actuellement conscient. La représentation du patient éventuel réagit ici d'avance contre celle du crime et prend le pas sur elle. La règle d'irresponsabilité interdit à l'émotion suscitée par le crime de naître. Et le jurisconsulte enseigne que la responsabilité est une qualité inhérente à l'individu, dont la notion est logiquement antérieure à celle du crime et commande sa définition.

V.

Au cours de l'histoire, la représentation du patient a réagi toujours plus énergiquement sur celle du crime. Les sociétés contemporaines, quand elles réfléchissent sur la responsabilité, en arrivent à ne plus voir que cette réaction, qui leur masque le phénomène primaire. A leurs yeux, le crime et le criminel se confondent presque : le crime n'existe que dans la conscience individuelle qui l'a résolu, ou bien il révèle la criminalité virtuellement préexistante dans cette conscience. Plutôt qu'un rapport de causalité, crime et criminel soutiennent entre eux un rapport de contenu à contenant, de signe à chose signifiée, presque un rapport d'identité. Le crime se trouve ainsi complètement résorbé dans l'agent : c'est l'agent que la peine semble viser directement ; on punit les personnes et non les crimes. Toutes les spéculations qui expriment doctrinalement les conceptions communes de la responsabilité sont, au fond, radicalement subjectivistes. Pour le spiritualisme, l'*intention* est l'unique principe générateur d'une responsabilité proprement morale. Pour l'utilitarisme, la responsabilité se définit en termes qui n'ont de sens que par rapport à une personne : témibilité, intimidabilité, anormalité, idonéité à la vie sociale. A cet égard toutes les doctrines, malgré leur opposition, se ressemblent : elles reflètent de façons diverses l'opinion collective, qui, en cette matière, est unanime. Le prétendu « objectivisme » de l'utilitarisme est une illusion. Même, à regarder les choses de près, c'est l'utilitarisme qui verse le plus complètement dans le subjectivisme intégral : car il néglige le crime accompli et mesure la responsabilité exclusivement d'après des critériums tirés de l'analyse des criminels. Or cette résorption complète, si elle était effectivement réalisée, ferait disparaître le problème de la responsabilité. Nous avons montré que celui-ci ne se pose que si l'on reporte sur un patient les sentiments qu'on éprouve d'abord pour le crime. Et la difficulté de ce report provient précisément de l'hétérogénéité des deux termes, dont l'un, malgré sa constitution propre, doit être traité comme s'il était l'exact équivalent de l'autre. Nous venons d'étudier les conditions qui, à mesure que l'individualisme progresse, s'opposent de plus en plus à la reconnaissance de cette équivalence. La représentation du patient est un centre de forces, comme la représentation du crime ; et les forces qui procèdent de la première sont, le plus souvent, en antagonisme avec celles qui procèdent de la seconde : celles-ci tendent à produire, celles-ci à réduire la sanction. Pour pouvoir interpréter exactement l'élaboration difficile, dans une conscience collective, des jugements réels de responsabilité, il faut ne jamais méconnaître ce conflit de forces. Et il n'y aurait pas de conflit, s'il n'y avait deux termes, crime et patient, à la fois rapprochés et distincts.

Cette dualité de termes hétérogènes est la principale cause de l'évolution de la responsabilité. Tout jugement de responsabilité étant le produit de deux facteurs, il suffit que l'un des facteurs change, pour que le produit change également. Les formes archaïques de la responsabilité montrent surtout le fait élémentaire, d'où résulte qu'un être est assimilé au crime et traité comme tel. Les formes les plus évoluées montrent surtout la réaction secondaire qui, en fonction du patient d'abord choisi, modifie la sanction et l'incrimination elle-même. Si l'on rapproche les formes extrêmes, le contraste est si marqué que l'institution semble avoir changé de nature : la responsabilité engendrée par l'intervention purement corporelle, surtout par l'intervention passive ou indirecte dans le crime, paraît n'avoir rien de commun avec la responsabilité purement subjective. Mais la continuité de l'évolution devient intelligible, dès qu'on tient compte des deux systèmes de tendances, dont l'histoire révèle les combinaisons. Dans une même société, au même moment, selon les crimes et selon les sanctions ; dans une même société au cours de son histoire ; d'un type social à l'autre, la force relative et le contenu de ces tendances varient. Et les jugements de responsabilité dont elles sont les facteurs passent par des types divers de modalités secondaires, tout en restant les espèces d'un même genre [1].

Chapitre VIII.
La responsabilité individuelle

A se contenter d'une formule approximative, on peut dire que la responsabilité, au cours de l'évolution, s'individualise. Collective et communicable dans les sociétés inférieures, elle est, en principe, strictement personnelle dans les sociétés les plus civilisées. Comment une responsabilité communicable par nature peut-elle devenir rigoureusement individuelle ?

Le phénomène dépend de causes multiples, qui n'agissent pas de la même manière, ni en même temps, sur la vendetta, sur les sanctions religieuses, sur la peine. La réaction qu'exerce le patient est la cause prépondérante : son effet est restrictif, elle diminue le champ d'extension de la responsabilité. Mais il y a des contre-courants : dans nos sociétés individualistes, des formes nouvelles de responsabilité apparaissent, qui rappellent la responsabilité collective. Nous essayerons de montrer, par quelques exemples, ce qu'il y a sous cet équilibre complexe qu'on appelle responsabilité individuelle.

I.

Nous avons dit que l'émotion soulevée par le crime se propage en ondes. Ainsi la société tout entière, hommes et choses, devrait toujours être responsable de tous les crimes. Si étrange que cela paraisse, il est bien vrai que la société tend à se juger tout entière responsable de chaque crime et qu'une des fonctions de la peine est précisément de la décharger de cette responsabilité. Cependant il est évident que le nombre des membres d'une société auxquels s'applique la peine d'un crime est toujours relativement petit, com-

---

[1] D'un point de vue d'ailleurs différent du nôtre, les questions abordées dans ce chapitre ont été bien étudiées par Lanza, *L'Umanesimo nel diritto penale,* Palerme, 1906. Cf. mon compte-rendu dans *L'Année Sociologique,* tome X, 1907, p. 466.

paré au nombre de ceux que la peine n'atteint pas. Autrement dit, l'irresponsabilité est la règle, la responsabilité est l'exception. C'est, croyons-nous, que les hommes et les choses sont défendus contre la responsabilité qui les menace. Les sentiments positifs et permanents dont ils sont l'objet font échec aux sentiments destructeurs et occasionnels, qui naissent du crime. Un compromis s'établit. Partout où la barrière morale qui protège chaque membre de la société est assez forte pour arrêter la propagation de la colère et de l'horreur, il y a irresponsabilité. Même dans les sociétés où la responsabilité se communique, sa propagation est toujours contrariée. L'irresponsabilité a seulement les apparences d'une notion purement négative. En fait, elle résulte de la résistance opposée par des forces positives.

Dans le régime de la vendetta pure, toutes les conditions les plus favorables à une extension indéfinie de la responsabilité sont réalisées. Puisque le patient est nécessairement étranger à la famille qui exerce la sanction et que les groupes domestiques sont alors presque complètement autonomes, aucun sentiment de respect ni de pitié ne vient neutraliser la colère des vengeurs ; aucune considération relative au patient lui-même ne se présente à eux pour les arrêter ; ils sont dans un état d'indifférence complète à l'égard de ce qui n'appartient pas à leur groupe. Aussi la responsabilité est universelle en dehors du groupe vengeur. C'est ce que nous avons observé dans des sociétés australiennes, malaises, indo-américaines.

On pourrait s'étonner qu'une vendetta aussi libre se satisfît à si bon compte. Pourquoi un si petit nombre de responsables sont-ils frappés, parmi tant d'autres qui pourraient l'être ? Mais il ne faut pas oublier que la vendetta est une guerre : ceux qui l'exercent et ceux qui la subissent sont à forces égales. La vendetta comporte des risques pour les vengeurs : la poursuivre indéfiniment reviendrait à se sacrifier eux-mêmes et leur mort exigerait de nouvelles vendettas. Nous avons vu que les Iroquois observés par Lafitau ont parfaitement conscience de ce danger et veulent qu'un petit nombre de chevelures ou de prisonniers satisfassent les ayant-droit. Ensuite il faut aux vengeurs des raisons positives d'ouvrir les hostilités contre des groupes voisins, redoutables par leur force, et avec lesquels il est avantageux d'entretenir des rapports pacifiques. La vendetta suit la ligne de moindre résistance. A défaut d'une association d'idées vraiment contraignante, elle doit s'attaquer au groupe le moins redouté, le plus haï. S'en prendre à tous ou à n'importe lequel, supposerait qu'on n'a absolument aucune raison de ménager ses voisins, ce qui n'est pas le cas normal. L'irresponsabilité des groupes voisins provient de l'amitié ou de la crainte qu'ils inspirent. Lafitau nous dit explicitement que les Iroquois font des campagnes lointaines, pour ne pas se venger aux dépens de leurs voisins. Ce ne sont pas des forces morales, mais des forces physiques qui limitent ici le champ d'application d'une sanction virtuellement illimitée.

La responsabilité du groupe-auteur est déjà une responsabilité relativement restreinte, en comparaison de cette responsabilité virtuellement illimitée. Mais elle est encore très étendue. Le groupe reste tout entier responsable ; il sera frappé dans l'un quelconque ou dans quelques-uns de ses membres. Les groupes domestiques font bloc l'un contre l'autre. En temps de guerre, les nations européennes se conduisent encore à peu près de même aujourd'hui : les belligérants respectent les neutres, mais se soucient peu de se toucher en tel point plutôt qu'en tel autre ; l'envahisseur porte des coups à la nation ennemie, il tue et dévaste sans s'inquiéter de savoir quels individus souffrent dans leur corps et dans leur propriété. Pour que le vengeur pût individualiser la responsabilité, il faudrait d'abord qu'il eût le souci de respecter les droits individuels de gens envers lesquels il ne se sent lié par aucun devoir ; il faudrait ensuite qu'il obtînt le concours du groupe responsable, qui l'aiderait à isoler l'individu meurtrier, reconnaîtrait sa culpabilité et consentirait à le livrer : mais ces deux conditions supposeraient l'existence d'un droit interfamilial, donc d'une opinion, d'une société auxquelles les familles se subordonneraient ; or, par hypothèse, rien de pareil ne se montre encore.

Abstraction faite de toute autre cause, l'évolution de la société domestique aurait, à elle seule, pour conséquence une régression de la responsabilité collective. Car l'histoire de la famille est celle d'une concentration continue. Du vaste clan totémique, qui groupe tous les porteurs d'un même totem, aux familles très larges encore mais cependant beaucoup plus restreintes qui, comme la Zadruga slave, maintiennent unis indéfiniment les descendants par les mâles d'un même ancêtre, de celles-ci à la famille paternelle ou à la famille patriarcale, jusqu'à la famille conjugale actuelle où la parenté collatérale se relâche rapidement et qui se réduit presque au groupe conjugal et aux enfants mineurs, — la société domestique diminue continuellement de volume. Or, toutes choses égales d'ailleurs, moins la famille compte de membres, plus le nombre des parents collectivement responsables est petit. La vendetta australienne menace tout un clan. L'État athénien ne punit que le γένος du traître ou du sacrilège. Le Code chinois énumère limitativement les ascendants et descendants que la peine, pour certains crimes seulement, doit atteindre. Dans l'Europe moderne, les pères et mères et surtout les enfants du criminel de lèse-majesté sont seuls frappés.

Au contraire, le jeu des forces antagonistes à la responsabilité apparaît bien, si l'on observe deux autres aspects de l'évolution domestique ; d'une part la dissociation de la famille et l'affranchissement corrélatif de l'individu, d'autre part la lutte de l'État contre les groupes domestiques. En même temps qu'elle se concentre sur elle-même, la famille se désintègre. L'indépendance de ses membres à son égard va croissant, à mesure qu'ils vivent davantage hors de son sein, relèvent davantage de groupes divers pour leur vie politique, religieuse, économique, et se différencient davantage. Les droits de la famille sur ses membres sont aujourd'hui bien restreints, et inversement leurs obligations à son égard. Or la responsabilité solidaire de la famille est un aspect de la solidarité domestique. Le milieu domestique a peu à peu perdu les caractères qui faisaient de lui le domaine d'élection de la responsabilité collective. Les individus deviennent trop différents, trop indépendants, ils acquièrent trop de valeur propre, aussi bien pour se transmettre aisément la responsabilité qui incombe à l'un d'entre eux, que pour se confondre, au regard de la vendetta, dans l'unité de la famille. Leur parenté les rapproche moins que leurs caractères singuliers ne les séparent.

L'État est le grand adversaire de la vendetta et de la responsabilité collective. Il a besoin, pour se constituer, de défendre les liens étroits qui rattachent les individus aux familles ; sa lutte contre la responsabilité est un aspect particulier de sa lutte contre l'autonomie des groupes domestiques [1]. Il émancipe l'individu, et en même

---

[1] C'est cette lutte que Glotz a bien étudiée en Grèce. Cf. surtout la deuxième partie et le chapitre I de la troisième partie de son livre.

temps il l'isole : contrairement à ce qu'on pourrait attendre, l'accroissement de la liberté individuelle entraîne d'abord un amoindrissement de responsabilité. Car l'individu libéré n'est plus responsable que de ses actes personnels ; il échappe à la responsabilité collective. — D'ailleurs, dans cette lutte contre les communautés domestiques, l'État ne réussit pas d'emblée. Nous connaissons des cas où il échoue. Mahomet ne put obtenir que la création de l'Islam entraînât la désuétude des guerres de vengeance entre les clans arabes [1]. En tous cas, c'est par degrés que l'État réussit à limiter la responsabilité collective. Avant de l'interdire, il la tolère, soit subsidiairement, soit à condition que la sanction s'atténue : les parents ne sont plus responsables qu'à défaut du meurtrier ; la composition pécuniaire est déjà un droit pour les parents, quand la vendetta sanglante menace encore la personne même du meurtrier. Enfin, pendant longtemps, la solidarité domestique reste assez forte, l'État assez débile pour que l'équilibre se rompe souvent au désavantage de l'État. Quand un meurtre met aux prises deux familles, l'État semble se dissoudre à l'égard de ces deux groupes. Les guerres privées ont ensanglanté des cités déjà fortement constituées. Elles sont le symptôme d'une persistance de la responsabilité collective en matière de vendetta.

En même temps qu'elle a cessé d'être possible, la responsabilité collective des familles a d'ailleurs perdu son utilité fonctionnelle. Tant que, dans chaque parent, on peut voir la famille tout entière, et que celle-ci est en quelque sorte consubstantielle à l'individu, on punit vraiment le crime familial en punissant un parent. Mais qui donc aujourd'hui voit dans l'individu sa famille ? Sauf exception, l'individu se meut trop librement et trop loin du foyer pour que son activité ait le caractère proprement domestique. La parenté d'un homme est souvent inconnue de ceux avec qui il passe la majeure partie de son temps. La responsabilité collective de la famille serait chez nous nettement artificielle, donc injuste et sans efficacité morale, même au regard de la peine.

Avec la vendetta, ce sont les sanctions religieuses qui manifestent, pour la responsabilité communicable et collective, l'affinité la plus durable. Le christianisme lui-même fait une place au sacrifice ex-

---

[1] Procksch, *Ueber die Blutrache bei den vorislamischen Arabern und Mohammeds Stellung zu ihr*, Leipzig, 1899, ch. III.

piatoire, dans lequel une victime qui n'a pas participé au péché originel se substitue à l'homme pour le racheter. Il admet de même qu'on mérite pour autrui. Le dogme du péché originel est une application du principe de la responsabilité collective et héréditaire. Nous avons vu que les Grecs du temps de Plutarque acceptaient encore l'idée d'une justice divine qui punit les enfants pour les pères [1]. Ainsi, même des sociétés, qui ne toléreraient plus que l'État punît des familles entières ou des individus n'ayant eu avec le crime que des rapports indirects, ne répugnent pas à maintenir sous sa forme religieuse une responsabilité collective et indirecte.

C'est que les sanctions religieuses, quand elles sont nettement différenciées des peines, se présentent sous l'une de ces deux formes : ou bien elles sont des rites, généralement peu douloureux, qu'on peut soit imposer aux individus sans que la pitié s'émeuve, soit accomplir sur des victimes animales substituées aux individus ; ou bien ce sont des sanctions que les dieux se chargent d'administrer, soit ici-bas, soit outre-tombe, et que la société *imagine* sans avoir à les infliger elle-même. On s'explique aisément qu'une société puisse tolérer des sanctions collectives rituelles ou imaginaires, alors qu'elle se refuse à punir de ses propres mains d'autres patients que des individus personnellement engagés dans le crime.

La responsabilité proprement pénale est presque toujours individuelle. C'est que la laïcisation du droit correspond à un changement de la valeur relative reconnue à la personne humaine. Tant que la religion pénètre toute la vie morale et juridique, la disproportion est énorme entre la valeur des choses sacrées auxquelles attente le crime et la valeur des individus qu'on punit. Omnipotence des croyances religieuses, horreur extrême du sacrilège, faible respect des intérêts profanes et temporels : toutes les conditions sont réunies pour que la réaction pénale soit exorbitante, et très faible l'inhibition qu'exercent les sentiments individualistes. Au contraire, quand le droit pénal est laïcisé, les valeurs morales auxquelles attente le crime ne sont plus incommensurables à la valeur reconnue à l'individu humain. Il y a alors comme une homogénéité du caractère sacré inhérent au bien juridique qu'il faut venger et du caractère sacré inhérent à la personne humaine qu'il faut punir. Car les principaux crimes laïques sont surtout des attentats contre

---

[1] Cf. ci-dessus, p. 88.

la vie humaine et la propriété.

Il y a cependant un crime laïque qui s'apparente au sacrilège : c'est le crime de trahison et de lèse-majesté. Or, la sanction de ce crime reste, nous l'avons vu, collective, presque jusqu'à nos jours. C'est à peu près la seule dérogation qu'admette le droit pénal au principe de la responsabilité individuelle. On voit pourquoi. L'État, devenu très puissant, se divinise, ainsi que le souverain qui le représente. Le respect qu'il exige des sujets est incommensurable au respect qu'il s'impose à lui-même envers les sujets.

D'ailleurs, la vendetta mise à part, la responsabilité collective *stricto sensu* ne peut apparaître que dans des sociétés d'une structure assez compliquée et assez instable. Il faut que l'État soit très puissant et que cependant les groupes domestiques qui le composent soient encore fortement organisés. Car, dans une fédération assez lâche de familles, l'État a trop peu d'autorité pour exiger et être en mesure d'imposer une répression très brutale des crimes commis contre lui. Et si, par contre, l'État a déjà dissocié profondément les grands groupes domestiques, il ne peut plus punir que des familles très restreintes ou des individus. Il y a donc un moment où la morphologie de la société politique est exceptionnellement favorable à la responsabilité collective pénale. Imaginons, au contraire, un clan isolé, dans l'intérieur duquel nul groupe subdivisionnaire ne se serait encore différencié : si puissantes que soient, dans cette société, les forces génératrices de la responsabilité, toute responsabilité qui ne sera pas celle de la société tout entière sera celle de l'individu ; on n'y pourra pas observer la responsabilité collective. Ainsi s'explique une anomalie apparente. Les sociétés inférieures sont celles où s'observe le mieux, d'une part, la responsabilité illimitée en matière de vendetta, d'autre part, la propagation de la souillure religieuse. Et cependant, quand il y a crime et peine, a proprement parler, c'est généralement un individu seul qui est frappé. Il ne faut pas assimiler hâtivement cette responsabilité individuelle à la responsabilité individuelle des sociétés les plus élevées en organisation. La seconde est individuelle surtout, sinon exclusivement, parce que la force expansive est devenue insuffisante pour vaincre les forces limitatrices ; la première est individuelle surtout parce que, faute de groupes constitués, un individu seul peut être responsable à défaut de la société tout entière.

La responsabilité morale reconnue par l'opinion reste plus longtemps collective que la responsabilité juridique. Comme les sanctions d'opinion sont peu douloureuses, que les jugements d'opinion ont un caractère flottant et restent perpétuellement révisables, on s'explique que les raisons, qui limitent en droit pénal l'expansion de la responsabilité, aient moins de prise sur la responsabilité morde. Pour des raisons analogues, le mérite reste beaucoup plus collectif que le démérite. L'injustice qu'il y a à récompenser des hommes qui ne soutiennent avec l'acte sanctionné que des relations lointaines nous émeut beaucoup moins que l'injustice qui consisterait à les punir.

II.

L'examen de quelques faits contemporains fait apparaître la multiplicité des forces sociales qui accélèrent ou retardent l'individualisation de la responsabilité. Nos sociétés poussent plus loin qu'aucune autre avant elles le culte de la personne humaine. Et cependant nous voyons notre moralité et notre droit s'ouvrir à des formes nouvelles de l'idée d'une responsabilité communicable. Formes et applications nouvelles, disons-nous. Car il ne s'agit ni de survivances, ni de retours vers le passé.

En premier lieu, la responsabilité pénale des associations, fondations, syndicats, bref de ce que les juristes appellent des « personnes morales », semble à la veille de s'introduire et de s'épanouir dans nos législations [1]. Les jurisconsultes, suivant la tradition romaine, enseignaient, jusqu'à ces dernières années, que ces personnes morales sont des fictions juridiques et ne sauraient, comme telles, se rendre coupables de délits. Ils approuvaient donc la loi et la jurisprudence qui ne les déclarent jamais pénalement responsables. Mais la théorie de la fiction est désormais insoutenable. Nous sommes aujourd'hui tout pénétrés de cette idée que les groupes sociaux ont une conscience, donc une personnalité et une volonté distinctes de celles de leurs membres. Il n'y a donc aucune raison théorique pour qu'on leur refuse l'aptitude à délinquer. Et comme, d'autre part, les associations de toute nature ont

[1] Mestre, *Les personnes morales et le problème de leur responsabilité pénale*, Paris, 1899, notamment pp. 275 sqq.

repris dans les sociétés contemporaines un rôle important, il est de plus en plus nécessaire de reconnaître, comme contre-partie à la liberté et aux droits toujours plus étendus que nous leur accordons, leur responsabilité pénale. Aussi un mouvement doctrinal très important, dont on peut prévoir qu'il entraînera la jurisprudence et la législation, s'est-il produit en Allemagne, puis en France, dans les dernières années du XIXe siècle. On propose de déclarer les personnes morales pénalement responsables et de leur appliquer les diverses peines comminées contre l'individu, sous réserve des modifications nécessaires : celles qui les frapperaient dans leur vie (dissolution), dans leur liberté (bannissement, interdiction de séjour), dans leurs droits civils et politiques, dans leur considération et surtout dans leur patrimoine. Les défenseurs de ce système cherchent volontiers, dans la responsabilité collective des groupes domestiques et territoriaux, telle que le droit pénal l'a connue autrefois, un précédent et une justification [1]. La responsabilité moderne des personnes morales serait une sorte de retour à une tradition ancienne. Mais il y a là une assimilation de choses en réalité très différentes. La doctrine qui reconnaît l'aptitude de l'être collectif à délinquer veut en effet que la peine frappe, pour son délit, la personne morale *comme telle,* et non les individus qui la composent. On pourra dissoudre l'association, on ne condamnera pas à mort un quelconque, plusieurs, ou la totalité de ses membres. On confisquera le patrimoine social, mais si les cotisants ou actionnaires sont ainsi indirectement atteints, leur patrimoine propre, non engagé dans les affaires de l'association, reste à l'abri de toute atteinte, même si la personne morale est insolvable. Ainsi, contrairement aux règles anciennes, la responsabilité du groupe et celle des individus sont soigneusement distinguées. Il y a là, si l'on veut, un nouvel aspect de la responsabilité collective, mais aussi une application conséquente du principe de la responsabilité individuelle. C'est parce que le groupe est un individu, que sa responsabilité se superpose à celle des individus composants. Il serait injuste de punir les présidents et les administrateurs pour des fautes qui sont celles de l'association. Bien loin qu'on soit ici indifférent à l'incidence de la peine, on raffine pour distinguer les individualités

---

1 Cf. Mestre, *op. cit.*, Append. II, p. 304 : *Responsabilité pénale des communes sous l'empire de la loi du 10 vendémiaire an IV* ; Append. III, p. 308 : Responsabilité collective en Algérie.

les unes des autres. Cette responsabilité est bien « collective ». Mais on voit qu'elle est aussi individuelle, puisqu'elle n'a été reconnue que le jour où la personnalité des groupes a cessé d'être tenue pour une fiction. L'histoire des efforts faits par la doctrine, pour élaborer cette notion nouvelle, témoigne de son originalité.

La responsabilité de la « foule criminelle » fournit un second exemple d'une responsabilité collective qui s'instaure [1]. L'observation d'où on déduit sa légitimité n'est pas récente : de tout temps, on a dû remarquer que les hommes, en foule, se laissent facilement entraîner à des crimes qu'ils ne commettraient pas isolément. Ce qui est contemporain, c'est l'effort pour introduire, dans le droit pénal, le principe que la foule a une criminalité, donc une responsabilité qui lui sont propres. Remarquons les conséquences qu'on en tire. Il ne s'agit pas d'englober toute une foule dans la sanction provoquée par le crime d'un individu ; les individus sont punis, chacun pour son fait, et la foule est plutôt considérée comme complice ou instigateur. Il ne s'agit même pas de punir la foule, comme tout à l'heure l'association, d'une peine spéciale, distincte de celle qui frappe les individus. Car la foule, groupe amorphe et passager, échappe à la répression. La responsabilité de la foule est invoquée pour atténuer celle des individus.

À Athènes, nous l'avons vu, un enfant, qui n'avait rien fait de mal, était frappé en même temps que tout le *genos* du traître. Chez nous au contraire, l'individu sera déclaré irresponsable ou moins responsable, quoiqu'il ait personnellement tué ou incendié, parce que tout ou partie, de son crime doit être imputé à la foule. On voit que cette responsabilité collective nouvelle intervient pour limiter la responsabilité individuelle.

Cette même limitation est plus remarquable encore dans un troisième fait : la diffusion contemporaine de l'idée de solidarité, la faveur avec laquelle l'opinion accueille les doctrines « solidaristes » et leurs applications. Ce succès est manifestement le signe que nous réagissons contre un individualisme excessif. En matière pénale, la responsabilité solidaire de la société joue en faveur de l'individu criminel comme une circonstance atténuante. La mauvaise

---

[1] Sighele, La *foule criminelle,* trad. franç., 2ᵉ éd., Paris, 1901, notamment pp. 120-164 et, pour la jurisprudence, pp. 263-293. — Cf. aussi Rossi, *Psicologia collettiva morbosa,* Turin, 1901, pp. 79-150.

constitution de la société, dit-on, produit fatalement le crime. S'il y a des malheureux voués au crime par leur anormalité morale et des conditions de vie qui stimulent leurs énergies nocives, c'est dans une large mesure en raison d'abus et d'injustices qui tiennent aux principes mêmes de notre organisation juridique et sociale. De ces abus et de ces injustices, l'honnête homme, irréprochable en apparence, profite à son insu. Par là, sa conduite est en rapport direct avec le crime : personnellement, il ne fait rien qui soit réputé criminel, mais il donne son adhésion, prête son concours à une société dont les statuts impliquent l'existence d'une criminalité chronique. Ainsi la responsabilité personnelle, tant du criminel que de l'honnête homme, n'est plus traitée comme un absolu. Elle se prolonge dans une responsabilité collective de la famille, de la corporation, surtout, de la société politique. Celle du criminel se dilue dans celle du milieu social ; au contraire celle des individus, qui seraient portés à se croire innocents de tout crime, apparaît. Et elle est maxima pour les individus des classes dirigeantes, riches, instruites, qui constituent l'armature et sont les principaux bénéficiaires de la société où nous vivons.

On voit combien nous sommes loin d'un retour à des formes archaïques de responsabilité collective ou indirecte. Il y a plutôt ici transformation qualitative de l'idée de responsabilité individuelle. Se proclamer solidaires les uns des autres, ce n'est pas imputer indifféremment à quelques-uns ou à tous la faute propre de chacun. C'est plutôt élargir et rectifier l'idée trop simple qu'on se faisait de l'individu et par suite de sa culpabilité. On s'aperçoit que toute une partie de nous-mêmes est hors de nous, que nous ne sommes pas des systèmes clos et discontinus, radicalement séparés les uns des autres, par suite que nous participons réellement à la conduite d'autrui. Le sentiment de la solidarité peut être présenté comme le fait d'une conscience qui, mieux avertie, voit plus loin qu'elle ne voyait et ne méconnaît plus l'extension indéfinie de la responsabilité individuelle. Ce sont les rapports des individus entre eux et des individus avec la société qui sont autrement conçus : d'où une plus équitable répartition de la responsabilité qui incombe à chacun. C'est pour se mieux individualiser, pourrait-on dire, que la responsabilité redevient, d'une certaine façon, collective.

III.

On enseigne communément que la responsabilité est individuelle par nature, collective et communicable par accident. L'histoire de la responsabilité est interprétée comme un progrès : la véritable responsabilité, rigoureusement personnelle, se réaliserait au cours de l'évolution.

Nous sommes conduits à présenter les faits sous un jour tout différent. Le caractère expansif et contagieux de la responsabilité nous a paru son caractère essentiel. L'individualisation de la responsabilité résulte au contraire d'une limitation, d'une exténuation de la responsabilité. Bien loin de l'épurer, de la perfectionner, les forces qui l'individualisent sont antagonistes à sa nature. La responsabilité strictement personnelle est comme la dernière valeur positive d'une responsabilité qui tend à devenir nulle. De ce point de vue, l'évolution de la responsabilité apparaît comme une régression. Ce qu'on prend pour la responsabilité parfaite, c'est la responsabilité exténuée et sur le point de disparaître.

Dans la crise qu'a traversée le droit pénal au XIXe siècle, dans le conflit des doctrines, c'est bien la question de la disparition de la responsabilité qui s'est ouverte. L'École Italienne reproche au droit pénal classique de ne plus trouver nulle part de responsables, d'énerver la répression, à force de ménagements pour l'individu. Les classiques retournent le reproche à l'École Italienne : vous remplacez, disent-ils, la peine par des mesures préventives, dont l'application à l'individu n'a rien à voir avec sa responsabilité ; il n'y a plus pour vous de responsabilité ; vous gardez le mot, mais non la chose. A quoi les partisans du droit pénal préventif répondent qu'ils ne suppriment pas, mais transforment et déplacent la responsabilité. La véritable prévention du crime s'exerce moins sur les criminels que sur la société elle-même, par les réformes qui modifient les causes sociales du crime. Réponse qui s'accorde avec des faits certains que nous venons de décrire. La responsabilité solidaire de la société dans le crime est sentie vivement par nos contemporains. Mais cette responsabilité est celle d'une collectivité et procède d'un phénomène de communication, de propagation. La responsabilité ne se rajeunit et ne se maintient qu'en se retrempant dans sa source.

Chapitre IX.
La spiritualisation de la responsabilité

De même que le caractère contagieux, le caractère objectif de la responsabilité nous a paru normal et essentiel. Le crime n'a pas pour élément nécessaire quelque chose qui se passe dans la conscience du criminel : réserve faite d'un type exceptionnel [1], il est d'abord un événement matériel. Et le rapport qui unit le crime au responsable est, presque toujours, d'abord un rapport matériel.

Mais si notre analyse rend compte de tous les faits de responsabilité objective et permet d'en comprendre la complète normalité, elle paraît insuffisante, précisément parce qu'elle semble s'inspirer exclusivement d'eux et méconnaître le caractère éminemment subjectif que la conscience moderne attribue à la responsabilité. Pour nos contemporains, la responsabilité naît dans la conscience du responsable, à l'occasion d'un fait spirituel, en raison d'une relation psychologique entre cette conscience et ce fait. Ces caractères s'opposent trait pour trait à l'objectivité définie ci-dessus. Une théorie, qui s'attache à mettre en valeur et à expliquer l'objectivité, n'est-elle pas impuissante à rendre compte de la subjectivité qui en est le contraire ? L'évolution morale de l'humanité tend incontestablement à rendre la responsabilité de plus en plus subjective : sa « spiritualisation » croissante est un fait d'observation qu'on ne saurait, sans absurdité, nier ou déclarer illusoire. Comment nous faut-il interpréter la responsabilité subjective et l'évolution qui mène vers elle ? Comment devons-nous la coordonner avec la responsabilité objective ?

I.

La considération de l'état subjectif du patient est d'abord et surtout un facteur non de responsabilité, mais *d'irresponsabilité*.

En vertu du principe qui requiert chez l'auteur l'intention crimi-

[1] Voir ci-dessus, ch. II : Les situations génératrices de responsabilité, § II : la faute interne.

nelle, sont irresponsables, malgré leur participation corporelle à l'événement incriminé : 1° tous les êtres non humains, réputés inhabiles à vouloir ; 2° les hommes privés de la faculté de vouloir par l'âge ou la maladie ; 3° les hommes normaux, acteurs passifs ou agents involontaires. Ainsi, la règle qui fait de l'intention une condition de la responsabilité est une règle *restrictive*. Parmi ceux qui seraient objectivement responsables, elle opère un tri, elle en retient, comme définitivement responsables, un petit nombre, et en libère, comme finalement irresponsables, la plus grande partie. Grâce à elle, les objets, animaux, enfants, fous, agents involontaires sont exclus du droit pénal.

Ce qui précède ne met pas encore suffisamment en lumière le caractère négatif de la responsabilité subjective. La responsabilité est presque toujours objective en même temps que subjective, mais elle est d'abord objective ; l'analyse psychologique intervient seulement quand un jugement de responsabilité est déjà formulé, et presque toujours pour restreindre, affaiblir, et à la limite annuler la responsabilité préexistante. La spiritualisation de la responsabilité ne consiste pas dans la substitution, à une responsabilité objective très étendue, d'une responsabilité d'un autre ordre, plus restreinte par nature. Elle consiste dans le refoulement d'une responsabilité d'origine objective par une irresponsabilité d'origine subjective. En matière juridique, tout au moins, ce sont les conditions objectives, corporelles, qui restent à peu près seules génératrices. Le principe subjectiviste est critique : il nie, il atténue, il laisse subsister de la responsabilité, il en crée peu. Pour qu'une enquête psychologique ait lieu, il faut qu'une conscience lui soit assignée comme objet : ce ne peut être que la conscience d'un individu menacé par une peine ; seule, cette menace désigne à l'attention collective celui-ci plutôt que celui-là. Toute analyse psychologique suppose donc un jugement de responsabilité, au moins provisoire, qui l'oriente. On soumet à l'enquête la conscience d'un homme parce qu'il est déjà condamné sous bénéfice d'inventaire, présumé coupable, accusé, ou tout au moins prévenu, bref parce qu'il est déjà le point d'application vers lequel s'oriente une sanction imminente. Si l'examen psychologique découvre en lui des conditions d'irresponsabilité, la présomption sera modifiée ; la qualification du crime changera ; à la limite, la sanction sera nulle et l'incrimination disparaîtra. La personnalité morale de l'individu menacé par la peine est donc la source du contre-courant qui refoule la responsabilité objective. De ce point de vue, la spiritualisation de la responsabilité est un cas particulier du phénomène que nous avons appelé réaction du patient sur la sanction et sur le crime. Nous devons reprendre l'analyse de cette réaction pour montrer que, si la considération du patient modifie et atténue la responsabilité, c'est surtout en la spiritualisant. Toutes les fois que la responsabilité n'est pas purement objective, elle est un mélange de deux responsabilités, dont l'une a sa source dans le crime et l'autre dans le patient. Le jugement final combine deux jugements : l'un préalable, qui prononce sur le crime et les rapports objectifs du crime avec tel homme dont il n'affirme rien autre que sa responsabilité ; l'autre ultérieur, qui prononce sur les caractères propres de cet homme et rectifie le premier. Changer la peine en raison des intentions et des mobiles, substituer, après analyse psychologique, l'accusation de meurtre ou d'homicide par imprudence à celle d'assassinat, reconnaître le caractère accidentel de l'homicide et abandonner la prévention, c'est en somme faire réagir, sur l'idée qu'on s'était tout d'abord faite d'un crime, l'idée qu'on s'est ensuite faite du patient.

L'événement externe déclanche mécaniquement un jugement de responsabilité ; les témoins du fait, ceux qui le découvrent, les voisins, l'opinion, la presse sont généralement enclins à affirmer la pleine responsabilité de l'auteur. L'intervention de la police, du parquet, de la juridiction d'instruction, marque un arrêt et souvent un mouvement de recul ; à mesure que l'enquête se prolonge, la responsabilité tend généralement à décroître. Cependant la prévention et l'accusation présument la culpabilité plus volontiers que le verdict et le jugement. Le juge d'instruction capitule moins aisément que le jury devant la défense qui plaide l'irresponsabilité ou la non-culpabilité subjectives. Bien souvent on peut suivre ainsi, dans l'opinion et dans la presse, le contre-courant qui refoule les émotions d'abord soulevées par le crime. Si l'acte est manifestement inintentionnel, ce phénomène secondaire de refoulement est moins net ; il se produit si vite que le jugement affirmant la responsabilité objective n'a pas le temps de s'élaborer. Cependant, même dans ce cas, le flux et le reflux restent distincts et perceptibles. Un homicide étant commis, il n'est pas vrai que l'opinion demeure dans l'expectative jusqu'à plus ample informé, ni que la recherche de l'intention précède généralement le choix entre l'hypothèse du meurtre et celle d'homicide involontaire. Exceptionnellement, l'accident sera présumé et la présomption d'irresponsabilité tombera devant les charges subjectives révélées par l'analyse psychologique. Le plus souvent le meurtre sera présumé et c'est la présomption de culpabilité qui tombera après enquête. Sans doute nos codes ne réglementent pas ces démarches qui aboutissent à des jugements de responsabilité ; ils ne nous apprennent rien sur les oscillations qui précèdent l'état d'équilibre. Mais il me paraît difficile qu'un psychologue, observant derrière les abstractions des jurisconsultes les mouvements de l'opinion et la pensée des magistrats et des jurys, ne perçoive pas ce refoulement d'une responsabilité d'abord tout objective par des forces antagonistes.

Dans un seul cas — la tentative [1] —, de la responsabilité se trouve produite et non détruite parce que l'intention est prise en considération. Ici, pas de participation corporelle, puisque le crime n'a pas été perpétré, donc, pas de responsabilité objective ; pour que des actes en eux-mêmes indifférents soient qualifiés de *tentative* et punis comme tels, il faut qu'une analyse psychologique ait décelé une intention criminelle. Mais cette extension de responsabilité est restreinte. La règle qui punit la tentative ne porte pas très souvent son plein effet. En l'absence de tout résultat matériellement dommageable, la législation et surtout la pratique pénale punissent peu. Elles exigent en outre qu'il y ait un commencement d'exécution. C'est la participation corporelle à ce commencement qui est surtout génératrice de responsabilité ; l'analyse psychologique n'intervient, même ici, que pour renforcer une responsabilité objective préexistante. Bref, alors que l'intention est devenue une condition *sine qua non* de responsabilité, il s'en faut de beaucoup qu'elle soit, dans le droit pénal tout au moins, une condition suffisante.

L'incrimination de la tentative suffit cependant à prouver que l'analyse subjective n'est pas nécessairement génératrice d'irresponsabilité. Au cours de l'évolution, la responsabilité aurait pu regagner d'un côté le terrain qu'elle perdait de l'autre. En fait, ce résultat ne s'est pas produit. Dans l'ordre de la moralité, la responsabilité s'est étendue assez largement sous l'influence de l'analyse.

---

[1] Cf. ci-dessus, p. 98.

Dans l'ordre juridique, il n'en a pas été ainsi. Au total, il n'est pas douteux qu'il y ait perte. Des deux conséquences contraires qu'elle peut produire, la spiritualisation entraîne nettement et abondamment l'une, et l'autre seulement dans une faible mesure.

Il est vrai que l'analyse psychologique détermine quelquefois une aggravation de la responsabilité, en révélant une préméditation, des desseins, des mobiles particulièrement immoraux ; mais cet emploi de l'analyse psychologique est assez restreint en droit pénal [1].

De même que l'individualisation de la responsabilité, sa spiritualisation au cours de l'histoire apparaît donc comme un immense appauvrissement, une perpétuelle abolition. La responsabilité subjective, bien loin d'être, comme on l'admet généralement, la responsabilité par excellence, est une forme atrophiée de la responsabilité.

L'explication du phénomène de spiritualisation ainsi défini se confond, pour une part, avec l'explication proposée au chapitre précédent du phénomène d'individualisation. C'est parce que la responsabilité se spiritualise qu'elle devient personnelle, et c'est aussi parce qu'elle s'individualise qu'elle devient subjective. Dans une large mesure, les deux phénomènes sont concomitants et interdépendants : on peut même dire qu'ils ne font qu'un.

La spiritualisation de la responsabilité contribue à la rendre personnelle. Quand il devient nécessaire, pour qu'un patient symbolise exactement le crime, qu'il soutienne avec lui des relations non plus seulement externes et physiques, mais internes et psychologiques, que son *indoles* ressemble au crime et affecte comme lui la conscience sociale, il y a nécessairement autant de responsabilités différentes que d'individus. Car les différences individuelles les plus accentuées sont précisément les différences psychologiques. Chaque conscience est individuelle ; il n'y a pas deux individus subjectivement identiques. Une responsabilité essentiellement objective peut seule être aisément impersonnelle et communicable. Toutes choses égales d'ailleurs, la responsabilité sera d'autant plus contagieuse qu'elle sera plus purement objective. C'est dans les mêmes sociétés que la responsabilité sera engendrée par intervention purement corporelle, active ou passive, et qu'elle se transmet-

---
1 Cf. ci-dessus, p. 97 et p. 316.

tra de proche en proche. Et ce sont les mêmes sociétés qui répugnent à la responsabilité objective et à la responsabilité collective. Si les conditions subjectives de la responsabilité retiennent de plus en plus l'attention, des jugements collectifs englobant des masses d'individus différents ne pourront plus être formulés. Chaque individu réagira d'une façon singulière sur la sanction et sur le crime ; chaque cas individuel devra faire l'objet d'un jugement spécial.

Mais il n'est pas moins légitime de voir sous l'aspect inverse le rapport des deux phénomènes que nous étudions. L'individualisation de la responsabilité, en un sens, commande la spiritualisation. Car l'individualité est chose essentiellement psychologique. Si, au cours de l'évolution sociale, l'importance relative de l'individu augmente, assurément sa conscience se développe et s'enrichit. La vie sociale, à mesure qu'elle s'individualise, devient davantage intérieure. La différenciation des individus est une différenciation des consciences. La différenciation somatique resterait étroitement limitée, et la société, comme agrégat des corps, garderait dans une large mesure cette homogénéité, ce caractère de similitude, ce conformisme qui appartiennent aux sociétés primitives. C'est par leur vie intérieure que les individus se distinguent : rôle de l'individu, rôle de la conscience sont donc choses nécessairement corrélatives. Par conséquent, lorsqu'on dit que l'individu prend une valeur nouvelle, c'est à la conscience individuelle qu'il faut assigner cette importance et cette valeur croissantes. Quand les tendances individualistes réussissent à retarder le jugement de responsabilité, elles cherchent dans l'analyse psychologique des aliments. Il arrive sans doute que l'analyse découvre dans l'individu des dispositions anti-sociales qui l'apparentent au crime, bien plus, qu'elle y découvre le crime lui-même, comme nous le verrons ci-après. Dans ce cas, les forces génératrices de responsabilité l'emportent décidément sur les forces antagonistes ; l'analyse ne réussit pas à empêcher la réaction suscitée par le crime et même elle la favorise. Mais il est rare que l'individu soit tellement semblable à son crime que rien en lui ne l'en distingue. Le plus souvent, un examen approfondi maintient leur dualité. Sous un certain aspect, l'individu est un bon symbole du crime ; mais, sous un autre aspect, il est quelque chose de tout différent. La perception de cette différence résulte d'une première analyse psychologique. Le désir d'accentuer cette différence pousse à approfondir l'analyse. Si l'enquête se poursuit assez longtemps et pénètre assez profondément, il est bien connu que toute responsabilité tend à s'évanouir. Au moins y a-t-il généralement refoulement, diminution quantitative et atténuation qualitative de la responsabilité et de la sanction.

Nous avons vu que l'individu est objet de sympathie et de respect ; mais ce sentiment s'attache à ce qui fait le fond de cette individualité, à des caractères psychologiques ; c'est l'âme que nous aimons et respectons. Si donc ces sentiments se révoltent contre la peine imminente, ils doivent faire surgir dans la conscience collective la représentation de l'âme du patient. Et cette représentation stimule les sentiments qui l'ont suscitée, car il y a presque toujours quelque côté par où l'individu est sympathique et respectable. Si ses rapports avec le crime sont restés superficiels, accidentels, la sympathie et le respect l'emportent aisément. Dans le cas contraire, ils cherchent quelques caractères à quoi s'accrocher. Plus une image est précise et intense, plus son efficacité affective et motrice est grande. En ouvrant sa robe, Phryné arrache l'acquittement que le rappel verbal de sa beauté n'aurait pu obtenir. L'enquête psychologique nous met en contact intime avec les traits de caractère qui appellent la sympathie et le respect. A force de fixer notre attention sur les motifs ou prétextes d'indulgence, nous leur conférons une force qu'ils n'avaient pas tout d'abord. Même si l'individu examiné n'est ni sympathique ni respectable, du moins ses défauts propres n'appellent pas exactement les mêmes nuances d'hostilité et de mépris que le crime : et cette différence suffit pour que les sentiments suscités parle crime doivent se composer avec des sentiments non-identiques.

En définitive, l'analyse psychologique s'attache à ce qu'il y a de plus rigoureusement individuel dans l'individu, à ce qui le distingue irréductiblement, à ce qui fait de lui l'objet de sentiments qui, dans leur complexité, diffèrent d'un individu à l'autre et sont *singuliers* comme celui qui les inspire. Or la responsabilité dépersonnalise en quelque sorte un être, pour faire de lui le substitut du crime, objet de sentiments *généraux*, qui varient avec la seule nature du crime et n'ont en principe rien à voir avec la nature du patient. Il est donc inéluctable, semble-t-il, d'une part que l'individualisme cherche des armes dans l'analyse psychologique, et, d'autre part, que cette analyse les lui fournisse.

II.

Notre description de la spiritualisation a été, jusqu'ici, celle d'une phase presque exclusivement négative. Mais il est un autre aspect de la responsabilité subjective, sous lequel elle apparaît aussi positive que les formes qui l'ont précédée. Spiritualiser la responsabilité n'est pas toujours la nier. L'analyse de l'état d'âme du sujet responsable confirme souvent et corrobore sa responsabilité ; quelquefois, avons-nous vu, elle l'aggrave ; exceptionnellement enfin elle suffit à l'établir, quand la faute purement interne est tenue pour imputable. Cette responsabilité, qui est positive en tant qu'elle est subjective, diffère-t-elle en essence de la responsabilité objective ? Le mécanisme du jugement de responsabilité, en ce qui la concerne, est-il différent de ce mécanisme schématique que nous avons donné comme fondamental ?

Il nous semble au contraire que le processus générateur reste essentiellement celui que nous avons analysé et qu'il n'y a aucune raison de préjuger une différence générique entre la responsabilité spirituelle et les autres responsabilités. A première vue, notre théorie semble exclusivement applicable à des êtres et à des faits matériels. Mais ce n'est là qu'une apparence. Notre description est transposable en termes psychologiques. Le jugement qui affirme la responsabilité subjective peut être mis en parallèle, *mutatis mutandis,* avec le jugement qui affirme la responsabilité objective. Les termes dans lesquels on parle sont changés ; mais la signification du langage reste essentiellement la même. Participation du patient au crime, transfert allant du crime au patient : rien dans ces deux notions n'implique nécessairement la matérialité de l'événement criminel et de son auteur. En fait c'est partout le même mécanisme qui joue. Pour le montrer, nous nous attacherons à des faits de responsabilité subjective pure. Le droit pénal n'en offre pas d'exemples, mais ils abondent dans l'ordre moral et religieux. Un crime, (on l'appelle alors faute ou péché) est pleinement réalisé aux yeux de notre conscience morale ou religieuse, quand la décision criminelle est prise, l'intention parfaite. C'est la volition qui est le crime et l'exécution matérielle de l'acte ne change presque rien à sa valeur morale. Dieu lit dans les cœurs ; à la rigueur près, notre conscience, quand elle nous juge au for intérieur, le confesseur, même l'opinion éclairée y lisent comme lui. Comment se forme, chez le spectateur imaginaire ou réel du crime intérieur, le jugement de responsabilité ?

D'abord, c'est sur la volition que porte le jugement de sanction ; or la volition est un acte, un fait, exactement comme l'événement criminel externe. Nous pouvons avoir à juger aussi un caractère, mais c'est à la volition que s'attache le véritable jugement de sanction. Tant que la délibération dure, ce jugement est suspendu. Mais quand la volition intervient, il y a lieu à jugement définitif. La volition tranche, sépare. Des virtualités confuses qui se combattaient dans la conscience du sujet, sans se distinguer encore de sa personnalité, un fait se détache, enregistrable. Il ne peut plus être anéanti ; moralement il est acquis. Il pourra être racheté par une volition contraire ; mais la faute compte, il y a lieu à jugement de sanction. Ainsi, dans l'ordre spirituel comme dans l'ordre matériel, le crime est distinct du criminel et c'est sur le crime que porte d'abord et directement le jugement, c'est à lui que s'attachent les sentiments de réprobation.

Dans un second moment, les sentiments sont transférés de la représentation de la volition sur celle du moi ; et la responsabilité subjective est la conséquence de ce transfert. La qualification morale attribuée d'abord à la volition est reportée sur le sujet du vouloir, comme la qualification d'abord attribuée à l'acte matériel était reportée sur l'agent corporel. Et ce transfert, ce report peuvent être symbolisés par les notions de contagion, de contamination, de souillure : l'événement *faute* semble engendrer un principe d'impureté, et c'est parce qu'il a commis la faute que le sujet volontaire, souillé par elle, s'avilit, perd en valeur morale, s'abaisse dans la hiérarchie des êtres moraux ; sa culpabilité, sa responsabilité, c'est-à-dire la qualité qui le désigne comme patient d'une sanction, résulte de sa faute. Ainsi il est possible de concevoir sur le même modèle le processus spirituel d'où résulte la responsabilité subjective et le processus matériel d'où résulte la responsabilité objective. Pour la conscience qui juge, ces caractères spirituels ou matériels sont secondaires ; l'essentiel, ce sont les termes suivants : un fait, un être ;

elle se représente ce fait, cet être, et elle étend au second la réprobation qu'elle jette d'abord sur le premier.

Cette analyse n'est pas arbitraire. Seule elle nous paraît s'accorder avec la procédure que suit, en fait, notre conscience morale, lorsqu'elle accomplit « l'examen de conscience » et juge, devant le for intérieur, l'élément purement spirituel de nos fautes. Comme le droit pénal traditionnel, la moralité, telle qu'elle fonctionne en fait dans nos consciences, est *formaliste* et nous pouvons tirer du formalisme moral, comme nous l'avons fait du formalisme juridique [1], une preuve que le jugement de sanction s'applique d'abord à l'événement moral interne et n'atteint l'agent, ici le moi, que dans une seconde démarche.

On appelle formaliste une règle de sanction qui distingue minutieusement la gravité des infractions, considérées en elles-mêmes et abstraction faite de leur auteur. On signale généralement le formalisme des systèmes juridiques dans lesquels la responsabilité est purement objective : soit par exemple les tarifs des *Leges Barbarorum* où le taux de la composition varie selon la dimension de la blessure, sa profondeur, l'organe lésé, etc. Mais le formalisme est parfaitement compatible avec le subjectivisme radical. On peut s'attacher à définir, à mesurer la faute purement intérieure avec la même subtilité que l'acte et ses résultats matériels. C'est ce que fait le catholicisme. Ses Pénitentiels, ses livres de casuistique, ses manuels de confession s'inspirent du même esprit formaliste qui anime les *Leges*, même quand ce sont de purs états de conscience, et non plus des faits matériels, qui sont soumis à l'analyse. Dans l'examen de conscience et dans la confession, ce sont les péchés, avec les circonstances qui les différencient, que le pénitent s'efforce de déterminer ; il ne s'agit pas pour lui de prendre conscience de ses défauts, de sa nature ; il lui faut dresser un bilan, dire combien de fois, depuis la dernière confession, il a commis telle faute prévue au catalogue des péchés, dénombrer, étiqueter des faits, les dater et les localiser. Ce sont ces péchés que le pécheur expie par la pénitence ; enfin ce sont ces péchés que la formule sacramentelle absout. L'idée d'une absolution totale, définitive et soudaine du péché est absurde dans toute doctrine qui attache directement le jugement moral à l'agent ; elle n'a de sens que si le rite, équivalent

---

1 Cf. ci-dessus, p. 229.

de la sanction, a le rôle que nous avons assigné à celle-ci : annuler l'acte, faire que tout soit moralement comme s'il n'avait pas été [1].

La théologie catholique nous fournit aussi la plus exacte transposition, en termes spirituels, de la notion de la souillure, telle que la connaissent les religions inférieures ; c'est-à-dire qu'elle exprime, en termes symboliques, ce phénomène de transfert que nous retrouvons dans la genèse de la responsabilité subjective aussi bien qu'objective. Le péché entraîne deux ordres de conséquences : il appelle la peine (c'est le *reatus pœnae*) ou l'expiation qui permet d'y échapper ; mais il engendre aussi l'état de péché (*reatus culpae*) qui n'est autre chose que sa propre nature communiquée au pécheur. Générateur du mal, c'est-à-dire de quelque chose qui est le contraire du saint, du divin, il communique au pécheur ce caractère mauvais et le pécheur se trouve ainsi, du fait du péché, privé de Dieu. Parce qu'il a péché, il est dans l'état de péché. Et la terminologie catholique assimile ce transport à une souillure, à une contamination [2]. Le transfert est apparent aussi dans la théorie du mérite. Le mérite est engendré par les bonnes œuvres, (d'ailleurs par l'intervention surnaturelle de la grâce, mais il importe peu ici). De l'œuvre il rejaillit sur l'ouvrier. C'est sur ce postulat qu'est fondée la doctrine de la justification par les œuvres, à laquelle s'oppose la doctrine protestante de la justification par la foi [3].

Mais on peut faire abstraction de toute formule confessionnelle. Il y a une interprétation spiritualiste, laïque et commune, de la vie morale. Celle-ci est conçue non comme la réalisation du contenu d'un caractère, mais comme un combat, comme une succession de chutes et de relèvements, de défaites et de victoires. Or, sous ces notions, nous reconnaissons cette idée maîtresse : que les événements moraux internes sont, par eux-mêmes, importants et entraînent des résultats différents, selon qu'ils tournent bien ou mal.

1 La théologie distingue très nettement le péché, événement déterminé, daté, et la nature corrompue, la concupiscence, élément du caractère. Formule du Concile de Trente : « Hanc concupiscentiam... sancta synodus declarat Ecclesiam catholicam nunquam intellexisse peccatum appellari, quod vere et proprie in renatis peccatum sit, sed quia ex peccato est et ad peccatum inclinat. » Tanquerey, *Synopsis theologiae moralis et pastoralis*, tome II, 4ᵉ éd., Rome-Tournai-Paris, 1912, p. 253.
2 Macula. Cf. Tanquerey, *loc. cit.*, p. 275-276.
3 Voir la signification de la controverse dans Bossuet, *Réfutation du catéchisme de Ferry*, éd. Lachat, Paris, 1867, tome XIII, p. 393-454 ; *Histoire des variations des Églises protestantes*, t. XIV, p. 24-31, p. 106-123, p. 356-361 ; t. XV, p. 1 sqq.

Ces événements sont donc générateurs de valeur. Si la volition est vertueuse, il y a d'abord mérite en elle et secondairement augmentation de force morale, d'énergie pour le bien, chez l'agent. S'il y a faute, Il y a démérite et secondairement découragement, démoralisation, abandon au mal. Tous les éducateurs savent que la volonté est ainsi sanctifiée, régénérée par les bonnes volitions, ou bonnes intentions, et qu'elle est au contraire pervertie par les fautes. Sans doute ils n'appellent pas culpabilité ou responsabilité ce quelque chose qui rejaillit de la faute sur l'auteur ; mais le phénomène d'emprunt, de transfert est bien aperçu par ceux qui manient les réalités morales.

Cette croyance à l'importance propre des volitions qui, bien loin d'exprimer simplement l'homme posé une fois pour toutes, le font petit à petit, nous paraît être l'un des éléments essentiels de la croyance commune au libre arbitre [1]. Or, les hommes, dans le cours ordinaire de la vie, agissent et jugent comme s'ils se croyaient libres et croyaient libres les autres hommes. En fait, c'est l'indéterminisme qui exprime philosophiquement l'opinion commune. Cette adhésion de la conscience morale à l'indéterminisme vérifie indirectement notre analyse des conditions dans lesquelles naissent le mérite et le démérite subjectifs. Elle témoigne que cette conscience sent confusément que les choses se passent telles que nous les avons décrites.

Nous venons de retrouver, dans l'intérieur de la conscience individuelle du sujet, responsable en raison d'une faute interne, le fait fondamental que nous avions antérieurement décrit ; un événement distinct du sujet, des émotions morales nées de la confrontation de l'événement avec la règle et d'abord orientées vers lui, un report de ces émotions sur la personne du sujet, un jugement de valeur qui exprime, en termes intellectuels, ce report. Mais le parallélisme entre les opérations de la mentalité collective, qu'elles se déroulent sur le plan de la faute spirituelle ou sur le plan du crime matériel, s'étend encore plus loin. Les situations génératrices de la responsabilité subjective sont les mêmes, *mutatis mutandis*, que celles de la responsabilité objective.

Assurément, nous n'observons rien ici qui rappelle la responsabilité médiate engendrée par un rapport indirect avec le crime ; la

---
[1] Nous nous expliquons sur ce point dans l'appendice ci-dessous.

faute interne est toujours étroitement liée à une conscience individuelle. Les consciences apparaissent comme trop isolées les unes des autres pour que l'impureté subjective puisse se communiquer. Mais s'il n'y a pas de responsabilité subjective médiate ou indirecte, il peut y avoir une responsabilité subjective passive. C'est, à savoir, celle que nous attribuons plus ou moins complètement à la personne, moi ou autrui, qui a eu de mauvais désirs ou de mauvaises pensées. En principe, nous déclarons n'être responsables que de ce que nous avons voulu. Le désir, l'image, en tant qu'ils apparaissent spontanément dans la conscience, n'engagent pas notre responsabilité, disons-nous, tant que, par une libre acceptation ou au moins par un accueil complaisant, nous ne leur reconnaissons pas droit de cité en nous. L'image séductrice qu'on essaie de repousser, le désir qu'on combat, le doute qu'on refoule ne sont pas des péchés. Cependant, une conscience scrupuleuse se fait des reproches à l'occasion de ces fautes passives. Elle a le sentiment de son indignité, de sa perversité, sentiment qui se fond insensiblement dans celui d'une culpabilité. Nous nous estimons souillés par certaines images ou certains désirs, une foi ombrageuse s'inquiète de doutes qui la menacent, même si nous les repoussons. Cela ne revient pas à dire qu'il peut y avoir responsabilité sans fait. Car désirer, imaginer sont des faits, et non pas seulement des dispositions ou des tendances. Il n'y a pas jugement direct du sujet, mais contamination, par un fait, de la conscience qui en est le théâtre. Ce report, sur la conscience qui participe passivement à un fait, des sentiments suscités par lui, ressemble bien à ce qui se passe en cas de participation passive, corporelle.

Même on pourrait noter, dans les progrès de l'analyse subjective, une évolution tout à fait comparable à celle qui se produit en matière de responsabilité objective, au moment où la participation passive commence à être distinguée de l'action. Quand la responsabilité commence à se spiritualiser, il semble qu'une analyse encore maladroite confonde presque la volition proprement dite avec les faits de conscience non volontaires. Pour peu que l'auteur corporel du crime soit réputé avoir eu de mauvaises intentions, dans le sens le plus vague du terme, il est d'abord jugé subjectivement responsable. Il a su ce qu'il faisait, il avait des sentiments hostiles : la société qui juge n'en demande pas davantage [1]. C'est peu à peu seulement que les représentations et les désirs sont distingués des volitions et que l'intention parfaite, la résolution effective sont exigées comme une condition de responsabilité. Il ne suffit pas alors que l'intelligence se soit représentée le crime, il faut que cette représentation ait été retenue par le moi et érigée en principe d'action. Le fait intérieur de volonté s'oppose désormais au fait de représentation et de désir, à peu près comme la participation corporelle active à la participation passive. C'est seulement au terme d'une longue évolution que le principe subjectiviste de l'imputation est parvenu à l'entière conscience de lui-même. aujourd'hui nous remarquons que la préméditation elle-même n'engendre pas nécessairement la responsabilité. Le fou peut préméditer, quoique sa faculté de vouloir ne soit pas entière. Dans cette spiritualisation au deuxième degré, nous remontons au delà du fait de conscience jusqu'à ses conditions les plus profondes et, s'il nous apparaît qu'il a été plutôt passivement subi qu'activement élaboré, nous concluons à une irresponsabilité partielle.

Reste à mettre en parallèle l'intervention active, mais purement corporelle, dans le crime matériel, et cette intervention active, mais purement spirituelle, dans la faute interne, qui est la volition mauvaise, limitée à sa phase psychologique et abstraction faite de toute exécution extérieure. Ici encore, il n'y a pas lieu de réduire la responsabilité à la causalité. Vouloir le mal, ce n'est pas le créer. L'acte interne se définit comme moral par le contact avec les choses sacrées, morales, données dans le système des impératifs ; il ne diffère pas essentiellement du contact corporel actif avec les choses interdites, dont résulte la responsabilité objective.

Par rapport à l'individu, même considéré uniquement sous son aspect spirituel comme une conscience, le règne moral reste hétérogène et transcendant. La volonté individuelle ne peut pas proprement créer du moral et pas davantage de l'immoral. Pour qu'il y ait faute ou volition immorale, il faut qu'un élément supra-individuel intervienne, qu'un rapport s'établisse entre le moi et l'ordre moral préexistant. Le caractère « moral » est tout aussi surajouté au contenu psychologique de la volition qu'au contenu physiolo-

---

[1] Certaines étapes de cette analyse progressive des conditions psychologiques de la responsabilité sont bien marquées par Löffler.

gique des actes corporels. Pas plus qu'un contact matériel ne serait sacrilège, s'il ne concernait une chose sacrée protégée par un interdit, une volition ne le serait, s'il n'existait un système d'êtres sacrés spirituels, donnés dans la représentation et auxquels se rapportent des sentiments de respect et des impératifs. Commettre une faute interne, c'est prendre la décision de maltraiter ces êtres sacrés, de manquer au respect qui leur est dû et de violer les impératifs. Pendant la délibération, la volonté trouve devant elle des forces morales préconstituées avec lesquelles elle entre en rapport. Si ces forces n'existaient pas, la délibération serait moralement neutre : portant sur des partis moralement indifférents, elle ne pourrait aboutir qu'à un résultat moralement indifférent. Pour une conscience qui ne connaît pas la loi ou qui ne la tient pas pour obligatoire, il n'y a pas de faute à la violer. C'est la présence en elle de représentations morales commandant une attitude de respect qui rend coupable son attitude d'irrespect. Leur nature, leur valeur morale se communiquent à toute volition qui s'y rapporte. Vouloir en conformité ou en violation de ce qu'exige la règle, c'est manier les choses sacrées et, peut-on dire, entrer en contact avec elles.

Sans doute la fameuse doctrine kantienne de l'autonomie de la volonté exprime bien, en langage métaphysique, une vérité. Il est bien vrai, en un sens, que la loi morale est notre œuvre propre et que c'est la volonté qui lui confère l'autorité dont elle est investie. Mais la volonté autonome ne se confond qu'incomplètement avec la volonté qui délibère et adopte la maxime d'action. C'est la volonté universelle, absolument bonne, qui est législatrice. Et, par rapport à la volonté individuelle qui élabore dans le temps des résolutions, la volonté législatrice garde un caractère d'hétérogénéité et de transcendance. Quand nous sommes sur le chemin de la faute, nous évitons soigneusement de nous représenter d'une façon claire le conflit de ce que la loi commande et de ce que nous allons vouloir. Nous tâchons de jeter un voile sur ce qui se passe en nous et d'arriver à nous leurrer sur la contradiction que nous allons réaliser. Nous nous efforçons de feindre que des conditions exceptionnelles autorisent actuellement pour nous une dérogation au principe que nous continuons à croire valable comme loi universelle. Mais, en dépit de ces complications, il y a bien réellement synthèse entre deux volitions contradictoires. Nous voulons la règle en tant que législateurs et nous voulons le contraire de la règle en tant que sujets de la loi. La *maxime*, comme l'appelle Kant, est bien une espèce de loi de circonstance, parce qu'elle est délibérée et porte le caractère de ce qui est rationnel et volontaire : dans la forme elle se présente comme un principe, et c'est précisément par là qu'elle attente à la loi. Vouloir mal faire, c'est mouler dans les cadres de l'activité morale une conduite qui, par son contenu, répugne à rentrer dans ces cadres. Cette synthèse étrange est bien dans un sens notre œuvre : d'un point de vue purement psychologique, on peut bien dire que nous avons créé la volition. Mais le caractère moral de cette volition est emprunté. Tout comme l'action est l'œuvre du corps, la décision est l'œuvre du moi ; mais la décision serait neutre, tout comme le contact du corps avec un objet moralement indifférent, si des éléments possédant par eux-mêmes une valeur morale n'y figuraient pas. Il y a donc une certaine symétrie entre la violation matérielle et la violation spirituelle des interdits. Dans les deux cas, l'activité propre de l'individu crée l'événement qui entraîne les conséquences morales, mais elle ne crée pas directement ces conséquences. Comme l'acte externe, la volition est l'œuvre de l'homme, mais la criminalité de la volition, non moins que celle de l'acte, est empruntée. Le rite corporel dûment accompli a ce double effet de renforcer la vitalité des êtres sacrés et d'élever le bénéficiaire du rite au-dessus de lui-même. La faute rituelle trouble et tend à détruire l'ordre sacré et en même temps à affaiblir et à souiller son auteur. De même l'exercice moral de la volonté, ce que Kant appelle la bonne volonté et ce que nous appellerons plutôt la bonne volition, renforce l'autorité de la loi morale et augmente notre perfection. La volition mauvaise a des effets inverses. Scruter une conscience pour rechercher s'il y a eu faute interne correspond à un examen de conscience purement religieux ; on se demande si l'on a bien ou mal fait, comme on se demanderait s'il y a eu rite efficace ou faute rituelle. Il n'y a donc pas de différence essentielle entre le processus objectif et le processus subjectif de responsabilité.

Même, malgré les apparences premières, c'est le phénomène moral purement interne qui ressemble le plus complètement au phénomène moral purement externe, la faute subjective à la faute rituelle résultant du contact d'un corps avec une chose interdite.

Le caractère le plus remarquable en effet de la faute rituelle, c'est la spontanéité de la sanction qu'elle provoque. Dans la faute rituelle, l'infraction, la responsabilité et la sanction se confondent presque. Le crime consiste dans le contact, il engendre une souillure immédiate qui se distingue à peine du contact lui-même, et cette souillure constitue un mal qui lui sert de sanction ; l'événement criminel est à lui-même sa propre sanction, le responsable est puni par le fait même qu'il est coupable. Dans le droit pénal laïque au contraire, les trois termes sont très nettement distincts. Après qu'un crime a été constaté, une responsabilité est attribuée à l'agent pour qu'une sanction puisse lui être infligée, et le mal de la peine est tout autre chose que le mal moral résultant du crime. Or, quand on ne sort pas du domaine de la conscience, l'indistinction des trois termes, reparaît. Théologiens et moralistes enseignent que la véritable sanction religieuse et morale consiste dans la souillure, dans l'état de péché, dans le démérite. C'est seulement d'une manière indirecte que le bonheur ou le malheur temporel ou d'outre-tombe se rattachent au mérite ou au démérite et viennent ainsi compléter la sanction. Mais cette addition n'est pas même nécessaire. La vertu est en elle-même récompense, le vice punition. Vertu et vice, mérite et démérite, c'est-à-dire responsabilité, se confondent presque avec l'événement moral lui-même. Ici encore les forces produisent spontanément des effets : péché, démérite, et du même coup sanction. Que les choses sacrées soient conçues comme matérielles ou spirituelles, tout se passe donc de la même façon. Dès que la personne a pris une attitude indue en face d'elles et n'est plus à sa place dans le système, il y a faute et le coupable se trouve puni parce qu'il est coupable. Ainsi c'est la morale la plus subjectiviste qui rejoint le mieux l'objectivisme radical du système des interdits.

Il s'en faut cependant que la transposition des faits moraux en termes spirituels soit d'importance minime. Les phénomènes psychologiques sont trop différents des phénomènes matériels pour que la moralité, en devenant tout intérieure, garde exactement les mêmes caractères qu'elle avait d'abord. On peut relever notamment deux conséquences du changement qui se produit. D'abord la moralité, la loi et par suite la faute sont choses beaucoup plus délicates et nuancées. Dans une certaine mesure, elles varient d'individu à individu parce qu'elles n'existent que dans la conscience individuelle et que chaque individu est un être singulier. Il suit de là que le formalisme régresse nécessairement. Deux fautes, commises par deux individus différents ou par le même individu à deux moments différents, ne peuvent plus être rigoureusement identiques. Notons d'autre part l'importance que prend, dans le système subjectiviste, le sentiment intime qu'a le responsable de sa propre responsabilité. Pour juger si un individu est responsable, nous nous plaçons à son point de vue même : nous cherchons s'il peut se reconnaître tel, à condition qu'il prenne le recul nécessaire et apprécie sa propre conduite avec impartialité. En thèse générale, nous tendons à faire de ce sentiment individuel le fondement de la responsabilité sociale. On enseigne communément que, si l'individu est socialement responsable, c'est parce qu'il l'est d'abord à ses propres yeux. A coup sûr il y a là une exagération ou plutôt une méprise. Car la responsabilité morale dont nous avons le sentiment est en réalité sociale avant d'être individuelle. Si l'individu a le sentiment d'être responsable, c'est que la société est présente en lui. Mais, sous cette réserve, il est vrai que le sentiment interne qui nous affirme notre propre responsabilité est l'expérience la plus profonde sur laquelle puisse se fonder le jugement social. Tant que nous pouvons craindre qu'un individu que nous tendons à juger responsable ne se juge pas tel, tant que nous ne pouvons pas affirmer qu'une fois affranchi des illusions intéressées qui la lui cachent, il reconnaîtrait sa propre responsabilité, nous restons inquiets et hésitons à nous prononcer.

L'importante transformation que nous venons de décrire est l'une des conséquences du fait que nous avons déjà rencontré : l'accroissement de valeur de la conscience, aspect particulier de l'accroissement de valeur de l'individu. La responsabilité devient subjective, au sens que nous venons de définir, quand changent les rapports de l'individu et de la société [1]. Dès l'origine, l'homme est double, il y a deux natures en lui : l'une animale, organico-psychique, l'autre supra-individuelle, résultant de sa participation à une réalité, transcendante. Cette réalité est sociale : elle consiste dans un système d'idées et de sentiments qu'élabore la conscience collective, et qui très probablement exprime la société elle-même. Mais, au cours de l'histoire, le rapport entre ces deux natures a changé.

---

[1] Cf. Durkheim, *Les formes élémentaires de la vie religieuse*, Paris, 1912, pp. 596 sqq.

La société est d'abord presque tout entière extérieure à l'individu : l'homme primitif est encore très peu modifié dans sa nature animale. Il a bien conscience déjà d'une dualité de nature. Mais sa vie sociale ne se confond encore que très imparfaitement avec sa vie individuelle. Elles alternent plutôt qu'elles ne se combinent. A mesure que l'homme se civilise plus profondément, la société devient de plus en plus immanente à l'individu. Une part toujours plus grande de lui-même est socialisée. Ce qui vient de la vie sociale se surajoute peu à peu à ce qui est d'origine organico-psychique pour le modifier. La spiritualisation des notions morales et religieuses exprime cette pénétration réelle de l'individuel par le social. La moralité s'individualise, parce que l'individu se moralise, c'est-à-dire devient de plus en plus un être social. C'est même pour cela qu'il augmente de valeur : car la société est la seule source de valeur morale.

La responsabilité devient subjective, quand changent les rapports de l'individu et du social. Si la société devient largement immanente à l'individu, le sacré est en lui et commande du dedans. Dieu devient intérieur, donc aussi le culte, l'observance ou la violation des règles. C'est la vérité qu'exprime en termes laïques le principe de l'autonomie de la volonté. Désormais, c'est de quelque chose qui est en moi que provient l'autorité de la loi elle-même. Elle reste transcendante par rapport à la partie inférieure de mon être, à ce que Kant appelle la nature ou la sensibilité. Mais, dans un autre sens, la loi est mienne. Les impératifs ne sont plus obligatoires que dans la mesure où j'y donne mon adhésion. Toute la vie morale est reportée sur le théâtre spirituel. Ce sont seulement des démarches intérieures qui peuvent amener le contact de la personne avec les choses sacrées, la production de bien ou de mal, et par suite de responsabilité. Tant que les choses sacrées étaient conçues comme extérieures, la loi pouvait prescrire des attitudes corporelles ; quand elles sont purement spirituelles, elle ne peut prescrire que des attitudes psychologiques.

Ces explications paraîtront bien sommaires, si l'on songe a la complexité du fait dont il s'agit de rendre compte. Ce que nous tentons ici, c'est de le mettre en rapport avec le phénomène essentiel de l'histoire de la civilisation : la moralité, le droit, la religion se sont spiritualisés. La spiritualisation de la responsabilité n'est qu'un des innombrables aspects sous lesquels il conviendrait de le considérer. La responsabilité, en devenant subjective, n'a pas changé de nature. Elle a seulement pris des caractères secondaires nouveaux, qui sont ceux de la civilisation moderne tout entière.

III.

Entre le fait inintentionnel et l'acte volontaire, les jurisconsultes intercalent la négligence ou ce qu'ils appellent dans un sens restreint du mot, la faute, la *culpa*. Dans la terminologie de la jurisprudence romaine, la *culpa* s'oppose, d'une part au *casus*, fait fortuit, qui n'engendre aucune responsabilité, et au *dolus*, injustice consciente et volontaire qui engendre le maximum de responsabilité. L'homme négligent ne veut pas mal faire : il est cependant en faute, sa conduite est sanctionnée. La nature de cette faute est une *vexata quaestio* pour les théoriciens de la responsabilité. Elle intéresse principalement le droit civil : c'est à une étude de la sanction restitutive qu'elle se rattacherait surtout. Mais le droit pénal, la morale, la religion sanctionnent aussi, de sanctions répressives, les négligences. Il nous faut sommairement examiner si notre analyse nous fournit au moins le principe d'une solution.

Commettre un délit, une faute morale, un péché par négligence, c'est violer une règle sans le vouloir : pas de volition, donc, semble-t-il, pas de responsabilité spirituelle ou subjective ; la responsabilité résultant de la négligence ne paraît être engendrée que par la participation du corps à l'acte matériel. Cependant, accuser quelqu'un d'une négligence, c'est pénétrer dans sa conscience et constater quelque chose qui n'est ni la volition coupable, ni l'absence pure et simple de tout état psychologique générateur de responsabilité. L'acte n'est ni fortuit, ni intentionnel : je ne l'ai pas fait « exprès » et c'est cependant « ma faute ». Quelle est la nature de cette faute, qui est un fait subjectif autre que la volition ?

Le spiritualisme indéterministe est ici plus embarrassé que le déterminisme utilitaire. Pour lui, je suis responsable exactement dans la mesure où j'ai voulu : par mon choix libre, je crée du mal, et c'est ce mal dont je me charge. Mais justement, dans la négligence, je ne veux pas le mal. Je suis bien la cause de l'événement externe ; mais je le veux comme s'il était indifférent, je ne vois pas qu'il intéresse la moralité : je ne peux donc pas le vouloir en tant que défendu, ni par conséquent créer du mal : je suis provisoirement dans l'état du fou et de l'enfant, qui ne discernent pas la règle intéressée par leur conduite. La négligence elle-même ne pourra jamais être assimilée à une libre création de mal. J'ai pu être coupable de préparer les conjonctures présentes. Mais il reste que, dans ces conjonctures, les conditions d'une délibération et d'une volition ont fait défaut. La négligence en elle-même est inimputable : telle serait la conclusion logique des prémisses spiritualistes ; les autres solutions sont contradictoires. Il est rare qu'on le reconnaisse explicitement. En général, on tente de justifier l'imputation de la négligence par un appel au sentiment confus que nous avons de son immoralité.

Le déterminisme utilitaire au contraire a la tâche facile. Il lui suffit, pour imputer, d'une causalité sans caractère moral : l'homme est responsable de tous les faits que son activité produit, y compris les faits inintentionnels. La nature de la sanction varie selon la « témibilité » de l'agent. Or l'homme négligent, s'il est moins à craindre que le criminel qui tue volontairement, est plus à craindre que l'homme auquel, par cas fortuit et en dehors de toute imprudence, un accident est arrivé. La négligence révèle de mauvaises habitudes mentales, un développement insuffisant des facultés que suppose la vie sociale. Les mesures d'intimidation ou de rééducation seront efficacement prescrites. De ce point de vue, la répression de la négligence se justifie aisément.

Seulement, cette explication si simple ne s'accorde pas avec les faits. En dehors de toute préoccupation utilitaire de prévention, la moralité et la religion voient dans la négligence une *faute* tout à fait comparable à la faute volontaire, quoique d'une moindre gravité. Elles ne la considèrent pas comme la manifestation de l'impéritie de l'auteur, mais comme un événement moral, assimilable à la volition coupable et qui, comme tel, a son importance propre. Je me reproche intérieurement d'avoir été négligent, comme si cette négligence consistait vraiment dans la libre acceptation du mal. Quels que soient mon caractère et mes habitudes, il me semble que j'étais libre de ne pas être négligent. Même si la sanction juridique de la négligence tendait exclusivement à la prévention des négligences futures par l'intimidation, la conscience morale nous avertirait qu'il y a bien là un acte générateur de démérite, réclamant une expiation. La religion dépose dans le même sens, elle punit le péché commis par négligence. Dans l'éducation, la répression de la négligence joue un rôle essentiel : or l'éducateur la reproche à l'enfant comme une véritable chute. Il ne constate pas seulement le fait, en s'efforçant de prévenir sa répétition par un entraînement approprié : il fait appel au jugement moral et cherche à éveiller chez l'enfant ce sentiment qu'il s'est passé en lui quelque chose qui est son œuvre.

Au fond, ce qu'on reproche à l'homme coupable de négligence, c'est de ne pas s'être trouvé dans un certain état de *tension* morale que les circonstances commandaient. Soit un homicide involontaire. On jugera qu'il y a cas fortuit, si l'agent se mouvait dans un milieu tel que rien ne pouvait lui faire penser qu'une vie humaine fût intéressée par sa conduite ; ou encore si, sachant qu'une vie humaine était intéressée, il a été perpétuellement dominé par le sentiment du voisinage de cette chose sacrée, que protègent des interdictions morales. Dans le premier cas, les conjonctures étaient complètement amorales et l'attitude qui convient dans le maniement des choses indifférentes était permise : rien n'obligeait l'agent à prévoir que sa conduite aurait des répercussions dans le domaine des choses interdites. Dans le second cas, l'agent s'est comporté comme on doit le faire, quand on manie ou approche les choses sacrées ; il a gardé l'attitude de respect qui convient à leur égard et usé des procédés prescrits : il ne pouvait faire plus, s'il avait le devoir ou simplement le droit de courir un risque, de ne pas s'abstenir. On jugera au contraire qu'il y a négligence, si l'agent, se mouvant dans le voisinage d'une chose sacrée comme la vie humaine ou la maniant, n'a pas gardé l'attitude prescrite en pareil cas. Cette attitude est ce que nous appelons tension morale. L'attitude de respect de l'inférieur en face du supérieur, le recueillement du fidèle dans un temple, l'attention de l'élève en classe sont des états de tension. Ils sont caractérisés par des phénomènes d'inhibition et de préperception : les mouvements inutiles sont arrêtés, les mouvements nécessaires surveillés, les images nouvelles attendues. Une surexcitation générale des facultés augmente l'étendue et la richesse des associations, l'exactitude et le champ des prévisions, la rapidité des décisions, la sûreté des mouvements. Quand on reproche à l'homme négligent de n'avoir pas prévu ce qu'il aurait dû prévoir, d'avoir fait un geste maladroit qu'il aurait dû éviter, on fait usage de formules qui expriment mal le jugement réellement porté. L'imprévision et la maladresse sont par elles-mêmes sans valeur morale : mais elles sont les symptômes de cette insuffisance de tension qu'on incrimine. En gros, on impute souvent à négligence tout ce qui révèle une adresse ou une prudence inférieures à la moyenne, à la diligence normale du « bon père de famille », à la compétence ordinaire requise chez le médecin, chez l'ingénieur. Mais la conscience morale scrupuleuse a d'autres exigences. Elle cherche à interpréter les démarches de l'agent, pour décider non pas si ses aptitudes sont inférieures au type normal, mais s'il a réalisé l'état de tension obligatoire. Un grand chirurgien peut commettre une négligence coupable, tout en faisant preuve d'une habileté supérieure à ce qu'on exige de la moyenne des chirurgiens. Civilement et pénalement, il ne sera pas responsable, mais sa conscience le condamnera.

L'état de tension résulte normalement du rayonnement qu'exercent autour d'elles les choses sacrées. Un fidèle pieux n'approchera pas d'un temple, le catholique n'entendra pas sonner l'Angelus ou ne verra pas passer le crucifix, sans interrompre un instant sa vie profane pour prendre une attitude rituelle. De même, l'homme moralement bien constitué sent s'éveiller ses scrupules, sa prudence, dès qu'il rencontre sur son chemin un être investi de droits, un objet de devoirs. Cette fine sensibilité, qui signale de loin l'approche des événements moralement intéressants et fait apercevoir les suites morales éventuelles d'une conduite apparemment indifférente, est même l'un des éléments importants du caractère moral. Ne pas entendre la cloche sainte, ne pas voir le crucifix attesterait une piété assez tiède. De même, passer à côté d'une « valeur » morale, sans y prêter attention, dénote un détachement excessif du devoir. Il est obligatoire de ne jamais oublier complètement les devoirs éventuels, de garder les préoccupations morales voisines du seuil de la conscience, même dans le cours de la vie profane. Quand cet état d'attente fait défaut, l'homme est surpris par les occasions et c'est alors que les négligences sont possibles. Si donc la négligence n'est pas, par elle-même, une volition, elle suppose un relâchement qui est véritablement un manquement volontaire à la règle qui commande de garder une attitude morale. Du point de vue pédagogique, les défauts appelés négligence, étourderie, légèreté, ne peuvent être corrigés que par le développement du sentiment du devoir : on cherche à que par le développement du sentiment du devoir : on cherche à éveiller chez l'enfant l'idée que la vie est chose grave. Et, pour développer en lui ce sentiment, on lui impute l'omission des efforts qu'il aurait dû faire. Ainsi la répression des négligences porte moins, en un sens, sur ce qui est effectivement arrivé que sur l'omission volontaire d'effort dont le fait semble être l'indice.

Mais si la négligence implique une omission volontaire d'effort, il reste cependant qu'il n'y a aucun rapport nécessaire entre la gravité du fait total appelé négligence et la gravité de cette omission volontaire. Si l'on n'imputait vraiment que la seule omission d'effort, la gravité du résultat serait presque indifférente. En réalité, nous imputons à la fois le résultat objectif et le relâchement moral qui l'a rendu possible et, dans une large mesure, nous proportionnons le blâme à la valeur de la chose morale qui a été lésée. Ce fait s'explique, à notre sens, très simplement.

Comme un objet sacré, un devoir, une idée morale ont leur champ d'action, dans lequel se fait sentir leur pouvoir. On ne peut pas les approcher sans recevoir les effluves qui s'en dégagent. La responsabilité purement objective naît d'un rapprochement matériel : on se souille en pénétrant dans la zone interdite qui entoure l'objet sacré, fût-ce sans le savoir. La responsabilité due à la négligence nous paraît engendrée dans des conditions analogues. Le coupable a passé, sans les voir, à côté d'une obligation, d'une chose envers laquelle nous sommes tenus au respect : il a eu entre ses mains une vie humaine, une réputation. Il ne l'a pas compris. Mais nous admettons difficilement qu'il n'ait pas senti cette proximité. Dans les circonstances où se trouvait l'homme que nous jugeons, il nous paraît que la plupart des hommes auraient aperçu les réalités morales qu'il côtoyait. Nous référant à ce qui se passe ordinairement, nous admettons que l'idée morale de vie, de réputation, était sur lui, en lui, appartenait au groupe d'idées qui, normalement, devaient traverser sa conscience. Cette proximité d'une chose sacrée, sentie par nous, juges, quoiqu'elle n'ait pas été sentie par l'agent, suffit à engendrer une certaine responsabilité. D'elle à lui, un transfert se produit : ses résultats varient nécessairement avec la nature de la règle violée. La responsabilité engendrée par la négligence, dans la mesure où elle ne résulte pas de l'omission volontaire d'effort, est donc en quelque sorte une forme spiritualisée de la responsabilité objective, résultant de la participation passive ou du contact. Elle repose sur cette affirmation que l'idée de la règle s'est, en fait, présentée à la conscience de l'agent, parce qu'il était normal et obligatoire qu'elle s'y présentât ; il a passé sans la voir, il n'a donc pas eu à délibérer ni à vouloir. Mais bien qu'elle soit restée en dehors de sa conscience, elle était toute proche. Et cette proximité produit, sous une forme atténuée, les mêmes effets que l'adoption volontaire d'une maxime contraire au devoir.

La négligence est ainsi chose complexe. Elle comprend une faute volontaire, lointaine, à savoir l'omission d'un effort de tension morale, et une faute involontaire, tout à fait analogue à la faute rituelle par contact passif. Cette complexité et le caractère étrange du second élément expliquent les difficultés que soulève communément la théorie de la faute. Par un certain côté, l'imputation de la négligence répugne à un système moral où la responsabilité est profondément spiritualisée : il y a une sorte de contradiction à maintenir cette, culpabilité sans volition, quand la volition apparaît comme le seul événement pleinement générateur de responsabilité. Par contre, plus une société élargit la part de la liberté individuelle, plus elle diminue le nombre des interdictions et prescriptions objectives, et plus aussi elle doit s'attacher à créer chez ses membres l'état habituel de tension morale : car elle s'en remet davantage à la conscience individuelle du soin de choisir, parmi les événements matériels, ceux qui méritent d'être qualifiés moralement. Moins le conformisme est étroit, et plus la conscience individuelle doit être attentive à discerner les cas qui intéressent la moralité. Ainsi, à mesure que la responsabilité se spiritualise, une certaine manière de juger la négligence doit-elle être abandonnée, bien qu'à d'autres égards l'importance de la responsabilité due à la négligence aille en croissant. Aujourd'hui encore, nous nous contentons le plus souvent de compromis assez grossiers. Nous attachons aux résultats matériels de la négligence une signification excessive : craignant de nous égarer dans des subtilités et d'accorder une impunité dangereuse à des actes dommageables, nous nous contentons d'une enquête psychologique sommaire. Il y a eu homicide et il y a eu négligence : nous imputons un « homicide par négligence », vestige manifeste du système objectiviste. Mais, de plus en plus, moralement surtout mais même juridiquement, c'est l'omission volontaire d'effort que nous cherchons à apprécier en elle-même, abstraction faite des résultats matériels et du contenu de la règle particulière effectivement violée. Dans l'éducation, quand on veut donner à l'enfant le spectacle d'une justice sensible et souple, on fait effort pour atteindre, derrière la négligence immédiatement apparente, le relâchement volontaire qui l'a rendue possible. On peut prévoir que la faute professionnelle qui a pour conséquence un homicide (celle du mécanicien de locomotive par exemple) deviendra une entité juridique distincte. L'histoire enseigne que le droit pénal témoigne, en cette matière, d'une remarquable incertitude [1]. Quand il commence à considérer les conditions psychologiques des actes illicites, il est d'abord porté à identifier la *culpa* et le *casus* et à absoudre complètement l'une comme l'autre. Puis il constitue, en mêlant assez grossièrement dans leur définition les éléments objectifs et les éléments subjectifs, des infractions comme celles de l'homicide par imprudence. Mais elles s'accordent mal avec la logique du système subjectiviste et ne s'y maintiennent qu'à l'état d'exceptions. Déjà, les négligences de certains fonctionnaires sont incriminées pour elles-mêmes, sans que d'ailleurs on renonce tout à fait à proportionner la sanction à là gravité des résultats objectifs [2]. Les fautes professionnelles par négligence seront probablement les premières réprimées en tant que négligences. Dans les rapports juridiques non professionnels, il est beaucoup plus malaisé de déterminer exactement où commence le relâchement coupable. En droit civil, la doctrine classique dépensait beaucoup de subtilité à distinguer les degrés de la faute. Mais, dès qu'elle jugeait qu'une faute suffisamment grave était imputable, elle accordait réparation entière du préjudice causé. Actuellement, le droit civil revient, comme on sait, au système objectiviste [3]. Mais en même temps, les dommages-intérêts perdent de plus en plus leur caractère de sanction pénale et l'idée de faute disparaît derrière celle

---

1 Löffler, pp. 64, 83, 121.
2 Cf. ci-dessus, p. 104.
3 Bien marqué par Saleilles, *Les accidents de travail et la responsabilité civile,* Paris, 1897, p. 3. Cf. notre compte-rendu de ce travail in *L'Année Sociologique,* Paris, 1899, tome II, p. 378.

de risque, l'idée de responsabilité derrière celle de garantie. Il est probable que, dans l'avenir, c'est le droit pénal qui, comme la moralité quoique à un moindre degré, appréciera minutieusement la gravité des défaillances de l'attention.

IV.

Quel est le rapport exact entre les formes primitives de la responsabilité objective et les faits plus évolués que nous venons de décrire ? De même que nous avons vu une certaine responsabilité collective persister à côté de la responsabilité individuelle, de même voyons-nous responsabilité objective et responsabilité subjective souvent se côtoyer et même se confondre. Tant il est vrai que l'une est encore vivace sur la souche commune dont l'autre s'est peu à peu détachée.

D'abord, si nous ne connaissons plus de responsabilité objective pure, la responsabilité subjective pure reste tout à fait exceptionnelle. En réalité notre droit pénal et même nos mœurs ne connaissent qu'une mixture des deux systèmes. Le droit pénal ignore la faute purement interne. Pour punir la tentative, il exige qu'un commencement d'exécution révèle la faute interne, dessine les premiers linéaments du crime matériel et invite l'imagination à y impliquer l'agent volontaire. Même en matière religieuse et morale, l'homme conscient d'avoir pleinement voulu un crime qui n'a pas reçu d'exécution est toujours porté à s'accorder et à attendre de l'opinion ou de Dieu une certaine indulgence. Deux raisons expliquent qu'il en soit ainsi : d'abord un doute peut toujours planer sur la réalité de la faute interne, et, dans sa propre conscience, le sujet n'est jamais absolument certain de ce qu'il a irrévocablement voulu. Et surtout la vie sociale est faite d'actes : les volitions importent moins en définitive que les résultats qu'elles produisent. Sans doute il ne nous suffit plus que la conduite soit légale : il faut encore que la volition le soit. Mais, en fin de compte, c'est la convergence des actes que nous voulons obtenir et l'accord des consciences n'est requis que comme la condition de cette convergence. Ce qui est essentiellement social, ce sont les manifestations, les expressions corporelles des idées et des sentiments.

Dans les cas les plus nombreux et les plus importants, la responsabilité est et restera donc à la fois objective et subjective. Dans une première phase, elle est d'abord objective : la participation d'un corps à un fait matériel demeure la condition génératrice essentielle ; dans une seconde phase, l'enquête psychologique est entreprise pour éprouver la valeur de la présomption que fait naître le fait externe. Mais cette enquête se poursuit, de façon variée et compliquée. Nous recherchons d'abord si, parallèlement au processus, matériel générateur de responsabilité, un processus symétrique s'est déroulé dans la conscience : le moi du prévenu voulait-il le crime comme son corps l'accomplissait ? Dans le cas le plus simple, les deux faits se correspondent, l'acte étant le signe fidèle de la volition : les deux responsabilités se superposent exactement. S'il n'y a pas eu faute, soit que le prévenu fût incapable de vouloir ou que, dans le cas particulier, il n'ait pas voulu, les deux jugements, au lieu de se superposer, s'opposent. Dans nos sociétés, l'irresponsabilité spirituelle l'emporte en principe. Mais ce principe comporte de nombreuses exceptions : le droit admet explicitement la responsabilité sans intention ou impute souvent à l'agent autre chose et plus que ce qu'il a proprement voulu ; en matière morale, l'opinion tient presque toujours un compte, variable mais important, des résultats ; nous ne substituons qu'incomplètement, au rapport corporel d'agent à acte, les relations spirituelles de volonté à volition. Entre les deux jugements, toutes sortes de combinaisons sont possibles. Les deux responsabilités, inégales, se combinent dans les proportions les plus différentes selon les circonstances, et le jugement final est un amalgame entre deux responsabilités qui peuvent assez largement différer l'une de l'autre.

Mais si, de ce côté, le caractère objectiviste de notre système actuel de responsabilité est encore très accusé, d'un autre côté des complications se produisent qui renforcent son caractère subjectiviste.

En même temps que nous recherchons la volition, nous prenons connaissance, du caractère individuel et de son histoire, et une foule d'éléments, qui sont sans rapports directs avec l'événement sanctionné, exercent pourtant une influence sur notre jugement. Vue sous cet angle, l'enquête psychologique a surtout pour rôle de nous fournir des occasions d'indulgence et de multiplier les images qui pourront réveiller nos sentiments de respect et de pitié pour l'individu ; en principe, cette recherche n'a rien à voir avec celle de l'intention. Mais il n'y a pas de solution de continuité dans la conscience entre la volition et les autres faits qui s'y passent, entre les événements récents et les événements plus anciens. L'appréciation portée sur la personnalité de l'agent se confond dans une large mesure avec l'appréciation de l'intention liée au fait qui a provoqué l'enquête.

Il ne faut pas oublier, enfin, que la peine n'a plus seulement, dans nos sociétés, et n'a jamais eu peut-être exclusivement des fonctions expiatoires. Elle a aussi pour rôle la prévention spéciale : elle cherche à mettre hors d'état de nuire le criminel inamendable, à amender physiologiquement et moralement ou à intimider celui qui peut encore être adapté à la vie sociale. Mais l'application de la peine préventive exige, nous l'avons vu, une connaissance exacte de *l'indoles* du criminel. De ce point de vue, la spiritualisation de la responsabilité apparaît sous un troisième aspect : nous scrutons la conscience pour prévoir les impulsions qui détermineront la conduite future et auxquelles nous devons approprier notre traitement ; cette spiritualisation est d'essence déterministe. Enrico Ferri a raison d'opposer, aux subjectivismes moral et religieux, la conception italienne du crime. A certains égards, il y a un véritable antagonisme entre la recherche de l'intention, telle qu'elle est communément entendue, et le diagnostic psychiatrique que prépare l'analyse anthropologique. Et, cependant, nous avons montré qu'aucune doctrine n'était aussi profondément subjectiviste que la doctrine italienne. Aucune n'accorde moins d'importance à l'acte et davantage aux états de conscience qui l'ont rendu nécessaire. Ferri nous semble dupe des apparences quand il signale, dans les théories italiennes, un retour aux conceptions objectivistes. Pour apprécier la criminalité virtuelle sur laquelle on veut agir, une enquête psychologique approfondie est indispensable. Mais son orientation est toute différente de l'enquête poursuivie par le psychologue et le moraliste. Cependant il n'est pas douteux que, dans l'histoire, les deux tendances subjectivistes s'entr'aident, sans qu'on puisse exactement dire quels progrès il faut rapporter à chacune d'elles. Par exemple, à mesure que l'état mental des aliénés a été mieux connu, on s'est à la fois rendu compte qu'il était moralement injuste de leur imputer des fautes, parce que leur faculté de vouloir n'était pas normale, et que, du point de vue de la prévention, il était absurde de les soumettre a un régime pénal ordinaire. On a donc peu à peu atténué et modifié la responsabilité des anormaux pour deux séries de raisons très différentes. Comme, en définitive, on ne peut infliger à un même individu qu'une même sanction, celle-ci est donc choisie au nom de principes tout à fait hétérogènes. Parties de points extrêmement éloignés, plusieurs analyses psychologiques convergent vers un unique résultat. Aujourd'hui encore il en est ainsi. Dans les cas très nombreux où l'accusé n'est ni tout à fait normal, ni proprement aliéné, nos jugements de responsabilité sont des compromis bâtards entre systèmes différents. Du point de vue purement moral de la justice expiatoire, nous tendrions à les exonérer de toute sanction ; du point de vue de la prévention, nous sentons au contraire la nécessité d'un traitement énergique [1]. Et faute d'un système pénal assez souple pour nous fournir exactement la mesure appropriée, nous nous contentons d'un à peu près. Les demi-fous, demi-responsables, sont généralement frappés d'une peine qui n'est ni parfaitement juste, ni efficacement préventive.

Ainsi l'analyse de l'intention, de *l'indoles,* l'examen des effets prévisibles qu'aura la peine sur le criminel accusent sans doute le caractère subjectiviste de notre instruction criminelle. Il reste néanmoins que l'instruction s'ouvre par la constatation d'un fait matériel et que c'est ce fait matériel, objectivement défini, qui est incriminé et qu'on impute. La spiritualisation, en droit pénal, n'est jamais totale, même dans les sociétés où la morale et la religion la poussent jusqu'à son terme.

Inversement il n'est pas douteux que la notion d'une responsabilité absolument objective ne soit une pure abstraction. Rien n'autorise à penser qu'une société ait jamais aperçu un patient exclusivement comme un *corps* soutenant avec l'événement *matériel* appelé crime une relation physique, ni que l'idée de faute, équivalent psychologique du geste criminel, soit née à un moment assignable de l'évolution juridico-morale. La distinction tranchée du spirituel et du corporel est un produit tardif de la réflexion : pour les sociétés

---

[1] Cf. Grasset, *La responsabilité des criminels,* Paris, 1908, notamment, pp. 79 sqq. ; Demi-fous et demi-responsables, Paris, 1907, pp. 218 sqq.

inférieures, la réalité tout entière est à la fois inerte et vivante, matérielle et spirituelle. La responsabilité la plus archaïque est *objective* en ce sens que les actes automatiques, involontaires, ne sont pas distingués des actes conscients, réfléchis, volontaires. Mais, par suite de cette indistinction même, la société qui frappe un patient, pour un acte que nous appelons accidentel, doit se le représenter comme psychologiquement méchant et fautif, et ne pas concevoir la souillure de son corps sans celle de son âme. De ce point de vue, la doctrine qui explique les jugements de responsabilité objective des sociétés inférieures par une présomption de faute [1] est recevable : ce n'est pas cette présomption qui rend possible le jugement, comme on l'a soutenu à tort, mais il est vraisemblable qu'elle l'accompagne et le renforce. De ce point de vue aussi, l'animisme [2] peut être justement compté au nombre des conditions de la responsabilité : dans un sens large du mot, il est bien vrai que la nature entière est d'abord conçue comme *animée*, que le départ entre l'inorganique et l'organique, le mort et le vivant, l'inconscient et le conscient, l'animal et l'homme, n'a été fait que peu à peu : par suite la responsabilité des animaux, des végétaux et des minéraux est une responsabilité à certains égards subjective ; l'idée de la méchanceté, de la faute de ces êtres n'a rien d'absurde pour un grand nombre de sociétés. Nous avons contesté que la responsabilité objective fût simplement l'extension d'une responsabilité essentiellement subjective à des êtres indûment assimilés, par suite d'une erreur intellectuelle, à des consciences morales humaines ; mais nous ne nions pas que la responsabilité, objective par essence, soit toujours aussi à quelque degré, subjective.

Non moins que l'expression « responsabilité collective », l'expression « responsabilité objective » est d'ailleurs défectueuse. Le mot « objectif » signifie pour nous deux choses. Dans un premier sens, la responsabilité est dite objective, quand le jugement qui désigne le patient résulte de la représentation d'éléments purement matériels ; et elle devient subjective, quand des représentations d'événements psychologiques interviennent. Mais, en un autre sens, la responsabilité est dite objective, parce qu'elle a pour condition d'existence un événement, le crime, nécessairement distinct du

---
1 Cf. ci-dessus, p. 204.
2 Cf. ci-dessus, p. 207.

patient. La proposition : « la responsabilité est par essence objective » s'oppose trait pour trait à la doctrine commune qui résorbe le crime dans le criminel. Pour nous, il n'y a de responsabilité que s'il y a transfert sur un patient de sentiment concernant le crime et le phénomène de transfert n'est concevable que si le crime et le patient sont distincts. De ce point de vue, il importe peu que le crime soit un événement exclusivement matériel, ou exclusivement spirituel, ou matériel et spirituel à la fois, que le patient soit un corps, ou bien une âme jointe à un corps. Si donc c'est un caractère fondamental de la responsabilité d'être « objective », entendons par là que tout processus de responsabilité a pour condition la *dualité* du crime et du patient, l'existence de deux termes distincts et le transfert qui se produit de l'un à l'autre. Pas plus que le mot « collectif », le mot « objectif » ne convient d'ailleurs bien pour noter ce caractère fondamental ; et nous n'avons pas ici l'équivalent du mot « contagieux ». Peut-être pourrait-on dire que la responsabilité est *extérieure* ou *extrinsèque,* que la source de la responsabilité est, en un sens, nécessairement extérieure au responsable.

Si toute responsabilité est objective, il n'en est pas moins vrai que les faits auxquels répond ordinairement la notion de responsabilité objective montrent, plus fortement accentués que les autres, ce caractère d'extériorité. Quand une pierre est rendue responsable, quand ce que nous avons appelé l'acteur passif dans la scène du crime est rendu responsable, le lien entre crime et patient est tellement extrinsèque, tellement accidentel, que nous voyons clairement l'extériorité des deux termes et le phénomène du rejaillissement des propriétés du crime sur le patient. Les faits typiques de responsabilité subjective, au contraire, sont ceux qui ont suscité l'interprétation qui résorbe le crime dans le criminel et nie l'extériorité et le rejaillissement. De ce point de vue, la responsabilité subjective est *moins objective* (dans le sens large où le mot désigne le caractère fondamental d'extériorité) que la responsabilité objective *stricto sensu*. La responsabilité subjective est, ainsi, la responsabilité dans laquelle le caractère objectif est au minimum, où la dualité est aussi peu marquée qu'elle peut l'être à moins de disparaître, comme la responsabilité individuelle est la responsabilité collective tendant à devenir nulle. Pas plus qu'individuelle, la responsabilité ne saurait devenir absolument subjective sans s'évanoir.

Appendice.
Le sentiment de la responsabilité
et le sentiment de la liberté

Le problème métaphysique de la liberté est totalement étranger à nos recherches. Mais nous avons invoqué ci-dessus la croyance commune à la liberté comme une preuve de fait à l'appui de notre théorie de la responsabilité subjective. Ici, nous voudrions indiquer comment cette théorie peut contribuer à l'analyse psychologique et morale de l'idée et du sentiment de liberté [1].

Nous analyserons le sentiment intime de la liberté sous trois aspects successifs : la croyance à l'efficacité morale de l'effort, — le sentiment de la contingence, — l'idée de la liberté comme état d'affranchissement, par opposition à la servitude des passions. Dans chacun de ces trois éléments, qui d'ailleurs se distinguent mal l'un de l'autre, nous paraît impliqué le sentiment de la responsabilité, la perception claire ou confuse du fait de responsabilité tel que nous l'avons décrit.

Ce qui constitue d'abord, dans la conscience commune, le contenu de l'idée de libre arbitre, c'est *la croyance à la valeur et à l'efficacité morales de l'effort*. Le déterminisme apparaît à ses adversaires moins comme une erreur doctrinale que comme une immoralité ; on lui reproche de prêcher à l'homme le moindre effort. Les partisans du libre arbitre protestent contre le déterminisme au nom du devoir : il est sain, il est obligatoire de se sentir libre ; la croyance à la liberté a quelque chose de sacré ; l'ébranler, c'est ébranler la moralité elle-même tout entière ; car la moralité suppose l'effort, la lutte ; or la lutte serait absurde, si la victoire était impossible, et l'effort inutile, si le résultat était prédéterminé. Quelque réponse que le déterminisme philosophique puisse faire à ces critiques, on ne contestera pas qu'il y ait un certain déterminisme pratique, fataliste et paresseux, auquel s'oppose l'ardeur morale de l'homme

---

[1] Westermarck aborde les questions auxquelles nous touchons ici dans deux chapitres, d'ailleurs pour conclure dans un sens opposé au nôtre. Cf. tome I, ch. VIII et XIII (*Why moral judgments are passed on conduct and character. Moral valuation and free-will*).

qui croit à la possibilité constante de se renouveler et de se relever par l'effort. Et cet antagonisme des deux attitudes pratiques n'est certainement pas étranger à l'antagonisme spéculatif des doctrines philosophiques. Or, ce que nous savons de la responsabilité explique et justifie dans une large mesure l'indéterminisme vulgaire.

La responsabilité spirituelle pure a pour condition la présence, dans le champ de la conscience, d'un système de choses sacrées, de valeurs morales, avec lesquelles le moi qui veut entre en contact. Mais faire effort, c'est proprement vouloir. L'effort moral est donc un de ces événements intérieurs générateurs de responsabilité dont nous avons parlé. Quand je fais effort pour écarter la tentation, pour chasser l'image séductrice et retenir l'attention sur la représentation du devoir, je veux, d'une manière plus ou moins temporaire et incertaine sans doute, mais enfin je veux le bien ; tout de même qu'accueillir la tentation, se complaire dans le jeu des images séductrices, c'est déjà vouloir le mal. De la faute parfaite, mais aussi des volitions ébauchées qui la préparent, naissent des *propriétés* qui, par transfert, se propagent jusqu'au moi : l'immoralité engendrée par la faute se reporte sur le sujet volontaire, change sa valeur morale, le souille : et c'est là le démérite ou responsabilité. De même, de la volition vertueuse et des efforts qui la préparent, naissent des propriétés qui, transférées sur le sujet, élèvent sa valeur morale : et c'est là le mérite. L'effort est générateur de mérite : de la règle morale à laquelle ma volonté s'est identifiée, j'ai tiré un caractère de moralité que je ne possédais pas au même degré ; faire un effort méritoire, c'est communier avec le Bien. La volition vertueuse et l'effort ont tous les effets d'un rite bien accompli.

Si donc croire à la liberté, c'est croire à l'efficacité de l'effort, la croyance à la liberté nous apparaîtra, de ce point de vue, comme bien fondée, c'est-à-dire comme une interprétation de faits moraux qui se passent réellement. Il est nécessaire de croire à l'efficacité de l'effort pour s'efforcer ; il est obligatoire de s'efforcer, donc de croire à l'efficacité de l'effort, à la liberté. Et cette croyance n'est pas vaine, puisque si, par elle, l'effort devient possible, l'agent en sera immédiatement modifié et fortifié pour un nouvel effort. On a dit, déjà, que l'idée de la liberté était une « idée-force » ; mais cette doctrine reste insuffisante, tant qu'on n'aperçoit pas d'où procède cette force inhérente à l'idée. Il y a dans la conscience un système de représentations liées à des sentiments puissants, des représentations collectives investies des propriétés qu'ont les choses morales ; elles sont de l'individu et dans l'individu, et cependant elles sont autres et plus que lui. Il peut, en identifiant sa volonté propre à la volonté collective qui lui dicte des impératifs, en s'identifiant aux choses sacrées que sa conscience renferme, augmenter sa valeur et sa puissance morales, faire siennes des forces impersonnelles qui lui permettent de se dépasser lui-même. Sentir la réalité de ce processus d'emprunt ou de transfert, c'est avoir le sentiment de sa responsabilité, du mérite et du démérite. Et croire qu'on va mériter ou démériter, selon qu'on fera effort on non, c'est, pour une part au moins, ce qu'on appelle se croire ou se sentir libre. De ce point de vue, l'argument classique qui prouve la liberté par la responsabilité n'est pas sans valeur.

Un autre élément de la notion de liberté, c'est l'idée de la contingence de l'acte que nous délibérons. Les philosophes ont analysé cette idée et posé les problèmes qu'elle soulève. Mais ils négligent généralement d'analyser la croyance vulgaire à la contingence et ses rapports avec l'action. Se sentir libre est autre chose qu'affirmer spéculativement la contingence des futurs. C'est, notamment, croire qu'on sera changé soi-même par l'acte qu'on est sur le point d'accomplir. Pour le déterminisme, la volition est uniquement un produit. On admet bien qu'elle entraîne des conséquences externes et devient cause à son tour par l'intermédiaire des mouvements qu'elle déclanche. Mais l'importance de sa réaction sur la volonté dont elle émane est méconnue ou insuffisamment appréciée. Par rapport à cette volonté, la volition apparaît surtout comme un signe, un symptôme. Schopenhauer [1], d'accord avec l'École Italienne, admet que le caractère, l'*indoles* sont donnés une fois pour toutes : la conduite les exprime, mais ne les modifie pas ; quand la conduite change, notre jugement sur le sujet change aussi, mais seulement parce que de nouvelles données nous permettent de rectifier peu à peu l'idée que nous nous étions faite de sa nature sur des observations incomplètes. Cette conception *symptomatologique* de la conduite est d'essence déterministe : l'*indoles* du sujet contient implicitement la série des actes qu'il accom-

---

[1] *Ueber die Grundlage der Moral,* §§ 10 et 20, éd. Frauenstädt, Leipzig, 1891, tome IV, p. 174 sqq., 249 sqq.

plira dans des circonstances données ; la conduite passée permet de prévoir la conduite à venir, avec la même approximation que le diagnostic de la maladie et la connaissance du tempérament permettent au médecin d'asseoir un pronostic. Nous avons vu que, si les jugements de valeur portés sur les actes avaient ce caractère, il n'y aurait à vraiment parler ni sanction, ni responsabilité. Et nous avons essayé d'établir que l'acte avait en lui-même une valeur, que le jugement de sanction portait d'abord sur lui, non sur l'agent, et que le jugement de responsabilité exprimait la modification de l'agent par l'acte, l'acquisition par l'agent de propriétés engendrées par l'acte et rejaillissant autour de lui sur les acteurs. Or cette critique de la théorie déterministe de la responsabilité s'accorde avec l'une des affirmations qu'implique la croyance au libre arbitre. Ici encore, responsabilité et liberté paraissent solidaires. Une description exacte du processus de responsabilité montre à quoi correspond cette croyance à la contingence. L'événement intérieur est tout aussi réel que l'événement matériel et, comme lui, se distingue nettement de l'acteur qui y participe ; il se confond si peu avec la personne du sujet, qu'il suppose l'existence, en face de ce sujet, d'une réalité morale, réservoir de forces que l'acte met en liberté. L'événement moral n'est que partiellement l'œuvre de la personne ; elle y contribue, mais ne le tire pas tout entier d'elle-même. Son caractère « moral » lui vient d'ailleurs : l'événement n'est « moral », en bien ou en mal, que parce qu'il met en rapports un être obligé et un système de choses sacrées. Il y a donc dans l'acte tout autre chose qu'un symptôme de l'*indoles* de l'acteur : dans et par cet acte, des forces sont engendrées qui vont produire des effets sur l'agent lui-même. Il sera autre après qu'il n'était avant ; l'événement auquel il participe le modifie, augmente ou diminue sa valeur et sa puissance morales ultérieures.

Le caractère moral d'un agent n'est donc pas quelque chose d'immuable, donné une fois pour toutes. Il se transforme, parce que sa conduite, en même temps qu'elle l'exprime, réagit sur lui et l'altère. Nous n'avons pas, congénitalement, une valeur ni une puissance morales données ; ce sont nos actes qui les font varier, les élèvent et les abaissent ; nous allons de chutes en relèvements, nous devenons réellement meilleurs ou pires, nous sommes ce que nous nous faisons. Or cette conviction que l'acte moral réagit sur le caractère nous paraît constituer ce qu'il y a d'essentiel et de fécond dans la croyance à la contingence. Le problème logique que posent les philosophes n'est pas celui qui inquiète la conscience morale. Ce que celle-ci redoute, c'est l'influence d'une doctrine déterministe qui ferait de l'homme un spectateur de sa propre conduite, assistant à la révélation graduelle de son caractère congénital. Sans prétendre expliquer comment notre action s'insère dans le déterminisme universel, elle nous affirme que nous serons autres, selon que nous voudrons ceci ou bien cela : nos volitions futures restent des événements partiellement indéterminés où notre caractère se rencontrera avec autre chose que lui-même et d'où il sortira changé. Il est encourageant de croire qu'on peut se modifier, autrement dit que les actes futurs sont, relativement à ce que je suis aujourd'hui, dans quelque mesure contingents. Au fond de cette confiance, nous retrouvons cette conception de l'événement moral interne dont notre étude de la responsabilité nous a fait reconnaître la vérité.

Le mot liberté a, dans le langage philosophique, deux sens : il signifie libre arbitre, possibilité ambiguë, puissance de choix, contingence, indétermination ; mais aussi domination de la volonté sur la sensibilité, affranchissement de l'esclavage des inclinations. Dans le second sens du mot, l'état de liberté est un idéal où nous tendons. La liberté ainsi définie est tout autre chose que la liberté d'indifférence ; elle se confond avec la moralité parfaite. Cette liberté, nous la conquérons partiellement à mesure que nous devenons meilleurs : chaque acte méritoire augmente en nous la puissance morale, de même que chaque faute nous démoralise et nous asservit plus profondément. C'est donc grâce au mécanisme générateur de responsabilité que nous devenons libres, en méritant. La délibération est comme une alternance d'actes contraires qui s'ébauchent : examiner les divers partis, c'est esquisser les diverses décisions. Délibérer si l'on obéira ou non au devoir, c'est donc osciller entre des volitions virtuelles, génératrices les unes de mérite et les autres de démérite. Notamment c'est recevoir, chaque fois qu'on s'attache au parti vertueux, un afflux de forces pouvant faire équilibre aux inclinations animales. L'affranchissement, l'état de liberté que confère peu à peu la pratique de la vertu, un seul acte vertueux, une velléité vertueuse, l'examen de la possibilité d'un parti vertueux le confère déjà à quelque degré.

Sentir en soi quelque chose de partiellement extérieur à soi-même, à quoi l'on peut emprunter de la force ; sentir que l'on n'est pas dans le moment présent ce que l'on sera tout à l'heure, qu'on change en mieux ou en pire, selon les oscillations de la volonté ; sentir que le résultat définitif dépend pour une part de l'intensité relative de ces forces extérieures, dont il est impossible de prévoir l'énergie ; sentir que ce que j'appellerai dans un moment je ou moi, ce n'est pas l'*indoles*, le faisceau de tendances actuellement constitué, mais une synthèse qui est en train de se faire, un être nouveau qui résultera de l'action des forces dégagées par la volition imminente et par les ébauches qui la préparent ; sentir enfin que tout cela se passe dans la sphère des choses morales, que l'ambiguïté, bien loin d'être un état d'indifférence, est le résultat d'une sorte d'inhibition, de suspension du cours naturel des phénomènes, inhibition qu'opère l'introduction dans la série des représentations temporelles et profanes d'images investies de propriétés transcendantes : n'est-ce pas là, pour une bonne part, ce qu'on appelle communément se sentir libre, affranchi des inclinations ?

Nous ne prétendons nullement prendre à notre compte une théorie du libre arbitre. Il s'agit seulement ici de montrer comment certaines croyances morales, qu'exprime plus ou moins fidèlement la philosophie indéterministe, peuvent provenir d'expériences exactes et correspondre à des réalités. La responsabilité, — si notre théorie est juste, — est engendrée dans des conditions qui sont précisément quelques-unes de celles dont on affirme l'existence, quand on déclare que l'homme possède le libre arbitre. En somme la liberté ne serait pas, comme on le dit, la condition de la responsabilité, mais bien plutôt sa conséquence. Ce n'est pas parce que l'homme est libre, parce que ses volitions sont logiquement indéterminées, qu'il est responsable. C'est parce qu'il est responsable qu'il se croit libre. La conduite de l'homme lui paraît contingente, par rapport à son caractère déjà réalisé, l'effort lui semble efficace, parce que, de l'acte moral, sort quelque chose qui réagit sur l'agent et le modifie moralement. Si le processus de transfert analysé par nous ne se produisait plus, si l'événement, cessant d'être jugé en lui-même et de réagir sur le patient, n'était plus considéré que comme un symptôme révélateur d'un caractère donné, l'homme ne se croirait plus moralement libre, parce qu'il ne pourrait plus trouver en dehors de lui, pour se modifier lui-même, des forces morales capables de faire équilibre à sa nature animale ; entre la source de toute valeur morale et lui, le canal serait coupé. Le spiritualisme enseigne que responsabilité et liberté sont termes solidaires et que l'idée de liberté implique en quelque sorte celle de responsabilité. Sous cette forme, la proposition nous a paru inexacte. Mais l'interdépendance des deux concepts et des réalités qu'ils désignent peut être admise, d'un autre point de vue. Le sentiment de la liberté résulterait, comme celui de la responsabilité, des relations qui s'établissent entre l'homme et la réalité morale, entre l'individu et la société. On admet ordinairement que l'homme est responsable, parce que sa conduite est son œuvre propre, parce qu'il ne peut pas désavouer ce qui procède de lui, de sa spontanéité libre. Suivant nous, au contraire, l'homme se sent responsable et libre parce que sa personnalité morale n'est pas un système clos, dans lequel rien de nouveau ne pourrait intervenir, une fois qu'il est constitué : elle se fait sans cesse, en empruntant un de ses éléments essentiels à une réalité qui la déborde, tout en s'identifiant à certains égards avec elle.

ISBN : 978-1539608691

www.ingramcontent.com/pod-product-compliance
Lightning Source LLC
Chambersburg PA
CBHW071837200526
45169CB00020B/1606